알고리즘
원리와 응용

ALGORITHMS
Principles and Applications

국형준 지음

21세기사

PREFACE

알고리즘의 중요성에 대해

알고리즘은 대부분의 대학에서 전공필수과목이다. 이 과목은 컴퓨터 관련 고급 과목들 (운영체제, 컴파일러, 데이터베이스, 그래픽스, 네트워크, 인공지능, 멀티미디어 등)을 학습하기 위해 중요한 기초 이론과 개념을 제공한다. 이 때문에 많은 대학에서 알고리즘을 타과목을 수강하기 위해 필수적으로 수강해야 하는 선수과목으로 규정하고 있기도 하다. 또한 알고리즘은 데이터구조와 함께 사회진출을 위한 다양한 시험에서 전공과 관련된 중요한 시험과목이기도 하다(예 기업체 입사 시험, 공무원 임용 및 승진 시험, 교사 임용 시험, 기술직 행정고시, 기술사 고시, 변리사 시험 등). 이런 현실적 요구를 떠나서도 알고리즘에 대한 공부는 여러 가지 면에서 도움이 된다. 컴퓨터 학도 또는 관련 기술자라면 알고리즘의 기본 이론을 잘 모르고서는 프로그램 설계와 구현을 위한 과학적, 논리적 사고를 하기 어렵다. 알고리즘에 대한 체계적인 학습과 훈련이 있어야만 체계 있는 프로그램 작성이 가능하며 프로그래밍 능력의 발전 또한 기대할 수 있다.

출간의 배경

이러한 중요성에 비추어 현재의 많은 알고리즘 교재들은 다소 미흡한 면이 없지 않다. 국내 교재의 경우 빠르게 변화하는 선진적인 추세에 미처 따르기 못해 최신의 진전된 내용을 전달하는 데 한계가 있다. 번역판의 경우 대부분 번역체 문장의 한계로 인해 내용 전달이 부자연스럽거나 원서의 너무나 많은 내용을 번역판에 그대로 옮김으로써 중요한 내용과 덜 중요한 내용이 잘 구분이 되지 않아 주어진 시간 내에 효율적이고 선택적인 학습을 필요로 하는 독자층에게는 오히려 장애가 되기도 한다.

책의 특징에 대해

이 책은 기존 교재들의 이러한 한계를 극복하기 위한 대안으로 준비되었다. 저자는 무엇보다 최근의 추세에 맞추어 국내외의 최신 이론과 개념들을 포함하고자 노력했으며 누구나 이해하기 쉬운 방식으로 학습 내용을 전달함으로써 독자의 입장에서 효과적인 학습이 가능하도록 배려했다. 이 책의 가장 큰 특징은 텍스트에 주로 의존한 전달 대신 다이어그램, 그림 등을 충분히 활용해서 학습 내용을 알기 쉽게 전달하는 것은 물론이고 자칫 딱딱하고 지루할 수도 있는 내용도 관심과 흥미를 유발한다는 점이다. 여기에 더하여 또 하나의 특징은 주관식 퀴즈 형태의 심층문제들을 다수 수록해서 스스로 공부하는 독자에게는 학습성과 점검의 도구를, 토론식 수업을 지향하는 교강사들에게는 수업에 직접 활용 가능한 퀴즈 문제의 풀을 제공한다는 점이다. 가장 중요한 특징으로, **응용**을 중심으로 한 학습을 인도한다는 점이다. 저자는 책을 만들면서 이론 학습 위주가 아닌 알고리즘 작성과 프로그래밍 과제를 수행하도록 적극 유도하는 매우 실전적인 응용문제나 심층문제를 다수 수록하려 노력했다. 책의 이러한 특징들은 컴퓨터 교과과정 상에 있는 컴퓨터 학도, 산업현장의 프로그래머나 소프트웨어 전문가, 컴퓨터 관련 시험 준비생 모두에게 다른 곳에서는 얻기 어려운 형태의 도움을 줄 수 있을 것으로 기대된다.

데이터구조와 알고리즘의 연계성에 대해

모든 프로그램이 데이터구조와 알고리즘의 통합적 산물인 점을 생각할 때, 이 두 영역은 긴밀히 연계된 분야일 수밖에 없다. 데이터구조를 고려하지 않는 알고리즘이나 알고리즘으로부터 유리된 데이터구조란 있을 수 없다. 따라서 각 영역의 이론과 개념을 따로 떼어 설명한다거나 학습한다는 것은 어불성설이다. 이번에 저자는 데이터구조와 알고리즘 두 권을 별도로 출간했으나 각 권이 각각의 영역을 독립적으로 다룬다기 보다는 둘 중 어디에 초점을 맞추느냐 내지 둘 중 어느 부문에 대한 분량이 더 많으냐에 따라 내용이 나뉘어졌다고 보는 것이 타당하다. 또 하나의 구분이라면 데이터구조가 비교적 기본적인 내용을 다룬다면 알고리즘은 데이터구조의 학습 내용으로부터 일보 진전된 학습 내용을 다룬다는 차이가 있다. 대부분의 대학 컴퓨터 과정에서도 데이터구조를 먼저 이수하고 난 후 알고리즘을 이수하게 되어 있다. 저자 역시 대학 교과과정과 대개 일치하는 내용과 순서로 두 책을 집필했다. 그 결과 두 책의 내용은 밀접하게 연관되어 있으며 학습 내용도 자연스럽게 연결된다. 독자의 입장에서 데이터구조를 먼저 공부하고 알고리즘을 공부하면 내용의 연결성에서 오는 혜택을 누릴 수 있을 뿐만 아니라 학습 난이도의 완만한 상승에 따라 학습효과가 점차 극대화되는 시너지 효과를 얻을 수 있을 것으로 기대된다. 하지만 그렇다고 해서 이 책을 공부하는 독자 모두가 저자의 저서로 데이터구조를 공부했다고 전제할 수는 없다고 생각한다. 그런 생각에서, 저자는 이 책의 파트 I에 보편적인 데이터구조 과정에서 숙지해야 할 내용을 압축하여 수록함으로써 특별히 저자의 데이터구조 저서를 사용하여 공부하지 않은 독자들에게도 책을 공부하기에 충분한 학습의 배경과 도구를 갖출 수 있도록 했다.

책의 내용 구성에 대해

이 책은 이론과 개념에 대한 이해는 물론, 더욱 중요하게, 응용 능력을 향상시키는 방향으로 구성되었다. 책은 크게 네 개의 파트로 구성되어 있다. 파트 I은 알고리즘 학습에 기초 도구가 되는 이론, 개념, 그리고 테크닉을 제시한다. 여기에는 알고리즘 분석, 재귀, 기초 데이터구조, 기본 추상자료형 등 네 개의 장이 포함된다. 파트 II의 주제는 정렬로써 정렬에 관한 다섯 개의 장으로 이루어진다. 여기에는 우선순위 큐, 힙과 힙 정렬, 합병정렬, 퀵 정렬, 그리고 정렬 일반이 포함된다. 파트 III의 주제는 탐색으로 탐색에 관한 세 개의 장으로 이루어진다. 여기에는 사전, 탐색트리, 해시테이블이 포함된다. 마지막으로 파트 IV는 그래프와 그래프 알고리즘을 주제로 한다. 여기에는 그래프, 그래프 순회, 방향그래프, 최소신장그래프, 최단경로 등 다섯 장이 포함된다. 각 장의 학습 내용은 **본문 - 응용문제 - 요약 - 연습문제 - 심층문제**의 다섯 단계로 제시된다. 구체적인 내용은 다음과 같다. 먼저 본문에서 기본 원리와 개념을 소개한 후 **응용문제**를 제시하여 해당 장에서 습득한 내용을 실제 어떻게 응용할 수 있는지 문제해결 방식으로 상세히 소개한다. 이후 본문의 주요 내용을 간추린 요약이 열거식으로 주어져 내용 정리와 복습에 도움을 준다. 그런 다음 각 장에는 학습 내용 복습을 위주로 한 **연습문제**가 주어지는데 책의 말미에 모든 연습문제의 답이 제시되어 있어 문제를 스스로 풀고 검증할 수 있도록 했다. 그리고 각 장의 말미에는 **심층문제**가 주어지는데, **심층문제**는 각 장에서 배운 내용과 응용문제 및 연습문제로 학습된 지식을 바탕으로 한 중간 이상의 난이도 문제와 드물게는 높은 난이도(† 표시됨)의 문제를 포함한다. 심층문제들은 의사코드 작성이나 C 프로그램 구현을 요구하는 경우가 많으며 일부 문제들(* 표시됨)은 서술식 답을 요구하기도 한다. 서술식 문제의 경우 토론식 수업에도 활용 가능하다. 심층문제에 대한 정답은 자율학습을 기하기 위한 목적에서 이 책에는 주어져 있지 않다. 그러나 본서를 교재로 채택하신 교강사께서 요구할 시엔 온라인으로 정답을 제공한다.

강의자료 파일에 대해

교강사께서 출판사에 요구하시면 각 장에 대한 강의록(본문과 응용문제), 연습문제(및 정답), 심층문제가 담긴 강의자료 파일이 제공된다. 강의자료 파일은 책에 수록된 그림과 다이어그램을 모두 포함하고 있으며 강의실에서 직접 프리젠테이션할 수 있는 형태로 되어 있다. 참고로, 이 파일에는 심층문제에 대한 정답만은 제외되어 있다. 하지만 앞서 말한 바와 같이 본서를 교재로 채택한 교강사께서 출판사에 연락을 주시면 소정의 확인 절차를 거쳐 제공될 것이다.

의사코드에 대해

알고리즘을 학습하는 데 주로 사용되는 도구로서의 언어는 크게 C 언어와 같은 프로그래밍 언어, 그리고 의사코드의 두 가지로 나누어질 수 있다. 각각은 장단점을 가지고 있다. 알고리즘을 C 언어로 작성할 경우 알고리즘의 개념을 공부하는 동시에 C 언어에 대한 훈련을 도모할 수 있는 장점이 있다. 하지만 C 언어를 모르거나 초보 수준의 독자에게는 장점이 될 수 없으며 C 언어를 아는 독자에게도 C 언어 문법 자체의 복잡성과 상세성 때문에 코드가 길어지며 (함수 정의, 변수 선언 등을 생각해보라) 개념 전달과는 별 관계 없는 기계적 요소들(명령문 끝마다 붙여야 하는 세미콜론이 좋은 예다)까지 포함하게 되어 알고리즘의 가독성이 떨어진다는 단점이 있다. 다시 말해, 제시된 C 언어 코드가 의미하는 것이 무엇인지 먼저 이해하고 나서야 알고리즘이 말하고자 하는 내부 논리가 읽혀지는 것이므로 학습 효율이 높다고 할 수 없다. 이런 이유에서, 최근 C 계열 언어나 Java 등이 유행하고 이들이 프로그래밍 언어의 대세라는 것도 알지만 알고리즘의 학습 단계에서도 최상의 언어 도구라고는 생각하지 않는다. 실제 선진외국의 유수한 최신 교재들이 의사코드를 사용하여 알고리즘을 제시한다.

알고리즘을 의사코드로 작성하는 경우 C 언어와 같은 프로그래밍 언어의 복잡한 문법 체계에서 자유로워지면서 가독성이 향상됨은 물론 코드가 말하고자 하는 내부 논리에 직접적으로 접근 가능하게 된다. 이러한 장점을 십분 활용하기 위한 목적으로 이 책의 알고리즘은 모두 의사코드에 의해 작성되었다. 의사코드 문법체계는 매우 단순하며 1장에서 소개된다. 여기에 더하여, 따로 C 프로그램 작성과 훈련을 원하는 독자층의 요구를 충족하기 위해 심층문제에서 C 프로그램 구현과 실행을 요구하는 문제를 다수 수록했다.

책의 활용에 대해

이 책은 저자가 지난 이십 수년간 실제 알고리즘 강좌에서 강의 재료로 사용했던 내용을 모태로 하여 작성되었다. 분량면에서는 컴퓨터 관련학과의 3학점 한 학기 과목의 강의 교재로 적합한 분량을 수록했다. 저자의 경우 본문에 있는 내용을 주로 강의하고, 연습문제는 학생 스스로 풀고 주어진 답과 비교 검증하도록 했으며, 심층문제는 과제물과 시험 문제로 활용했다. 심층문제 가운데 퀴즈식의 문제(* 표시됨)는 수업 중 학생들과의 문답을 통해 문제해결에 관해 발표, 평가, 피드백 등의 절차를 거쳐 내용을 숙지하도록 유도했으며, 기타의 심층문제는 과제물로 처리하여 의사코드나 C 프로그램 형태로 제출받아 평가하고 피드백했다. 문제들 중 일부를 중간 또는 기말고사에서 활용한 것은 물론이다. 자기 학습을 하는 독자의 경우 각 장의 본문 내용을 잘 이해한 후 연습문제를 스스로 풀어보고 답과 비교하면서 자신의 것으로 만드는 과정을 거쳐야 할 것이며, 심층문제의 경우 일부 고난도 문제(+ 표시됨)를 포함하여 대부분 중간 이상 난이도의 문제들이므로 앞서의 학습 내용을 숙지한 후에야 해결이 가능할 것으로 생각한다. 참고로, 이 책의 파트 I의 4개 장들은 체계적인 알고리즘 학습을 준비하기 위한 기초 개념과 도구에 관한 내용들이다. 이들 내용은 대부분의 데이터구조 과정에서 다루어지기도 한다. 그러므로 파트 I을 데이터구조 과정에 대한 복습으로 여겨 공부해도 좋다고 생각하며, 데이터구조 과정에서 이미 파트 I의 내용을 충실히 수료한 독자의 경우 파트 I을 건너뛰어 파트 II, 즉 5장부터 시작해도 무방할 것이다.

참고와 인용에 대해

저자 혼자만의 머리에서 책의 모든 내용이 창조될 수는 없다. 이 책이 나오기까지 국내 외 다수의 관련 서적과 정보가 책을 만드는 데 참고가 되었다. 이 중에는 본문의 이론이 나 개념에 관한 내용도 있을 수 있고 응용문제, 연습문제, 심층문제 등 문제들도 포함되 어 있다. 좋은 이론 개념이나 문제를 보게 되면 이를 자신의 강의나 저서에 어떤 형태로 든 담고 싶은 것은 인지상정이 아닌가 한다. 저자는 기존의 것들을 그대로 베끼기 보다 는 이들을 이 책의 어법과 전달 방식에 맞도록 기계적인 수정을 가했으며 필요에 따라서 는 이들을 축소 또는 확장하기도 했다. 또한 기존에 없던 그림이나 해설을 첨가하기도 하는 등 책의 내용과 형식에 잘 맞도록 다듬는 정제 작업을 거쳤다. 그럼에도 불구하고 이 책의 일부를 이루는 이론 개념이나 문제의 원형을 제공한 저자들에게 감사함을 표시 하고자 하는 취지에서 저자가 참고한 책들과 정보 싸이트를 아래에 열거한다(알파벳순).

- Cormen, Leiserson, Rivest, Stein, "Introduction to Algorithms"(3e) MIT Press 2009.
- Goodrich and Tamassia, "Algorithm Design and Applications", Wiley 2015.
- Horowitz, Sahni and Anderson-Freed, "Fundamentals of Data Structures in C" (2e), Silicon Press 2008.
- MIT Open Courseware, Department of Electrical Engineering and Computer Science. (http://ocw.mit.edu/courses/electrical-engineering-and-computer-science/)
- Weiss, "Data Structures and Algorithm Analysis in C"(2e), Benjamin Cummings 2006.

감사의 글

이 책이 나오기까지 잘 참고, 잘 기다려주고, 잘 도와준 내 가족에게 먼저 감사한다. 부모님과 아내와 아이들, 지헌과 서림이 없었으면 책이 나오기도 힘들지 않았을까 생각한다. 내게 정신적인 힘을 주고 시간을 할애하여 서술 방식이나 표현 수정 등 꽤나 구체적인 면에서도 많은 도움을 주었다.

　본 저서의 초기 버전이 출간된 이후, 저자가 소속된 세종대학교 소프트웨어융합대학의 여러 교수님들은 최근 몇 학기 동안 이 책의 초기 버전을 교재로 하여 강의하시면서 책의 내용에 대해 적극적으로 의견 개진을 해주시고 토론에도 활발히 참여해주셨다. 동료교수님들의 피드백을 바탕으로 수정 내지 보완할 점도 많이 찾게 된 결과 더욱 충실해진 모습으로 출간할 수 있게 됨에 깊은 감사를 드린다.

2018. 9.
저자 국형준
세종대학교 컴퓨터공학과

CONTENTS

PART II 정렬

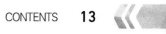

PART III   탐색

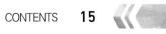

PART IV　그래프 알고리즘

CHAPTER **17** 최단경로   457

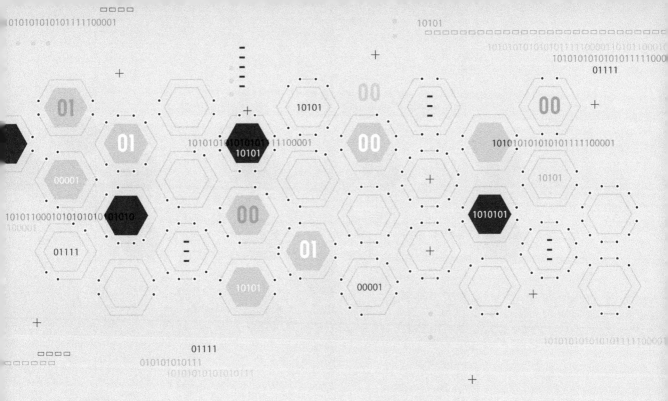

PART **I**

기본도구

파트 I은 알고리즘 학습에 기본적인 도구가 되는 이론, 개념, 그리고 테크닉을 제시한다.
여기에는 알고리즘 분석, 재귀, 기초 데이터구조, 기본 추상자료형 등 네 개의 장이 포함된다.

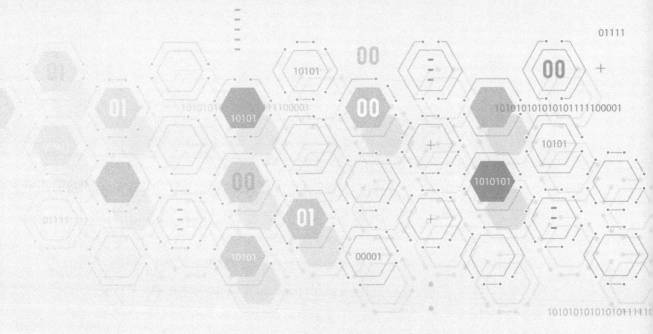

CHAPTER **1**

알고리즘 분석

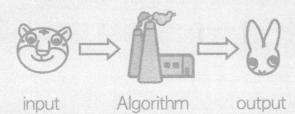

input   Algorithm   output

1.1 실행시간

알고리즘algorithm은 주어진 문제를 유한한 시간 내에 해결하는 단계적 절차를 말한다. **데이터구조**data structure는 데이터를 조직하고 접근하는 체계적 방식을 말한다. 우리의 최대 관심사는 "**좋은**" 알고리즘과 데이터구조를 설계하는 것이다. 여기서 말하는 "**좋은**"의 척도는 첫째, 알고리즘과 데이터구조 작업에 소요되는 **실행시간**이며 둘째, 기억장소 사용량이다. 그러므로 어떤 알고리즘이나 데이터구조를 "**좋다**"고 말하기 위해서는 좋고 안 좋음을 분석하기 위한 정밀한 수단이 필요하다. 실제로, 데이터구조와 알고리즘에 대한 공부는 이 분석 방법에 대한 배경지식 없이는 무의미하다고 할 수 있다.

그렇다면 실행시간과 기억장소 사용량 둘 중에는 어느 것이 더 중요할까? 실행시간이 빠르더라도 기억장소 요구량이 너무 크거나, 기억장소 요구량은 많지 않지만 실행시간이 너무 느리다면 좋은 프로그램이라고 할 수는 없다. 하지만 주메모리를 비롯한 기억장치 제조기술 발전에 따른 가격하락 추세로 인해 기억장소 사용량에 대해서는 어느 정도 관대한 경향이 있다. 반면, 알고리즘의 실행시간은 프로그램의 반응 속도를 결정함에 따라 시간적 효율은 물론 경제적, 사회적 비용과도 직결되므로 매우 중요하게 취급되는 추세다. 따라서 이어지는 절에서는 실행시간을 중심으로 이에 대한 측정과 분석 방법을 공부하기로 한다. 참고로 실행시간에 대한 분석 방법론을 습득하면 이를 기억장소에 대한 분석에도 그대로 적용할 수 있다는 장점이 있다.

1.1.1 평균실행시간과 최악실행시간

대부분의 알고리즘은 입력을 출력으로 변환한다. 알고리즘의 **실행시간**running time은 대체로 입력의 크기와 함께 증가한다. **입력의 크기**input size란 프로그램이 처리해야 하는 어떤 큰 수의 자릿수라던가, 처리해야 하는 데이터원소들의 개수 등을 말하며 이것이 크면 클수록 프로그램이 결과를 출력하기까지 처리해야 할 연산이 많아지는 것이 보통이다.

실행시간에는 최선실행시간, 평균실행시간, 최악실행시간의 세 가지가 있다(그림 1-1 참고). 이 가운데 **최선실행시간**best-case running time은 별 의미가 없다. 최선이란 제일 운 좋은 경우의 성능이므로 알고리즘의 전체적 성능을 대표한다고 볼 수 없기 때문이다.

평균실행시간average-case running time은 알고리즘을 평균적인 입력으로 실행한 결과를 말한다. 언뜻 그럴듯한 척도로 보이지만 현실적으로 평균적인 입력이 무엇인지 결정하기 어렵다. 예를 들어 인터넷 검색엔진에 대한 평균 검색어가 무엇인지, 또는 자동차 네비게이

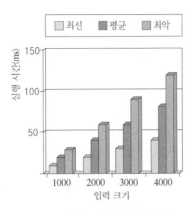

그림 1-1 최선, 평균, 최악실행시간

선에 평균적으로 입력되는 출발지와 목적지가 무엇인지 말하기 어려운 것과 같은 이치다.

대개의 응용에서 평균 입력이란 개념을 가늠하기 어려운 만큼 현실적으로는 **최악실행시간**worst-case running time에 집중하여 실행시간을 분석하는 것이 보통이다. 다시 말해 어떤 알고리즘이 입력에 대한 출력을 얻기 위해 가장 오랜 시간이 걸리는 경우를 기준으로 하여 그 알고리즘의 실행시간을 구한다는 말이다. 최악실행시간을 구하는 전략의 장점은 우선 분석이 비교적 용이하다는 것이다. 특정 알고리즘에 대한 최악의 경우를 상정하는 것이 가능할 때가 많기 때문이다. 또한 금융, 주식, 로봇, 게임, 의료, 군사 등 실시간 성능이 매우 중요한 응용을 생각해 보자. 예를 들어 수술 중인 환자의 신체로부터 수집되는 복잡다양한 생명 신호를 모니터하다가 긴급처치가 필요할 시 비상경보를 발령하는 컴퓨터 의료장비의 경우, 평균적인 처리 속도보다는 최악의 처리 속도, 즉 늦어도 몇 초 안에 작동하느냐가 다수 환자의 생명을 구할 골든타임을 보장해줄 수 있느냐를 결정한다. 또 다른 예로, 비록 주식 종목 수가 많고 증권시장 데이터량이 많더라도 특정 주식의 폭락이나 폭등 추세를 늦어도 몇 초 안에 보고함으로써 적절히 대처할 최소한의 시간을 벌어주는가에 따라 해당 컴퓨터 시스템이 유용한지 여부를 판단할 것이다. 즉, 이런 응용에서는 평균적인 성능보다는 오히려 최악의 성능이 시스템의 유용성을 평가하는 결정적 요소가 되기 때문에 최악실행시간 분석에 치중하는 정당성을 부여할 수 있게 된다. 이어지는 절에서 최악실행시간을 어떻게 측정하는지 살펴보자.

1.1.2 실행시간 구하기

실행시간을 구하는 데는 실험적인 방법과 이론적인 방법이 있는데 아래와 같다.

실험적 방법

- 우선, 알고리즘을 구현하는 프로그램을 작성한다.
- 다음, 프로그램을 다양한 크기와 요소로 구성된 입력을 사용하여 실행한다. 이 때 시스템 콜을 사용하여 실제 실행시간을 정확히 측정한다.
- 마지막으로, 결과를 그림 1-2와 같은 도표로 작성한다. 그리고 나서 도표로부터 최악의 경우에 대한 데이터를 수집한다.

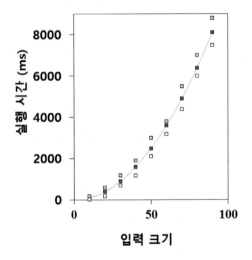

그림 1-2 최선, 평균, 최악실행시간

하지만 위에 설명한 실험적 방법은 다음과 같은 한계를 가진다. 첫째, 실험 결과가 실험에 포함되지 않은 입력에 대한 실행시간을 제대로 반영하지 않을 수 있다. 무한정으로 다양한 데이터를 모두 다 입력할 수는 없기 때문이다. 둘째, 만약 두 개의 알고리즘을 비교하고 싶다면 반드시 동일한 하드웨어와 소프트웨어 환경이 사용되어야 한다는 점이다. 즉, 프로세서, 클락속도, 주메모리, 디스크 등 완전히 동일한 하드웨어와 운영체제, 전산언어, 컴파일러 등 완전히 동일한 소프트웨어에서 수행해야 공평한 비교를 수행할 수 있는데 이런 식의 공평한 비교란 종종 불가능할 수도 있다. 마지막으로, 실행을 위해서는 알고리즘을 완전한 프로그램으로 구현해야 하는데 이 자체가 매우 어려울 수가 있다. 아직 기획 단계나 초기 설계 단계의 알고리즘 성능을 분석하기 위해서는 이를 정확한 프로그램으로 완전 구현해야 하지만 그러기엔 너무나 많은 비용과 시간이 소요되기 때문이다.

이론적 방법

실험적인 방법의 대안으로 이론적인 방법이 있다. 이론적 방법은 앞서 설명한 실험적 방법의 모든 단점들을 극복한다. 첫째, 모든 입력 가능성을 고려한다. 둘째, 하드웨어나 소프트웨어와 무관하게 알고리즘의 속도 평가가 가능하다. 실제로는 실행시간을 입력 크기 n의 함수로 규정한다. 마지막으로, 알고리즘을 구현한 프로그램 대신, 고급언어, 구체적으로는 의사코드로 표현된 알고리즘을 사용한다.

이어지는 절에서 의사코드가 무엇인지와 이론적 방법에 의해 어떻게 실행시간을 분석하는지 설명한다.

1.2 의사코드

의사코드 pseudo-code는 알고리즘을 설명하기 위한 고급언어를 말한다. 고급언어란 의미는 컴퓨터가 아니라 인간에게 읽히기 위해 쓰인다는 뜻이다. 그렇기 때문에 저급의 상세 구현내용이 아닌 고급 개념을 소통할 목적으로 작성된다. 문법적으로, 국어나 영어와 같은 자연어 문장보다 더 구조적이지만, 프로그래밍 언어보다 덜 상세하고 덜 엄밀하다. 이런 이유로 의사코드는 알고리즘을 설명하는 데 자주 선호되는 표기법이다. 아래는 의사코드로 작성된 알고리즘의 첫 번째 예다. 알고리즘 arrayMax는 배열 A의 원소 가운데 최대값을 찾아 반환한다(여기서는 알고리즘의 구체적 내용보다는 의사코드로 된 알고리즘이 어떤 모습인지 대강 감만 잡으면 충분하다).

```
Alg arrayMax(A, n)
    input  array A of n integers
    output  maximum element of A

1. currentMax ← A[0]
2. for i ← 1 to n − 1
       if (A[i] > currentMax)
           currentMax ← A[i]
3. return currentMax
```

1.2.1 의사코드 문법

의사코드 문법은 대개의 프로그램 언어에 비해 매우 간단하다. 프로그램 언어 C처럼 절차적인 언어로서 조건, 반복과 같은 제어 구조와 메쏘드(알고리즘)의 정의와 호출, 그리고 치환, 관계, 논리 등 수식을 표현할 심볼들을 포함한다. 다음은 이 책에서 사용할 의사코드의 문법을 보여준다. 한눈에 알 수 있듯이, C 언어를 아는 사람에게는 아주 쉽게 이해될 수 있는 형태로 정의되어 있다. 프로그래밍 언어를 전혀 모르는 사람이라도 한 시간이면 습득할 수 있을 정도로 쉽다. 의사코드 문법을 제시하기 위한 도구로써 몇 가지 특수 심볼이 사용되었다. *exp*^{ression}, *var*^{iable}, *arg*^{ument} 등 이탤릭체 어휘는 각각 수식, 변수, 매개변수(인자) 등 카테고리를, …은 임의의 명령문들을 의미한다. [*x*]는 *x*가 선택적 구문임(즉, *x*가 없어도 좋음)을, *x*|*y*|*z*은 *x*, *y*, *z* 중 택일을 의미한다. *x**는 *x*가 0회 (즉, 없어도 좋음) 이상 반복 가능함을 나타낸다. 특수 심볼 외 모든 어휘는 있는 그대로 사용해야 한다. 예를 들어 **if**, **elseif**, **else**, **for**, **while**, **Alg**, **return** 등의 키워드가 여기에 속한다.

연산(arithmetic)

- ←   {치환}
- $=, <, \leq, >, \geq$ {관계 연산자}
- &, ‖, !   {논리 연산자}
- $S_1 \leq n^2$ {첨자 등 수학적 표현 허용}

제어(control)

- **if** (*exp*) ⋯
  [**elseif** (*exp*) ⋯]*   {0회 이상 중첩 **elseif** 절 가능}
  [**else** ⋯]   {**else** 절 생략 가능}

- **for** *var* ← *exp*₁ **to**|**downto** *exp*₂   {*var*의 값이 *exp*₁에서 *exp*₂에 이를
  ⋯   때까지 1씩 증가(혹은 감소)하며 0회
                                                 이상 반복}

- **for each** *var* ∈ *exp*   {집합 *exp*이 포함하는 각 원소 *var*에
  ⋯   대해 0회 이상 반복}

- **while** (*exp*)   {*exp*이 참인 동안 0회 이상 반복}
  ⋯

- **do**   {*exp*이 참인 동안 1회 이상 반복}

　…
　　while (*exp*)

메쏘드(method) 정의, 반환, 호출

- **Alg** *method*([*arg* [, *arg*]*])　　　　　　{메쏘드(알고리즘) 정의}
　…
- **return** [*exp* [, *exp*]*]　　　　　　{메쏘드(알고리즘)로부터의 반환}
- *method*([*arg* [, *arg*]*])　　　　　　{메쏘드(알고리즘) 호출}

주석(comments)

- **input** …　　　　　　　　　　　　{메쏘드(알고리즘)의 입력 명세}
- **output** …　　　　　　　　　　　{메쏘드(알고리즘)의 출력 명세}
- {This is a comment}　　　　　　　{코드 내 주석}

　마지막으로, 들여쓰기^{indentation}로 범위^{scope}를 정의한다. 즉, 왼쪽 들여쓰기의 줄맞춤으로 조건문, 반복문 등의 범위를 지정한다.

1.3　실행시간 측정과 표기

이론적 방법에 의한 실행시간 측정은 먼저 가상의 컴퓨터 모델을 정의하고 이 모델에 대한 원시작업을 명세하는 것으로 시작한다. 실행시간은 알고리즘이 이 모델 상에서 실행하는 것으로 가정하여 알고리즘이 실행하는 동안 수행되는 원시작업의 수를 구함으로써 측정한다.

1.3.1 임의접근기계 모델

그림 1-3 임의접근기계

이론적 방법에 의한 실행시간을 구하기 전에 알고리즘이 수행할 기계(컴퓨터)로서 이론적, 즉 가상적 기계를 정의할 필요가 있다. 그림 1-3에 보인 것처럼, **임의접근기계** Random Access Machine, RAM라 불리는 이 컴퓨터는 축약된 컴퓨터 모델로서 하나의 중앙처리장치(CPU)와 무제한의 메모리셀로 구성되었다고 가정한다. 각각의 셀은 임의의 수나 문자 데이터를 저장한다. 메모리셀들은 물리적 위치에 따라 순번이 매겨지며 어떤 셀에 대한 접근이라도 동일한 시간, 즉 상수시간 단위가 소요된다고 전제한다.

1.3.2 원시작업

 앞서 제시한 RAM 모델에서 수행 가능한 원시작업들이 있다. **원시작업** primitive operation이란 알고리즘에 의해 수행되는 기본적인 계산들을 의미하며 모두 의사코드로 표현 가능하다. 실제 프로그래밍 언어와는 대체로 무관하며 원시작업에 대한 정밀한 정의는 중요하지 않다. 각 원시작업을 RAM 모델에서 수행할 시 상수시간이 소요된다고 가정한다. 원시작업의 예를 들면 다음과 같다. 괄호 속 기호는 각 작업에 대한 단축명이다.

- 산술식/논리식의 평가(EXP)
- 변수에 특정값을 치환(ASS)
- 배열원소 접근(IND)
- 메쏘드 호출(CAL)
- 메쏘드로부터 반환(RET)

알고리즘을 표현한 의사코드를 조사함으로써 알고리즘에 의해 수행되는 원시작업의 최대 수를 입력크기의 함수 형태로 결정할 수 있다. 아래 알고리즘 arrayMax에 대한 원시작업 수를 구체적으로 세어 보자.

먼저, 명령문 1행은 배열원소 $A[0]$에 대한 접근(IND)과 변수 **currentMax**로의 치환(ASS)이라는 두 개의 원시작업을 수반한다. 따라서 명령문 1행에서는 원시작업 IND가 1회, ASS가 1회 수행되므로 도합 2회의 원시작업이 수행된다.

명령문 2행의 **for** 반복문 헤더에서 반복제어 변수 i에 1을 치환(ASS)한 후 $n-1$ 보다 작거나 같은지 평가(EXP)하여 맞으면 반복문에 진입하고 그렇지 않으면 반복문을 건너뛴다. 총 $n-1$회 반복하는 동안 $n-1$회의 평가가 수행되며 마지막 반복이 완료된 후에는 i가 $n-1$보다 작거나 같지 않다고 평가(EXP)되어 반복을 빠져나가 다음 명령문으로 진행한다. 따라서 **for** 반복문 헤더에서 원시작업 ASS가 1회, EXP가 n회 수행되어 합계

$1 + n$회의 원시작업이 수행된다. 반복문 내의 **if** 조건문은 배열원소 $A[i]$에 대한 접근 (IND)과 논리식 평가(EXP)가 총 반복 횟수인 $n - 1$회 수행되므로 합계 $2(n - 1)$회의 원시 작업이 수행된다.

명령문 1행에서 시작하여 **if** 조건문 검사까지의 원시 작업 수행 횟수는 배열 A의 내용 과 무관하게 고정적으로 계산 가능하다. 하지만, **if** 조건문의 내부 명령문의 수행 여부는 $n - 1$회의 조건 검사 결과가 각각 참이냐 거짓이냐에 따라 결정되며 이는 실제 알고리즘 수행 시 주어진 배열 A의 내용에 따라 가변적이다. 여기서 상기해야 할 것은, 앞서 언급 했듯이 최악실행시간을 구하는 것이 알고리즘 분석의 일반적 목표라는 점이다. 그렇다 면 $n - 1$회의 조건 검사 결과가 매번 참이 되어야(실제로, 배열 A의 원소가 오름차순으로 주어진다면 이렇게 된다) 내부 명령문이 $n - 1$회 수행하게 되어 실행시간 면에서 최악이 된다는 점에 착안하여 계산을 진행해야 한다. 즉, 내부 명령문에서 배열원소 $A[i]$에 대한 접근(IND)과 치환(ASS)이 $n - 1$회 수행함에 따라 합계 $2(n - 1)$회의 원시작업이 수행된다 고 계산해야 한다.

제어변수 i 값을 하나씩 증가시키는 작업을 반복문의 헤더로 되돌아가기 직전에 수행한 다고 전제하자. 그 작업을 위해서는 $i + 1$ 연산(EXP) 수행 후 이 값을 i에 치환(ASS)해야 하므로 합계 $2(n - 1)$회의 원시작업이 수행된다.

마지막으로 명령문 3행의 반환(RET)은 원시작업 1회에 해당한다.

여기까지 설명한 원시작업 수 계산 내용은 다음에 보인 알고리즘 arrayMax에 주석으 로 나타나 있다. 현재의 원시작업 수 계산은 최악의 경우에 기초한 계산이라는 점에 다 시 한번 유의하자.

```
Alg arrayMax(A, n)
   input array A of n integers
   output maximum element of A
                                        {operations   count}
1. currentMax ← A[0]                    {IND, ASS   2}
2. for i ← 1 to n - 1                   {ASS, EXP   1+n}
      if (A[i] > currentMax)            {IND, EXP   2(n-1)}
         currentMax ← A[i]              {IND, ASS   2(n-1)}
      {increment counter i}            {EXP, ASS   2(n-1)}
3. return currentMax                    {RET        1}
                                        {Total      7n-2}
```

1.3.3 실행시간 측정

앞에서 알고리즘 arrayMax가 최악의 경우 $7n - 2$ 개의 원시작업을 실행한다는 것을 구했다. 현실적으로 원시작업 가운데 어떤 것은 상대적으로 빠르게, 어떤 것은 상대적으로 느리게 수행할 것이다. 이러한 원시작업들의 수행시간 편차를 반영하기 위해 다음과 같이 정의하자.

> a = 가장 빠른 원시작업 실행에 걸리는 시간
>
> b = 가장 느린 원시작업 실행에 걸리는 시간

그리고 $T(n)$을 알고리즘 arrayMax의 최악인 경우의 실행시간이라 놓으면 다음이 성립한다.

$$a(7n - 2) \leq T(n) \leq b(7n - 2)$$

즉, 실행시간 $T(n)$은 두 개의 n에 관한 선형함수 사이에 놓이게 된다. 여기서 중요한 것이 있다. 하드웨어나 소프트웨어 환경을 변경하면 $T(n)$에 상수 배수만큼의 영향을 주지만 $T(n)$의 **증가율**growth rate을 변경하지는 않는다. 따라서 선형의 증가율을 나타내는 실행시간 $T(n)$은 알고리즘 arrayMax의 변치 않는 속성이 되는 것이다.

1.3.4 실행시간 표기

Big-Oh 표기법은 함수의 증가율의 **상한**upper bound을 나타낸다. 즉 "$f(n) = O(g(n))$"이라 함은 "$f(n)$의 증가율은 $g(n)$의 증가율을 넘지 않음"을 말한다. 표 1-1은 big-Oh의 속성에 대한 관찰이다. Big-Oh 표기법을 사용함으로써 증가율에 따라 함수들을 서열화할 수도 있다.

표 1-1 Big-Oh 표기법

	$f(n) = O(g(n))$	$g(n) = O(f(n))$
$g(n)$의 증가율이 더 빠르면	yes	no
$f(n)$의 증가율이 더 빠르면	no	yes
둘의 증가율이 같으면	yes	yes

Big-Oh 표기법

주어진 두 개의 함수 $f(n)$과 $g(n)$에 관해, 만약 모든 정수 $n \geq n_0$에 대해 $f(n) \leq c \cdot g(n)$이

성립하는 실수의 상수 $c > 0$ 및 정수의 상수 $n_0 \geq 1$가 존재하면 "$f(n) = O(g(n))$"이라고 말한다. 다음은 big-Oh의 계산 예다. 그림 1-4는 아래 예에 대해 각 함수를 로그스케일로 플롯한 것을 보인다.

여기서 n_0를 도입하는 의도는, "$f(n) \leq c \cdot g(n)$"이 모든 n이 아닌 n_0보다 크거나 같은 n에 대해서만 성립하면 충분하다는 취지다. 알고리즘이 작은 n 값들이 아닌 큰 n 값들에 대해 어떤 실행시간을 가지느냐를 분석하는 것이 목표이기 때문이다.

예 $2n + 10 = O(n)$
- $2n + 10 \leq c \cdot n$
- $(c - 2)n \geq 10$
- $n \geq 10/(c - 2)$
- $c = 3$ 및 $n_0 = 10$으로 성립.

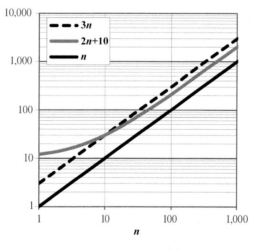

그림 1-4 $2n + 10 = O(n)$

Big-Oh에 대한 이해를 돕기 위해, 우리 생활과 밀접한 통신요금제로 비유를 들어보자. 총 통화도수 n에 대한 A, B 두 요금제의 요금 계산방식이 다음과 같다고 전제하자.

- **A** 요금제: $2n + 10$
- **B** 요금제: $c \cdot n$

A, **B** 요금제 하에서는 $c = 3$에 대해 10도수 이상 통화할 경우 **A** 요금은 **B** 요금을 넘지 않는다. 즉 $n \geq n_0$에 대해 $2n + 10 \leq c \cdot n$이 성립하는 실수의 상수 $c = 3 > 0$ 및 정수의 상수 $n_0 = 10 \geq 1$이 존재하므로 "$2n + 10 = O(n)$"이라고 말할 수 있다.

이번엔, 여기에 또 하나의 요금제인 **C** 요금제가 추가되었다고 전제하자.

- **C** 요금제: $c \cdot n^2$

그러면 $c = 1$에 대해 5도수 이상 통화할 경우 **A** 요금은 **C** 요금을 넘지 않는다. 즉 $n \geq n_0$에 대해 $2n + 10 \leq c \cdot n^2$이 성립하는 실수의 상수 $c = 1 > 0$ 및 정수의 상수 $n_0 = 5 \geq 1$가 존재하므로, "$2n + 10 = \mathbf{O}(n^2)$"이라고 말할 수 있다. 따라서 앞서의 "$2n + 10 = \mathbf{O}(n)$"과 마찬가지로 "$2n + 10 = \mathbf{O}(n^2)$" 역시 성립한다.

다음은 big-Oh의 다른 예다.

예 $n^2 \neq \mathbf{O}(n)$

- $n^2 \leq c \cdot n$
- $n \leq c$

  c가 상수여야 하므로 위의 등식은 성립시킬 수 없다.

  이 예를 통신요금제 비유에 비유하면 다음과 같다.

- **A**: n^2
- **B**: $c \cdot n$

  어떤 c에 대해서도 **A** 요금이 **B** 요금을 넘지 않게 되는 최저통화도수는 없다(그림 1-5에서 c에 대해 1, 10, 100 등을 시도하지만 성공하지 못한다).

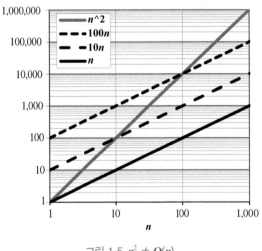

그림 1-5 $n^2 \neq \mathbf{O}(n)$

Big-Oh에 좀 더 익숙해지기 위해 다음 계산 예들을 보자.

예 $7n - 2$

- $7n - 2 = \mathbf{O}(n)$
- $n \geq n_0$ 에 대해 $7n - 2 \leq c \cdot n$ 이 성립하는 $c > 0$ 및 $n_0 \geq 1$ 가 필요.
- $c = 7$ 및 $n_0 = 1$ 로 성립.

예 $3n^3 + 20n^2 + 5$

- $3n^3 + 20n^2 + 5 = \mathbf{O}(n^3)$
- $n \geq n_0$ 에 대해 $3n^3 + 20n^2 + 5 \leq c \cdot n^3$ 이 성립하는 $c > 0$ 및 $n_0 \geq 1$ 가 필요.
- $c = 4$ 및 $n_0 = 21$ 로 성립.

예 $3 \log n + \log \log n$

- $3 \log n + \log \log n = \mathbf{O}(\log n)$
- $n \geq n_0$ 에 대해 $3 \log n + \log \log n \leq c \cdot \log n$ 이 성립하는 $c > 0$ 및 $n_0 \geq 1$가 필요.
- $c = 4$ 및 $n_0 = 2$로 성립.

Big-Oh 계산 요령

 Big-Oh 계산은 언뜻 복잡해 보이지만 요령만 알면 좀 더 쉽고 빠르게 구할 수 있다. 다음은 big-Oh를 구하는 요령이다.

- $f(n)$이 상수면 $f(n) = \mathbf{O}(c)$ 또는 $\mathbf{O}(1)$이다.
- $f(n)$이 차수 d의 다항식이면 $f(n) = \mathbf{O}(n^d)$. 즉
  - 낮은 차수의 항들을 탈락시킨 후,
  - 상수계수를 탈락시킨다.
- 최소한의 함수계열을 사용하라.
  - 예를 들어 "$2n = \mathbf{O}(n^2)$" 대신 "$2n = \mathbf{O}(n)$"이라고 말하라.
- 해당 함수계열 중 가장 단순한 표현을 사용하라.
  - 예를 들어 "$3n + 5 = \mathbf{O}(3n)$" 대신 "$3n + 5 = \mathbf{O}(n)$"이라고 말하라.

1.3.5 점근분석

알고리즘을 **점근분석** asymptotic analysis 함으로써 big-Oh 표기법에 의한 실행시간을 구할 수 있다. 점근분석을 수행하기 위해서는 다음과 같이 한다.

1. 최악의 원시작업 수행 횟수를 입력크기의 함수로 구한다.
2. 이 함수를 big-Oh 표기법으로 나타낸다.

알고리즘 arrayMax의 예

1. 알고리즘 arrayMax가 최대 $7n - 2$개의 원시작업을 실행한다는 것을 구한다.
2. "알고리즘 arrayMax는 $\mathbf{O}(n)$ 시간에 수행된다"고 말한다.

$7n - 2$에서 7과 같은 상수계수와 -2와 같은 낮은 차수의 항들은 결국 탈락되므로, 원시작업 수를 계산할 때부터 이들을 무시할 수 있다.

1.3.6 분석의 지름길

 이 절에서는 실제 알고리즘에서 자주 나타나는 코드 구문에 대한 지름길 big-Oh 분석을 소개한다.

다중의 원시작업

이런 경우는 하나의 식에 나타나는 여러 개의 원시작업을 하나로 계산.

예 아래 구문의 점근적 실행시간은 $\mathbf{O}(c)$다.

$$sum \leftarrow sum + (salary + bonus) \times (1 - tax)$$

반복문

반복문의 실행시간 × 반복 횟수

예 아래 구문의 점근적 실행시간은 $\mathbf{O}(n)$이다.

```
for i ← 1 to n
    k ← k+1
    sum ← sum+i
```

중첩 반복문

반복문의 실행시간 × Π 각 반복문의 크기

예 아래 구문의 점근적 실행시간은 $O(n^2)$이다.

> for $i \leftarrow 1$ to n
>   for $j \leftarrow 1$ to n
> $k \leftarrow k+1$

연속문

각 문의 실행시간을 합산, 즉 이들 중 최대값을 선택.

예 아래 구문의 점근적 실행시간은 $O(n^2)$이다.

> for $i \leftarrow 0$ to $n-1$ $\{O(n)\}$
> $A[i] \leftarrow 0$
> for $i \leftarrow 0$ to $n-1$ $\{O(n)\}$
>   for $j \leftarrow 0$ to $n-1$ $\{O(n^2)\}$
> $A[i] \leftarrow A[i]+A[j]$

조건문

조건 검사의 실행시간에 **if** 절과 **else** 절의 실행시간 중 큰 것을 합산.

예 아래 구문의 점근적 실행시간은 $O(n)$이다.

> if $(k = 0)$ $\{O(c)\}$
>   ***return*** $\{O(c)\}$
> else
>   for $i \leftarrow 1$ to n $\{O(n)\}$
> $j \leftarrow j+1$

1.3.7 Big-Oh의 친척들

 Big-Oh 이외의 점근분석 표기법으로 big-Omega와 big-Theta가 있다. 이들은 big-Oh와 형식상 유사하지만 다른 의미로 사용된다.

Big-Omega

$n \geq n_0$ 에 대해 $f(n) \geq c \cdot g(n)$ 이 성립하는 상수 $c > 0$ 및 정수의 상수 $n_0 \geq 1$ 가 존재하면 "$f(n) = \Omega(g(n))$"이라고 말한다. Big-Oh가 함수의 증가율의 **상한**upper bound을 나타내는 데 반해 big-Omega는 함수의 증가율의 **하한**lower bound을 나타낸다. 다음은 big-Omega 계산 예다.

예 $5n^2$
- $5n^2 = \Omega(n^2)$
- $n \geq n_0$에 대해 $5n^2 \geq c \cdot n^2$ 이 성립하는 $c > 0$ 및 $n_0 \geq 1$ 가 필요.
- $c = 5$ 및 $n_0 = 1$ 로 성립.

예 $5n^2$
- $5n^2 = \Omega(n)$
- $n \geq n_0$ 에 대해 $5n^2 \geq c \cdot n$ 이 성립하는 $c > 0$ 및 $n_0 \geq 1$ 가 필요.
- $c = 1$ 및 $n_0 = 1$ 로 성립.

예 $3 \log n + \log \log n$
- $3 \log n + \log \log n = \Omega(\log n)$
- $n \geq n_0$ 에 대해 $3 \log n + \log \log n \geq c \cdot \log n$ 이 성립하는 $c > 0$ 및 $n_0 \geq 1$ 가 필요.
- $c = 3$ 및 $n_0 = 2$ 로 성립.

Big-Theta

$n \geq n_0$ 에 대해 $c' \cdot g(n) \leq f(n) \leq c'' \cdot g(n)$ 이 성립하는 상수 $c' > 0$, $c'' > 0$ 및 정수의 상수 $n_0 \geq 1$ 가 존재하면 "$f(n) = \Theta(g(n))$"이라고 말한다. 다시 말해, "$f(n) = O(g(n))$"인 동시에 "$f(n) = \Omega(g(n))$"이면 "$f(n) = \Theta(g(n))$"이라고 말한다. Big-Theta는 함수의 증가율의 상한과 하한을 모두 나타내므로 동일함수임을 나타낸다. 다음은 big-Theta 계산 예다.

예 $5n^2$
- $5n^2 = \Theta(n^2)$
- $n \geq n_0$ 에 대해 $c' \cdot n^2 \leq 5n^2 \leq c'' \cdot n^2$ 이 성립하는 $c', c'' > 0$ 및 $n_0 \geq 1$ 가 필요.
- $c' = c'' = 5$ 및 $n_0 = 1$ 로 성립.

예 $3 \log n + \log \log n$
- $3 \log n + \log \log n = \Theta(\log n)$
- $n \geq n_0$ 에 대해 $c' \cdot \log n \leq 3 \log n + \log \log n \leq c'' \cdot \log n$ 이 성립하는 $c', c'' > 0$ 및 $n_0 \geq 1$ 가 필요.
- $c' = 3$, $c'' = 4$ 및 $n_0 = 2$ 로 성립.

이제 각각의 점근표기를 직관적으로 말한다면 다음과 같다.

- **Big-Oh** : 점근적으로 $f(n) \leq g(n)$ 이면 "$f(n) = O(g(n))$"
- **Big-Omega** : 점근적으로 $f(n) \geq g(n)$ 이면 "$f(n) = \Omega(g(n))$"
- **Big-Theta** : 점근적으로 $f(n) = g(n)$ 이면 "$f(n) = \Theta(g(n))$"

1.4 전형적인 함수들의 증가율

표 1-2는 알고리즘 분석 결과 자주 나타나는 점근 함수들이 입력 크기 n이 증가함에 따라 함수값이 얼마나 증가하는지를 보여준다. 그림 1-6은 이 함수들의 증가율을 비교하기 쉽도록 입력 크기를 수평축으로 하여 플롯한 것이다.

표 1-2 전형적인 함수들의 증가율

함수	이름	$f(10^2)$	$f(10^3)$	$f(10^4)$	$f(10^5)$
c	상수(constant)	1	1	1	1
$\log n$	로그(logarithmic)	7	10	14	18
$\log^2 n$	로그제곱(log-squared)	49	100	200	330
n	선형(linear)	100	1,000	10,000	100,000
$n \log n$	로그선형(log-linear)	700	10,000	140,000	1.8×10^6
n^2	2차(quadratic)	10,000	10^6	10^8	10^{10}
n^3	3차(cubic)	10^6	10^9	10^{12}	10^{15}
2^n	지수(exponential)	10^{30}	10^{300}	10^{3000}	10^{30000}

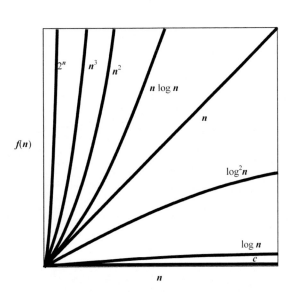

그림 1-6 전형적인 함수들의 증가율 플롯

1.5 알아야 할 수학적 배경

 이어지는 장들의 내용을 이해하고 알고리즘을 분석하기 위해 고차원적인 수학적 지식이 필요하지는 않다. 다만 기초 수학 중 몇 가지 기본적인 내용은 반드시 필요하다. 다음의 내용을 상기하고 숙지하기 바란다.

합계(summations)

- $\sum_{i=0}^{n} a^i = 1 + a + a^2 + \dots + a^n = (1 - a^{n+1})/(1-a) \ \{\text{for } a > 0\}$

- $\sum_{i=1}^{n} i = n(n+1)/2$

- $\sum_{i=1}^{n} i^2 = n(n+1)(2n+1)/6$

로그(logarithms)

- $\log_b xy = \log_b x + \log_b y$
- $\log_b (x/y) = \log_b x - \log_b y$
- $\log_b x^a = a \log_b x$
- $\log_b a = (\log_x a)/\log_x b$

지수(exponentials)

- $a^{b+c} = a^b a^c$
- $a^{b-c} = a^b/a^c$
- $a^{bc} = (a^b)^c$
- $a^{\log_a b} = b$

1.6 응용문제

이 절에서는 다음 응용문제들을 통해 알고리즘 분석에 대한 이해와 훈련을 돕기로 한다.

- 행렬에서 특정원소 찾기
- 비트행렬에서 최대 1행 찾기
- 누적평균

1.6.1 행렬에서 특정원소 찾기

$n \times n$ 배열 A의 원소들 중 특정 원소 x를 찾는 알고리즘 findMatrix를 작성하고자 한다. 알고리즘 findMatrix는 A의 행들을 반복하며, x를 찾거나 또는 A의 모든 행들에 대한 탐색을 마칠 때까지 각 행에 대해 알고리즘 findRow를 호출한다.

A. 위에 의도한 바와 일치하도록 알고리즘 findMatrix를 작성하라.

B. findMatrix의 최악실행시간을 n에 관해 구하라.

C. 이는 선형시간 알고리즘인가? 왜 그런지 또는 왜 아닌지 설명하라.

Alg *findRow*(*A*, *x*)

    input array A of n elements, element x

    output the index i such that $x = A[i]$ or -1 if no element of A is equal to x

1. $i \leftarrow 0$
2. **while** $(i < n)$
    if $(x = A[i])$
        return i
    else
        $i \leftarrow i+1$
3. **return** -1

■ 해결

A. 알고리즘 findMatrix는 다음과 같이 작성한다.

Alg *findMatrix*(*A*, *x*)

    input array A of $n \times n$ elements, element x

    output the location of x in A or a failure message if no element of A is equal to x

1. $r \leftarrow 0$
2. **while** $(r < n)$
    $i \leftarrow$ *findRow*($A[r]$, x)
    if $(i \geq 0)$
        write("*found at*", r, i)
        return
    else
        $r \leftarrow r+1$
3. *write*("*not found*")
4. **return**

B. 위 알고리즘의 최악실행시간은 $O(n^2)$이다. 최악의 경우, 원소 x는 검사 대상인 n ×n 배열의 맨 아래 행의 맨 오른쪽 열 원소다. 이 경우 알고리즘 findMatrix는 findRow를 n번 호출하게 된다. findRow는 행마다 n개의 원소 모두를 탐색해야 하며 마지막 호출에 가서야 x를 찾는다. 그러므로 findRow를 호출할 때마다 n회의 비교가 수행된다. findRow가 n회 호출되므로 총 n×n회의 작업을 수행하는 것이 되며, 이는 $O(n^2)$의 실행시간이 된다.

C. 선형시간 알고리즘이 아니다. n^2은 **2차 시간**^{quadratic time}이다. 즉, 실행시간이 입력 크기에 제곱비례한다. 선형시간이 되려면 실행시간이 입력 크기에 정비례해야 할 것이다.

1.6.2 비트행렬에서 최대 1행 찾기

그림 1-7에 보인 것처럼 n×n 배열 A의 각 행은 1과 0으로만 구성되며, A의 어느 행에서나 1이 그 행의 0보다 앞서 나온다고 가정하자. A가 이미 주기억장치에 존재한다고 가정하고, 가장 많은 1을 포함하는 행을 $O(n)$ 시간에 찾는 알고리즘 mostOnes(A, n)을 작성하라.

예 8×8 배열 A는 6행이 가장 많은 1을 포함한다.

	0	1	2	3	4	5	6	7
0	1	1	1	1	0	0	0	0
1	1	1	1	1	1	0	0	0
2	1	0	0	0	0	0	0	0
3	1	1	1	1	1	1	0	0
4	1	1	1	1	0	0	0	0
5	0	0	0	0	0	0	0	0
6	1	1	1	1	1	1	1	0
7	1	1	1	1	1	0	0	0

A

그림 1-7 비트행렬

※ 주의 : 아래 알고리즘 mostOnesButSlow는 1이 가장 많은 행을 찾기는 하지만 실행시간이 $O(n)$ 이 아니라 $O(n^2)$이다. 그림 1-8에 보인 것처럼 알고리즘은 0이 나타나거나 열의 상한에 이를 때까지 각 행의 열을 검사하기 때문이다. 최악의 경우 모든 행에 n개의 1이 존재한 다면, 알고리즘은 비트행렬의 모든 셀을 검사하게 되며 여기에는 $O(n^2)$ 시간이 소요된다.

```
Alg  mostOnesButSlow(A, n)
    input  bit matrix A[n × n]
    output  the row of A with most 1's

1. row, jmax ← 0
2. for  i ← 0 to n − 1
       j ← 0
       while ((j < n) & (A[i, j] = 1))
           j ← j + 1
       if (j > jmax)
           row ← i
           jmax ← j
3. return row
```

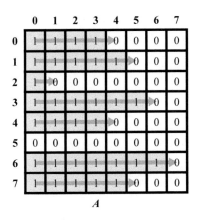

그림 1-8 알고리즘 mostOnesButSlow의 작동 방식

■ 해결

해결 방법은 그림 1-9에 보인 것처럼 다음과 같이 진행한다.

1. 행렬의 좌상 셀 [0, 0]에서 출발한다.

2. 0이 발견될 때까지 행렬을 가로질러 오른쪽으로 간다.

3. 1이 발견될 때까지 행렬을 내려간다.

4. 마지막 행 또는 열을 만날 때까지 위 2, 3 단계를 반복한다.

5. 1을 가장 많이 가진 행은 가로지른 마지막 행이다.

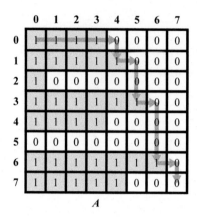

그림 1-9 알고리즘 mostOnes의 작동 방식

이 방식은 최대 2n회의 비교를 수행하므로 명백히 **O**(n)-시간 알고리즘이다. 알고리즘
은 다음의 두 가지 버전으로 작성할 수 있다. 어떤 차이가 있는지 살펴보자.

```
Alg  mostOnes(A, n)                {ver.1}
    input  bit matrix A[n × n]
    output  the row of A with most 1's


1. i, j ← 0
2. while  (1)
        while  (A[i, j] = 1)
            j ← j + 1
            if  (j = n)
                return i
        row ← i
        while (A[i, j] = 0)
            i ← i + 1
            if (i = n)
                return row
```

```
Alg mostOnes(A, n)                {ver.2}
   input  bit matrix A[n × n]
   output  the row of A with most 1's

1. i, j, row ← 0
2. while ((i < n) & (j < n))
      if (A[i, j] = 0)
         i ← i + 1
      else
         row ← i
         j ← j + 1
3. return row
```

1.6.3 누적평균

배열 X의 i-번째 **누적평균** prefix average이란 X의 i-번째에 이르기까지의 $i+1$개 원소들의 평균이다. 즉

$$A[i] = (X[0] + X[1] + \cdots + X[i])/(i+1)$$

누적평균은 경제, 통계 분야에서 많이 응용된다. 오르내림 변동을 순화시킴으로써 대략적 추세를 얻어내므로 부동산, 주식, 펀드 등의 가격변화 추이를 분석하는 데 유용하다. 그림 1-10 막대그래프는 배열 X(옅은 색 막대)에 대한 누적평균 배열 A(짙은 색 막대)의 값을 보인다. 배열 X의 누적평균 배열 A를 구하는 알고리즘을 작성하라.

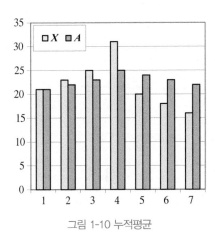

그림 1-10 누적평균

■ 해결

누적평균을 구하는 알고리즘은 두 가지 버전으로 작성할 수 있다. 정의를 그대로 이용하는 느린 버전과 중간 합을 보관하는 빠른 버전이다. 느린 버전 알고리즘 prefixAverages1은 정의를 이용하여 누적평균값들을 **2차 시간**quadratic time에 구한다. 빠른 버전 알고리즘 prefixAverages2는 중간 합을 보관함으로써 누적평균값들을 **선형시간**linear time에 구한다. prefixAverages1이 배열 X의 이미 합산을 수행했던 구간에 대해 반복 라운드마다 다시 합산을 수행하는 데 많은 시간을 소비하는 것에 비해, prefixAverages2는 배열 X의 이미 합산을 마친 구간에 대한 합산 결과를 임시 변수에 저장하고 이후의 합산에서는 이전의 합산에 추가해야 할 배열 X의 원소 한 개만 합산함으로써 시간을 절약한다.

Alg *prefixAverages1(X, n)*   {slow ver.}
   input array X, A of n integers
   output array A of prefix averages of X

1. **for** $i \leftarrow 0$ **to** $n - 1$ $\{n\}$
    sum $\leftarrow 0$ $\{n\}$
    for $j \leftarrow 0$ **to** i $\{1 + 2 + \cdots + n\}$
      sum $\leftarrow$ *sum* $+ X[j]$ $\{1 + 2 + \cdots + n\}$
    $A[i] \leftarrow sum/(i + 1)$ $\{n\}$
2. **return** $\{1\}$
                                  $\{\text{Total } \mathbf{O}(n^2)\}$

Alg *prefixAverages2(X, n)*   {fast ver.}
   input array X, A of n integers
   output array A of prefix averages of X

1. *sum* $\leftarrow 0$ $\{1\}$
2. **for** $i \leftarrow 0$ **to** $n - 1$ $\{n\}$
    sum $\leftarrow$ *sum* $+ X[i]$ $\{n\}$
    $A[i] \leftarrow sum/(i + 1)$ $\{n\}$
3. **return** $\{1\}$
                                  $\{\text{Total } \mathbf{O}(n)\}$

요약

- 알고리즘은 주어진 문제를 유한한 시간 내에 해결하는 단계적 절차를 말한다. 데이터 구조는 데이터를 조직하고 접근하는 체계적 방식을 말한다.
- "좋은" 알고리즘과 데이터구조의 척도는 첫째, 알고리즘과 데이터구조 작업에 소요되는 실행시간이며 둘째, 기억장소 사용량이다.
- 대개의 응용에서 평균 입력이란 개념을 가늠하기 어려운 만큼 현실적으로는 최악실행시간에 집중하여 실행시간을 분석한다.
- 실행시간의 측정은 실험적 방법과 이론적 방법이 있다. 이론적 방법은 모든 입력 가능성을 고려하며, 하드웨어나 소프트웨어와 무관하게 알고리즘의 속도를 평가하고, 의사코드로 표현된 알고리즘을 사용하는 것으로 충분하다.
- 의사코드는 알고리즘을 설명하기 위한 고급언어로서 자연어 문장보다 더 구조적이지만, 프로그래밍 언어보다는 덜 상세하고 덜 엄밀하다.
- 이론적 방법에 의한 실행시간 측정은 알고리즘이 임의접근기계 모델 상에서 실행하는 것으로 가정하여 알고리즘이 실행하는 동안 수행되는 원시작업 수를 구함으로써 측정한다.
- 실행시간을 점근적으로 표기하는 세 가지 방식이 있다. Big-Oh는 점근적으로 $f(n) \leq g(n)$ 이면 "$f(n) = O(g(n))$", big-Omega는 점근적으로 $f(n) \geq g(n)$ 이면 "$f(n) = \Omega(g(n))$", big-Theta는 점근적으로 $f(n) = g(n)$ 이면 "$f(n) = \Theta(g(n))$"으로 각각 표기한다.

연습문제

1-1 합

양의 정수 n에 대해 1, 2, $\cdots$, n 의 합을 구하는 알고리즘 sum(n)을 작성하고 점근분석을 통해 sum(n)이 $O(n)$ 시간에 실행함을 보여라.

- sum(n): $1+2+\cdots+n$ 의 합을 반환

1-2 한 라인에 한 숫자 인쇄

주어진 양의 정수 n을 한 라인에 한 숫자씩 인쇄하는 알고리즘 printDigits(n)을 작성하고 점근분석을 통해 printDigits(n)이 $O(\log_{10} n)$ 시간에 실행함을 보여라.

- printDigits(n): 양의 정수 n을 한 라인에 한 숫자씩 인쇄

1-3 나머지 연산

%(modulo) 연산자는 나눗셈의 나머지를 반환한다. % 연산자를 사용하지 않고 a를 b로 나눈 나머지를 구하는 알고리즘 modulo(a, b)를 작성하고 점근분석을 통해 modulo(a, b)가 **O**(a/b) 시간에 실행함을 보여라.

1-4 Big-Oh 구하기

다음 알고리즘 각각의 실행시간을 big-Oh에 의해 구하라.

Alg $a1(m)$
1. $p \leftarrow 1$
2. **for** $i \leftarrow 1$ **to** $3m$
   $\quad p \leftarrow p \times i$

Alg $a2(t)$
1. $p \leftarrow 1$
2. **for** $i \leftarrow 1$ **to** t^2
   $\quad p \leftarrow p \times i$

Alg $a3(p)$
1. $s \leftarrow 0$
2. **for** $n \leftarrow 1$ **to** $2p$
   $\quad$ **for** $j \leftarrow 1$ **to** n
   $\quad\quad s \leftarrow s + n$

Alg $a4(n)$
1. $s \leftarrow 0$
2. **for** $i \leftarrow 1$ **to** n
   $\quad$ **for** $j \leftarrow 1$ **to** i^2
   $\quad\quad s \leftarrow s + i$

Alg $a5(n)$
1. $s \leftarrow 0$
2. **for** $k \leftarrow 1$ **to** n^2
   $\quad$ **for** $j \leftarrow 1$ **to** k
   $\quad\quad s \leftarrow s + k$

```
Alg  a6(k, n)
1. s ← 0
2. for  i ← 1 to n²
       for  j ← 2 to k
           s ← s + i
```

1–5 Big-Oh 증명

   A. "$(n + 1)^5 = O(n^5)$"임을 보여라.

   B. "$2^{n+1} = O(2^n)$"임을 보여라.

1–6 두 알고리즘 비교

콩쥐와 팥쥐는 각자 작성한 정렬 알고리즘의 성능에 대해 서로 우월하다고 논쟁하고 있다. 콩쥐는 자신의 $O(n \log n)$ 시간 알고리즘이 팥쥐의 $O(n^2)$-시간 알고리즘보다 항상 빨리 실행한다고 주장한다. 논쟁에 결말을 짓기 위해 이들은 각자의 알고리즘을 프로그램으로 구현한 후 수많은 무작위 데이터 집단을 생성하여 이에 대해 실행시킨다. 그 결과, 콩쥐에겐 서운하지만, 입력 크기 $n \geq 100$인 경우에만 콩쥐의 알고리즘이 빠르고 $n < 100$인 경우에는 팥쥐의 알고리즘이 더 빠르다는 것을 알게 되었다. 왜 이런 결과가 가능한지 설명하라.

1–7 점근분석 예

서로 관계가 성립하는 것끼리 좌우를 연결하라. 좌우 모두 하나에 여러 개가 연결될 수도 있다.

   ① $8n$ ⓐ $O(n)$

   ② $8n - 3$ ⓑ $\Omega(n)$

   ③ $8n^2 + 3n \log n$ ⓒ $\Theta(n)$

   ④ $4n \log n$ ⓓ $O(n^2)$

   ⑤ $5n^2 + 3$ ⓔ $\Omega(n^2)$

   ⑥ $7n^3 + 3n \log n$ ⓕ $\Theta(n^2)$

   ⑦ $n^2 \log n + 8n$

1–8 Big-Theta 증명

"$2n^2 - 10n + 3 = \Theta(n^2)$"임을 증명하라.

심층문제

1-1* 점근표기법

점근적으로 음이 아닌 함수 *f*와 *g*에 대한 다음 각각의 명제에 대해 항상 옳은지, 항상 그른지, 가끔 옳은지 답하라. 항상 옳거나 그르면 이유를 설명하고 가끔 옳은 경우라면 옳은 예 하나와 그른 예 하나씩을 보여라.

- A. $f(n) = O(f(n)^2)$
- B. $f(n) + g(n) = \Theta(max(f(n), g(n)))$
- C. $f(n) + O(f(n)) = \Theta(f(n))$

1-2* 누적평균

알고리즘 prefixAverages의 느린 버전과 빠른 버전을 C 프로그램으로 구현하라. *n*에 대해 100,000, 200,000, 300,000으로 크기를 달리 하여 각각의 실행시간을 측정하여 출력하라. 난수발생 함수를 사용하여 배열 *X*를 초기화하여 사용하라.

1-3* 이동평균

배열 *X*의 *k*-차 **이동평균**moving averages 배열 *A*를 계산하고자 한다. 배열 *X*의 *i* 번째 *k*-차 이동평균값은 *X*의 *i* 번째에 이르기까지의 마지막 *k*개 원소들의 평균이다. 즉,

$$A[i] = (X[i - k + 1] + X[i - k + 2] + \cdots + X[i])/k$$

앞서 누적평균에 관한 응용문제의 해결을 참고하여, *k*-차 이동평균값들을 구하기 위한 알고리즘을 두 버전으로 작성하라.

- movingAverages1(*X*, *n*, *k*): 정의를 이용하여 계산
- movingAverages2(*X*, *n*, *k*): 중간 합을 보관하여 계산

점근분석을 통해 다음을 보여라.

- movingAverages1(*X*, *n*, *k*)는 $O(kn)$ 시간에 실행
- movingAverages2(*X*, *n*, *k*)는 $O(n)$ 시간에 실행

※ 주의

- 배열 *A*의 첫 *k* − 1개의 원소들에 대한 *k*-차 이동평균값들은 정의할 수 없으므로 구하지 않아도 된다.
- $1 \ll k < n$, 즉 *k*는 상당히 큰 수로 전제하라.

마지막으로, movingAverages1과 movingAverages2 알고리즘을 C 프로그램으로 구현하라. n에 대해 100,000, 200,000, 300,000 으로 크기를 달리 하고 $k = 100$ 을 사용하여 각각의 실행시간을 측정하여 출력하라. 난수발생 함수를 사용하여 배열 X를 초기화하여 사용하라.

1–4* 빠진 정수 찾기

배열 A는 [0, n–1] 범위 내의 n–1개의 유일한 정수들을 원소로 포함한다. 즉, 이 범위 내에서 단 하나의 정수만이 배열 A에서 빠져 있다. 빠진 수를 찾는 $O(n)$-시간 알고리즘 findMissing(A, n)을 작성하라. 배열 A 외에 $O(1)$의 추가 기억장소를 사용하는 것이 허용된다. 다시 말해 약간의 단순 변수들을 위한 메모리만 추가 사용할 수 있다. 또한 점근 분석을 통해 findMissing이 $O(n)$ 시간에 실행됨을 보여라.

예 아래 그림의 배열 A[0..11]에는 [0, 11] 범위의 정수 가운데 9가 빠져 있다.

	0	1	2	3	4	5	6	7	8	9	10	11
A	7	4	6	2	12	3	10	1	8	11	0	5

1–5* 비트행렬에서 1의 수 세기

$n \times n$ 배열 A의 각 행은 1과 0으로만 구성되며, A의 어느 행에서나 1은 그 행의 0보다 앞서 나온다고 가정하자. 이에 더하여, $i = 0, 1, 2, \cdots, n - 2$ 에 대해 i행의 1의 수는 $i+1$ 행의 1의 수보다 작지 않다고 가정하자. A가 이미 주기억장치에 존재한다고 전제하고, $O(n)$ 시간에 배열 A에 포함된 1의 수를 모두 세는 알고리즘 countOnes(A, n)를 작성하라.

예 아래 그림의 8 × 8 배열 A에 포함된 1은 총 37개다.

	0	1	2	3	4	5	6	7
0	1	1	1	1	1	1	1	1
1	1	1	1	1	1	1	0	0
2	1	1	1	1	1	1	0	0
3	1	1	1	1	1	0	0	0
4	1	1	1	1	1	0	0	0
5	1	1	1	1	1	0	0	0
6	1	1	0	0	0	0	0	0
7	0	0	0	0	0	0	0	0

A

※ 주의 : 아래 알고리즘 countOnesButSlow는 A에 포함된 1의 수를 세기는 하지만, 실행시간이 $O(n)$이 아니라 $O(n^2)$이다. 아래 그림에 보인 것처럼 알고리즘은 0이 나타나거나 혹은 열의 상한에 이를 때까지 각 행의 열을 검사하기 때문이다. 최악의 경우 모든 행에 n개의 1이 존재한다면, 알고리즘은 비트행렬의 모든 셀을 검사하게 되며 여기에는 $O(n^2)$ 시간이 소요된다.

```
Alg countOnesButSlow(A, n)
    input  bit matrix A[n × n]
    output  the total number of 1's

1. c ← 0
2. for i ← 0 to n − 1
       j ← 0
       while ((j < n) & (A[i, j] = 1))
           c ← c + 1
           j ← j + 1
3. return c
```

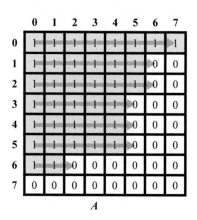

A

의사코드로 작성된 알고리즘 countOnes를 C 프로그램으로 구현하고 n에 대해 10,000, 50,000, 100,000 으로 크기를 달리 하여 각각의 실행 결과를 출력하라. 단, 비트행렬의 각 원소는 문제의 조건에 맞는 난수로 초기화하라.

1–6* 암호전송

컴퓨터 네트워크에서 통신 보안은 매우 중요하다. 네트워크 상에서 보안성을 확보하는 방안 중 하나가 메시지를 암호화하는 것이다. 이러한 네트워크 상에서 메시지의 안전한 전송을 위한 대표적인 암호체계가 있는데 이

체계는 큰 정수를 약분하는 효율적인 알고리즘이 아직은 존재하지 않는다는 사실에 기초한다. 따라서 비밀 메시지를 **큰 소수**prime number p로 표현할 수만 있다면 네트워크 상에서 수 $r = p \cdot q$ 를 전송할 수 있게 된다. 여기서 $q > p$ 는 암호화 키로 사용되는 또 다른 소수다. 누군가가 네트워크 상에서 전송된 수 r을 가로채어 비밀 메세지 p가 뭔지 알아내려면 r을 약분해야만 할 것이다. 암호화 키 q를 모르는 상태에서 약분만으로 메세지가 뭔지 알아낸다는 것은 지극히 어려운 일이다. 왜 그리 어려운지 이해하기 위해 다음의 약분 메쏘드를 고려해 보자.

■ 메쏘드

1 < p < r 인 모든 정수 p에 대해, r이 p로 나누어지는지 검사.
나누어지면 "비밀 메세지는 p다!"라고 출력하고 종료. 그렇지 않으면 나누기를 계속.

A. 메시지를 가로챈 이가 각각 최대 100비트인 두 정수간의 나눗셈을 1회 수행하는 데 백만분의 1초(즉 10^{-6}초)가 걸리는 컴퓨터에서 위의 알고리즘을 사용한다고 가정하자. 만약 r이 100비트로 되어 있다면 비밀 메세지를 판독하는 데 걸리는 최악의 시간을 추정하라.

B. 위 알고리즘의 최악실행시간을 구하라. 여기서는 알고리즘에 대한 입력이 단지 한 개의 큰 수 r이므로 입력크기 n을 r을 저장하기 위한 바이트 수, 즉 $n = (\log_2 r)/8$ 로 가정하고, 1회의 나눗셈이 $O(n)$ 시간에 수행한다고 전제하라.

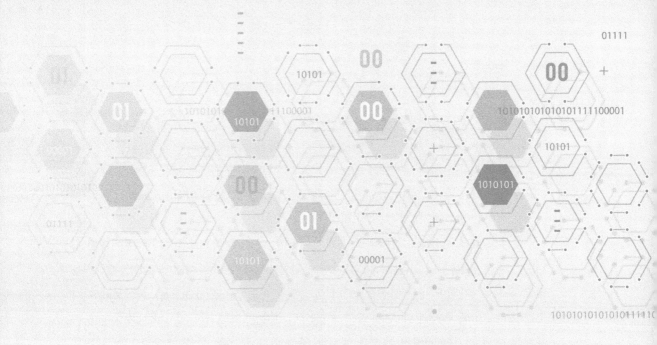

CHAPTER **2**

재귀

2.1 재귀알고리즘

 길에서 어떤 외국인이 당신에게 "덕수궁으로 가려면 어디로 갑니까?"라고 묻는다고 하자. 당신은 "여기서 7호선 지하철을 타고 을지로 4가역까지 가서, 2호선 지하철로 갈아타고 시청역에 내린 다음, 북쪽으로 100미터 걸어가면 됩니다." 라고 답할 수도 있다. 아니면 이렇게 답할지도 모른다. "여기서 7호선 지하철을 타고 을지로 4가역에 내린 다음, 그곳의 행인에게 덕수궁으로 가는 길을 물어보세요"라고 말이다. 전자, 후자의 답 모두 일리가 있는 답이지만, 외국인이 제시한 덕수궁을 찾는 문제에 대해 전자는 전체적 해결을 제시한 것이 되고, 후자는 그 문제의 일부만 해결하고 나머지 부분은 외국인에게 또 하나의 문제로 남겨둔 것이 된다.

위에서 후자의 문제해결 방식을 **재귀** recursion에 의한 문제해결이라고 말한다. 즉, 문제에 대한 해결을 한 번에 모두 제시하는 것이 아니라 일부만 해결하고 나머지에 대해서는 또 다른 문제로서 제기하는 방식이다. 이에 비해 전자의 문제해결 방식은 **비재귀** nonrecursion에 의한 방식이라고 말한다. 즉, 문제를 해결하는 처음부터 끝까지의 절차를 모두 제시하는 방식이다.

컴퓨터 알고리즘 역시 어떤 문제에 대한 해결 절차라 볼 수 있으며 그 해결 절차는 비재귀적인 방식, 혹은 재귀적인 방식으로 작성될 수 있다. 재귀에 의해 작성된 알고리즘은 해결 도중에 문제를 다시 제기하는 부분, 즉 알고리즘이 자신을 다시 호출하는 부분이 있게 마련이다. 이렇게 알고리즘 자신을 사용하여 정의된 알고리즘을 **재귀적** recursive이라고 말하고 알고리즘이 자신을 호출하는 것을 **재귀호출** recursive call이라고 한다.

아래 재귀알고리즘 sum의 예를 보자. 알고리즘 sum은 1부터 n까지의 정수 합을 구하는 문제를 해결한다. 그런데 문제를 완전 해결하는 것이 아니라, **else** 절에 보면 $n + \text{sum}(n - 1)$을 해결책으로 제시하고 있다. 이 수식의 의미는 현재의 n값에 알고리즘 sum을 $n - 1$을 매개변수로 재귀호출하여 반환된 결과를 합하라는 것이다.

```
Alg  sum(n)
1. if  (n = 1)                    {base case}
       return  1
   else                           {recursion}
       return  n + sum(n - 1)
```

언뜻 생각하면 재귀알고리즘의 해결 방식이란게 자신에게 주어진 문제를 다시 되묻는 방식이므로 이렇게 계속한다면 문제를 해결하기는 커녕 계속 되묻기만 하는 무한루프에 진입하는 것이 아닌가 하는 궁금증이 생길 수 있다. 물론 같은 문제에 대해 같은 재귀를 계속한다면 이것은 마치 앞서 길을 묻는 외국인에게 "바로 이 자리에서 나 말고 다른 사람에게 덕수궁으로 가는 길을 물어보면 됩니다"하는 식의 별 도움 안 되는 해결을 제시한 것과 같다. 지나가는 행인마다 이런 식으로 답한다면 외국인은 덕수궁을 향해 한 걸음도 나아가지 못하고 처음 위치에서 제자리 걸음만 할 것이다. 즉, 길찾기 문제에 대해 무한루프에 진입할 뿐 해결을 찾지 못하는 것이다. 그러므로 이러한 오류를 피하기 위해 재귀알고리즘의 작성에는 매우 중요한 조건이 있다. 다음 두 가지 조건이 반드시 충족되어야 한다.

- **재귀 케이스**recursive case : **재귀호출은 반드시 원래의 문제보다 작아진 부문제들**subproblems **을 대상으로 이루어져야 한다.** 외국인의 입장에서, 을지로 4가역으로 가서 길을 다시 묻는 것은 초기 위치에서 길을 물었던 것에 비해 목표인 덕수궁에 좀 더 가까워진 상태에서 묻는 것이므로 원래의 문제보다 작아졌다. 알고리즘 sum의 경우 초기 문제가 n에 대한 것이었다면 재귀호출에서는 $n - 1$에 관한 문제에 대해 호출하는 것이므로 이 부문제 역시 합해야 할 범위가 하나 줄어든 만큼 원래 문제보다 작아졌다. 이렇게 작아진 문제로 재귀호출하는 경우를 곧이어 설명할 베이스 케이스에 대비시켜 재귀 케이스라고 부른다.

- **베이스 케이스**base case : **부문제들이 충분히 작아지면 알고리즘은 재귀를 사용하지 않고 이들을 직접 해결해야 한다.** 문제가 작아진다고 해서 한없이 작아지기만 한다면 이 역시 무한루프에 진입하는 것이 된다. 따라서 흠결없는 재귀알고리즘이 되기 위해서는 문제가 작아지다가도 마지막 어느 시점에서는 재귀호출을 하지 않고(즉, 부문제를 호출하지 않고) 알고리즘이 스스로 해결하는 부분이 있어야만 한다. 외국인의 예에서는, 시청역에 내려서 다시 누군가로부터 길안내를 받아 북쪽으로 100미터 걸어간 시점에 덕수궁을 발견할 것이다. 그 시점에는(이를 베이스 케이스라고 부른다) 더 이상 길을 물을 필요없이 외국인 스스로 덕수궁으로 들어감으로써 문제해결이 종료된다. 알고리즘 sum의 경우 명령문 1행에서 $n = 1$인지 검사하여 이것이 참이라면 베이스 케이스에 도달한 것이 된다. 이때는 재귀호출을 유발하는 **else** 절로 진입하지 않고 바로 1을 반환함으로써 문제해결을 종료한다. 즉, 1부터 1까지의 합을 구하는 문제는 재귀에 의존하지 않고 스스로 직접 해결하여 1을 반환하는 것이다.

2.2 재귀의 작동 원리

이 절에서는 재귀알고리즘을 수행시키면 이것이 내부적으로 어떻게 실행되는지 살펴보자. 재귀는 재귀만을 계속하는 호출 단계를 거쳐 결국에는 베이스 케이스에 도달하고, 이후로는 재귀의 반대 순서로 되돌아오는 반환 단계를 거쳐 완료된다. 정확한 반환을 위해 호출 때마다 저장해야 하는 데이터들이 있다. 반환 위치와 호출 시점의 데이터 값들이다. 재귀호출을 만나면 이 데이터들을 시스템 어딘가의 저장 장소에 저장한 후 호출된 재귀알고리즘의 첫머리로 이동하여 수행한다. 수행 중 또 다시 재귀호출을 만나면 방금 전과 마찬가지로 저장 작업을 한 후 호출된 알고리즘을 수행한다. 마지막에 베이스 케이스를 수행하고 호출 알고리즘으로 반환해야 하는 시점에서 저장 장소에 저장된 데이터에 접근하여 올바른 반환 위치와 호출 시점의 데이터 값들을 복구한 후 반환 위치로 이동하여 계속 수행한다. 수행이 완료되면 방금과 마찬가지로 또 다시 저장 장소의 데이터로부터 그 다음 반환 위치와 데이터 값들을 복구하여 수행한다.

알고리즘 sum을 $n = 4$를 매개변수로 하여 실행하면 초기 호출 이후 매개변수 $n = 3$, 2, 1에 대한 3회의 재귀호출이 발생하고 이후 3회의 반환이 일어난다. 그림 2-1은 이 과정 가운데 sum(1)이 호출된 시점을 보인다. 그림 오른쪽의 용기는 앞서 말한 저장 장소를 나타낸다. 저장 장소 안에 3회의 재귀호출 각 시점에서 저장된 반환 위치와 데이터 값들이 아래에서 위로(시간의 역순)으로 보관되어 앞으로 있을 3회의 반환에서 사용되기를 기다리고 있음을 볼 수 있다. 이런 점에서 저장 장소는 보류된 재귀호출(수행을 시작했지만 아직 반환하지 않은 호출들)에 관련된 데이터를 저장하는 데이터구조라고 할 수 있다.

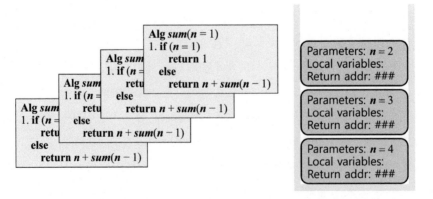

그림 2-1 재귀의 작동원리

　한 가지 다행인 것은 지금까지 설명한, 재귀호출에 따른 데이터 저장, 반환에 따른 데이터 복구, 그리고 이에 따른 저장 장소 관리 등 재귀와 관련된 내부 처리는 컴퓨터 내부에서 자동적으로 수행되므로 프로그래머는 이와 같은 내부 연산에 대해 직접 코드를 작성할 필요가 없다는 점이다. 즉, 위에 설명한 재귀알고리즘 수행의 내부적 처리 절차를 이해하는 것으로 충분하다.

2.3　재귀의 기본 규칙

　재귀의 사용은 신중해야 한다. 재귀호출과 반환에 따른 내부 처리 때문에 수행 성능이 저하되므로 꼭 필요할 때만 사용해야 하기 때문이다. 구체적으로, 재귀알고리즘의 실행은 앞서 설명했듯이 필연적으로 내부의 저장 장소, 그리고 호출과 반환을 위한 데이터 처리 시간을 소비하는 만큼 시공간 면에서 수행 성능이 저하된다. 따라서 꼭 필요한 경우가 아니라면, 다시 말해 비재귀로도 해결할 수 있는 경우라면 재귀의 사용을 피하는 것이 좋다.

　하지만 어떤 문제의 경우 비재귀로는 풀리지 않거나 풀리더라도 어렵고 복잡한 알고리즘으로만 가능하지만, 재귀로 접근하면 쉽게 풀리거나 똑같이 풀리더라도 비재귀에 비해 가독성이 높아 이해하기 쉬운 알고리즘을 얻는 경우도 있다(이 경우는 응용문제에서 소개한다). 바로 이런 점 때문에 재귀알고리즘에 대해 잘 알아두면 알고리즘 작성에 유리하다고 할 수 있다.

　많은 학생들이 재귀알고리즘 작성이 어렵다고 한다. 하지만 잘 생각해 보면 재귀는 문제를 모두 다 풀기보다는 일부만 풀고 나머지를 재귀에 맡겨 버리는 방식인 것을 이해한다면, 더구나 재귀에 필연적으로 수반되는 복잡한 내부 메커니즘으로부터 자유로운 점까지 생각하면, 꼭 어려울 이유는 없다. 재귀알고리즘 작성을 위한 몇 가지의 기본 요령 또는 규칙만 잘 알아둔다면 생각보다 쉽게 작성할 수 있는 것이 재귀알고리즘이다. 아래에 그 규칙들을 제시한다.

- **베이스 케이스**: 베이스 케이스를 항상 가져야 하며, 이는 재귀 없이 해결될 수 있어야 한다. 재귀의 마지막은 반드시 알고리즘이 스스로 풀어야 한다는 의미다.
- **재귀의 진행 방향**: 재귀 케이스에서의 재귀호출은 항상 베이스 케이스를 향하는 방향으로 진행되어야 한다. 이는 재귀로 해결하고자 하는 부문제의 크기가 원래

문제의 크기보다 작아야 한다는 말과 같다.

* **정상 작동 가정**: 모든 재귀호출이 제대로 작동한다고 가정하라. 재귀호출에 맡기는 부문제가 제대로 해결되어 반환될까 하는 걱정을 하지 말라는 뜻이다.

위 규칙을 참고로 하여 잘못 설계된 재귀와 잘 설계된 재귀의 예를 비교해 보자.

2.3.1 잘못 설계된 재귀

 잘못 설계된 재귀는 베이스 케이스가 없거나, 있어도 도달 불능이거나, 또는 재귀가 베이스 케이스를 향해 작아진 부문제를 대상으로 재귀하지 않거나 한다. 알고리즘 sum1은 재귀알고리즘이지만 베이스 케이스가 아예 없다. 알고리즘 sum2는 재귀의 방향이 베이스 케이스로부터 점점 멀어지므로 베이스 케이스에 도달할 수 없게 작성되었다.

Alg *sum1*(n)
1. **return** $n + sum1(n - 1)$

Alg *sum2*(n)
1. **if** ($n = 1$)   {base case}
        return 1
   else   {recursion}
        return $n + sum2(n + 1)$

잘못된 재귀를 사용하면 부정확한 결과를 얻거나, 프로그램이 정지하지 않고 무한루프에 진입하거나, 또는 재귀호출 시 데이터 저장을 위한 내부 기억장소가 고갈되어 프로그램이 멈춘다거나 하는 등의 재앙을 초래한다.

2.3.2 잘 설계된 재귀

잘 설계된 재귀는 앞서 제시한 규칙들을 잘 지킨다. 알고리즘 printDigits는 재귀적 알고리즘 rPrintDigits를 구동하여 양의 정수를 한 라인에 한 숫자씩 인쇄한다(그림 2-2 참고). 재귀 알고리즘 rPrintDigits는 n이 단자리 수인 경우에 대한 베이스 케이스를 갖추고 있으며, 재귀 케이스에서는 매개변수 n의 자릿수를 하나씩 줄여나가므로 재귀의 방향이 정확히 베이스 케이스를 향하고 있다는 것을 알 수 있다.

```
Enter a number
3408

3
4
0
8
```

그림 2-2 printDigits

> **Alg** *printDigits*()   {driver}
> 1. *write*("*Enter a number*")
> 2. *n* ← *read*()
> 3. **if** (*n* < 0)   {error check}
>   *write*("*Negative number!*")
>   **else**
>   *rPrintDigits*(*n*)   {initial call}
>
>
> **Alg** *rPrintDigits*(*n*)   {recursive}
> 1. **if** (*n* < 10)   {base case}
>   *write*(*n*)
>   **else**   {recursion}
>   *rPrintDigits*(*n*/10)
>   *write*(*n* % 10)

- **직접재귀와 간접재귀:** 참고로, 재귀알고리즘 가운데 printDigits처럼 자신은 재귀알고리즘을 최초 호출, 즉 구동하는 드라이버 역할만 하고 본격적인 재귀알고리즘은 rPrintDigits처럼 따로 작성된 경우가 많다. 이렇게 분리하는 목적은 대개 구동알고리즘이 재귀알고리즘에게 적절한 초기 매개변수를 전달하기 위해서다. 구체적으로, 재귀알고리즘 rPrintDigits는 매개변수 *n*에 기초하여 재귀를 수행한다. 하지만 정수 *n*의 초기값은 외부로부터 입력되어야 한다. 따라서 알고리즘 printDigits가 외부로부터의 정수 입력과 오류검사를 수행한 후 rPrintDigits를 호출하는 간접재귀의 형태로 설계된 것이다. 앞서의 재귀알고리즘 sum의 경우 이러한 역할 분담이 요구되는 상황이 아니므로 직접재귀알고리즘으로 작성되었다.

2.4 응용문제

이 절에서는 재귀와 친해질 수 있도록 다음에 제시된 응용문제들을 해결해 보자.

- 재귀적 곱하기와 나누기
- 하노이탑

2.4.1 재귀적 곱하기와 나누기

아래 세 개의 재귀알고리즘을 작성하는 문제다. 주의할 것은 덧셈과 뺄셈을 제외한 산술 연산자는 사용하면 안 된다는 것이다. a와 b는 양의 정수로써 각 재귀알고리즘의 인자로 주어진다.

- A. a와 b의 곱을 계산하는 재귀알고리즘 product(a, b)를 작성하라.
- B. a를 b로 나눈 나머지를 계산하는 재귀알고리즘 modulo(a, b)를 작성하라.
- C. a를 b로 나눈 몫을 계산하는 재귀알고리즘 quotient(a, b)를 작성하라.

■ 해결

모두 비교적 쉬운 재귀 문제에 해당한다. 아래 세 재귀알고리즘 모두에서 베이스 케이스 가 존재하는 것과, 재귀 케이스의 재귀호출이 베이스 케이스를 향해 가는 것을 확인하 자. 먼저, 재귀알고리즘 product(a, b)는 a와 b의 곱을 구하기 위해, a와 $b-1$의 곱에 a 를 더한다.

```
Alg product(a, b)
    input  positive integer a, b
    output  a × b

1. if (b = 1)                  {base case}
       return a
   else                        {recursion}
       return a + product(a, b − 1)
```

재귀알고리즘 modulo(a, b)는 **a**를 **b**로 나눈 나머지를 구하기 위해, **a** – **b** 를 **b**로 나눈 나머지를 구한다.

```
Alg modulo(a, b)
    input positive integer a, b
    output a % b

1. if (a < b)                    {base case}
       return a
   else                          {recursion}
       return modulo(a – b, b)
```

재귀알고리즘 quotient(a, b)는 **a**를 **b**로 나눈 몫을 구하기 위해, **a** – **b** 를 **b**로 나눈 몫에 1을 더한다.

```
Alg quotient(a, b)
    input positive integer a, b
    output a/b

1. if (a < b)                    {base case}
       return 0
   else                          {recursion}
       return 1+quotient(a – b, b)
```

2.4.2 하노이탑

 하노이탑towers of Hanoi 문제는 컴퓨터 학습에 자주 인용되는, 마치 게임과 같은 상황에 대한 문제다. 그림 2-3에서 보듯이 세 개의 말뚝 **A**, **B**, **C**가 있으며 초기에는 지름이 다른 **n** > 0 개의 원반이 **A**에 쌓여 있다. 목표는 모든 원반을 **A**에서 **C**로 옮기는 것이다. 단, 한 번에 한 개의 원반만을 이동해야 하며 어느 순간에라도 지름이 큰 원반이 작은 원반 위에 놓이면 안된다. 문제는 목표를 달성할 수 있는 원반 이동 순서를 "move from x to y" 형식으로 필요한 라인 수만큼 인쇄하는 것이다. 그림 2-4는 원반이 세 개인 경우의 해결을 보인다.

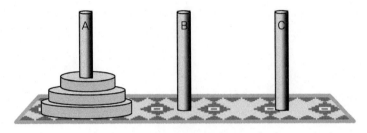

그림 2-3 하노이탑

> For n = 3,
>
> move from A to C
> move from A to B
> move from C to B
> move from A to C
> move from B to A
> move from B to C
> move from A to C

그림 2-4 세 개의 원반에 대한 해결

해결에 앞서 잠시 하노이탑 문제에 대해 살펴보자. 일반적으로, n개의 원반에 대해 $2^n - 1$ 회의 이동이 필요하다. 즉,

$n = $ 1인 경우, $2^1 - 1 = 1$회,

$n = $ 2인 경우, $2^2 - 1 = 3$회,

$n = $ 3인 경우, $2^3 - 1 = 7$회,

$n = $ 64인 경우, $2^{64} - 1 = 1.844 \times 10^{19}$회

의 이동이 각각 필요하다. $n = $ 64 인 경우 1회 이동에 1초 걸린다고 가정하면, 총 약 5,849 억년이 소요된다(혹자는 이 세월이 흐르면 세상의 끝이 온다고 하는데 이는 태양의 수명과 일치한다고도 한다 - 믿거나 말거나다).

■ 해결

하노이탑 문제는 비재귀에 의해 작성하라면 고난도의 문제지만 재귀에 의하면 훨씬 쉽게 풀리는 문제의 좋은 예다. 알고리즘 hanoi는 다음 매개변수들을 사용하여 재귀적 rHanoi를 구동한다.

- n: 이동해야 할 원반 수
- *from*: 출발 말뚝

- *aux*: 보조 말뚝
- *to*: 목표 말뚝

Alg *hanoi*(*n*)
1. *rHanoi*(*n*, '*A*', '*B*', '*C*')   {initial call}
2. **return**

Alg *rHanoi*(*n*, *from*, *aux*, *to*)   {recursive}
   input integer *n*, peg *from*, *aux*, *to*
   output move sequence

1. **if** (*n* = 1)   {base case}
      write("*move from*", *from*, "*to*", *to*)
      return
2. *rHanoi*(*n* − 1, *from*, *to*, *aux*)   {recursion}
3. *write*("*move from*", *from*, "*to*", *to*)
4. *rHanoi*(*n* − 1, *aux*, *from*, *to*)   {recursion}
5. **return**

알고리즘 hanoi는 매개변수들을 초기화하여 재귀알고리즘 rHanoi를 구동하는 단순한 역할만을 하므로 이처럼 간접재귀 형태로 작성하지 않고 직접재귀로 작성해도 무방하다. 알고리즘 rHanoi는 명령문 2~4행을 그림 2-5 (a~d)에 보는 바와 같이 차례로 실행한다. (a) 2행에서 *n*개의 원반 중 맨 아래의 가장 큰 원반을 제외한 윗부분의 *n* − 1 개의 원반을 보조 말뚝으로 옮긴다(이 부분은 rHanoi를 호출하여 실행한다). 이때 재귀호출의 매개변수를 조정해야 하는데, 현 목표 말뚝이 비어 있으므로 이를 보조 말뚝으로, 원반들을 현 보조 말뚝으로 옮겨야 하므로 이를 목표 말뚝으로 각각 설정한다. 원반들이 현 출발 말뚝에 놓여 있으므로 출발 말뚝은 그대로다. (b) 3행에서 출발 말뚝 맨 아래의 원반을 목표 말뚝으로 옮긴다(이 부분은 재귀에 의존하지 않고 직접 실행이 가능하다). (c) 4행에서 앞서 2행 수행 결과 보조 말뚝에 머물고 있는 *n* − 1 개의 원반을 모두 목표 말뚝으로 옮긴다(이 부분은 rHanoi를 호출하여 실행한다). 이때도 재귀호출의 매개변수를 조정해야 하는데, 원반들이 현 보조 말뚝에 놓여 있으므로 이를 출발 말뚝으로, 현 출발 말뚝이 비어 있으므로 이를 보조 말뚝으로 각각 설정한다. 원반들을 현 목표 말뚝으로 옮기고자 하므로 목표 말뚝은 그대로다. (d) 4행이 실행되고 나면 모든 원반들이 목표 말뚝으로 옮겨진다. 명령문 1행은 베이스 케이스로서, 재귀가 진행됨에 따라 *n*의 숫자가 점점 줄어 1이 된 시점에 재귀에 의존하지 않고 직접 해결하는, 즉 한 개의 원반을 직접 옮기는 작업이다.

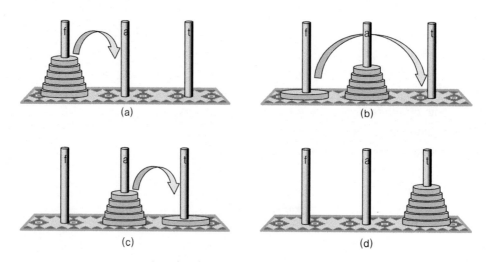

그림 2-5 (a~d) rHanoi 명령문 2~4행의 작업 내용

알고리즘 rHanoi는 앞서의 재귀알고리즘들과 달리 한 번이 아닌 두 번의 재귀호출을 포함한다. 이러한 형태의 재귀를 **이중재귀** double recursion라고 한다. 일반적으로 이중재귀로 해결되는 문제가 단일재귀만으로 해결 가능한 문제보다 비재귀알고리즘으로 작성하기에 난이도가 높다고 볼 수 있다.

다시 강조하지만, 데이터구조와 알고리즘을 제대로 배우기 위해서 재귀에 대한 이해는 꼭 필요하다. 장차 수많은 알고리즘이 재귀에 의해 설계되어 제시된다. 비재귀 버전으로 작성하기 어렵거나, 작성이 가능하더라도 재귀로 작성하는 편이 알고리즘의 개념 전달에 유리한 경우가 많기 때문이다. 그러므로 본문의 내용은 물론 이어지는 연습문제와 심층문제를 충분히 학습하여 재귀에 대해 숙지하고 다음 장으로 넘어가도록 하자.

요약

- 알고리즘 자신을 사용하여 정의된 알고리즘을 재귀적이라고 말하고 알고리즘이 자신을 호출하는 것을 재귀호출이라고 한다.
- 재귀알고리즘은 재귀 케이스와 베이스 케이스의 두 부분으로 이루어진다. 재귀 케이스에서는 재귀호출이 반드시 베이스 케이스를 향해 감으로써 원래의 문제보다 작아진

부문제들을 대상으로 이루어져야 하며, 부문제들이 충분히 작아진 베이스 케이스에서는 알고리즘이 재귀를 사용하지 않고 이 부문제들을 직접 해결해야 한다.

- 재귀알고리즘에 대한 수행은 내부적으로 저장소에 해당하는 데이터구조를 사용한다. 저장소의 초기화, 재귀호출에 따른 데이터 저장, 반환에 따른 데이터 복구 등에 관련된 처리는 컴퓨터 내부에서 자동 수행되므로 프로그래머는 저장소와 관련된 복잡한 연산에 대해 직접 코딩하지는 않는다.
- 재귀알고리즘을 잘 설계하기 위한 규칙은 세 가지가 있다. 첫째, 베이스 케이스를 항상 가져야 하며, 둘째, 재귀호출은 항상 베이스 케이스를 향하는 방향으로 진행되어야 하며, 셋째, 모든 재귀호출이 제대로 작동한다고 가정하는 것이다.
- 재귀에는 직접재귀와 간접재귀의 두 가지 방식이 있다. 직접재귀는 알고리즘이 스스로를 호출하도록 정의한 것이며, 간접재귀는 재귀알고리즘을 구동하기 위한 알고리즘이 별도로 존재하는 방식이다.

연습문제

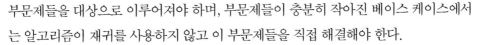

2-1 재귀적 arrayMax

아래는 앞 장에서도 제시되었던 알고리즘 arrayMax(A, n)이다. arrayMax(A, n)는 크기 n ≥ 1 의 배열 A의 최대 원소를 구한다. arrayMax(A, n)의 재귀버전을 작성하라.

> ※ 힌트 : 알고리즘 max를 사용해도 좋다.
> - max(x, y): x, y 중 최대값을 반환

```
Alg  arrayMax(A, n)
    input  array A of n integers
    output  maximum element of A

1. currentMax ← A[0]
2. for  i ← 1 to n - 1
       if  (A[i] > currentMax)
           currentMax ← A[i]
3. return  currentMax
```

2-2 재귀적 arrayMaxMin

n개의 원소를 가진 배열 **A**의 최대 및 최소 원소를 모두 구하는 재귀알고리즘 array-MaxMin(A, n)을 작성하라

※ 주의 : 알고리즘이 원소 쌍 **a**, **b**를 반환하도록 작성하라. 여기서 **a**는 최대 원소고 **b**는 최소 원소다.

※ 힌트 : 알고리즘 max와 min 사용이 가능하다.

- max(x, y): **x**, **y** 중 최대값을 반환
- min(x, y): **x**, **y** 중 최소값을 반환

심층문제

2-1* 최대공약수

아래의 알고리즘 gcd1(a, b)과 gcd2(a, b) 모두 두 개의 양의 정수 **a**와 **b**의 **최대공약수** greatest common divisor, GCD를 계산한다. gcd1(a, b)와 gcd2(a, b)의 재귀 버전을 각각 작성하고 이들을 C 프로그램으로 구현하라. 그리고 (**a**, **b**) 입력 쌍으로 (48, 16), (78, 104), (368, 138) 을 사용하여 프로그램을 실행한 결과를 각각 출력하라.

※ 주의 : 각각의 비재귀 버전에서 사용했던 산술연산자 이외의 연산자는 사용할 수 없다.

```
Alg gcd1(a, b)
    input  positive integer a, b
    output  gcd of a and b

1. while (b > 0)
        r ← a % b
        a ← b
        b ← r
2. return a
```

```
Alg gcd2(a, b)
    input  positive integer a, b
    output gcd of a and b

1. while (a ≠ b)
       if (a > b)
           a ← a - b
       else
           b ← b - a
2. return a
```

2-2* 회문

회문palindrome은 바로 읽거나 거꾸로 읽거나 같은 단어 또는 구절이다. 다음은 회문의 예다.

- eye
- madam
- racecar
- ABBA
- step on no pets
- rats live on no evil star

크기 n의 배열 A에 저장된 문자들이 회문인지 아닌지를 결정(즉 **True** 또는 **False**를 반환)하는 알고리즘 isPalindrome(A, n)의 비재귀 및 재귀 두 버전을 의사코드로 작성하고 각각을 C 프로그램으로 구현하라. 앞서의 입력 예와 다음 입력 예(이들은 회문이 아니므로 **False**를 반환해야 한다)에 대한 프로그램의 실행 결과를 각각 출력하라.

- sky is blue
- over the rainbow

※ 힌트 : 재귀 버전 isPalindrome은 재귀알고리즘 rIsPalindrome(A, l, r)에 대한 구동 알고리즘이다.

2-3 재귀적 나누기

앞서 응용문제에서 나누기에 대한 몫을 구하는 알고리즘과 나머지를 구하는 알고리즘을 각각 재귀에 의해 별도로 작성했다. 주어진 두 개의 양의 정수 a와 b에 대하여, a를 b로 나눈 몫과 나머지를 한꺼번에 계산하여 (몫, 나머지) 쌍을 반환하는 재귀알고리즘

divide(a, b)를 의사코드로 작성하고 C 프로그램으로 구현하라. 또한 적절한 입력을 사용하여 프로그램 실행 결과를 출력하라.

> ※ 주의
> - 몫과 나머지를 따로 구하여 나중에 조합하는 방식은 불가하다.
> - 덧셈과 뺄셈을 제외한 산술연산자 사용은 불가하다.
>
> ※ 힌트
> - 쌍을 반환하는 방식에 대해서는 연습문제 2-2의 해결을 참고하라.
> - 직접재귀 혹은 구동알고리즘을 사용하는 간접재귀의 두 가지 방식 모두 다 가능하다.

2-4* 하노이탑

 응용문제의 알고리즘 hanoi가 rHanoi 대신 아래 알고리즘 rHanoi2를 호출한다고 가정하자. rHanoi2는 직접 해결 가능한 베이스 케이스(명령문 1행)와 베이스 케이스를 향해 작아진 재귀 케이스(명령문 3행)로 구성된 재귀 알고리즘이므로 언뜻 잘 설계된 재귀처럼 보인다. 우선, 알고리즘 rHanoi2가 수행하고자 하는 내용을 말로 설명해보라. 또한, 잘 설계된 재귀라는 것이 사실인가? 왜 그런지 또는 왜 아닌지 설명하라.

> ※ 주의 : 가능한, 특별한 경우를 설명하기 보다는 일반적인 관점에서 설명하라.

```
Alg  rHanoi2(n, from, aux, to)
    input integer n, peg from, aux, to
    output move sequence

1. if (n = 1)                        {base case}
       write("move from", from, "to", to)
       return
2. write("move from", from, "to", aux)
3. rHanoi2(n − 1, from, aux, to)     {recursion}
4. write("move from", aux, "to", to)
5. return
```

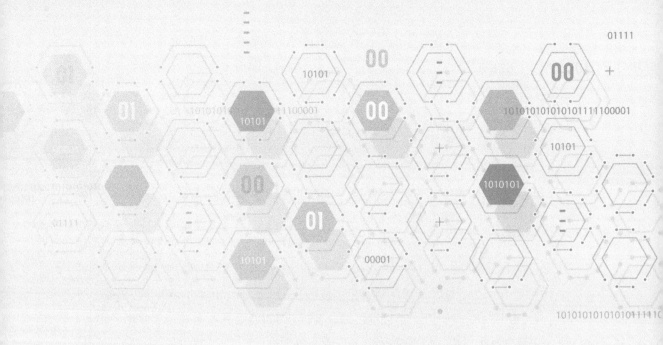

CHAPTER **3**

기초 데이터구조

3.1   데이터구조의 기본 재료

건물에 비유하면 데이터구조는 건물을 구성하는 재료, 자재, 그리고 이들이 상호 결합된 구조물로 볼 수 있다. 이에 비해 알고리즘은 건물을 조명하고, 냉난방을 공급하거나, 환기시키며, 비상시 작동하는 자동 개폐 시스템 등 건물을 운영하는 일련의 제어 시스템이라고 볼 수 있다. 잘 설계된 조명 배치나 냉난방 배관 구조가 건물의 조명과 냉난방의 운용 효율과 경제성 면에서 긍정적인 영향을 미치는 것처럼 좋은 데이터구조 설계는 효율적인 알고리즘 운용의 선결 조건이기도 하다.

프로그램의 기본 구조를 형성한다고 말할 수 있는 데이터구조는 다양한 방식으로 설계될 수 있다. 건물의 구조를 형성하는 기본 재료와 자재에 대해 익숙해야 목표에 부합하는 건물을 세울 수 있는 것처럼 다양한 데이터구조를 구축하는 기본 재료들에 대해 잘 알아야 할 것이다.

이 장에서는 데이터구조를 구축하는 기본 재료로서 배열과 연결리스트에 대해 공부한다. 배열과 연결리스트는 차후 한 차원 높은 형태의 데이터구조 설계에 기본 재료 역할을 한다. 즉, 차후에 학습할 데이터구조들은 이 장에서 습득할 배열이나 연결리스트에 의해 상세 구현된다. 이어지는 장에서 다룰 데이터구조들이 비교적 추상적이고 인간의 사고에 더 가깝다고 한다면, 이 장에서 다루는 배열과 연결리스트는 구체적이고 컴퓨터의 구조에 더 가깝다고 말할 수 있다. 이어지는 절에서는 배열과 연결리스트 각각에 대해 구체적 내용과 사용법을 설명한다.

3.2   배열

배열은 1차원 배열과 다차원 배열로 나누어 생각할 수 있다. 이 절에서는 각각에 대한 구현에 대해 살펴본다.

3.2.1 1차원 배열

배열array은 순차 기억장소에 할당된 유한 개수의 동일 자료형 데이터원소들을 말한다. 특히 그림 3-1과 같은 **선형**linear의 배열을 **1차원 배열**one dimensional array, 1D array이라고 한다. 다음은 1차원 배열에 관련된 용어들이다.

- **배열명** array name, *V*: 배열 전체를 일컫는 기호
- **배열크기** array size, *N*: 원소를 저장하는 셀의 수
- **배열첨자** array index, *i*: 셀의 순위(즉, 상대적 위치)
  - 시작: 0 또는 일반적으로, ***LB*** lower bound
  - 끝: *N* - 1 또는 일반적으로, ***UB*** upper bound
- **배열원소** array element, *V*[*i*]: 배열 *V*의 첨자 *i*가 가리키는 셀에 저장된 원소
- **배열표시** array denotation: *V*[*LB*..*UB*]

그림 3-1은 한 학생의 8과목의 점수를 배열 *V*[0..7]에 할당된 8개의 셀에 저장한 예다. 짙게 표시된 *V*[4]는 이 가운데 4번째 과목의 점수를 저장한다(첨자가 0부터 시작하므로 다섯번째 셀이다).

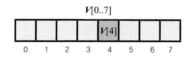

그림 3-1 1차원 배열

1차원 배열에 대한 메모리 할당

 배열은 *V*[*LB*..*UB*] 형식으로 선언된다. 컴파일 시, 배열의 셀들은 base라 불리는 배열의 첫째 셀 위치부터 시작하여 순차적으로 할당된다. 각 셀은 base로부터 **오프셋** offset만큼 떨어지게 된다.

- *V*[*LB*..*UB*]의 base로부터 *V*[*k*]의 offset = *k* - *LB*

예　*V*[3..10]의 base로부터 *V*[7]의 offset = 7 - 3 = 4 (그림 3-2 참고)

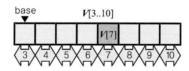

그림 3-2 1차원 배열에 대한 메모리 할당

3.2.2 다차원 배열

필요하다면 **다차원** multidimensional **배열**을 사용할 수도 있다. 다차원 배열은 앞서의 1차원 배열과 다음과 같은 면에서 다르다.

- 배열의 셀들은 $n > 1$차원에 할당된다.
- **배열크기**: 각 차원 크기의 곱
- **배열첨자**, $i_1, i_2, \cdots, i_n$: 각 차원에서의 셀의 순위(즉 상대적 위치)
  - 시작: $0, 0, \cdots, 0$, 또는 $LB_1, LB_2, \cdots, LB_n$
  - 끝: $N_1 - 1, N_2 - 1, \cdots, N_n - 1$, 또는 $UB_1, UB_2, \cdots, UB_n$
- **배열원소**, $V[i_1, i_2, \cdots, i_n]$: 배열첨자들 $i_1, i_2, \cdots, i_n$이 가리키는 셀에 저장된 원소
- **배열표시**
  - $LB = 0$ 이면, $V[N_1 \times N_2 \times \cdots \times N_n]$
  - 일반적으로, $V[LB_1 .. UB_1, LB_2 .. UB_2, \cdots, LB_n .. UB_n]$

다차원 배열에 대한 메모리 할당

1차원 배열에는 없던 차원 구조 때문에 다차원 배열을 저장하는 데는 저차원을 우선시해서 메모리를 할당하느냐 혹은 고차원을 우선시 해서 메모리를 할당하느냐의 선택이 생긴다. 이 가운데 일반적인 방식은 **저차원우선** lower-dimension major 방식이다. 이 방식에서는 저차원 첨자일수록 느리게 증가하는 순서로 셀들이 할당된다. 알기 쉬운 예로 2차원 배열의 경우 행(1차원)과 열(2차원)의 두 개 차원이 있는데 1행의 모든 열이 저장된 후 2행, 3행, …의 모든 열들이 차례로 저장된다. 이런 관점에서 저차원우선 방식을 **행우선** row major 방식이라고도 부른다. 참고로, **고차원우선** higher-dimension major 또는 **열우선** column major 방식에서는 이와 반대로, 고차원 첨자일수록 느리게 증가하는 순서로 셀들이 할당된다. 다음은 저차원우선 방식으로 저장된 배열에서 셀의 오프셋 계산식이다.

- $V[LB_1 .. UB_1, LB_2 .. UB_2, \cdots, LB_n .. UB_n]$의 base로부터 $V[k_1, k_2, \cdots, k_n]$의 오프셋

$$= \sum_{j=1}^{n-1} [(k_j - LB_j) \times \prod_{m=j+1}^{n} (UB_m - LB_m + 1)] + (k_n - LB_n)$$

■ 2차원 배열

2차원 배열은 다차원 배열에서 $n = 2$인 경우를 말한다. 배열표시는 다음과 같다.

- $LB = 0$이면, $V[N_1 \times N_2]$
- 일반적으로, $V[LB_1 .. UB_1, LB_2 .. UB_2]$

가로, 세로로 이루어진 형태 때문에 **테이블** table이라고도 불리며, 이때 1차원과 2차원

은 각각 **행** row과 **열** column로 불린다. 2차원 배열을 사용하는 좋은 예는 그림 3-3에 보인 것처럼 한 학생이 아닌 3학생의 8과목의 점수를 저장할 때다. 여기서 행은 각 학생을, 열은 각 과목을 표시한다. 그림 3-3에서 짙게 표시된 셀들이 어떤 학생의 어떤 점수를 저장할지 생각해 보자.

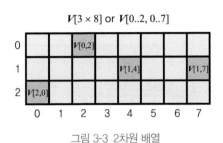

그림 3-3 2차원 배열

2차원 배열에 대한 메모리 할당

저차원우선(또는 행우선) 순서로 저장함을 가정하면,

- $V[LB_1..UB_1, LB_2..UB_2]$의 base로부터 $V[k_1, k_2]$의 오프셋

    $= [(k_1 - LB_1)(UB_2 - LB_2 + 1)] + (k_2 - LB_2)$

예 $V[4..6, -2..1]$의 base로부터 $V[5, 0]$의 오프셋(그림 3-4 참고)

$= [(5 - 4)(1 - (-2) + 1)] + (0 - (-2))$

$= 6$

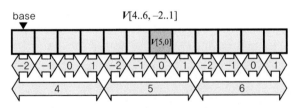

그림 3-4 2차원 배열에 대한 메모리 할당

■ 3차원 배열

 3차원 배열은 다차원 배열에서 $n = 3$인 경우를 말한다. 배열표시는 다음과 같다.

- $LB = 0$ 이면, $V[N_1 \times N_2 \times N_3]$
- 일반적으로, $V[LB_1..UB_1, LB_2..UB_2, LB_3..UB_3]$

가로, 세로, 높이로 이루어진 주사위 같은 형태다. 3차원 배열을 사용하는 좋은 예는 그림 3-5에 보인 것처럼 4분기의 3학생의 8과목의 점수를 저장할 때다. 여기서 1차원은 각 분기를, 2차원은 각 학생을, 3차원은 각 과목을 표시한다. 그림 3-5에서 짙게 표시된 셀들이 어떤 분기의 어떤 학생의 어떤 점수를 저장할지 생각해 보자.

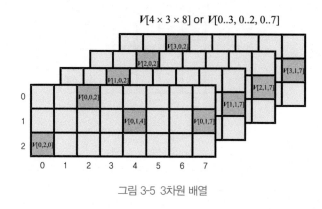

그림 3-5 3차원 배열

3차원 배열에 대한 메모리 할당

저차원우선 순서로 저장함을 가정하면,

- $V[LB_1..UB_1, LB_2..UB_2, LB_3..UB_3]$의 base로부터 $V[k_1, k_2, k_3]$의 오프셋

  $= [(k_1 - LB_1)(UB_2 - LB_2 + 1)](UB_3 - LB_3 + 1) +$

  $[(k_2 - LB_2)(UB_3 - LB_3 + 1)] +$

  $(k_3 - LB_3)$

예 $V[2..4, 6..7, 0..2]$의 base로부터 $V[3, 7, 1]$의 오프셋 (그림 3-6 참고)

$= [(3 - 2)(7 - 6 + 1)(2 - 0 + 1)] + (7 - 6)(2 - 0 + 1) + (1 - 0)$

$= 10$

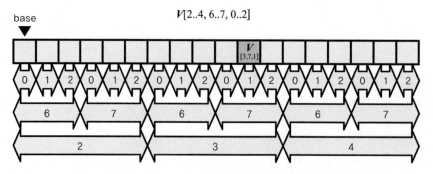

그림 3-6 3차원 배열에 대한 메모리 할당

■ 4차원 배열

4차원 배열은 다차원 배열에서 **n** = 4인 경우를 말한다. 배열표시는 다음과 같다.

- **LB** = 0이면, $V[N_1 \times N_2 \times N_3 \times N_4]$
- 일반적으로, $V[LB_1..UB_1, LB_2..UB_2, LB_3..UB_3, LB_4..UB_4]$

주사위가 여러 개인 형태다. 4차원 배열을 사용하는 좋은 예는 그림 3-7에 보인 것처럼 3년 간의 4분기의 3학생의 8과목의 점수를 저장할 때다. 여기서 1차원은 각 년도를, 2차원은 각 분기를, 3차원은 각 학생을, 4차원은 각 과목을 표시한다. 그림 3-7에서 a, b, c, d, e로 짙게 표시된 셀들이 어떤 년도의 어떤 분기의 어떤 학생의 어떤 점수를 저장할지 생각해 보자.

$$V[3 \times 4 \times 3 \times 8] \text{ or } V[0..2, 0..3, 0..2, 0..7]$$

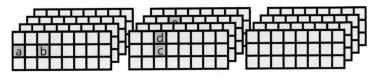

그림 3-7 4차원 배열

3.3 연결리스트

연결리스트 linked list는 동적메모리에 할당된, 링크에 의해 연결된 유한 개수의 데이터원소 노드들을 말한다. 다음 두 가지의 개념은 중요하다.

- **연결리스트 명** linked list name, **L**: 연결리스트의 시작 위치, 즉 첫 노드의 주소
- **연결리스트 크기** linked list size, **n**: 연결리스트 내 노드 수

연결리스트를 이해하기 위해 우선 동적메모리와 노드의 개념을 알아야 한다. **동적메모리** dynamic memory는 프로그램 실행 시에 프로그램에 의해 사용 가능한 주메모리의 한 구역을 말하며, **노드** node는 한 개의 데이터원소를 저장하기 위해 동적메모리에 할당된 메모리를 말한다. 노드를 위한 메모리의 **할당** allocation과 **해제** deallocation는 실행시간에 시스템 콜에 의해 처리된다. 각각의 시스템 콜을 표현하는 의사코드 명령은 getnode와

putnode다. 그림 3-8은 동적메모리, 노드, 그리고 시스템 콜의 관계를 보인 것이다. 정적 할당, 즉 컴파일 시에 메모리가 할당되는 배열과 달리 연결리스트의 노드들을 위한 메모리는 동적 할당, 즉 프로그램 실행 시 할당됨에 유의하자.

- getnode(): 노드를 할당하고 그 노드의 주소를 반환. 만약 동적메모리가 고갈된 시점이면 **널**null을 반환.
- putnode(i): 주소 *i*의 노드에 할당되었던 메모리의 사용을 해제하고 이를 동적메모리에 반환(메모리 재활용을 위함).

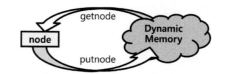

그림 3-8 동적메모리, 노드, 시스템 콜

이 같은 동적메모리 메커니즘을 활용하여 연결리스트를 여러가지 형태로 구현할 수 있다. 다음은 그 종류다. 이어지는 절에서 각각의 구현과 특성에 대해 살펴보자.

- 단일연결리스트
- 이중연결리스트
- 원형연결리스트
- 헤더 및 트레일러 연결리스트
- 이들의 복합

3.3.1 단일연결리스트

단일연결리스트 singly linked list는 연속 노드로 구성된 가장 단순한 연결 데이터구조다. 각 노드는 다음 데이터를 저장한다(그림 3-9 참고).

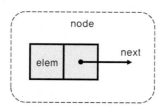

그림 3-9 단일연결리스트의 노드

- **원소**element: 데이터원소
- **링크**link: 다음next 노드의 주소. 다음 노드가 없으면 널링크($\emptyset$)를 저장

단일연결리스트의 접근점, 즉 연결리스트 전체에 대한 참조는 첫 노드의 주소를 사용한다. 이를 **헤드노드**head node 라고도 한다. 그림 3-10의 단일연결리스트에 대한 접근점은 헤드노드의 주소 L이다. 그림 3-10의 아래 부분은 단일연결리스트 L이 초기화되거나 비어 있는 상태를 보인다. 즉, 비어 있는 단일연결리스트의 헤드노드의 주소는 널이다.

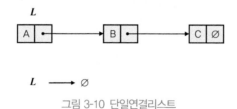

그림 3-10 단일연결리스트

3.3.2 이중연결리스트

이중연결리스트doubly linked list는 각 노드에 링크를 하나 더 추가하여 역방향 순회도 가능하도록 구현한 연결리스트다. 각 노드는 다음 데이터를 저장한다(그림 3-11 참고).

- **원소**element: 데이터원소
- **링크**link: 다음next 노드의 주소. 다음 노드가 없으면 널링크($\emptyset$)를 저장
- **링크**link: 이전previous 노드의 주소. 이전 노드가 없으면 널링크($\emptyset$)를 저장

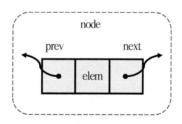

그림 3-11 이중연결리스트의 노드

이중연결리스트의 접근점은 **헤드노드**의 주소 또는 **테일노드**tail node의 주소를 사용한다. 그림 3-12의 이중연결리스트에 대한 접근점은 헤드노드의 주소 *Head* 혹은 테일노드의 주소 *Tail*이다. 그림 3-12의 아래 부분에 보인 것처럼 이중연결리스트가 초기화되거나 비어 있으면 *Head*와 *Tail* 값이 모두 널이다.

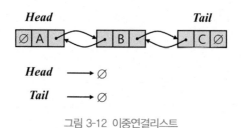

그림 3-12 이중연결리스트

3.3.3 원형연결리스트

원형연결리스트 circularly linked list는 마지막 노드의 링크에 헤드노드의 주소가 저장된 연결리스트다. 원형연결리스트의 접근점은 헤드노드의 주소다. 그림 3-13의 원형연결리스트에 대한 접근점은 헤드노드의 주소 L이다. 그림 3-13의 아래 부분에 보인 것처럼 원형연결리스트가 초기화되거나 비어 있으면 L이 널이다.

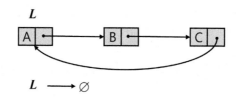

그림 3-13 원형연결리스트

3.3.4 헤더와 트레일러

작업 편의를 위해 헤드노드 바로 앞에 특별히 **헤더** header 노드를 추가하여 사용할 수도 있다. 같은 목적으로 테일노드 바로 뒤에 특별히 **트레일러** trailer 노드를 추가할 수도 있다. 이와 같은 **특별 노드** special node에는 아무 원소도 저장하지 않거나 혹은 실제 데이터 원소가 아닌 모조 원소를 저장하므로 특별 노드를 **모조 노드** dummy node라고도 부른다. 앞서 설명한 헤드노드는 실제 데이터원소를 저장하는 노드지만 지금의 헤더노드는 실제 데이터원소를 저장하지 않는 특별 노드라는 것을 잘 구별해야 한다. 특별 노드를 사용하는 연결리스트에 대한 접근점은 헤더노드 또는 트레일러노드의 주소가 된다. 그림 3-14의 아래 부분은 연결리스트가 초기화되거나 또는 비어 있는 상태를 보인다. 참고로, 그림에서 헤더노드의 원소 필드가 흰 바탕으로 표시된 것은 해당 필드의 값이 없거나 모조라는 의미다.

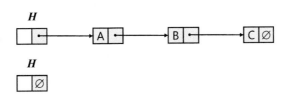

그림 3-14 헤더를 사용한 단일연결리스트

3.3.5 그외의 연결리스트

앞서 제시된 연결리스트들의 기본형과 특별 노드를 결합하여 더욱 복잡한 형태의 연결리스트를 구축할 수 있다. 이들은 데이터구조 설계 과정에서 문제의 특성과 필요에 따라 적합한 형태로 응용된다. 어떠한 형태가 구축될 수 있는지 살펴보자. 각 그림의 아래 부분은 해당 데이터구조가 초기화되거나 비어 있는 상태의 모습을 보인다.

- **원형 헤더 연결리스트**

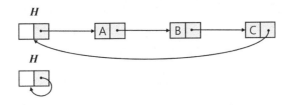

- **원형 이중연결리스트**

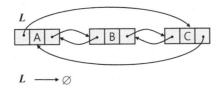

- **헤더 및 트레일러 이중연결리스트**

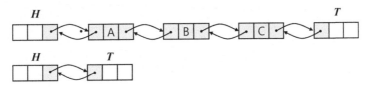

• 헤더 및 트레일러 원형 이중연결리스트

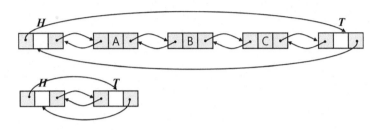

요약

• 배열과 연결리스트는 차후 한 차원 높은 형태의 데이터구조 설계에 기본 재료의 역할을 한다. 고급 데이터구조들이 비교적 추상적이고 인간의 사고에 더 가깝다면 배열과 연결리스트는 구체적이고 컴퓨터의 구조에 더 가깝다.

• 배열은 순차 기억장소에 할당된 유한 개수의 동일 자료형 데이터원소들을 말한다. 배열은 1차원 배열 또는 다차원 배열로 구현이 가능하다.

• 다차원 배열을 메모리에 할당하는 데는 저차원우선 순서와 고차원우선 순서의 두 가지 방식이 있다. 이 가운데 자주 사용되는 방식은 저차원우선 방식이다. 이 방식에서는 저차원 첨자일수록 느리게 증가하는 순서로 셀들이 할당된다.

• 동적메모리는 프로그램 실행 시에 프로그램에 의해 사용 가능한 주메모리의 한 구역을 말하며, 노드는 한 개의 데이터원소를 저장하기 위해 동적메모리에 할당된 메모리를 말한다. 메모리의 동적 할당과 해제는 실행시간에 시스템 콜을 사용하여 처리한다.

• 정적 할당, 즉 컴파일 시에 메모리가 할당되는 배열과 달리 연결리스트의 노드들에 대한 메모리는 동적 할당, 즉 프로그램 실행 시에 할당된다.

연습문제

3-1 배열의 크기

아래 배열의 크기(즉 원소 수)를 구하라.

- 3차원 배열 $A[-3..2, 1..4, 0..9]$
- 2차원 배열 $B[1..M, -1..N]$

3-2 배열원소의 저장 순서

2차원 배열 $A[-1..3, 0..5]$의 원소 $A[2, 3]$의 위치(즉, A의 base로부터의 오프셋)를 다음 두 가지 경우에 대하여 각각 구하라.

- A가 행우선 순서로 저장됨.
- A가 열우선 순서로 저장됨.

3-3 배열원소의 저장 순서

행우선 순서로 저장된 3차원 배열 $A[0..2, -1..M, 0..N]$의 원소 $A[i, j, k]$의 위치(즉, A의 base로부터의 오프셋)를 수식으로 구하라.

심층문제

3-1 행렬 "지그재그" 채우기

$n \times n$ 배열의 $[0, 0]$ 셀에서 출발하여 1부터 n^2 사이의 정수를 "지그재그" 순서로 채우는 알고리즘 zigzag(n)을 작성하고 적절히 테스트하라. 단 $1 \leq n \leq 100$으로 전제한다.

예 5×5 배열 A

	0	1	2	3	4
0	1	2	3	4	5
1	10	9	8	7	6
2	11	12	13	14	15
3	20	19	18	17	16
4	21	22	23	24	25

A

3-2 행렬 "나선형" 채우기

$n \times m$ 배열의 [0, 0] 셀에서 출발하여 1부터 nm 사이의 정수를 "나선형" 순서로 채우는 알고리즘 spiral(n, m)을 작성하고 적절히 테스트하라. 단 $1 \leq n, m \leq 100$으로 전제한다.

예 4×5 배열 A

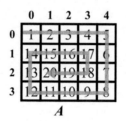

A

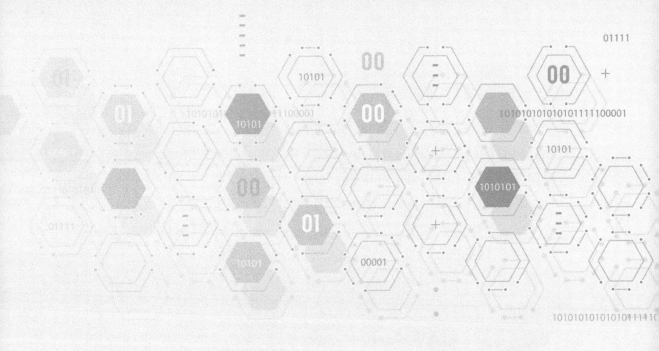

CHAPTER **4**

기본 추상자료형

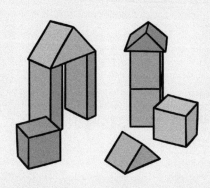

효과적인 알고리즘 학습을 위해 데이터구조에 대한 이해는 선결 조건이다. 특히 기본적인 데이터구조들의 추상자료형에 대한 개념 이해는 필수적이다. 이 장은 체계적인 알고리즘 학습을 위해 꼭 가지고 있어야 할 배경인 기본 추상자료형들에 대해 복습을 겸해 정리한다. 이 장에서는 이후의 장들에 나오는 내용을 제대로 이해하기 위해 꼭 필요한 부분만을 축약하여 서술한다. 각 추상자료형과 관련한 상세한 알고리즘 작성이나 구체적 응용은 데이터구조 과정에서 다루어지므로 설명을 생략했다.

4.1 리스트 ADT

4.1.1 추상자료형이란 무엇인가

 알고리즘에 대한 공부를 시작하기 전에 추상자료형이란 개념에 대해 알아야 한다. **추상자료형** abstract data type, ADT이란 데이터구조의 추상형으로써, 데이터가 컴퓨터에 저장되고 실행되는 기계적인 메커니즘과는 구분되어 인간이 데이터를 다루는 관점에서 데이터구조를 명세한 것을 말한다. ADT는 구체적으로 세 가지를 명세한다. 다루는 데이터, 데이터에 대한 작업들, 그리고 데이터를 다루는 도중 발생 가능한 에러 상황들이다. 간단한 예로 주식거래 시스템을 단순화시켜 모델링한 ADT는 다음과 같은 명세를 가질 것이다.

다루는 데이터

- 사자/팔자 주문들

데이터에 대한 작업들

- order buy(주식, 단가, 수량): 특정 주식을 주당 얼마에 몇 주 매수하자는 주문
- order sell(주식, 단가, 수량): 특정 주식을 주당 얼마에 몇 주 매도하자는 주문
- void cancel(order): 특정 주문을 취소

데이터를 다루는 도중 발생 가능한 에러 상황들

- 존재하지 않는 주식에 대한 사자 주문
- 보유하고 있지 않은 주식에 대한 팔자 주문
- 존재하지 않는 주문에 대한 취소

우리는 컴퓨터를 실세계 데이터의 저장과 처리 장치로서 적절히 활용하기를 원한다. 따라서 데이터를 컴퓨터에 효과적으로 표현하고 컴퓨터 상에서 효율적으로 처리할 수 있도록 하는 기술을 주로 다루는 데이터구조에 관한 학습은 매우 중요하다. 이 장의 절들은 컴퓨터의 효과적 활용을 위해 널리 사용되는 데이터구조들을 기계적 관점이 아닌 인간의 관점에 가까운 추상자료형의 관점에서 제시한다. 각 절에서는 먼저 추상자료형을 소개한 후, 관련 메쏘드에 대해 설명하고 해당 추상자료형을 어떻게 구현할 수 있는지와 구현의 성능을 살펴볼 것이다. 이 장의 말미에는 추상자료형을 어떻게 응용하는지 이해를 돕기 위한 문제해결 사례를 보인다.

4.1.2 리스트 ADT

추상자료형 가운데 가장 먼저 알아야 할 것은 다른 추상자료형에 비해 단순하고도 가장 기초적인 리스트 ADT다. **리스트 ADT**^{list ADT}는 연속적인 임의 개체들을 모델링한다. 예를 들면, 어느 학급의 학생들이라든가, 주소록에 저장된 일련의 주소들이다. 컴퓨터 내부에도 리스트 형태의 데이터 모델이 무수히 많다. 어떤 프로그램에서 사용되는 변수들의 목록이라든가, 윈도 환경에서 현재 열려 있는 창들의 목록 등이 여기에 속한다. 리스트를 구성하는 개체(예 어느 학급의 학생, 주소록 내 주소, 프로그램 변수, 열린 창들 가운데 하나)는 해당 리스트의 **원소**^{element}가 된다. 각 원소에 대한 식별과 접근은 **순위**^{rank}에 의해 이루어진다. 즉, 리스트의 원소들은 1순위, 2순위, … 등의 순위에 의해 상호 구별되고 접근된다.

4.1.3 리스트 ADT 메쏘드

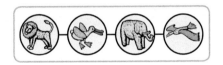

다음은 리스트 ADT에 대한 메쏘드, 즉 리스트 ADT에 대해 가능한 작업들이다. 참고로, 메쏘드 이름 앞의 자료형은 그 메쏘드가 반환하는 값의 자료형을 표시하며, 메쏘드 수행 내용 설명 중 '~인지 여부를 반환'은 그 메쏘드 수행 결

과가 참인 경우 **True**를, 거짓인 경우 **False**를 반환하는 **논리** boolean 메쏘드임을 의미한다. 이렇게 논리값을 반환하는 메쏘드는 앞으로도 많이 나온다.

일반 메쏘드

- integer size(): 리스트의 크기, 즉 원소 수를 반환
- boolean isEmpty(): 리스트가 비어 있는지 여부를 반환
- iterator elements(): 원소 전체를 반환

다음 메쏘드들은 리스트 원소의 순위(즉, 그 원소 앞의 원소 수)를 특정함으로써 접근, 삽입 또는 삭제한다.

접근 메쏘드

- element get(r): 순위 **r**에 저장된 원소를 반환

갱신 메쏘드

- element set(r, e): 순위 **r**에 저장된 원소를 **e**로 대체
- add(r, e): 순위 **r** 앞에 원소 **e**를 삽입
- addFirst(e): 맨 앞에 원소 **e**를 삽입
- addLast(e): 맨 뒤에 원소 **e**를 추가
- element remove(r): 순위 **r**에 저장된 원소를 삭제하여 반환
- element removeFirst(): 맨 앞에 저장된 원소를 삭제하여 반환
- element removeLast(): 맨 뒤에 저장된 원소를 삭제하여 반환

예외 exception란 어떤 ADT 작업을 실행하고자 할 때 발생 가능한 오류 상황을 의미하며 일반적으로 "실행 불가능한 작업 때문에 예외를 **발령한다** throw"고 말한다. 리스트 ADT의 경우 다음과 같은 예외가 존재한다.

리스트 ADT에서 발령 가능한 예외들

- invalidRankException(): 부당한 순위에 대한 접근으로 인해 처리 불가능한 상황에서 발령
- fullListException(): 리스트가 만원이라 처리 불가능한 상황에서 발령
- emptyListException(): 리스트가 비어 있어 처리 불가능한 상황에서 발령

4.1.4 리스트 ADT 구현과 성능

배열을 사용하여 리스트 ADT를 구현하면 추상자료형의 모든 작업들이 자연스럽게 구현될 수 있다. 그림 4-1에 보인 것처럼 N개의 단순 또는 복잡한 원소들로 구성된 배열 V를 사용한다. 그리고 변수 n으로 리스트의 크기, 즉 현재 저장된 원소 수를 관리한다. 그러면 작업 get(r)은 $O(1)$ 시간에 $V[r]$을 반환하도록 구현된다. 배열을 이용하여 리스트를 구현할 경우 데이터구조에 의한 기억장소 사용량은 $O(n)$이며, size, isEmpty, get, set 등의 작업은 $O(1)$ 시간에 수행하고, add와 remove는 $O(n)$ 시간에 수행한다. 배열을 원형(circular)으로 이용하면 addFirst와 removeFirst를 $O(1)$ 시간에 수행할 수 있다.

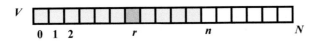

그림 4-1 배열을 이용한 리스트 구현

　연결리스트를 이용하여 리스트 ADT를 구현하면 추상자료형의 모든 작업들이 자연스럽게 구현될 수 있다. 특히, 이중연결리스트를 이용하면 리스트 ADT를 편리하게 구현할 수 있다. 이중연결리스트는 단일연결리스트에 비해 풍부한 접근성과 조작성을 가진다(그림 4-2 참고). 각 노드는 원소 및 이전 노드와 다음 노드를 가리키는 링크를 저장한다(그림 4-3 참고). 여기에 더하여 필요하다면 헤더노드나 트레일러노드를 추가할 수도 있다. 이중연결리스트를 이용한 리스트 ADT 구현에서 연결리스트의 각 노드에서 사용되는 기억장소는 $O(1)$이므로 n개의 원소로 구성된 연결리스트에 의해 사용되는 기억장소는 $O(n)$이다. size, isEmpty 작업은 $O(1)$ 시간에, get, set, add, remove 등의 작업은 $O(n)$ 시간에 수행한다. addFirst, removeFirst, addLast, removeLast는 $O(1)$ 시간에 수행한다.

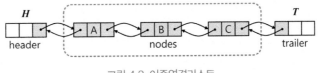

그림 4-2 이중연결리스트

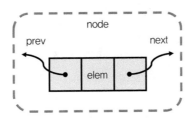

그림 4-3 이중연결리스트의 노드

4.2   집합 ADT

4.2.1 집합 ADT

집합(set)은 광범위하게 사용되는 데이터 모델이다. 다음 세 개의 집합을 보자.

- A = {여자들}
- B = {기혼자들}
- C = {서울 사람들}

A와 B 두 집합을 합하면 기혼자이거나 여자인 사람들의 집합이 형성될 것이고, A, B 두 집합을 교차하면 기혼 여자들의 집합이 될 것이다. B 집합에서 C 집합을 빼면 서울에 살지 않는 기혼자들의 집합이 될 것이다. 반대로 C 집합에서 B 집합을 빼면 서울에 사는 미혼자들의 집합이 될 것이다. 이러한 집합에 대한 기초 개념과 합집합, 교집합, 또는 차집합 연산에 관해 우리는 이미 익숙하다.

컴퓨터 분야에서도 집합 개념이 사용되는 예는 무수히 많다. 데이터베이스 시스템에서 집합 관련 작업은 다양한 데이터베이스 작업의 기본이다. 예를 들어 국회의원의 집합과 국회도서관에서 책을 대여해 간 사람들의 집합을 교차하면 공부하는 국회의원들의 집합을 얻을 수 있으며, 금년도 수능 고득점자의 집합에서 수도권 고등학교 출신자들의 집합을 빼면 지방출신 수능 고득점자의 집합을 얻게 된다. 또 다른 예로 인터넷 검색엔진을 생각해 보자. 검색어로 '김밥'과 '참치'를 입력하면 아마도 참치김밥에 관한 웹페이지들이 우선 나열되고(예 참치김밥 맛집) 그 아래에는 순전히 참치에 관한 웹페이지들에 이어서 순전히 김밥에 관한 웹페이지들이 나열될 것이다. 즉, 교집합에 해당하는 웹페이지들로 시작하여 합집합에 해당하는 웹페이지들까지 불러오는 것이다. 실제로 웹페이지들은 미리 복수의 검색어로 색인된 목록으로 저장되어 있다가 검색 시에는 집합 연산을 통해 불러오기도 한다.

이 절에서는 집합 개념을 추상화한 데이터구조로서 집합 ADT에 관해 공부한다. **집합**

ADT^{set ADT}는 유일한 개체들을 담는 용기를 모델링한다. 유일하다 함은 집합 내 원소에 중복이 없다는 의미다. 집합 원소들은 선형으로 나열될 수 있는 개체들이므로 집합을 구현하기에 적절한 데이터구조로서 주로 앞 절에서 다루었던 리스트를 사용한다. 여기서 한 가지 유의할 것이 있다. 일상적 개념의 집합에서는 원래 집합 원소들 간에 순서가 없다. 하지만 집합 ADT 관련 작업의 효율적 구현을 위해 우리는 집합 원소들의 정렬된 리스트로 집합을 표현할 것이다.

4.2.2 집합 ADT 메쏘드

집합 A에 관한 주요 메쏘드는 다음과 같다(그림 4-4 참고).

- set union(B): 집합 B와의 합집합을 반환
- set intersect(B): 집합 B와의 교집합을 반환
- set subtract(B): 집합 B를 차감한 차집합을 반환

집합 A와 B에 관한 위 주요 작업들의 실행시간은 $O(|A| + |B|)$가 되도록 구현될 수 있다. 여기서 $|A|$와 $|B|$는 집합 A와 B의 원소 수를 각각 의미한다.

그림 4-4 집합 ADT 메쏘드

아래는 집합 ADT에 대한 메쏘드들이다.

일반 메쏘드

- integer size(): 집합의 원소 수를 반환
- boolean isEmpty(): 집합이 비어 있는지 여부를 반환
- iterator elements(): 집합의 전체 원소를 반환

질의 메쏘드

- boolean member(x): 개체 x가 집합의 원소인지 여부를 반환
- boolean subset(B): 집합이 집합 B의 부분집합인지 여부를 반환

갱신 메쏘드

- addElem(x): 집합에 원소 x를 추가
- removeElem(x): 집합으로부터 원소 x를 삭제

예외

- emptySetException(): 비어 있는 집합에 대해 삭제 혹은 첫 원소 접근을 시도할 경우 발령

4.2.3 집합 ADT 구현과 성능

집합은 일반적으로 리스트로 구현할 수 있다. 구체적으로는 연결리스트에 의한 구현 또는 배열에 의한 구현의 두 가지 선택이 있다. 이 가운데 연결리스트에 의한 구현이 광범위한 집합에 사용될 수 있으므로 더욱 일반적이다. 연결리스트의 대안으로 배열에 의한 구현도 있지만 특정 상황에서만 가능하다. 배열에 의한 구현 방식은 응용문제에서 다룬다. 이 절에서는 연결리스트에 의한 구현을 중심으로 살펴보기로 한다.

집합 ADT를 연결리스트로 구현할 경우, 연결리스트의 각 노드는 하나의 집합 원소를 표현한다. 집합 관련 작업의 편리성을 위해 헤더 및 트레일러 이중연결리스트를 사용할 수도 있다. 원소들은 일정한 순서에 의해 정렬되어 저장된다. 연결리스트로 집합을 구현하면 원소 한 개에 노드 한 개를 사용하므로 $O(n)$의 기억 장소를 사용한다. 집합의 주요 메쏘드 union, intersect, subtract는 모두 최악의 경우 집합 A, B의 원소의 수를 합친 만큼 작업하므로 $O(|A| + |B|)$ 시간에 수행한다. 주요 메쏘드 이외에, 원소 e가 집합 A에 속하는지 여부를 반환하는 메쏘드 member(e)는 최악의 경우 집합 A의 원소 수만큼 비교하므로 $O(|A|)$ 시간에 수행한다. 집합 A가 집합 B의 부분집합인지 여부를 반환하는 메쏘드 subset(B)는 집합 A의 각 원소가 집합 B에 속하는지 단순 검사하는 방식으로 작성하면 $O(|A| \times |B|)$ 시간이 소요된다(이보다 빠르게 부분집합 여부를 검사할 수 있는 방식도 있다).

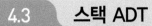

스택 ADT

4.3.1 스택 ADT

뷔페 식당에 쌓여 있는 식사용 빈 접시 더미를 생각해 보자. 주방에서 세척되어 새로 도착한 접시는 맨 위에 올려 놓으며, 손님들 역시 맨 위의 접시를 가져간다. 즉, 접시 더미에 가장 나중에 들어온 접시가 가장 먼저 빠져 나가는 원리로 작동하는 것이다.

컴퓨터 내부에도 이와 비슷한 방식으로 작동하는 부문이 많다. 프로그램 실행 환경을 고려해 보자. 메인 프로그램은 부함수를 호출하고 호출된 부함수는 또다른 부함수를 호출하는 구조에서 마지막에 호출된 부함수의 실행이 완료되면 가장 나중의 부함수, 즉 방금의 부함수를 호출했던 부함수로 이동하여 수행을 계속한다. 이렇게 호출과 반환이 계속되면서 프로그램이 실행되는 양상은 접시 더미의 작동 원리와 유사하다고 볼 수 있다. 다시 말해, 함수의 호출이 접시를 올려 놓는 것에 해당한다면 함수로부터의 반환은 접시를 가져가는 것에 비유된다. 좀더 알기 쉬운 예를 들자면, 인터넷 브라우저를 이용할 때 링크를 누를 때마다 새 웹페이지들을 불러오면서 웹서핑을 한다. 그러다 뒤로 가기를 누르면 가장 나중에 방문했던 웹페이지로 되돌아간다. 즉, 검색한 웹페이지들의 목록이 마치 접시 더미와 같은 역할을 하는 것이다.

앞서 설명한대로 접시 더미, 함수 호출기록, 웹페이지들의 목록 등과 같은 저장소의 특징은 가장 나중에 들어온 것이 가장 먼저 빠져 나간다는 점과 그러한 행위가 '맨 위'라는 특정 위치에서만 이루어진다는 점이다. **스택 ADT** stack ADT는 이 같은 저장소를 추상화한 데이터구조다. 스택 ADT는 임의의 개체를 저장한다. 그림 4-5는 스택 ADT를 보인다. 삽입과 삭제는 **후입선출** Last-In First-Out, LIFO 순서를 따르며 스택의 top이라 불리는 위치에서 행해진다.

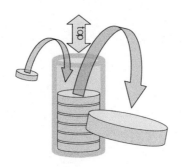

그림 4-5 스택 ADT

4.3.2 스택 ADT 메쏘드

아래는 스택 ADT에 대한 주요 메쏘드들이다.

주요 메쏘드

- push(e): 원소 *e*를 삽입
- element pop(): 가장 나중에 삽입된 원소를 삭제하여 반환

보조 메쏘드

- element top(): 가장 나중에 삽입된 원소를 삭제하지 않고 반환
- integer size(): 저장된 원소의 수를 반환
- boolean isEmpty(): 스택이 비어 있는지 여부를 반환
- iterator elements(): 스택 원소 전체를 반환

예외

- emptyStackException(): 비어 있는 스택에 대해 pop이나 top을 시도할 경우 발령
- fullStackException(): 만원 스택에 push를 시도할 경우 발령

4.3.3 스택 ADT 구현과 성능

스택은 배열 또는 연결리스트로 상세 구현될 수 있다. 먼저, 그림 4-6에 보인 것처럼 크기 *N*의 배열을 사용하여 스택을 쉽게 구현할 수 있다. 순차 데이터구조로 구현되므로 이를 **순차스택** sequential stack이라고도 부른다. 순차스택 원소들은 배열의 첨자가 작은 쪽에서 큰 쪽으로 추가되며 변수 *t*를 사용하여 top 원소의 첨자를 관리한다.

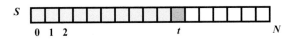

그림 4-6 배열에 기초한 스택(순차스택)

다음은 이 구현 방식의 성능이다. 먼저 스택의 원소 수를 n이라 하면 기억장소 사용은 $O(n)$이 되며 각 작업의 실행시간은 $O(1)$이 된다. 이 방식이 가지는 제약은 스택의 최대 크기를 미리 예측할 수 있어야 하며 이 값은 일반적으로 실행 중 변경될 수 없다는 점이다. 설계한 스택 크기가 실제 사용량에 비해 작을 경우 결국 언젠가는 만원 스택에 새로운 원소를 push 시도하게 되어 구현상의 오류를 일으킨다.

배열을 사용하는 대신, 그림 4-7에 보인 것처럼 단일연결리스트를 사용하여 스택을 구현할 수 있다. 연결 데이터구조에 의해 구현되므로 이를 **연결스택** linked stack이라고도 부른다. 스택의 특성상 삽입과 삭제가 top이라는 특정 위치에서만 수행되므로 헤더노드의 사용은 불필요하다(왜 그런지는 생각해 보면 알 수 있다). 이 방식에서는 top 원소를 연결리스트의 첫 노드에 저장하고 이곳을 변수 t로 가리키게 한다. 기억장소 사용은 원소 수만큼의 노드를 사용해야 하므로 $O(n)$이며 스택 ADT의 각 작업은 $O(1)$ 시간에 수행한다. 배열로 구현하는 것에 비해 이 방식은 동적메모리가 허용하는 한도에서 노드를 자유롭게 할당할 수 있으므로 스택의 크기를 미리 예측해야 한다는 제약이 없다. 따라서 예외상황 fullStackException은 동적메모리가 고갈되지 않는 한 발령되지 않는다는 장점이 있다.

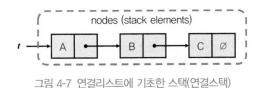

그림 4-7 연결리스트에 기초한 스택(연결스택)

4.4 큐 ADT

4.4.1 큐 ADT

정류장에 가면 버스를 기다리는 사람들의 대기열이 있다. 당신은 대기열의 맨 뒤로 가서 서야 한다. 버스가 정류장에 도착하면 대기열의 맨 앞에 있는 사람부터 버스에 오른다. 대기열의 중간에 끼여 들거나 중간에 있던 사람이 먼저 버스에 오르는 것은 공공질서 위반이 된다. 병원에 가서 의사를 만나는 것도 마찬가지다. 환자대기실에 가면 대기 환자들의 대기열이 있고 당신의 이름이 대기열의 맨 뒤에 접수된다. 환자가 진료를 받고 떠나면 대기열의 맨 앞에 있던 환자가 의사의 진료를 받으러 들어간다. 여기서도 버스정류장과 같은 원리의 질서가 있는 것이다.

컴퓨터 분야에도 이런 질서가 적용되는 부문이 많다. 수십 대의 PC와 한 대의 공유프린터가 구비된 PC 실습실에서 프린터에 인쇄 명령을 보내면 인쇄될 파일은 인쇄를 기다리는 파일들의 대기열 맨 뒤에 들어가고 자기 차례가 되어 대기열의 맨 앞에 와야 비로소 인쇄된다. 인터넷 이메일을 보내는 것도 이메일의 대기열에 들어간 후 대기열에 들어온 순서대로 보내진다.

방금 설명한대로, 일상에서나 컴퓨터 분야에서나 대기열의 가장 큰 특징은 대기열에 먼저 들어온 것이 대기열로부터 먼저 빠져나간다는 점과, 들어가는 위치는 대기열의 맨 뒤, 나가는 위치는 대기열의 맨 앞으로 미리 정해져 있다는 점이다.

큐 ADTqueue ADT는 대기열을 추상화한 데이터구조다. 큐 ADT는 임의의 개체들을 저장한다. 그림 4-8은 큐 ADT의 모습을 보인다. 큐에 들어오고 빠져 나가는 삽입과 삭제는 **선입선출**First-In First-Out, FIFO 순서를 따른다. 삽입은 큐의 rear, 삭제는 큐의 front라 불리는 위치에서 이루어진다.

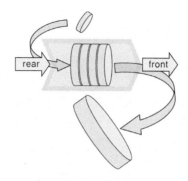

그림 4-8 큐 ADT

4.4.2 큐 ADT 메쏘드

 다음은 큐에 적용 가능한 메쏘드들이다.

주요 메쏘드

- enqueue(e): 큐의 rear에 원소 *e*를 삽입
- element dequeue(): 큐의 front에서 원소를 삭제하여 반환

보조 메쏘드

- element front(): 큐의 front에 있는 원소를 삭제하지 않고 반환
- integer size(): 큐에 저장된 원소의 수를 반환
- boolean isEmpty(): 큐가 비어 있는지 여부를 반환
- iterator elements(): 큐 원소 전체를 반환

예외

- emptyQueueException(): 비어 있는 큐에 대해 dequeue 또는 front를 시도할 경우 발령
- fullQueueException(): 만원 큐에 대해 enqueue를 시도할 경우 발령

4.4.3 큐 ADT 구현과 성능

큐는 배열 또는 연결리스트로 상세 구현할 수 있다.

먼저, 배열에 의해 구현할 경우 크기 *N*의 배열을 원형으로 사용하여 큐를 구현할 수 있다. 이를 **순차큐** sequential queue 또는 **원형큐** circular queue라고도 부른다. 선형배열을 사용할 수도 있겠으나 기억장소 활용 면에서 비효율적이다. 원형큐에서는 두 개의 변수를 사용하여 front와 rear 위치를 기억한다.

- *f* : front 원소의 첨자
- *r* : rear 원소의 첨자

선형배열을 이용할 때와 달리 원형배열을 이용할 경우 원소들이 나란한 상태와 돌아간 상태의 두 가지 형태가 가능하다(그림 4-9 참고). front와 rear 값의 관계에 의해 큐가

비어 있는지 만원인지 구별해야 하는데 빈 큐를 만원 큐로부터 차별하기 위해 다음과 같은 두 가지 전략이 가능하다.

- 한 개의 빈 방을 사용하지 않고 예비
- 원소 수를 변수에 저장하여 유지

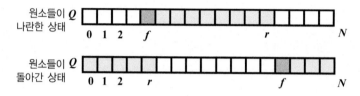

그림 4-9 배열에 기초한 큐(원형큐)

그림 4-10 (a~b)는 이 가운데 한 개의 빈방을 예비하는 전략을 취하는 경우 (a) 비어 있는 큐의 모습과 (b) 만원 큐의 모습을 보인다. 비어 있는 큐의 경우 r의 한 셀 오른쪽에 f가 위치하지만 만원 큐의 경우 r의 두 셀 오른쪽에 f가 위치하는 것을 알 수 있다.

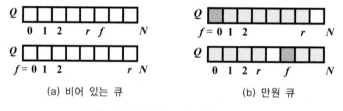

(a) 비어 있는 큐   (b) 만원 큐

그림 4-10 비어 있는 큐와 만원 큐의 구분

배열에 기초한 큐 구현의 성능과 제약에 대해 살펴보자. 먼저 원소 개수를 n이라 하면 기억장소 사용은 $O(n)$이며 enqueue, dequeue, size, front, isFull, isEmpty 등 기초 작업의 실행시간은 $O(1)$이다. 빠른 성능에 비해 큐의 최대 크기를 예측할 수 있어야 하며 이 값은 실행 중 변경될 수 없다는 제약이 있다. 즉, 정의된 큐의 크기가 불충분하면 만원인 상태에서 새로운 원소를 enqueue 시도할 경우 구현상의 오류를 일으킨다.

배열 대신 단일연결리스트를 사용하여 큐를 구현할 수 있다. 연결 데이터구조에 의해 구현되므로 **연결큐**linked queue라고도 부른다. 연결큐에 대한 삽입과 삭제가 특정 위치에서만 수행되므로 역방향 링크는 굳이 사용하지 않아도 된다. 연결큐 구현을 위해서는, 그림 4-11에 보인 것처럼 front 원소를 연결리스트의 첫 노드에, rear 원소를 끝 노드에 저장하고 f와 r로 각각의 노드를 가리키게 한다. 이렇게 하면 기억장소 사용은 $O(n)$이며, 큐 ADT의 각 기초 작업은 $O(1)$ 시간에 수행된다. 연결큐를 사용하면 예외상황

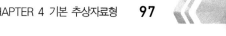

fullQueueException의 발령 가능성이 최소화된다. 동적메모리가 허용하는 만큼의 노드를 계속 할당받을 수 있기 때문이다.

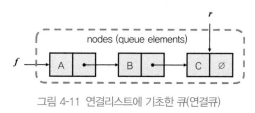

그림 4-11 연결리스트에 기초한 큐(연결큐)

4.5 트리 ADT

4.5.1 트리 ADT

그림 4-12에 보인 어느 회사의 조직구성도를 보면 맨 위에 회사 대표, 그 아랫 줄에 판매부, 제조부, 연구부, 그 아랫 줄에 각 부에 속한 국내판매과, 해외판매과, 노트북제조과 데스크톱제조과, 맨 아래엔 해외판매과에 속한 아시아판매팀, 미국판매팀, 유럽판매팀 등이 나열되어 있다. 동물의 계통도 역시 맨 위에 동물 전체, 그 아래에 척추동물, 무척추 동물, 그 아래에 포유류, 어류, 조류, 양서류, 갑각류 등, 맨 아래에 원숭이과, 고양이과, 개과, 독수리과 등의 분류가 제시된다.

그림 4-12 트리 ADT

이렇게 어떤 단체의 조직구성이나 동식물의 분류체계처럼 맨 위의 대표적 개체로 시작하여 아래 방향의 가지치기로 표현되는 계층구조를 트리(tree)라고 부른다. 그 이유는 한 줄기로 시작하여 가지치기하면서 퍼져 나가는 일반적인 나무 형태와 비슷하기 때문이다. 물론 실제 트리는 아래서 위를 향해 자라는데 비해 이러한 계층구조는 반대로 위에서 아래를 향해 퍼져 나가는 형태지만, 트리의 위아래를 뒤집어 보면 계층구조와 일치한다는 면에서 이 명칭은 잘 어울린다.

조직구성이나 동식물 분류와 같은 현실 세계만이 아니라 컴퓨터 분야에서도 트리 모양과 부합하는 데이터 모델이 많다. 폴더시스템의 예를 생각해 보자. 윈도나 UNIX 등 운영체제에서 보면 파일시스템의 최상위 레벨에 루트 폴더가 존재하고 그 아래 레벨에 몇 개의 폴더가 존재한다. 각 폴더는 또다시 폴더 혹은 파일들을 포함하는 방식으로 전체 폴더시스템이 구성된다. 또 다른 예로 C 언어의 문법을 고려해 보자. 하나의 C 함수는 함수헤더, 변수 선언부, 그리고 여러 개의 명령문으로 이루어져 있다. 각 명령문은 다시 여러 개의 명령문을 포함한다(예를 들어 **if** 명령문의 **then** 절이 하나의 **for** 반복문과 두 개의 치환문으로 구성될 수 있다). 그리고 이 가운데 어떤 명령문은 다시 여러 개의 명령문을 포함하기도 한다(예를 들어 앞서의 **for** 반복문이 **print** 문과 치환문으로 구성될 수 있다). 치환문은 좌변, 치환 심볼, 그리고 우변으로 구성되며 우변은 몇 개의 연산자와 피연산자로 구성된 수식일 수도 있다. C 함수 트리의 최하위 레벨에는 식별자, 상수, 심볼 등이 포진하게 될 것이다.

이 장은 위에 설명한 바와 같은 계층구조를 추상화한 데이터구조, 트리에 대해 학습한다. **트리 ADT**^{tree ADT}는 계층적으로 저장된 데이터원소들을 모델링한다. 그림 4-12에 보인 것처럼 각 트리 원소는 0개 이상의 **자식**^{child} 원소들을 가지며, 트리 계층구조 맨 위의 원소를 제외하고는 하나의 **부모**^{parent} 원소를 가진다.

트리는 비어 있지 않다고 전제한다. 즉, 트리에 반드시 한 개 이상의 데이터원소가 존재한다고 전제하는 것이다. 그렇게 하면 많은 트리 관련 알고리즘에서 트리가 비어 있는 경우에 대한 별도처리를 생략할 수 있게 되어 알고리즘 작성이 단순해지는 장점이 있다. 혹여 트리가 비어 있을 수도 있는 응용을 다룰 경우에는 교재에 제시된 알고리즘 중 일부에 대해 비어 있는 경우에 대한 별도처리를 수행하도록 수정해야 할 것이다.

4.5.2 트리 용어

 트리에 대한 알고리즘을 학습하기 전에 트리와 관련된 용어들을 알아둘 필요가 있다. 트리는 리스트, 스택, 큐, 집합과 같은 1차원의 선형 데이터구조와 달리 계층구조에 의한 2차원적 구조를 가지므로 선형에 비해 한 차원 높은 내용의 정보를 다룰 수 있는 만큼 관련 용어 또한 풍부하다.

노드와 간선

그림 4-13을 보면서 용어를 익히도록 하자. 제일 먼저 알아야 할 것은 노드와 간선이다. **노드** node는 그림에 상자로 보인 부분으로 데이터원소를 표시하며, **간선** edge은 그림에 노드 사이를 연결하는 선으로 보인 부분으로 노드 사이의 부모-자식 관계를 표시한다. 여러 노드 가운데 가장 중요한 것은 루트다. **루트** root란 트리의 맨 위의 부모가 없는 노드를 말한다(예 노드 A). 트리의 노드들은 내부노드와 외부노드로 나눌 수 있다. **내부노드** internal node 또는 **중간노드**란 적어도 한 개의 자식을 가진 노드를 말하며(예 A, B, C, F), **외부노드** external node 또는 **잎** leaf이란 자식이 없는 노드를 말한다(예 E, I, J, K, G, H, D). **형제** siblings는 같은 부모를 가진 노드들을 말하며(예 G, H), 노드의 **조상** ancestor이란 그 노드로부터 루트를 향해 간선을 따라 올라가면 만나게 되는 부모 parent, 조부모 grand parent, 증조부모 grand grand parent 등의 직계 상위 노드들을, 노드의 **자손** descendant이란 그 노드로부터 잎을 향해 간선을 따라 내려가면 만나게 되는 자식 child, 손주 grand child, 증손주 grand grand child 등의 직계 하위 노드들을 말한다. **부트리** subtree는 노드와 그 노드의 모든 자손들로 구성된 트리를 말한다(예 그림에서 옅은 삼각형으로 둘러싸인 부분).

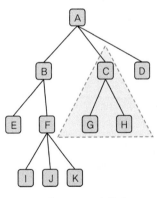

그림 4-13 트리 용어

경로

경로 path란 조상 또는 자손을 따라 이어진 노드 시퀀스를 말하는데 그림 4-14에서 화살표로 표시된 ABF가 그 예다. **경로길이** path length란 경로내 간선의 수를 말한다. 그림에서 경로 ABF의 길이는 2다. 노드의 **깊이** depth는 루트로부터 그 노드에 이르는 유일한 경로의 길이를, 노드의 **높이** height는 그 노드로부터 외부노드에 이르는 가장 긴 경로의 길이를 나타낸다. 그림에서 노드 B의 깊이는 1, 높이는 2다. **트리의 높이** height of a tree는 루트의 높이를 말한다. 그림에 보인 트리의 높이는 3이다.

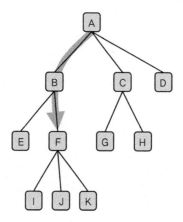

그림 4-14 트리의 경로

순서트리

순서트리 ordered tree는 각 노드의 자식들에 대해 선형 순서가 정의되어 있는 트리를 말한다. 순서트리의 좋은 예로 구조적 문서가 있다. 그림 4-15는 본 교재와 같은 구조적 문서가 대개 서론, 1장, 2장, …, 참고문헌 순으로, 각 장은 1절, 2절, … 순으로, 각 절은 문단 1, 문단 2, … 순으로 구성됨을 보인다(계속한다면, 문단은 다시 여러 개의 문장으로, 문장은 다시 여러 개의 단어로 구성된다고 할 수 있다). 교재가 가지는 특성상, 이 요소들의 순서는 임의로 뒤섞을 수 있는 것이 아니라 정해져 있는 것이다. 이에 반해, 앞서 그림 4-12의 트리는 판매부, 제조부, 연구부의 순서나, 아시아, 미국, 유럽 팀들의 순서가 중요하지는 않으므로 순서트리가 아닌 **무순트리** unordered tree라고 할 수 있다(물론 각 부서에 선형 순서에 해당하는 서열이 존재하는 특이한 경우라면 이 트리를 순서트리로 볼 수도 있다).

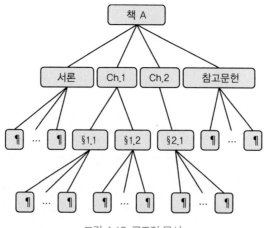

그림 4-15 구조적 문서

4.5.3 트리 ADT 메쏘드

이 절에서는 트리와 관련된 메쏘드들을 소개한다.

일반 메쏘드

- boolean isEmpty(): 트리가 비어 있는지 여부를 반환(트리가 비어 있지 않다고 전제할 경우 항상 거짓을 반환)
- integer size(): 트리의 노드 수를 반환

접근 메쏘드

- node root(): 트리의 루트 위치를 반환
- node parent(v): 노드 *v*의 부모노드의 위치를 반환
- node children(v): 노드 *v*의 자식노드들의 위치를 반환
- element element(v): 노드 *v*에 저장된 원소를 반환

질의 메쏘드

- boolean isInternal(v): 노드 *v*가 내부노드인지 여부를 반환
- boolean isExternal(v): 노드 *v*가 외부노드인지 여부를 반환
- boolean isRoot(v): 노드 *v*가 루트인지 여부를 반환

갱신 메쏘드

- swapElements(v, w): 노드 *v*와 *w*에 저장된 원소를 교환
- element setElement(v, e): 노드 *v*에 저장된 원소를 *e*로 대체

예외

- invalidNodeException(): 불법 노드(즉, 존재하지 않는 노드)에 대한 접근 시 발령

이외에도 필요하다면 갱신 메쏘드들(삽입, 삭제 등)을 추가 정의할 수도 있다. 여기에 관해서는 나중에 필요할 때 다루기로 한다. 위 메쏘드들 외에 트리와 관련된 기초적이고도 중요한 개념으로 깊이와 높이가 있다. 각각에 대해 알아보자.

깊이

노드 v의 **깊이** depth는 다음과 같이 재귀적으로 정의할 수 있다.

- 만약 v가 루트면, v의 깊이는 0
- 그렇지 않으면, v의 깊이는 v의 부모의 깊이 더하기 1

최악의 경우, 노드 v의 깊이를 구하는 알고리즘 depth는 $O(n)$ 시간에 수행한다. 여기서 n은 트리 내 총 노드 수다. 왜 최악의 경우 선형시간에 수행하는지는 루트에서 시작하여 계속적으로 자식이 한 개밖에 없는 트리를 생각해 보면 안다. 이런 트리를 **편향트리** skewed tree라고 부른다.

높이

트리와 관련된 또 하나의 중요한 개념으로 높이가 있다. 노드 v의 **높이** height는 다음과 같이 재귀적으로 정의할 수 있다.

- 만약 v가 외부노드면, v의 높이는 0
- 그렇지 않으면, v의 높이는 v의 자식들 중 최대 높이 더하기 1

최악의 경우, 노드 v의 높이를 구하는 알고리즘 height는 $O(n)$ 시간에 수행한다(왜 그런지는 편향트리를 생각해 보면 안다). 여기서 n은 트리 내 총 노드 수다. 루트가 r인 **트리의 높이** height of a tree는 노드 r의 높이다.

순회

트리에서의 매우 중요한 작업으로 순회가 있다. **순회** traversal란 트리의 노드들을 체계적인 방식으로 방문하는 것이다. 1차원적 선형 데이터구조들과 달리 트리는 2차원적 구조를 취하고 있기 때문에 순회를 위해 보다 조직적인 순서가 필요하다. 가장 많이 사용되는 순회 방식으로는 선위순회와 후위순회, 두 가지 방식이 있다.

먼저, 트리의 **선위순회** preorder traversal에서는 노드가 그의 자손들보다 앞서 방문된다. 모든 노드를 정확히 한 번씩 방문하므로 실행시간은 $O(n)$이 된다. 여기서 n은 총 노드 수다. 다음, 트리의 **후위순회** postorder traversal에서는 노드가 그의 자손들보다 나중에 방문된다. 모든 노드를 정확히 한 번씩 방문하므로 실행시간은 $O(n)$이 된다.

4.5.4 이진트리 ADT

이진트리 ADTbinary tree ADT는 순서트리를 모델링한다. 트리의 각 내부노드는 두 개의 자식을 가지며, 각각 **왼쪽**left 및 **오른쪽**right **자식**child이라 부른다. 모든 내부노드가 왼쪽, 오른쪽 자식을 둘 다 가지는 이진트리를 **적정**proper 이진트리라고 부른다. 좌우 자식노드 가운데 하나가 비어 있는 경우라도 비어 있는 자식의 위치와 모든 외부노드의 좌우 자식 위치에 모조 노드, 즉 아무 원소도 저장하지 않는 외부노드를 추가 설정함으로써 적정이진트리로 구현할 수 있다(이 경우 기존의 외부노드는 내부노드가 된다). 모조 외부노드 표현으로 인해 전체 노드 수가 1배수 정도 추가되지만 관련 알고리즘 작성이 단순해지는 이점을 얻게 된다.

이진트리를 재귀적으로 정의하면 다음과 같다.

- 루트가 자식의 **순서 쌍**ordered pair을 가지며, 각각의 자식은 내부노드인 경우 이진트리다.

이진트리는 다음과 같은 속성을 가진다. 여기서 n은 이진트리의 노드 수, e는 외부노드의 수, i는 내부노드의 수, h는 트리의 높이를 나타낸다. 그림 4-16 (a~b)는 이진트리 속성의 이해를 돕기 위한 참고도다. 그림의 (a) 왼쪽은 일반 이진트리를, (b) 오른쪽은 편향이진트리를 보인다. 아래 속성들은 일반이나 편향이진트리 모두에 해당한다.

이진트리 속성

- $e = i + 1$
- $h \leq i$
- $e \leq 2^h$
- $h \geq \log_2(n+1) - 1$
- $n = i + e = 2e - 1$
- $h \leq (n-1)/2$
- $h \geq \log_2 e$

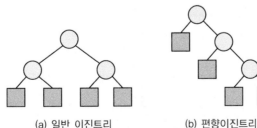

(a) 일반 이진트리   (b) 편향이진트리

그림 4-16 이진트리 ADT

4.5.5 이진트리 ADT 메쏘드

이진트리 ADT는 트리 ADT의 확장이므로 트리 ADT의 모든 메쏘드를 상속한다. 다음 메쏘드들은 이진트리에만 속하는 것들이다.

- node leftChild(v): 노드 *v*의 왼쪽 자식의 위치를 반환
- node rightChild(v): 노드 *v*의 오른쪽 자식의 위치를 반환
- node sibling(v): 노드 *v*의 형제의 위치를 반환

앞으로 주어지는 알고리즘에서는 이진트리를 모든 내부노드가 왼쪽과 오른쪽 자식 모두를 가지는 적정이진트리로 전제한다. 만약 이진트리가 부적정하다면 작업시 오류가 발생할 수 있으므로 관련 알고리즘을 약간 수정할 필요가 있다. 위에 주어진 메쏘드 외에 필요하다면 추가적인 갱신 메쏘드들(삽입, 삭제 등)이 정의될 수 있지만 차후 해당 작업들을 직접 사용하는 장에서 다루기로 한다.

깊이

이진트리에서의 깊이와 높이는 트리에서의 깊이와 높이 개념과 각각 유사하다. 먼저, 이진트리 노드 *v*의 **깊이** depth의 재귀적 정의는 다음과 같다.

- 만약 *v*가 루트면, *v*의 깊이는 0
- 그렇지 않으면, *v*의 깊이는 *v*의 부모의 깊이 더하기 1

높이

이진트리 노드 *v*의 **높이** height의 재귀적 정의는 다음과 같다.

- 만약 *v*가 외부노드면, *v*의 높이는 0
- 그렇지 않으면, *v*의 높이는 *v*의 왼쪽과 오른쪽 자식 중 최대 높이 더하기 1

이진트리 순회

이진트리는 트리와 마찬가지 방식으로 선위순회와 후위순회가 가능하다. 선위순회에서는 노드가 그의 왼쪽 및 오른쪽 부트리보다 앞서 방문된다. 후위순회에서는 노드가 그의 왼쪽 및 오른쪽 부트리보다 나중에 방문된다.

트리에서는 불가능하지만 이진트리에서 가능한 순회 방식으로 중위순회가 있다. **중위순회** inorder traversal에서는 노드가 그의 왼쪽 부트리보다는 나중에, 오른쪽 부트리보다는

앞서 방문된다. 모든 노드를 정확히 한 번씩 방문하므로 실행시간은 $O(n)$이다. 여기서 n 은 이진트리 내 총 노드의 수다.

4.5.6 이진트리 ADT 구현과 성능

이진트리를 구현하는 것은 크게 두 가지 방식이 있다. 배열에 의한 구현과 연결리스트에 의한 구현이다. 각각의 방식에 대해 알아보고 장단점을 비교해 보자.

1D 배열을 이용하여 이진트리를 표현할 수 있다. 이 방식에서는, 그림 4-17에 보인 것 처럼 순위 i의 노드에 대해 왼쪽 자식의 위치는 순위 $2i$, 그리고 오른쪽 자식의 위치는 순위 $2i+1$이 된다. 부모노드의 위치는 순위 $\lfloor i/2 \rfloor$이다. 따라서 노드간의 부모-자식 관계를 나타내는 간선은 따로 저장할 필요가 없게 된다. 주의할 점은 0에 관한 연산 오류를 피하기 위해 순위 0셀은 사용하지 않는다는 점이다. 배열 중 셀 0 이외의 사용하지 않는 셀은 널마커(에 '#')나 널포인터(포인터 배열인 경우)와 같은 특별한 값을 저장함으로써 해당 노드가 존재하지 않음을 나타낸다.

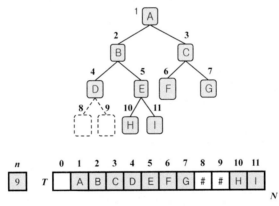

그림 4-17 배열에 기초한 이진트리

다음은 이 방식의 장단점을 생각해 보자. 만약 MAX를 노드 순위 중 최대값이라 하면 배열크기 $N = MAX$로 해야 한다. $N = n$이면 최선이다. 이 경우는 크기 N인 배열의 모든 셀이(순위 0은 제외) 이진트리의 노드를 표현하는 데 사용되어 기억장소의 낭비가 전혀 없는 상황이다. 이런 이진트리를 **완전이진트리** complete binary tree라고 부른다. 반대로, $N = 2^n - 1$이면 최악이다. 이 경우는 그림 4-18과 같은 편향이진트리에서 이진트리의 각 레벨에 단 한 개의 노드만 존재하여 배열의 대부분 셀들이 기억장소로 사용되지 않고 낭비되는 상황이다(여기서는 요점을 강조하기 위해 부적정 편향이진트리를 예로 들었다). 최선과 최악의 경우를 고려할 때 선택은 분명하다. 완전이진트리 또는 그에 가까운 이진트리의 경우 배열로 구현하면 기억장소 사용 면에서 유리하며, 그와 반대인 경우일수록 배열로 구현하면 기억장소 사용 면에서 불리하다는 것이다.

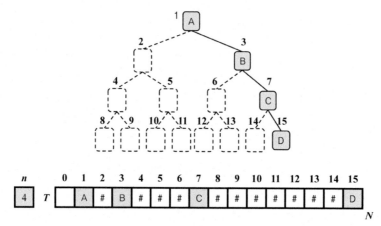

그림 4-18 편향이진트리를 배열에 저장

배열을 사용하는 대신 연결리스트에 기초하여 이진트리를 저장할 수 있다. 이진트리의 각 노드 개체들은 원소, 부모노드, 왼쪽 자식노드 및 오른쪽 자식노드를 저장한다. 이때는 배열에 의한 구현과 달리 부모-자식 관계를 나타내는 간선이 명시적으로 저장된다. 그림 4-20은 그림 4-19에 보이는 이진트리를 연결 이진트리로 저장한 예다.

이진트리를 배열 또는 연결리스트로 구현할 경우 모든 기초 작업들이 **O**(1) 시간에 수행한다.

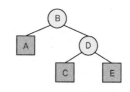

그림 4-19 이진트리 예

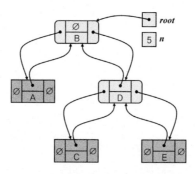

그림 4-20 연결 이진트리

4.5.7 트리 ADT 구현과 성능

　이진트리와 달리, 트리의 경우 자식노드의 수가 일정하지 않으므로 앞 절에 소개된 것처럼 배열로 구현하는 것은 기억장소의 낭비를 초래하게 되어 부적당하다. 대안으로, 연결리스트를 이용하여 트리를 구현하는 데에는 두 가지 방식이 있다. 다음은 그 중 첫 번째 버전이다. 각 노드는 원소, 부모노드, 그리고 자식노드들의 리스트를 저장한다. 그림 4-22는 그림 4-21에 보인 트리를 이 방식으로 저장한 예다.

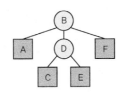

그림 4-21 트리 예

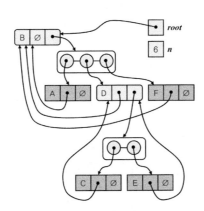

그림 4-22 연결트리 ver.1

　두 번째 버전에서 각 노드는 원소, 부모노드, 첫째 자식노드, 그리고 바로 아래 동생노드를 저장한다. 그림 4-23은 그림 4-21에 보인 트리를 이 방식으로 저장한 예다. 메모리 사용 면에서 이 버전은 첫 번째 버전과 마찬가지로 $O(n)$ 공간을 소비한다. 차이점은, 첫 번째 버전에서 각 노드에 세 가지 정보만 저장하는 대신 자식노드의 수가 많고 적음에 따라 자식노드를 표현하는 리스트의 길이가 가변인데 비해, 두 번째 버전에서는 각 노드에 네 가지 정보를 저장함으로써 자식노드에 대한 가변길이 리스트를 사용하지 않는 점이 다르다. 참고로, 위에서 첫째 자식 또는 바로 아래 동생이라고 언급했는데 그렇다고 해서 반드시 형제 간에 서열이 존재하는 순서트리만을 위한 구현 방식은 아니다. 무순트리의 경우라도 자식들 간에 첫째, 둘째와 같은 순서를 임의로 지정하고 트리에 관한 연산을 수행할 때는 지정된 순서에 특별한 의미를 두지 않으면 되기 때문이다.

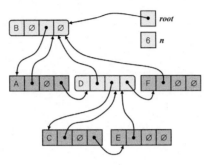

그림 4-23 연결트리 ver.2

트리를 **연결트리**linked tree로 구현할 경우 임의 노드 v의 자식들을 반환하는 데 자식들의 수, c_v, 즉 *children*(v)에 비례하는 시간이 걸리며 이를 제외한 기초 작업들은 모두 **O**(1) 시간에 수행한다.

4.6 분리집합 ADT

4.6.1 분리집합 ADT

어느 대학의 신입생들을 혈액형에 따라 나눈 집합들을 고려해 보자. A형 학생들의 집합, B형 학생들의 집합, O형 학생들의 집합, AB형 학생들의 집합 등 네 집합으로 나눠질 것이다. 인간의 혈액형은 고유하므로 어느 학생도 두 개 이상의 집합에 동시에 속할 수는 없다. 이번엔 신입생들이 전공에 따른 집단을 고려해 보자. A학과 학생들의 집단, B학과 학생들의 집합, C학과 학생들의 집합, … 등 여러 개의 집합으로 구분될 수 있을 것이다. 앞서 혈액형에 따른 분류와 마찬가지로 어느 학생도 동시에 두 개 이상의 집합에 속하지 않는다. 또 다른 예는 어느 나라의 고교야구 시스템이다. 전국에 100개의 고교야구팀이 있고 각 고등학교가 지역적으로 가까운 고등학교의 야구팀들과 함께 지역 야구리그를 결성하여 시합을 벌이는 시스템이라 가정하자. 이 시스템에서는 어느 고등학교 야구팀도 타 지역리그에 속한 고교 야구팀과는 시합을 하지 않는다.

앞서 예시한 혈액형에 따른 학생들의 집합, 소속 학과에 따른 학생들의 집합, 소속 리그에 따른 고교야구팀들의 집합 모두 어떤 공통적인 특성을 가진다. 그것은 일반적인 집합과 달리 이 집합들은 서로 중복되는 원소가 없다는 점이다. 이런 까닭에 이들을 상호 배타적인 집합 혹은 분리집합이라고 말한다.

분리집합 ADTdisjoint set ADT는 바로 이런 집합을 모델링한 것이다. 분리집합은 앞서 4장에서 다루었던 집합 ADT의 특별한 버전이라 할 수 있다. 유의할 점은 분리집합 간의 교집합이나 차집합 연산은 별 의미가 없다는 것이다. 왜냐하면 분리집합들 사이에는 중복 원소가 없으므로 상호간의 교집합의 결과는 항상 공집합이며 상호간의 차집합 계산으로 인해 아무 원소도 빠지지 않기 때문이다. 하지만 합집합은 의미를 가진다. 예를 들어 고교야구의 두 리그의 합집합이란 다른 리그에 속했던 고교 야구팀들이 이제 한 리그에 통합되어 시합을 벌일 수 있게 되었다는 의미를 가지기 때문이다. 두 가지 혈액형 집합의 합집합에 무슨 의미가 있겠냐고 묻는다면 조금은 특이한 상황을 예로 들어 답할 수 있다. 즉, 어떤 신개발 백신이 A형과 O형의 학생들에게만 약효가 있다고 하면 대학보건소는 그 백신을 A형과 O형 집합의 합집합에게 투여해야 할 것이다. 그림 4-24는 혈액형 분리집합의 예다.

분리집합은 컴퓨터 분야에서 중요하게 사용되는 데이터구조다. 동치 관계나 그래프에서 많이 응용되기도 한다. 이 절에서는 분리집합 ADT의 개념, 구현, 그리고 성능에 대해 공부한다.

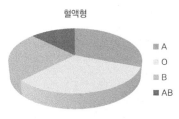

그림 4-24 분리집합 ADT

4.6.2 분리집합 ADT 메쏘드

분리집합 ADT에 대한 주요 메쏘드로는 find와 union이 있다. 메쏘드 find(e)는 원소 *e*가 어느 분리집합에 속하는지 반환하며, 메쏘드 union(*x*, *y*)는 두 개의 분리집합 *x*, *y*의 합집합을 구한다. 앞서 말했듯이 두 개의 분리집합 *x*, *y*간의 교집합이나 차집합은 주요 메쏘드에 포함되지 않는다.

주요 메쏘드

- set find(e): 원소 *e*가 속한 집합을 반환
- union(x, y): 집합 *x*, *y*를 통합

보조 메쏘드

- integer size(S): 집합 *S*의 원소 수를 반환

4.6.3 분리집합 ADT 구현과 성능

분리집합 ADT는 리스트 또는 트리로 구현될 수 있다. 리스트는 다시 배열 또는 연결리스트로 상세 구현될 수 있다. 앞서 분리집합 ADT의 주요 메쏘드로써 find와 union을 소개했다. 결론적으로, 리스트에 기초한 구현에서는 find는 빠르지만 union은 느리다. 반대로, 트리에 기초한 구현에서는 union은 빠르지만 find가 느리다. 하지만 find의 속도 성능을 개선하는 것이 가능하다. 이어 각 방식에 대한 구체적인 구현 내용, 그리고 성능과 제약에 대해 살펴본다.

리스트에 기초한 분리집합 구현과 성능

먼저, 분리집합 ADT를 리스트에 기초하여 구현하기 위해서는 한 개의 분리집합에 대해한 개의 리스트를 사용한다. 각 집합 원소는 소속집합으로 향하는 참조를 가진다. 그림 4-26은 그림 4-25의 분리집합 예에 대한 데이터구조 설계 내용을 보인다.

예 분리집합 A, B, C (그림 4-25 참고)

- *A* = {1, 4, 7}
- *B* = {2, 3, 6, 9}
- *C* = {0, 5, 8, 10, 11}

그림 4-25 분리집합 예

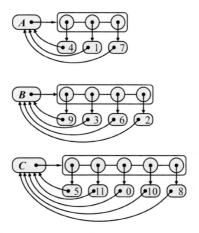

그림 4-26 리스트에 기초한 분리집합 구현

이 구현 방식에서 메쏘드 find(e)는 *e*가 소속된 집합을 반환하며, 실행시간은 소속집합에 대한 참조를 읽으면 되므로 **O**(1)이다. 메쏘드 union(x, y)는 연결리스트를 사용할 경우 *x, y* 중 작은 집합의 원소들을 큰 집합으로 이동시킨다. 즉, 작은 집합의 원소들의 소속집합을 큰 집합으로 변경한다. 이 경우 실행시간은 *x*와 *y*가 속한 집합 중 작은 집합의 크기에 비례하므로 **O**(*min*(|*x*|, |*y*|))다.

리스트에 의한 구현은 배열에 의한 것과 연결리스트에 의한 것의 두 가지 상세 구현으로 나누어 생각할 수 있다. 먼저, 배열을 사용할 경우 소속집합을 원소값으로 하는 크기 *n*의 배열 *S*로 분리집합을 표현한다. 이 경우 find(e)는 *S*[*e*]를 반환하며 실행시간은 **O**(1)이다. union(x, y)는 집합 *y* 소속의 원소들을 모두 집합 *x* 소속으로(혹은 집합 *x* 소속의 원소들을 모두 집합 *y* 소속으로) 변경한다. 배열 전체를 검사해야 하므로 실행시간은 Θ(*n*)이다. 이 구현을 위한 전제가 있다. 원소가 정수가 아닌 경우 원소와 배열첨자 [0, *n* – 1] 사이의 대응관계를 관리해야 한다는 점이다. 원소 *e*에 대응하는 배열첨자를 반환하는, 이를테면 index(e) 함수 같은 것이 필요하다는 의미다. 그림 4-27은 아래 주어진 분리집합을 배열로 구현한 예다.

▣ 분리집합 A, B, C

- *A* = {1, 4, 7}
- *B* = {2, 3, 6, 9}
- *C* = {0, 5, 8, 10, 11}

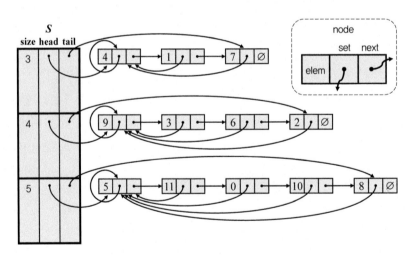

그림 4-28 연결리스트로 구현된 분리집합 예

메쏘드 find와 union은 다음과 같이 구현된다. 먼저 find(e)는 노드 **e**의 set 필드를 접근하여 반환한다. 실행시간은 $O(1)$이다. union(A, B)는 **A**, **B** 중 작은 집합을 큰 집합에 합친다. 실행시간은 $O(min(|A|, |B|))$이며 상각실행시간은 $O(\log n)$이다. 상각실행시간에 대해서는 곧이어 따로 설명한다. 작은 집합을 큰 집합에 합치는 이유는 간단하다. 변경

되는 집합원소들의 set 필드 값을 변경하는 것이므로 기왕이면 작은 집합의 원소들을 처리해야 시간이 덜 걸리기 때문이다. 이와 같이 합쳐지는 양쪽의 크기를 고려한 합집합을 **크기에 의한 합집합**union-by-size이라고 한다.

연결리스트를 사용한 구현에 대한 마무리로, 구현의 두 가지 전제 조건을 설명한다. 첫째, 원소와 노드 주소간에 대응관계를 관리해야 한다. 원소 *e*가 저장된 노드 주소를 반환하는, 이를테면 node(e)와 같은 함수가 필요하다. 둘째, 각 집합의 헤드노드 원소와 집합식별자 간의 대응관계 관리가 필요하다. 헤드노드 원소 *e*의 소속집합 식별자를 반환하는, 이를테면 setid(e)와 같은 함수가 필요하다.

종합분석과 상각실행시간

 여기서, 위에서 메쏘드 union의 상각실행시간이 $O(\log n)$이라 한 것에 대해 상세히 설명한다. 상각실행시간은 종합분석을 통해 얻어진다. **종합분석** aggregate analysis은 연속적인 작업에 대한 총 실행시간을 구하고 이를 작업 횟수로 나누어 1회 작업에 대한 실행시간을 얻는 것을 말한다. 이렇게 종합분석에 의해 얻은 실행시간을 **상각실행시간**amortized running time이라고 한다.

종합분석을 통해 상각실행시간을 구하는 예를 일상에서 찾아보자. *n*개의 캔을 저장한 자판기가 있다. 자판기에서 캔 한 개를 빼는 데 평상 시에는 $O(1)$ 시간이면 충분하지만 *n*개의 캔이 모두 빠진 상태에서는 캔 창고로부터 *n*개의 캔을 가져가 다시 채워 넣어야 한다. 캔 한 개를 채워 넣는 데 $O(1)$ 시간이 소요된다고 가정하면 *n*개의 캔을 모두 채워 넣는 데 $O(n)$ 시간이 걸린다. 따라서 하필 이때에 캔을 빼러 온 사람은 리필 작업이 끝날 때까지 $O(n)$ 시간을 기다려야 한다. 그러므로 자판기에서 캔을 빼는 데 걸리는 시간은 평상 시에는 $O(1)$ 시간이지만, 최악의 경우 $O(n)$ 시간이라 할 수 있다. 이런 경우 단순히 최악실행시간의 관점에서 $O(n)$ 시간으로 결론짓는 것보다 종합분석을 통해 더욱 공정한 결과를 얻을 수 있다. 종합분석의 절차는 다음과 같다. *n* + 1개의 캔을 빼는 데 걸리는 전체 실행시간을 구하고, 이를 전체 작업 수로 나누어 한 번의 작업에 대한 시간을 얻는다. 꽉 찬 자판기로부터 *n*개의 캔을 빼는 데 *n*회의 $O(1)$ 시간과, 캔 창고로부터 캔을 가져다 비어 있는 자판기를 가득 채우는 데 $O(n)$, 그 후 한 개를 빼는 데 $O(1)$ 시간이 소요된다. 따라서 전체적으로는 $(n+1) \cdot O(1) + O(n) = O(n)$ 시간이 소요된다. 이를 전체 작업 수 *n* + 1 로 나누면 $O(1)$이다. 그러므로 자판기에서 캔을 한 개 뽑는 데는 $O(1)$ 상각실행시간이 소요된다.

이제 종합분석을 통해 메쏘드 union이 $O(\log n)$ 상각실행시간에 수행하는 것을 살펴보자. *n*개의 단독 분리집합들(즉, 크기가 1인 분리집합들)로부터 출발하여 find와 union 작업을 연속적으로 *n*회 수행하는 데 걸리는 시간을 구해 보자. 이 중 find 작업에 대해 먼저 생각해 보자. 1회의 find 작업은 $O(1)$ 시간에 수행하며 총 *n*회의 연속 작업 중 find 를 아무리 많이 수행하더라도 총 $O(n)$ 시간에 수행한다. 이번엔 find에 비해 시간이 더 걸리는 union 작업에 대해 생각해 보자. 두 개의 집합이 union될 때마다 작은 쪽 집합의 입장에서는 자신의 크기보다 크거나 같은 집합과 합쳐진다고 볼 수 있다. 그러므로 합쳐 져서 생긴 집합의 크기는 원래 작은 쪽 집합 크기의 적어도 두 배가 된다. 한편, 연속적 인 union으로 집합이 아무리 커지더라도 총 원소 수가 *n*이므로 크기 *n*을 초과할 수는 없 다. 즉, *n*회의 연속 작업 중 많아야 log *n*회의 union 작업을 수행한다. 한 번의 union에 걸리는 시간은 합쳐지는 두 집합의 크기가 각각 *n*/2인 최악의 경우를 고려하면 $O(n)$이 다. 여기까지 정리하면, *n*회의 연속 작업 중 최대 log *n*회의 union 연산을 수행한다 해도 총 $O(n \log n)$ 시간에 수행한다는 것을 알았다. 앞서 find 작업만 *n*회 수행하더라도 $O(n)$ 시간에 수행한다고 했다. 여기에 최대 횟수의 union 작업에 걸리는 $O(n \log n)$ 시간을 더하면 $O(n \log n)$ 시간에 모든 연속 작업을 마칠 수 있다는 것이 된다. 종합분석의 마지 막은 언제나 연속 작업에 걸리는 총 시간을 총 작업 수로 나누는 것이다. 총 시간 $O(n \log n)$을 총 작업 수 *n*으로 나누면 $O(\log n)$을 얻는다. 즉, 1회의 작업이 $O(\log n)$ 상각실 행시간에 수행한다는 결론을 얻는다. find 작업이 $O(1)$ 시간에 수행한다는 것은 명백하 므로 이는 union 작업의 상각실행시간이 $O(\log n)$이라는 것을 말해준다.

트리에 기초한 분리집합 구현과 성능

리스트를 이용한 구현의 대안으로 트리를 이용하여 분리집합을 효율적으로 구현하는 방 법을 알아보자. 한 개의 분리 집합에 대해 한 개의 트리를 사용하며 각 집합은 각 트리의 루트로 식별된다. 순차트리가 아닌 연결트리를 사용하며 각 노드는 원소 및 부모를 가리 키는 포인터를 저장한다. 단, 루트는 자신을 부모로 하는 포인터를 저장한다. 유의할 점 이 있는데, 여기서는 실제 트리가 아닌 가상트리로 구현한다는 점이다. 왜냐하면 트리의 각 노드의 원소가 자신이 속한 분리집합을 식별할 수 있기만 하면 충분한데 이 정보는 각 트리의 루트에 저장되어 있다. 그러므로 루트로 향하는 링크는 필요하지만 자식으로 향하는 링크는 불필요하다. 따라서 트리 ADT 대신 배열에 의한 가상의 트리로 구현하면 충분하다. 즉, 각 원소들의 부모를 저장한 배열 *Parent*만 있으면 충분한 것이다. 그림 4-29는 아래의 분리집합을 방금 설명한 배열 *Parent*를 이용한 가상트리로 구현한 예다. 그림 4-30은 *Parent* 배열의 내용을 보인다.

예 분리집합 *A*, *B*, *C*

- *A* = {1, 4, 7}
- *B* = {2, 3, 6, 9}
- *C* = {0, 5, 8, 10, 11}

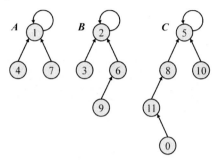

그림 4-29 트리에 기초한 분리집합 구현 예

	0	1	2	3	4	5	6	7	8	9	10	11	*n*
Parent	11	1	2	2	1	5	2	1	5	6	5	8	

그림 4-30 배열 Parent

메쏘드 union(x, y)는 트리 *x*, *y* 중 하나(*y*라 하자)를 다른 트리(*x*라 하자)의 부트리로 만듦으로써 *y*의 모든 원소를 *x*의 원소로 편입시킨다. 실행시간은 단 한 개의 노드(여기서는 *y*)의 부모만이 변경되므로 $O(1)$이다. 메쏘드 find(e)는 *e*의 부모포인터를 따라 루트까지 올라간다. 실행시간은 최악의 경우 편향트리의 모든 노드를 방문해야 하므로 $O(n)$이다. 그림 4-31은 (a) union(B, C)와 (b) find(0)의 수행 예다.

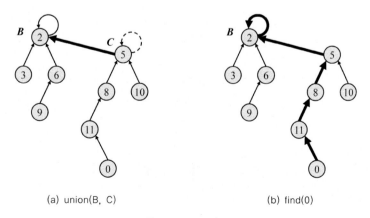

(a) union(B, C) (b) find(0)

그림 4-31 union과 find

트리에 기초한 구현에서 union은 빠르지만 find는 느리다는 단점이 있다. find의 성능을 개선할 수 있는 방안이 두 가지 있다. 첫째는 union 수행 시에 크기에 의한 합집합을 수행하는 것이고, 둘째는 find 수행 시 **경로압축**path compression을 수행하는 것이다. 크기에 의한 합집합은 곧이어 설명한다. 경로압축은 응용문제에서 다룬다.

크기에 의한 합집합

크기에 의한 합집합union-by-size이란 각 노드의 크기에 대한 정보, 즉 그 노드를 루트로 하는 부트리의 노드 수를 저장하고 이 정보를 각 노드의 부모를 나타내는 배열 *Parent*와 함께 사용하는 것이다. 각 노드의 크기 정보는 실제 라벨을 정의하여 사용하기 보다는 이를테면 배열 *Size*를 만들어 저장하면 된다. union 작업 시에는 두 개의 트리 중 작은 트리를 큰 트리의 부트리로 만들고 결과트리의 루트의 크기 라벨을 갱신한다. 둘 중 작은 트리를 큰 트리의 부트리로 만드는 이유는 결과트리의 높이를 가능한 낮게 하여 향후 find의 속도를 개선하고자 하는 것이다. 그림 4-32는 앞서 그림 4-29에 보인 분리집합을 사용한 배열 *Size*의 예다.

그림 4-32 크기에 의한 합집합을 위한 배열 Size

4.7 응용문제

이 절에서는 각 추상자료형에 대한 이해와 응용력을 높힐 수 있도록 추상자료형마다 하나씩의 문제를 해결해보기로 한다. 다룰 문제는 다음과 같다.

- 리스트 ADT 응용문제: 생일 케이크
- 집합 ADT 응용문제: 정수범위로 매핑 가능한 집합
- 스택 ADT 응용문제: 기간
- 큐 ADT 응용문제: 두 개의 스택으로 큐 만들기
- 트리 ADT 응용문제: 양자택일식 문답시스템
- 분리집합 ADT 응용문제: 경로압축

4.7.1 리스트 ADT 응용문제: 생일 케이크

그림 4-33 생일 케이크

그림 4-33에 보인 것처럼 생일 케이크에 $n > 0$ 개의 불켜진 양초가 원형으로 빙둘러 서 있다. 생일 축하 게임으로, 첫 번째 양초부터 시작하여 $k > 0$ 개의 양초를 건너 꽂혀 있는 양초의 불을 끄고 뽑아낸다. 그리고는 다음 양초로부터 시작하여 k개의 양초를 건너 꽂혀 있는 양초의 불을 끄고 뽑아낸다. 이렇게 촛불을 끄고 뽑아내는 것을 원을 시계방향으로 돌면서 양초가 하나만 남을 때까지 계속한다(당연히 케이크 주위는 점점 어두워진다). 마지막 양초는 겉보기엔 모르지만 내부에 특수장치가 설치되어 있어서 불이 꺼짐과 동시에 멋진 축하쇼를 펼치도록 되어 있다. 이 특수 양초는 워낙 고가품이라 정확한 위치에 딱 한 개만 사용하고 싶다. 첫 번째 양초의 위치, 그리고 n과 k를 미리 알 경우, 원래 양초들의 원형 배치에서 특수 양초의 위치를 어디로 해놓아야 마지막까지 남을지 알고 싶다. 모의실행을 통해 특수 양초의 위치를 나타내는 양의 정수를 반환하는 알고리즘을 작성하라. 원형의 양초 리스트를 다음 두 가지 데이터구조로 각각 구현해야 한다. 따라서 알고리즘도 두 가지 버전으로 작성해야 한다.

  A. 배열
  B. 원형연결리스트

구체적으로, 위 A, B 각각의 버전에 대해 아래 알고리즘들을 작성하는 문제다.
  - candle(n, k): buildList(n)을 호출한 후 runSimulation(L, n, k)를 수행
  - buildList(n): 크기 n의 초기 리스트 L을 구축
  - runSimulation(L, n, k): 크기 n의 리스트 L에 대해 k를 사용하여 마지막 양초만 남을 때까지 불끄기를 모의실행하고 마지막 양초의 위치를 반환

※ 주의 : 모의실행을 통하지 않고 방정식 형태의 수식으로 풀어내는 방식은 불가하다.

※ 힌트 : 리스트 ADT의 기본 메쏘드들의 사용이 가능하다.

■ 해결

각각 배열 및 연결리스트를 사용하는 두 가지 버전의 알고리즘 candle(n, k)는 모의실행을 한 후 마지막 양초의 위치를 반환한다.

배열을 이용한 모의실행

먼저, 배열 버전의 알고리즘 buildList는 크기 n의 배열 A를 사용한다. 배열원소 $A[r]$은 $r + 1$ 값을 저장하도록 초기화한다. 즉, 양초의 위치를 저장하는 것인데, 배열첨자는 0에서 시작하지만 일상적 위치는 1에서 시작하기 때문이다. 위치를 지정할 목적 외에 또 하나의 이유는 모의실행에서 원소값이 0이면 불이 꺼진 양초로 취급할 예정이기 때문이기도 하다.

배열에서의 모의실행은 두 가지 버전으로 구현할 수 있다. 첫 번째 버전에서는 양초 0(즉, 첫 번째 위치의 양초)에서 시작하여 k개 떨어진 양초를 찾아 불을 끈다. 양초 r의 불이 꺼지면 $A[r]$ 값을 0으로 치환하여 제거된 것으로 표시하고 남은 촛불의 수를 하나 감소시킨 후 r을 다음 라운드를 시작할 위치로 전진시킨다. 양초들이 원형으로 배치되어 있으므로 현 위치에서 k개 떨어진 위치를 구하기 위해 나머지 연산을 적용하는 것과, 이미 불이 꺼진 양초는 건넌 양초의 수에 포함하지 않는 것에 주의하자. 이런 방식으로 다음 양초를 찾아 불끄기를 계속하다가 남은 촛불의 수가 1이 되면 이 양초의 위치를 반환한다. 한 개의 양초를 끄는 데 최소 k회의 나머지 연산이 필요하며 이를 $n - 1$개의 양초에 대해 반복해야 하므로 총 $\Omega(kn)$ 시간에 수행한다(Big-Oh 한계 분석은 이에 비해 복잡하다).

배열에 의한 모의실행의 두 번째 버전에서는 불이 꺼진 양초에 대해 해당 배열원소의 값을 0으로 표시하는 대신 배열원소를 실제로 삭제한다. 첫 번째 버전과 마찬가지로 나머지 연산을 적용하지만 불이 꺼진 양초는 배열에서 삭제되었으므로 이들을 세지 않고 건너야 하는 문제는 없어진다. 한 개의 양초를 제거하는 데 나머지 연산은 1회면 충분하지만 삭제 알고리즘 remove의 수행에 $O(n)$ 시간이 소요된다. 모두 $n - 1$개의 양초를 제거해야 하므로 총 $O(n^2)$ 시간에 수행한다.

```
Alg  candle(n, k)                    {array version}
    input  array A of size n, integer k
    output  integer

1. buildList(A, n)
2. return runSimulation(A, n, k)
```

```
Alg  buildList(A, n)
1. for  r ← 0 to n - 1
       A[r] ← r + 1                        {place index}
2. return
```

```
Alg  runSimulation(A, n, k)               {ver.1}
1. r ← 0
2. while  (n > 1)                          {candle remains}
     i ← 0
     while  (i < k)
       r ← (r + 1) % N
       if  (A[r] ≠ 0)
         i ← i + 1
     A[r] ← 0                              {remove candle}
     n ← n - 1
     while  (A[r] = 0)                     {reset for next round}
       r ← (r + 1) % N
3. return  A[r]
```

```
Alg  runSimulation(A, n, k)               {ver.2}
1. r ← 0
2. while  (n > 1)                          {candle remains}
     r ← (r + k) % n
     remove(r)                             {remove candle}
3. return  A[0]
```

원형연결리스트를 이용한 모의실행

연결리스트 버전의 경우, 알고리즘 buildList는 n개의 노드로 구성된 원형연결리스트 L 을 초기화한다. 각 노드는 양초를 표시하며 노드의 원소는 배열 버전에서와 마찬가지로 양초의 위치 1부터 n을 저장한다. 모의실행에서 첫 번째 위치의 노드에서 시작하여 k개 떨어진 노드를 찾아 그 노드를 삭제한다. 이런 방식으로 계속하다가 남은 노드가 하나가 되면 그 노드에 저장된 위치를 반환한다. 한 개의 양초를 제거하는 데 k회의 연산이 필요하며 모두 $n - 1$개의 양초를 제거해야 하므로 총 $O(kn)$ 시간에 수행한다. 대안으로, 배열 구현의 첫 번째 버전처럼 촛불을 끌 때마다 노드를 실제로 삭제하지 않고 표시만 해두는 방식도 가능하다. 이 버전은 스스로 작성해보도록 하자.

```
Alg  candle(n, k)                           {linked version}
  input  integer n, k
  output  integer

1. L  ← buildList(n)
2. return  runSimulation(L, n, k)
```

```
Alg  buildList(n)
1. p  ← getnode()
2. L  ← p
3. p.elem  ← 1                              {place index}
4. for i  ← 2 to n
       p.next  ← getnode()
       p  ← p.next
       p.elem  ← i                          {place index}
5. p.next  ← L                              {make circular}
6. return  L
```

```
Alg  runSimulation(L, n, k)
  input  circularly linked list L, integer n, k
  output  integer

1. p  ← L
2. while  (p ≠ p.next)                       {candle remains}
       for i  ← 1 to  k – 1
           p  ← p.next
       pnext  ← p.next
       p.next  ← (p.next).next               {remove candle}
       putnode(pnext)
       p  ← p.next                           {reset for next round}
3. return  p.elem
```

덧붙인다면, 생일 케이크로 각색되어 흥미로워진 이 문제는, 원래 n명의 사람이 원형으로 빙 둘러 서있고 k명씩 건너가며 총살하는 상황에서 마지막까지 살아 남으려면 애초에 어느 위치에 서 있어야 하는지 찾는 문제로 더 잘 알려져 있다(마지막까지 살아 남는 자에게는 집행면제가 주어진다는 설도 있다). 위의 문제는 원문제와 문맥만 다를 뿐, 본

질적으로 같은 문제며 해결 또한 같다. 독자는 원문제와 생일 케이크 버전 둘 중 어느 버전을 선호하는가? 저자처럼 평화주의자라면 생일 케이크 버전을 선호할 것이다.

4.7.2 집합 ADT 응용문제: 정수범위로 매핑 가능한 집합

[0, $N-1$] 범위의 정수 (또는 정수로 매핑 가능한) 원소들로 이루어진 집합들이 있다. 두 가지 예를 들어보자. 첫 번째 예는 2007년과 2018년 사이에 여름에 폭염이 발생한 해들의 집합과 미세먼지농도가 높았던 해들의 집합이다. 폭염과 고미세먼지의 상관관계를 연구할 목적으로 폭염과 고미세먼지가 동시에 발생한 해들을 구한다거나 폭염은 없었지만 미세먼지가 심했던 해들을 구하는 등 집합 관련 연산으로 알 수 있는 것이 많다.

예 정수로 매핑 가능한 범위 = [2007, 2018]

- **Heat** = {2009, 2013, 2014, 2016, 2018}
- **Dust** = {2010, 2011, 2014, 2018}

두 번째 예는 열두 달 중 이몽룡의 휴가 달의 집합과 성춘향의 휴가 달의 집합이다. 이 군과 성양이 함께 휴가를 갈 수 있는 달을 구하거나 성양은 갈 수 있지만 이군은 못 가는 달을 구하는 등의 계산들이 모두 집합 연산이다.

예 정수로 매핑 가능한 범위 = [months of the year]

- **Lee** = {March, July, August, October, December}
- **Sung** = {April, May, August, December}

위의 예에 보인 것처럼 정수 또는 정수로 매핑 가능한 원소들로 이루어진 집합들을 표현하는 효율적인 방안을 설계하라.

■ 해결

이런 종류의 집합 S를 표현하는 좋은 방안은 **비트벡터** bitvector, 즉 **논리벡터** boolean vector V를 사용하는 것이다. 여기서 "x가 S의 원소임"은 "$V[x]$ = **True**"와 동치다. 그림 4-34는 아래에 보인 이군(S_1)과 성양(S_2)의 휴가 달 집합들을 비트벡터로 표현한 예다.

예 정수범위 = [0, 11]

- S_1 = {2, 6, 7, 9, 11}
- S_2 = {3, 4, 7, 11}

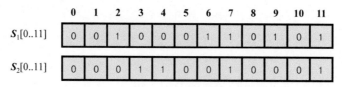

그림 4-34 이군과 성양의 휴가 달 비트벡터

비트벡터에 *A*에 관한 주요 메쏘드는 다음과 같다.

주요 메쏘드

- bitvector union(B): 집합 *B*와의 합집합을 반환
- bitvector intersect(B): 집합 *B*와의 교집합을 반환
- bitvector subtract(B): 집합 *B*를 차감한 차집합을 반환

일반 메쏘드

- integer size(): 집합의 원소 수를 반환
- boolean isEmpty(): 집합이 비어 있는지 여부를 반환

질의 메쏘드

- boolean member(x): *x*가 집합의 원소인지 여부를 반환
- boolean subset(B): 집합이 집합 *B*의 부분집합인지 여부를 반환

갱신 메쏘드

- addElem(x): 집합의 원소로 *x*를 추가
- removeElem(x): 집합으로부터 원소 *x*를 삭제

예외

- emptySetException(): 비어 있는 집합에 대해 삭제나 첫 원소 접근을 시도할 경우 발령

4.7.3 스택 ADT 응용문제: 기간

 배열 *X*에 대해, *X*[*i*]의 **기간**^{span} *S*[*i*]란 *X*[*i*] 바로 앞의 *X*[*j*] ≤ *X*[*i*] 인 연속적인 *X*[*j*] 원소들의 최대 개수로 정의된다. 그림 4-35는 데이터 배열 *X*에 대한 기간 배열 *S*를 구한 예를 도표와 함께 보인다. 기간의 개념은 재무 분석,

의료 데이터 분석 등에 많이 활용된다. 예를 들어, 52주차 주가 최고점, 7일차 혈당 최고
수치 등이 있다. 이번 문제는 주어진 배열로부터 기간 배열을 구하는 문제다.

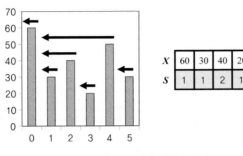

그림 4-35 기간 배열 구하기

■ 해결

기간의 정의를 직접 적용하는 방법과 스택을 사용하는 방법, 두 가지가 있다. 먼저 정의
를 적용하여 2차 시간에 수행하는 알고리즘을 얻은 후 스택을 사용하여 선형시간으로 개
선한 알고리즘을 제시한다.

• **정의를 적용**

기간의 정의를 알고리즘 작성에 그대로 적용함으로써 기간 값들을 **2차 시간**quadratic
time에 계산할 수 있다. 정의를 알고리즘 코드로 직역한 것이므로 더 이상의 설명이 필
요없을 것이다.

```
Alg  spans(X, S, n)                              {use definition}
    input  array X, S of n integers
    output  array S of spans of X

1. for i ← 0 to n - 1                            {n}
    s ← 1                                        {n}
    while ((s ≤ i) & (X[i - s] ≤ X[i]))          {1+2+···+(n-1)}
        s ← s + 1                                {1+2+···+(n-1)}
    S[i] ← s                                     {n}
2. return                                        {1}
```

• **스택을 사용**

정의를 그대로 적용하는 대신 이 장에서 학습한 스택을 이용하여 기간 배열을 계산할 수 있다. 배열 X를 순방향으로(그림 4-36 막대그래프의 좌에서 우로) 지나가면서 "뒤돌아볼 때(지나온 막대들을 쳐다볼 때)" 장벽에 해당하는 막대의 첨자를 스택에 저장한다. 다시 말해 지나온 막대들 가운데 현재 막대의 높이보다 높으면서 가장 가까운 막대는 시야를 가리는 장벽처럼 작용할 터인데 바로 이 막대의 첨자를 저장한다는 뜻이다. 구체적으로는, 배열을 왼쪽에서 오른쪽으로 스캔하면서 다음을 수행하면 된다.

1. i가 현재 첨자라 하면,
2. $X[j] > X[i]$인 첨자 j를 찾을 때까지 첨자들을 스택으로부터 삭제한다.
3. $S[i] \leftarrow i - j$로 치환하고
4. i를 스택에 삽입한다.

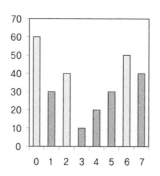

그림 4-36 스택을 사용한 기간 배열 계산

아래 알고리즘 spans는 스택을 이용하는 버전이다. 이 버전의 성능을 분석해 보자. 각 배열첨자는 스택에 정확히 1회 삽입되고 스택으로부터 최대 1회 삭제된다. **while** 문은 최대 n회 실행한다. 따라서 알고리즘은 $O(n)$ 시간에 수행한다. 이는 정의를 그대로 적용한 버전에 비해 효율 면에서 우월하다. 그림 4-37 (a~j)는 그림 4-36에 보인 데이터를 사용한 알고리즘의 수행 예를 단계별로 보인다. 그림에서 오른쪽의 원통은 스택을 나타낸다.

```
Alg  spans(X, S, n)                                    {use a stack}
    input  array X, S of n integers
    output  array S of spans of X

    1. A ← empty stack                                 {1}
    2. for  i ← 0 to n – 1                             {n}
          while  (!A.isEmpty() & (X[A.top()] ≤ X[i]))  {n}
              A.pop()                                  {n}
          if  (A.isEmpty())                            {n}
              S[i] ← i + 1                             {n}
          else                                         
              S[i] ← i – A.top()                       {n}
          A.push(i)                                    {n}
    3. while  (!A.isEmpty())                           {n}
          A.pop()                                      {n}
    4. return                                          {1}
```

여기서 주목할 것이 한 가지 있는데, 두 번째 버전이 처리하는 스택 *A*는 일반 스택이라는 점이다. **일반**generic 스택이라 함은 배열 혹은 연결리스트로만 수행 가능한 구체적인 스택 작업이 배제되었기 때문에 둘 중 어느 구현에서나 사용 가능한 추상적 의미의 스택(즉, 스택 ADT)이라는 뜻이다. 구체적 작업이란 스택 원소에 접근하기 위해 배열원소에 접근한다든가, 스택에 원소를 삽입하기 위해 동적메모리의 노드를 할당받는 등, 데이터구조와 직결된 상세 작업들을 말한다. 일반 스택을 대상으로 작성된 알고리즘은 배열 또는 연결리스트 어느 한 쪽으로 구현된 스택을 대상으로 작성된 알고리즘에 비해 한 단계 높은 추상의 차원에서 작업을 수행한다. 즉, 스택의 상세 구현으로부터 독립되어 스택 ADT의 고유한 메쏘드만을 호출해서 사용한다. 호출된 메쏘드가 실제 수행하는 내용은 코딩 단계에서 스택의 상세 구현에 따라 달라지겠지만 이런 구체적 내용이 알고리즘에게는 투명한 것이다. 그 결과, 세세한 저차원 작업으로부터 자유로워져 고차원 작업을 위주로 알고리즘을 제시할 수 있는 이점이 생긴다. 이런 이점은 일반 스택 뿐 아니라 일반 큐, 일반 트리 등 데이터구조를 사용해서 알고리즘을 작성할 경우에도 마찬가지다.

참고로, '일반 스택'처럼 주로 ADT명과 함께 붙여 쓰는 '일반(generic)'을 '보통'이란 의미로 쓰이는 '일반(general)'과 혼동하지 말아야 할 것이다. 트리에서는 특히 일반(generic) 트리와 일반(general) 트리 사이에 혼동이 있을 수가 있는데, 많은 문헌에서 여러 개의 자식노드를 가진 트리를 트리 또는 (이진트리와 구별하는 의미에서) 일반트리라고도 부르기 때문이다.

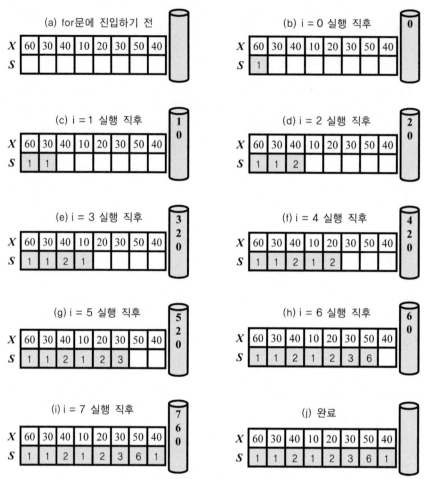

그림 4-37 (a~j) 기간 계산 실행예

4.7.4 큐 ADT 응용문제: 두 개의 스택으로 큐 만들기

 그림 4-38에 보인 것처럼 (왼쪽에 주어진) 두 개의 일반 스택을 이용하여 (오른쪽에 보인) 큐 ADT를 어떻게 구현할지 설명하라.

※ 전제 : 주어진 스택들은 isEmpty, top, push, pop 등의 기본 메쏘드들을 상수시간에 수행한다.

※ 주의 : 큐 ADT에는 중복 원소들의 저장이 가능하다(따라서 특정 원소 값을 이용하는 방식의 구현은 제대로 작동하지 않을 수 있다).

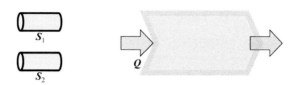

그림 4-38 두 개의 스택으로 큐 만들기

■ 해결

스택과 큐 ADT의 개념과 작업 원리에 대한 심도있는 이해를 바탕으로 해결 가능한 문제다. 이 해결은 그림 4-39에 보인 것처럼 주어진 두 개의 스택을 합동시켜 한 개의 큐처럼 작동하도록 운용하는 전략에 기반한다. 내부적으로, 각각의 스택을 S_1 및 S_2라고 하면, S_1을 enqueue 작업에만, 그리고 S_2를 dequeue 작업에만 사용한다. 결론적으로, 합동스택에 의해 구축된 큐 ADT의 실행시간은 enqueue 작업에 $O(1)$ 시간을, dequeue 작업에 $O(1)$ 상각실행시간을 소요한다.

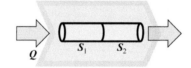

그림 4-39 합동스택

• **큐 ADT 수행 내용**

그림 4-40 (a~h)는 큐 ADT의 수행 예를 단계별로 보인다. (a)는 초기의 큐를 보인다. (b) 큐 ADT에 대한 enqueue 작업은 내부적으로는 S_1에 대한 삽입으로 처리된다. 따라서 큐 ADT에 나중에 삽입된 원소일수록 S_1의 top 쪽에 저장된다. (c) 큐 ADT에 대한 dequeue 작업은 원소들의 내부적 이동을 유발한다. 즉, S_1에 저장된 원소들을 차례로 삭제하여 S_2에 삽입한다. 따라서 최근에 큐 ADT에 삽입된 원소일수록 S_2의 base 쪽에, 오래전 삽입된 원소일수록 top 쪽에 자리잡게 된다. S_1의 모든 원소들이 삭제되어 S_1이 비게 되면 S_2에는 top 쪽으로부터 원래 큐 ADT에 먼저 삽입된 원소 순으로 위치하게 된다. (d) 이때 S_2를 삭제하여 반환하면 가장 먼저 큐 ADT에 삽입되었던 원소를 얻게 된다. (e) 이어지는 enqueue 작업들은 앞서와 마찬가지로 S_1에 삽입되며, (f) dequeue 작업들은 S_2에 원소가 남아 있는 한 S_2에서 삭제하여 반환된다. (g) 만약 dequeue 호출 시에 S_2가 비어 있으면 앞서 행했던 것과 같이 다시 S_1의 원소들을 S_2로 이동시킨 후, (h) S_2를 삭제하여 반환하면 된다. 이와 같은 방식으로, 내부적으로는 두 개의 스택으로 구축된 합동스택이 외부적으로는 한 개의 큐 ADT 역할을 하게 된다.

여기까지 합동스택을 사용한 구체적 해결 전략을 제시했다. 관련 알고리즘의 구체적 내용 작성은 심층문제에서 다룬다.

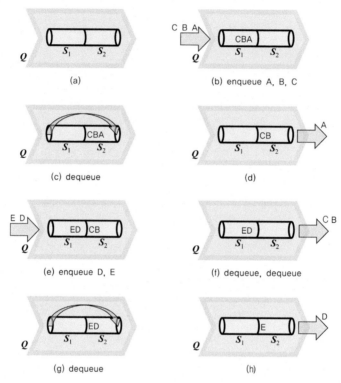

그림 4-40 (a~h) 합동스택 실행예

• 큐 ADT 성능

이제 큐 ADT의 성능을 분석해 보자. 먼저, 큐에 대한 삽입은 S_1에 대한 단순한 삽입으로 처리되므로 상수시간에 수행한다. 다음, 큐로부터 삭제는 S_2가 비어 있지 않으면 S_2에 대한 단순한 pop으로 처리되므로 상수시간에 수행하지만 S_2가 비어 있는 경우 S_1의 모든 원소의 이동이 필요하므로 선형시간이 소요된다. 그렇다고 해서 단순히 최악실행시간을 선형시간이라고 판단하면 불공평하다. 평소에는 빠르고 가끔씩만 느리기 때문이다.

따라서 삭제에 대해서는 앞서 4.6.3절에서 설명한 종합분석을 적용하면 공정한 분석이 이루어질 수 있다. 총 n개 원소에 대한 n회의 삽입과 n회의 삭제 작업을 종합적으로 고려할 때, 삭제에 따른 원소들의 이동 횟수의 합이 n회를 넘지 않으므로 이동에는 총 $O(n)$의 시간이 소요되고 이동 후 S_2에 대한 삭제를 n회 수행하므로 이 역시 총 $O(n)$의 시간이 소요된다. 이 둘을 합하면 n회의 삭제 작업 전체에 대해 총 $2 \cdot O(n) =$

$O(n)$ 시간이 소요됨을 알 수 있다. 이렇게 구한 총 시간을 총 작업 수 n으로 나누면 1회의 작업에 대한 시간을 구할 수 있다. 즉, 한 번의 삭제에 대해 $O(1)$ 상각실행시간이 소요된다.

4.7.5 트리 ADT 응용문제: 양자택일식 문답시스템

 사용자의 대답에 따라 다양한 결정 가운데 하나를 제공하는 양자택일식 문답시스템을 구축하고자 한다. 일반적으로 양자택일식 문답시스템은 예/아니오 응답을 요구하는 질문들을 통해 특정한 결정을 제공하는 시스템을 말한다. 많은 독자들에게 익숙한 스무고개는 양자택일식 문답시스템의 좋은 예로써, 여기서 문제를 푸는 이는 양자택일식 질문을 하고 문제를 내는 이는 예/아니오 답을 하는 역할을 한다. 다른 예로는 연속적인 예/아니오 문답을 통해, 고장진단을 해주는 **해결사** troubleshooter, 개체의 식별을 도와주는 **분류기** classifier, 맞춤식으로 상품을 추천해주는 **추천기** recommender 등이 있다.

■ 해결

이 문제는 결정트리를 사용하여 해결할 수 있다. **결정트리** decision tree란 의사결정 과정과 연관된 이진트리를 말하는 것으로 내부노드는 질문(예/아니오 응답을 요함)을, 외부노드는 결정을 저장한다. 그림 4-41은 식사 메뉴 결정을 위한 양자택일식 문답시스템의 내부에 구축된 결정트리를 보인다.

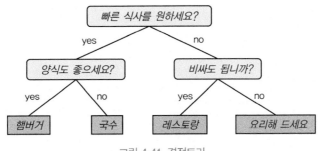

그림 4-41 결정트리

해결 과정은 두 단계에 걸쳐 이루어진다. 먼저 설계자의 의도대로 결정트리를 구축한 후, 이 결정트리를 최종 사용자에게 실행하는 것이다.

• 결정트리 구축

 전단계인 결정트리 구축 단계에서는 배열 또는 연결 이진트리 가운데 하나를 사용하여 이진 결정트리를 생성한다. 아래 배열 버전과 연결리스트 버전으로 각각 제시된 알고리즘 buildDecisionTree는 이진 결정트리 구축을 수행한다. 양자택일식 문답시스템 설계자는 대개 특정 분야의 전문가(예 식사메뉴 추천전문가)일 것이다. 설계자는 buildDecisionTree 프로그램과 상호작용식으로 결정트리를 구축하는데, 그는 프로그래머가 아니므로 컴퓨터 내부에서 트리를 만드는지 조차 모르는 상태에서 가상의 최종 사용자에게 물어야 할 질문들과 마지막에 제시해야 할 결정들을 입력한다. buildDecisionTree는 이 가운데 질문에 대해서는 결정트리의 내부노드를 생성하여 질문의 내용을 노드의 원소로 저장하며, 결정에 대해서는 결정트리의 외부노드를 생성하여 결정 내용을 그 노드의 원소로 저장한다. 그림 4-42는 결정트리를 구축하는 과정의 프로그램-설계자 간의 상호작용 예다.

Alg *buildDecisionTree*()   {array version}
   input questions and decisions
   output a decision tree

1. *write*("***Let's build a dichotomous QA system*")
2. *makeInternalNode*(1)
3. **return**

Alg *makeExternalNode*(*i*)
1. *write*("Enter decision:")
2. $T[i] \leftarrow read()$
3. **if** $(2i < N)$
     $T[2i] \leftarrow Null$
     $T[2i+1] \leftarrow Null$
4. **return**

Alg *makeInternalNode*(*i*)
1. *write*("*Enter question:*")
2. *T*[*i*] ← *read*()
3. *write*("*Question if yes to*", *T*[*i*], "*?*")
4. **if** (*read*() = "*yes*")
    makeInternalNode(2*i*)
  else
    makeExternalNode(2*i*)
5. *write*("*Question if no to*", *T*[*i*], "*?*")
6. **if** (*read*() = "*yes*")
    makeInternalNode(2*i* + 1)
  else
    makeExternalNode(2*i* + 1)
7. **return**

Alg *buildDecisionTree*()   {linked version}
  input questions and decisions
  output a decision tree

1. *write*("****Let's build a dichotomous QA system*")
2. **return** *makeInternalNode*()

Alg *makeExternalNode*()
1. *v* ← *getnode*()
2. *write*("*Enter decision:*")
3. *v*.**elem** ← *read*()
4. *v*.**left** ← ∅
5. *v*.**right** ← ∅
6. **return** *v*

Alg *makeInternalNode*()
1. *v* ← *getnode*()
2. *write*("*Enter question:*")
3. *v*.**elem** ← *read*()
4. *write*("*Question if yes to*", *v*.**elem**, "*?*")
5. **if** (*read*() = "*yes*")
　　　v.**left** ← *makeInternalNode*()
　else
　　　v.**left** ← *makeExternalNode*()
6. *write*("*Question if no to*", *v*.**elem**, "*?*")
7. **if** (*read*() = "*yes*")
　　　v.**right** ← *makeInternalNode*()
　else
　　　v.**right** ← *makeExternalNode*()
8. **return** *v*

***Let's build a dichotomous QA system
Enter question: 빠른 식사를 원하세요?
Question if yes to '빠른 식사를 원하세요?'? yes
Enter question: 양식도 좋으세요?
Question if yes to '양식도 좋으세요?'? no
Enter decision: 햄버거
Question if no to '양식도 좋으세요?'? no
Enter decision: 국수
Question if yes to '빠른 식사를 원하세요?'? yes
Enter question: 비싸도 됩니까?
...

그림 4-42 결정트리 구축 과정

• **결정트리 실행**

다음 단계로, 알고리즘 runDecisionTree(v)는 루트가 **v**인 결정트리를 최종 사용자를 상대로 실행한다. 결정트리의 루트에 저장된 첫 번째 질문부터 시작하여 최종 사용자가 예/아니오 답들을 입력하면 결정트리에 저장된 경로들 중 하나를 따라 내부노드들을 거쳐 내려간다. 외부노드에 도달하게 되면 그 노드의 내용을 사용자에게 제시하고 프로그램을 종료한다. 그림 4-43은 프로그램-최종 사용자 간의 상호작용 예다.

```
Alg  runDecisionTree(v)
    input  decision tree v
    output  decision

1. write("***Please answer questions")
2. processNode(v)
```

```
Alg  processNode(v)
1. write(element(v))
2. if  (isInternal(v))
       if  (read() = "yes")
           processNode(leftChild(v))
       else
           processNode(rightChild(v))
```

***Please answer questions
빠른 식사를 원하세요? yes
양식도 좋으세요? no
국수

***Please answer questions
빠른 식사를 원하세요? no
비싸도 됩니까? no
요리해 드세요

그림 4-43 결정트리 실행예

4.7.6 분리집합 ADT 응용문제: 경로압축

경로압축path compression이란 find 수행 시 작업 경로 상의 모든 노드 v의 부모 포인터를 루트로 변경하는 것을 말한다. 이렇게 하는 이유는 분명하다. 경로 상의 모든 노드가 루트의 자식이 되게 함으로써 자연히 트리의 높이가 낮아지게 되어 이후의 find 수행 시에 성능 개선을 기대하는 것이다. 그림 4-44는 find(0) 수행 과정에서 경로압축을 행하기 (a) 전과 (b) 후의 트리 모습을 보인다. 4.6.3절에서 설명한 크기에 의한 합집합과 경로압축을 함께 수행할 경우 두 전략의 호환성에 대해, 그리고 병행 시 성능이 어떻게 될지에 대해 설명하라.

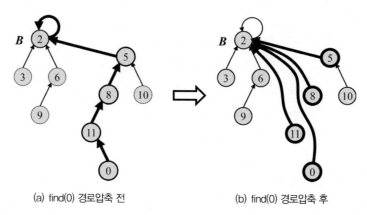

(a) find(0) 경로압축 전   (b) find(0) 경로압축 후

그림 4-44 (a~b) find(0) 수행에 따른 경로압축

■ 해결

경로압축을 크기에 의한 합집합 전략과 함께 적용해도 호환성에 아무 문제가 없다. 경로압축을 하더라도 루트의 size 값은 불변이므로 차후 정확한 union 연산에 영향이 없다. 다만, 경로 상의 루트를 제외한 노드들의 size 값들은 부정확한 채로 남게 된다. 하지만 경로압축 수행 시 이들이 정확한 값을 갖도록 유지하는 것은 복잡한 계산만 수반할 뿐, 차후 union이나 find 연산에서 사용되지도 않으므로 이 값들을 부정확한 채로 방치하는 게 낫다. 예를 들어 그림 4-44(b)에서 원소 5를 저장한 노드의 size를 제대로 갱신하려면 상당히 복잡한 계산을 거쳐야 하겠지만 설령 그렇게 하더라도 그 값은 앞으로의 union 이나 find에서 아무 쓸모가 없다.

경로압축을 크기에 의한 합집합 전략과 함께 적용할 경우 종합분석을 적용하면 find 작업의 상각실행시간이 $O(\log^* n)$이라는 것이 알려져 있다. 여기서 $\log^* n$('log star n'이라고 읽는다)은 중첩 $\log n$을 의미하며 거의 1에 가깝다. 즉 $\log^* n = \log \log \log \cdots n \approx 1$이다. 따라서 메쏘드 find의 상각실행시간은 $O(\log^* n) \approx O(1)$ 이다. union 작업이 $O(1)$ 시간에 수행하는 것을 고려할 때, 두 전략을 병행할 경우 union과 find 작업 모두 최선의 시간 성능을 제공한다는 것을 알 수 있다.

요약

- 추상자료형이란 데이터구조의 추상형을 말한다. 추상자료형에 대한 명세는 다루는 데이터, 데이터에 대한 작업들, 그리고 데이터를 다루는 도중 발생 가능한 에러 상황들에 대한 명세를 말한다.

- 리스트 ADT는 배열 또는 연결리스트를 사용하여 구현할 수 있다.

- 집합 ADT는 유일한 개체들을 담는 용기를 모델링한다. 집합 ADT 관련 작업들의 효율적인 구현을 위해 집합을 집합원소들의 정렬된 리스트로 표현할 수 있다.

- 집합 A와 B에 관한 주요 작업은 합집합, 교집합, 차집합이며 각각의 실행시간은 $O(|A| + |B|)$이 되도록 구현될 수 있다.

- 스택 ADT는 임의의 개체를 저장한다. 삽입과 삭제는 후입선출 순서를 따르며 스택의 top이라 불리는 위치에서 이루어진다.

- 스택을 배열 또는 연결리스트로 구현할 수 있다. 스택의 원소 개수를 n이라 하면 기억장소 사용은 $O(n)$이 되며 기초 메쏘드들의 실행시간은 $O(1)$이 된다.

- 큐 ADT는 대기열을 추상화한 데이터구조로써 임의의 개체들을 저장한다. 큐에 대한 삽입과 삭제는 선입선출 순서를 따른다. 삽입은 큐의 뒤, 삭제는 큐의 앞이라 불리는 위치에서 이루어진다.

- 큐를 원형배열 또는 연결리스트로 구현할 수 있다. 원소 수를 n이라 하면 기억장소 사용은 $O(n)$이며 각 기초 작업의 실행시간은 $O(1)$이다.

- 트리 ADT는 계층적으로 저장된 데이터원소들을 모델링한다. 각 트리 원소는 0개 이상의 자식 원소들을 가지며 맨 위의 원소를 제외하고 계층구조 상 하나의 부모 원소를 가진다.

- 트리에서의 순회란 트리의 노드들을 체계적인 방식으로 방문하는 것을 말한다. 가장 많이 사용되는 순회 방식으로는 선위순회와 후위순회, 두 가지 방식이 있으며 실행시간은 모두 $O(n)$이다.

- 이진트리 ADT는 순서트리를 모델링한다. 이진트리에서만 가능한 순회 방식으로 중위순회가 있다. 노드 n개로 구성된 이진트리에 대한 선위순회, 후위순회, 중위순회의 실행시간은 모두 $O(n)$이다.

- 이진트리는 배열 또는 연결리스트로 구현할 수 있다. 트리의 경우, 연결리스트로 구현하는 것이 일반적이다.

- 분리집합 ADT는 일반적인 집합들과 달리 서로 중복되는 원소가 없는, 즉 상호배타적

인 집합들을 모델링한 것이다. 따라서 분리집합간의 교집합이나 차집합 연산은 별 의미가 없다. 하지만 합집합은 의미를 가진다.

- 분리집합 ADT는 리스트 또는 트리로 구현될 수 있다. 리스트는 다시 배열 또는 연결리스트로 상세 구현될 수 있다.

연습문제

4-1 리스트의 모든 원소들

L은 크기 n의 배열 A로 구현된 리스트다. L을 위한 다음 메쏘드를 $O(n)$ 시간에 수행하도록 구현하라. 원소들의 반환 순서는 중요하지 않다.

- iterator elements(): 배열로 구현된 리스트 L의 원소 전체를 반환

4-2 연결리스트 양 끝 순위에 대한 삽입과 삭제

리스트를 아래 그림처럼 헤더 H 및 트레일러 T가 있는 이중연결리스트로 구현한다고 가정하고 다음 알고리즘을 작성하라.

- addFirst(e): 맨 앞 순위에 원소 e를 삽입
- removeFirst(): 맨 앞 순위 원소를 삭제하여 반환
- addLast(e): 맨 뒤 순위에 원소 e를 추가
- removeLast(): 맨 뒤 순위 원소를 삭제하여 반환

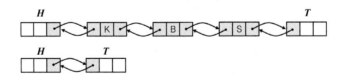

4-3 집합 갱신 메쏘드

정렬된 헤더, 트레일러 이중연결리스트로 구현된 집합에 대해 메쏘드 addElem 및 removeElem의 수행 내용을 각각 의사코드로 작성하라.

- addElem(x): 집합에 원소 x를 추가
- removeElem(x): 집합으로부터 원소 x를 삭제

4-4. 변형 스택

크기 N인 배열 S를 이용하여 스택을 구현하고자 한다. S가 만원일 때 삽입을 시도할 경우 S의 가장 오래된 원소를 제거하여 발생하는 빈 자리에 삽입하도록 한다. 이 변형 스택 S를 위한 fullStackException 메쏘드를 작성하라.

> ※ 주의
> - S에 대한 삽입과 삭제 역시 후입선출의 순서를 따라야 한다.
> - 메쏘드 push는 상수시간에 작동하지 않을 수도 있다.
> - fullStackException 이외의 메쏘드는 원래의 것들을 그대로 사용할 수 있어야 한다.

4-5. 원형큐

크기 N의 원형배열 Q를 이용하여 큐 ADT를 구현하고자 한다.

> ※ 전제
> - 큐의 front 와 rear 첨자 위치는 각각 f 및 r로 관리한다.
> - 빈 큐와 만원 큐를 차별화하기 위해 방 한 개를 예비하는 대신 변수 n을 사용하여 큐에 저장된 원소 수를 관리한다.

다음 메쏘드를 의사코드로 작성하라.
- initQueue()
- size(), isEmpty(), isFull(), front()
- enqueue(e), dequeue()

4-6. 연결큐

헤더 H 및 트레일러 T를 가진 이중연결리스트를 사용하여 큐 ADT를 구현하고자 한다. 큐의 첫 노드와 마지막 노드를 표시하는 변수 f와 r은 따로 사용하지 않는다. 이렇게 큐를 구현하면 단일연결리스트를 사용할 때에 비해 역방향 링크를 추가 사용함에 따라 기억장소 사용은 늘게 되지만 비어 있는 큐에 대한 삽입과 삭제 후 비게 되는 큐에 대한 예외처리가 불필요하게 되는 이점이 있다. 다음 메쏘드를 작성하라.
- initQueue()
- isEmpty(), front()
- enqueue(e), dequeue()

4-7 상각실행시간

어떤 데이터구조가 지원하는 amudomolla라는 작업이 있다. 만약 n회의 amudomolla 작업을 최악의 경우 $O(n \log n)$ 시간에 수행한다면,

    A. amudomolla 작업의 상각실행시간은 무엇이며,

    B. amudomolla 작업의 최악실행시간은 무엇인가?

4-8. 상각실행시간

길동은 n회의 작업에 대한 전체 상각시간은 해당 전체 작업에 대한 실제 실행시간의 하한을 나타낸다고 주장한다. 길동이 옳은지 그른지 논거와 함께 설명하라.

4-9 트리의 크기

트리의 크기를 저장하는 변수를 별도로 유지하지 않는 전제 하에, 트리의 노드 수를 세는 선형시간 알고리즘 size를 작성하라.

    ※ 힌트 : 트리 선위순회의 특화다.

4-10 이진트리의 크기

이진트리의 크기를 저장하는 변수를 별도로 유지하지 않는 전제 하에, 이진트리의 노드 수를 세는 선형시간 알고리즘 size를 작성하라.

    ※ 힌트 : 이진트리 선위순회의 특화다.

4-11. 내부노드 및 외부노드 수 세기

이진트리의 내부노드 및 외부노드의 수를 세는 선형시간 알고리즘을 각각 작성하라.

- countInternalNodes(v): 루트가 v인 이진트리의 내부노드 수를 반환
- countExternalNodes(v): 루트가 v인 이진트리의 외부노드 수를 반환

4-12 계승자

이진트리 T의 노드 v의,

- 선위순회 계승자란 T의 선위순회에서 v 직후에 방문되는 노드다.
- 중위순회 계승자란 T의 중위순회에서 v 직후에 방문되는 노드다.
- 후위순회 계승자란 T의 후위순회에서 v 직후에 방문되는 노드다.

    ※ 주의 : 어느 방식의 순회든, 마지막 방문노드의 계승자는 존재하지 않는다.

아래 이진트리에서 다음을 구하라.

- 노드 I의 선위순회 계승자
- 노드 A의 중위순회 계승자
- 노드 C의 후위순회 계승자

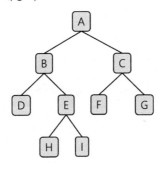

4-13 트리의 경로길이

트리 T의 **경로길이** path length란 T의 모든 노드들의 깊이의 합을 말한다. 트리 T의 **내부경로길이** internal path length란 T의 모든 내부노드들의 깊이의 합을 말한다. 트리 T 의 **외부경로길이** external path length란 T의 모든 외부노드들의 깊이의 합을 말한다. 아래 그림에 보인 트리의 경로길이, 내부경로길이, 그리고 외부경로길이를 각각 구하라.

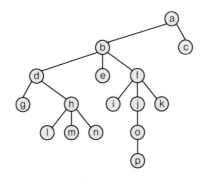

4-14 최저공통조상

트리 T의 두 노드 x, y 사이의 **최저공통조상** lowest common ancestor, LCA이란 T에서 x와 y 모두를 자손으로 가지는 최저의 노드를 말한다(단, 노드는 스스로의 자손이 될 수 있는 것으로 정의한다). T의 두 노드 x, y 사이의 **거리** distance란, $dist_{xz} + dist_{yz}$ 를 말한다. 여기서 $dist_{xz}$와 $dist_{yz}$는 각각 x 및 y에서 x와 y의 최저공통조상인 z까지의 경로길이를 의미한다. 아래 트리에서 주어진 두 노드의 최저공통조상 및 두 노드 사이의 거리를 구하라.

A. 노드 m, k

B. 노드 c, h

C. 노드 p, b

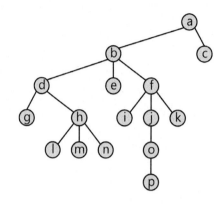

4-15 크기에 의한 합집합

union(x, y)은 트리로 구현된 두 개의 분리집합에 대해 크기에 의한 합집합을 계산한다. 아래에 보인 네 개의 분리집합에 대해, union(union(a, c), union(h, i))을 구하는 과정을 그리고 이 결과에 경로압축을 수행하는 find(m)을 수행한 모습을 그려라.

> ※ 전제 : 이 문제를 위해, 주어진 두 개의 트리의 각 루트 원소 *x*, *y*에 대해 union(x, y)는 수행 결과트리의 루트 원소를 반환한다고 전제하라.

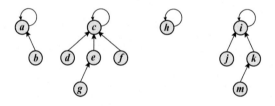

심층문제

4-1 부문자열

s, *t*는 각각 **문자열**string, 즉 0개 이상의 인쇄 가능한 문자들과 맨 뒤의 널 문자(ASCII 0)로 이루어진 배열이다. *t*가 *s*의 부문자열substring이라면, 다시 말해 *t*가 *s*에 나타난다면 *s*에서 나타나기 시작하는 배열첨자를, 아니면 −1을 반환하는 알고리즘 substr(s, t)를 의사코드 및 C로 작성하라. 다음 예를 사용하여 프로그램을 실행해 보여라.

예
- substr("maximum", "ax")은 1을 반환
- substr("over the rainbow", "rain")은 9를 반환
- substr("over the rainbow", "r t")은 3을 반환
- substr("bacacarcary", "car")은 4를 반환
- substr("bacacarcary", "cam")은 −1을 반환

4-2 연결리스트 잇기

아래 그림에서 보는 것처럼 두 개의 단일연결리스트를 잇는 알고리즘 concat을 비재귀 및 재귀 버전으로 의사코드를 사용하여 각각 작성하라.

- concat(A, B): 두 개의 단일연결리스트 *A*와 *B*를 이음

※ 주의 : *A* 또는 *B*는 비어 있을 수도 있다.

*A*와 *B*의 크기를 각각 *m*, *n*으로 가정하고 concat(A, B)의 비재귀 버전을 분석하라.

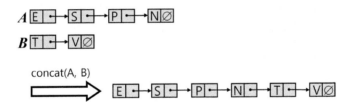

4-3 선택적 인쇄

두 개의 비어 있지 않은 단일연결리스트 *L*과 *S*가 있다. *S*의 원소들은 오름차순으로 된 양의 정수들이다. printSelect(L, S)는 *S*에 지정된 순위의 *L*의 원소들을 인쇄한다.

예 만약 아래 그림처럼 *L* = O, R, A, N, G, E 이고 *S* = 1, 4, 5 면 printSelect(L, S)는 O, N, G를 인쇄한다.

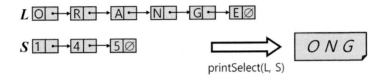

효율적인(즉, 가능한 빠른) printSelect(L, S)를 의사코드로 작성하고 C 프로그램으로 구현하라. 또한 *L*과 *S*의 크기를 각각 *m*과 *n*으로 가정하고 알고리즘을 분석하라. 프로그램은 위 그림의 예를 사용하여 실행한 결과를 보여라.

4-4* 중앙 노드 찾기

아래 그림에 보인 것처럼 링크만을 따라 다니며 헤더 및 트레일러 이중연결리스트의 중앙 노드를 찾는 알고리즘 findMiddle을 의사코드로 작성하고 알고리즘의 실행시간을 분석하라. 단, 이중연결리스트의 헤더와 트레일러 사이에는 홀수 개의 노드가 존재한다고 가정한다.

- findmiddle(): 헤더 및 트레일러 연결리스트의 중앙 노드 위치를 반환

※ 주의 : 카운터 변수 사용 불가.

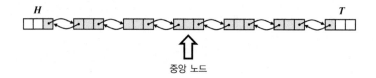

중앙 노드

4-5* 스택 설계

push 및 pop에 더하여 스택 원소 중 최소값을 반환하는 메쏘드 findMin을 지원하는 스택 ADT를 설계한다. 이들 세 개의 메쏘드를 의사코드로 작성하고 C 프로그램으로 구현하라.

※ 주의 : 세 작업 모두 상수시간에 실행해야 한다.

프로그래밍 지침

- 삽입, 삭제, 최소값 반환을 하나의 프로그램으로 묶어서 구현할 것.
- main 함수에서 "반복적으로" 사용자의 명령코드 p(ush), o(pop), f(indMin)에 따라 해당 메쏘드를 호출하여 처리하는 방식으로 작성할 것.
- 예를 들어, "p 14" 명령은 push(14)를 호출, "o" 명령은 pop()을 호출, "f" 명령은 findMin()을 호출한다.
- q(uit) 명령이 입력되면 프로그램 종료.

실행예

- p와 o 명령에 대해서는 삽입 또는 삭제를 수행한 직후의 스택 원소들을 top에서 가까운 순서로 표시할 것.
- f 명령에 대해서는 현재 스택 원소 가운데 최소값을 출력할 것.
- 프로그램 테스트를 위해 다음에 주어진 명령을 차례로 수행하라(각 명령 라인의 오른쪽은 해당 명령에 의해 출력되어야 할 내용이다).

- 다음 실행예에서는 편의 상 스택 원소로 작은 정수를 사용했으나 실제로 원소들은 큰 정수, 실수, 문자, 문자열 등 크기 비교가 가능한 아무 데이터형이라도 될 수 있다는 점에 유의하라 - 즉, 세 메쏘드 모두 스택 원소의 자료형에 상관없이 적용될 수 있어야 한다.

〈명령〉	〈출력〉
p 4	4
p 4	4 – 4
p 2	2 – 4 – 4
p 3	3 – 2 – 4 – 4
f	2
p 2	2 – 3 – 2 – 4 – 4
p 1	1 – 2 – 3 – 2 – 4 – 4
f	1
o	2 – 3 – 2 – 4 – 4
f	2
o	3 – 2 – 4 – 4
f	2
o	2 – 4 – 4
o	4 – 4
f	4
q	(프로그램 종료)

4-6 변형 스택

크기 N인 배열 S를 이용하여 스택을 구현하고자 한다. S가 만원일 때 삽입을 시도할 경우 S의 가장 오래된 원소를 삭제하여 발생하는 빈 자리에 삽입하도록 한다. 이 변형 스택 S에 대한 initStack, isEmpty, size, top, push, pop 메쏘드가 모두 상수시간에 수행 가능하도록 데이터구조를 설계하고 각 메쏘드를 의사코드로 작성하라(참고로 앞서의 변형 스택 연습문제에서는 상수시간 조건이 없었다).

※ 주의 : S에 대한 삽입과 삭제 역시 후입선출의 순서를 따라야 한다.

※ 힌트 : S를 아래 그림에 보는 것처럼 원형배열로 구현하면 된다.
- S의 top을 가리키는 첨자 변수 t에 관한 원형연산을 위해 "나머지 N 계산"을 사용한다(여기서 N은 배열의 크기다).
- 스택 원소 수 n을 유지하는 방식을 사용하면 배열 공간을 모두 활용할 수 있을 뿐만 아니라 S의 base 위치를 따로 관리할 필요가 없다

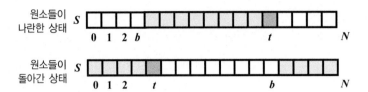

원소들이 나란한 상태 S 0 1 2 b t N

원소들이 돌아간 상태 S 0 1 2 t b N

4-7* 이중스택

크기 N의 1D 배열 A 한 개를 사용하여 두 개의 스택, S_1과 S_2를 구현하는 데이터구조를 설계하고 다음의 관련 알고리즘을 의사코드로 작성하라.

- initStack(): 두 스택을 초기화
- integer size(i): S_i (i = 1, 2)의 크기를 반환
- boolean isEmpty(i): S_i가 비어 있는지 여부를 반환
- boolean isFull(): 두 스택 모두 만원인지 여부를 반환
- element top(i): S_i의 top 원소를 반환
- push(i, e): S_i에 원소 e를 삽입
- element pop(i): S_i의 top 원소를 삭제하여 반환

※ 주의
- 기억장소 활용을 최대화해야 함.
- S_1과 S_2의 top을 각각 t_1과 t_2로 정의할 것.

4-8 두 개의 스택으로 큐 만들기

앞서 응용문제의 해결을 참고하여 두 개의 일반 스택을 사용하여 큐 ADT를 만들기 위한 isEmpty, front, enqueue, dequeue 메쏘드를 의사코드로 작성하라.

※ 전제 : 주어진 스택들은 isEmpty, top, push, pop 등의 기본 메쏘드들을 O(1) 시간에 수행한다.

※ 주의 : 큐 ADT에는 중복 원소들의 저장이 가능하다(따라서 특정 원소 값을 이용하는 방식의 구현은 제대로 작동하지 않을 수 있다).

※ 힌트 : 큐 ADT의 메쏘드들은 모두 O(1) 시간에 수행한다.

4-9 수식트리

괄호쳐진 수식을 읽어들여 이진 수식트리로 변환하는 C 프로그램을 구현하라. 프로그램은 트리를 평면 상에 그려야 하며 루트의 평가 값을 인쇄해야 한다. 이에 추가하여, 트리의 잎들이 $x_1, x_2, x_3, \cdots$ 등의 변수를 저장할 수 있어야 한다. 이들의 초기값은 0이며 프로

그램에 의해 상호작용 방식으로 값이 갱신될 수 있어야 한다. 이에 따라 수식트리 루트의 평가 값도 실시간 갱신되어야 한다.

실행예 수식 $a \times (b - c)/(d+e)$를 사용하라.

> ※ 주의 : 프로그램은 실행예 수식 외에도 어떤 입력 수식이든 처리 가능하도록 작성되어야 한다.

4-10 트리의 경로길이

트리 T의 경로길이란 T의 모든 노드들의 깊이의 합을 말한다. 트리의 경로길이를 구하기 위한 선형시간 알고리즘을 작성하라.

- pathLength(v): 루트가 v인 트리의 경로길이를 반환

> ※ 힌트 : depth를 반복적으로 사용하면 선형시간 조건을 만족하기 어렵다.

4-11 트리의 내부 및 외부 경로길이

트리 T의 내부경로길이란 T의 모든 내부노드들의 깊이의 합을 말한다. 트리 T의 외부경로길이란 T의 모든 외부노드들의 깊이의 합을 말한다. 트리의 내부 및 외부 경로길이를 구하기 위한 선형시간 알고리즘을 각각 작성하라.

- iPathLength(v): 루트가 v인 트리의 내부 경로길이를 반환
- ePathLength(v): 루트가 v인 트리의 외부 경로길이를 반환

> ※ 힌트
> - 트리 ADT의 기본 메쏘드들을 사용해도 좋다.
> - depth를 반복적으로 사용하면 선형시간 조건을 만족하기 어렵다.

4-12* 최저공통조상

T는 노드 n개의 트리다. T의 두 노드 x, y 사이의 최저공통조상이란 T에서 x와 y 모두를 자손으로 가지는 최저의 노드를 말한다. 단, 노드는 스스로의 자손이 될 수 있는 것으로 정의한다. 예를 들어 아래 그림의 트리에서 노드 a와 b의 최저공통조상은 LCA로 표시된 노드다. 트리의 주어진 두 개의 노드 x와 y의 LCA를 찾는 효율적인 알고리즘 lca(x, y)를 의사코드로 작성하고 이를 다시 C 프로그램으로 구현하여 아래 그림의 트리에 대해 lca(a, b)를 실행한 결과를 보여라.

> ※ 힌트 : 트리 ADT의 기본 메쏘드들과 알고리즘 depth의 사용이 가능하다.

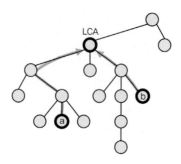

4-13* 거리

트리 T의 두 노드 x, y 사이의 거리란, $dist_{xz} + dist_{yz}$ 를 말한다. 여기서 $dist_{xz}$와 $dist_{yz}$는 각각 x 및 y에서 x와 y의 최저공통조상인 z까지의 경로길이를 의미한다. 예를 들어 아래 그림의 트리에서 노드 a와 b 사이의 거리는 5다. 트리의 주어진 두 개의 노드 x와 y 사이의 거리를 계산하는 효율적인 알고리즘 distance(x, y)를 의사코드 및 C 프로그램으로 작성하고 아래 그림의 트리에 대해 distance(a, b)을 실행한 결과를 보여라.

※ 힌트 : 트리 ADT의 기본 메쏘드들과 depth의 사용이 가능하다.

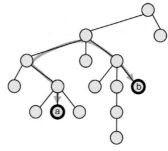

distance = 5

4-14 비전형적 순회

아래에 이진트리를 순회하는 몇 개의 비전형적인 알고리즘이 주어졌다.

- alphaOrder(v), betaOrder(v): 루트가 v인 이진트리를 **상호재귀적** mutually recursive 으로 순회
- gammaOrder(v): 루트가 v인 이진트리를 모든 노드를 두 번씩 방문하는 방식으로 순회

아래 그림에 보인 이진트리의 원소 A를 저장한 루트 노드 v에 대해 다음과 같이 호출할 경우, 각 알고리즘의 출력을 구하라.

- alphaOrder(v)
- gammaOrder(v)

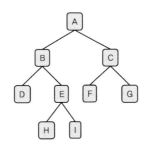

Alg *alphaOrder(v)*
1. *write(element(v))*
2. **if** (*isInternal(v)*)
   betaOrder(leftChild(v))
   betaOrder(rightChild(v))

Alg *betaOrder(v)*
1. **if** (*isInternal(v)*)
   alphaOrder(leftChild(v))
2. *write(element(v))*
3. **if** (*isInternal(v)*)
   alphaOrder(rightChild(v))

Alg *gammaOrder(v)*
1. *write(element(v))*
2. **if** (*isInternal(v)*)
   gammaOrder(leftChild(v))
   gammaOrder(rightChild(v))
3. *write(element(v))*

4-15 로만노드

*T*는 *n*개의 노드로 구성된 이진트리다. **로만노드**^{roman node}란 *T*의 노드 *v* 가운데 *v*의 왼쪽
과 오른쪽 부트리의 크기 차이가 5 이내인 *v*를 말한다. 아래 그림의 트리에서 굵은 테두
리의 노드들은 모두 로만노드를 나타낸다. 이진트리 내의 주어진 노드 *v*를 루트로 하는
부트리 내의 로만노드의 수를 구하는 선형시간 알고리즘 countRoman(v)을 작성하라.

　※ 주의 : 노드를 중복 방문하면 선형시간 조건을 만족하기 어렵다.

4-16 황제노드

T는 *n*개의 노드로 구성된 이진트리다. **황제노드**emperor node란 *T*의 노드 *v* 가운데 *v* 자신 은 로만노드가 아니지만 *v*의 자손은 모두 로만노드인 노드를 말한다. 예를 들어 아래 그 림의 트리에서 굵은 테두리의 노드는 로만노드를, 타겟 모양의 노드는 황제노드를 표시 한다. 이진트리 *T*의 노드 *v*가 황제노드인지 결정하는 선형시간 알고리즘 isEmperor(v) 를 작성하라.

   ※ 주의 : 노드를 중복 방문하면 선형시간 조건을 만족하기 어렵다.

4-17 비재귀 순회

이진트리의 선위 및 중위순회를 위한 선형시간 비재귀알고리즘을 각각 작성하라.

- binaryPreOrder(v): 루트가 *v*인 이진트리를 선위순회
- binaryInOrder(v): 루트가 *v*인 이진트리를 중위순회

※ 힌트 : 두 알고리즘 모두 스택을 사용한다.

4-18 레벨 인쇄

레벨 level d는 트리의 같은 깊이 d에 존재하는 모든 노드들의 집합을 나타낸다. 루트 *v* 인 이진트리의 깊이 d에 저장된 내부노드의 원소들을 왼쪽에서 오른쪽 순서로 인쇄하는 재귀알고리즘 printLevel(v, d)을 의사코드 및 C 프로그램으로 각각 구현하라. 아래 그림 은 이진트리 예에 대한 실행예다. 그림과 동일한 이진트리와 실행예를 사용하여 프로그 램을 실행해 보여라.

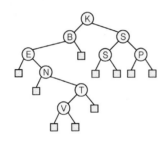

```
printLevel (T, 2)
E S P
printLevel (T,7)

printLevel (T,0)
K
```

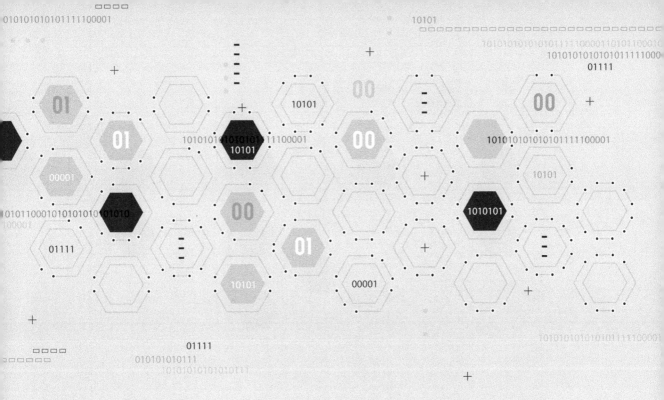

PART **II**

정렬

파트 II는 정렬을 주제로 한 장들이다.
여기에는 우선순위 큐, 힙과 힙 정렬, 합병 정렬, 퀵 정렬, 정렬 일반 등 다섯 개의 장이 포함된다.

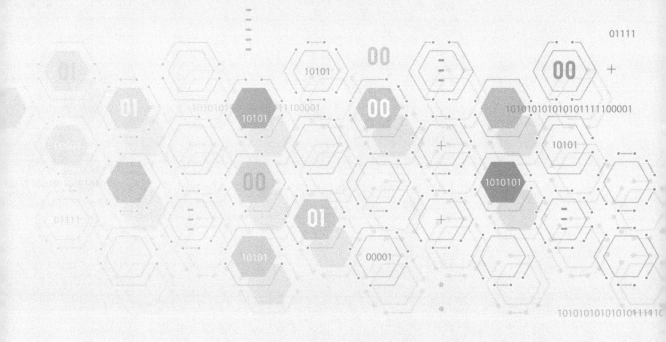

CHAPTER **5**

우선순위 큐

5.1 우선순위 큐 ADT

우선순위 큐는 추상자료형의 하나로 정렬에 자주 응용된다. 일반적인 큐와는 다른 특징을 가진다. 이 절에서는 우선순위 큐의 개념을 설명하고 관련 메쏘드를 살펴본다.

5.1.1 우선순위 큐 ADT

우편배달부는 우체국에서 그날 배달해야 할 우편물들을 가방에 넣어 우체국을 출발해서 배달처를 돌며 배달한다. 성향이 다른 두 명의 배달부 A와 B를 생각해 보자. 배달부 A는 우체국에서 가방에 우편물을 담을 때 아무렇게나 담는다. 즉, 가방 안의 우편물은 아무 순서 없이 담겨진다. 우편물을 담는 데 시간을 소요하는 별다른 과정이 없으므로 빨리 담을 수 있지만 배달 과정에서는 그때그때의 배달처에 맞는 우편물을 가방 안의 뒤섞인 우편물 속에서 찾아내야 하므로 시간이 걸릴 것이다. 배달부 B는 이와 반대다. 우체국에서 우편물을 가방에 담을 때 배달처 주소 순서로 차곡차곡 담는다. 우편배달부 A에 비해 담을 때 시간이 더 걸리는 것은 당연하다. 하지만 배달 과정에서는 배달처에 도달할 때마다 맨 앞의 우편물부터 차례로 꺼내주면 되기 때문에 우편배달부 A에 비해 시간을 절약한다.

또 하나의 예를 보자. 거둬들인 시험 답안지가 100장 있다. 답안지 더미는 시험장에서 학생들이 앉아있던 순서로 거둬들인 것이라 학번 순과는 무관하게 쌓여 있다. 교수는 이를 채점하여 점수표에 입력해야 한다. 점수표는 학번 순으로 입력하도록 되어 있다. 두 명의 교수 A와 B를 생각해 보자. 교수 A는 답안지 더미에 놓인 순서대로 답안지를 채점하면서 다른 한켠에 쌓아둔다. 채점을 마치고 점수를 입력할 때 교수 A는 채점완료된 답안지 더미에서 학번 순서로 답안지를 찾아내 점수표에 입력해야 한다. 점수 한 개를 입력할 때마다 답안지를 찾는 수고를 해야 하므로 점수입력 과정에서 상당한 시간을 소모할 것이다. 교수 B를 생각해 보자. 그는 채점을 마친 답안지를 다른 한켠에 학번 순으로 쌓는다. 즉, 채점을 마칠 때마다 학번 순에 의해서 답안지 더미 속 들어가야 할 자리를 찾아 답안지를 끼워 넣는다. 따라서 채점완료된 답안지 더미를 모두 쌓기까지 교수 A에 비해 더 많은 시간이 소요된다. 하지만 점수입력 과정에서는 교수 A에 비해 훨씬 빠르다. 답안지 더미 맨 위의 것부터 차례로 입력하기만 하면 되기 때문이다.

위 네 사람은 공통적으로 데이터를 저장소에 삽입하고, 이후 저장소로부터 순서대로 삭제한다. 우편배달부의 경우 데이터는 우편물, 저장소는 우편가방이며, 교수의 경우 데이터는 답안지, 저장소는 채점완료된 답안지 더미다. 컴퓨터 데이터구조에도 이와 유사한 것이 있다. 위에 설명한 저장소의 역할을 하는 추상 데이터구조를 우선순위 큐 ADT 라고 한다. **우선순위 큐 ADT**priority queue ADT는 임의의 데이터 항목이 삽입되며, 일정한 순서에 의해 삭제되는 데이터구조를 말한다. 그림 5-1은 우선순위 큐를 보인 것이다. 우선순위 큐에 저장되는 각 데이터 항목은 (키, 원소) 쌍으로 정의된다. 우편물의 경우 (주소, 우편물)의 쌍이라 할 수 있으며 답안지의 경우 (학번, 점수) 쌍이라 할 수 있다.

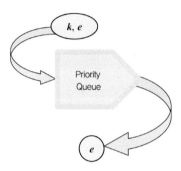

그림 5-1 우선순위 큐 ADT

눈여겨 볼 것은, 배달부 A와 교수 A, 그리고 배달부 B와 교수 B는 각각 동일한 전략을 사용한다는 점이다. A 그룹의 삽입은 데이터의 키를 고려하지 않으므로 빠르지만 삭제는 키 순서를 고려하므로 느리다. B 그룹은 이와 반대로 삽입은 키 순서를 고려하므로 느리지만 삭제는 이미 정리된 순서를 이용하므로 빠르다. 우선순위 큐 역시 A 또는 B 둘 중 한 가지 방식으로 구현될 수 있다. 이어지는 절에서는 위의 A, B와 같은 구현 방식의 차이에 따른 고려를 포함하여 우선순위 큐 ADT의 개념과 구현에 대해 자세히 살펴본다. 우선순위 큐에 대한 얘기를 계속하기 전에 잠깐 우리가 이미 알고 있는 큐와 비교해 보자. 둘 다 임의의 데이터 항목을 저장하고 주요 작업으로 삽입과 삭제가 가능하다는 점에서는 같다. 그러나 큐가 삽입된 순서 그대로 삭제되는 것에 비해 우선순위 큐는 키 순서에 따라 삭제된다는 점에서 다르다.

5.1.2 우선순위 큐 응용

우선순위 큐는 다양한 분야에서 응용이 가능하다. 경매 시장을 생각해 보자. 어떤 상품의 경매에 참여한 응찰자들 가운데 시간적으로 가장 먼저 응찰한 응찰자보다는 최고가를 써낸 응찰자에게 낙찰시킬 것이다. 여기서 응찰자 리스트는 우선순위 큐, 최고가 응찰자를 찾아내 낙찰시키는 것은 삭제에 해당한다. 주식시장도 우선순위 큐의 메커니즘과 일치하는 데이터 모델을 가지고 있다. 주식 거래를 원하는 사자/팔자 주문들의 리스트가 우선순위 큐, 이 가운데 최고가 사자나 최저가 팔자 주문이 우선적으로 처리되는 과정은 삭제에 해당한다고 볼 수 있다.

우선순위 큐의 중요한 응용으로 정렬이 있다. **정렬**sort이란 데이터원소들을 일정한 키 순서에 의해 다시 배치하는 것을 말한다. 정렬 과정에서 데이터원소들을 임시 보관하는 저장소를 이용하는 경우가 많은데 우선순위 큐를 서장소로 이용하여 정렬하는 방법이 있다. 우선순위 큐를 이용한 정렬에 관한 상세한 내용은 이어지는 절에서 다룬다.

5.1.3 우선순위 큐 ADT 메쏘드

우선순위 큐 ADT에 대한 메쏘드 가운데 가장 중요한 것은 삽입과 삭제 메쏘드다. 이외에 다른 추상자료형들과 마찬가지로 비어 있는지 여부를 반환하는 메쏘드, 저장하고 있는 원소의 수를 반환하는 메쏘드 등 일반 메쏘드를 가진다. 우선순위 큐에 대한 접근 메쏘드로는 최소 키를 반환하는 메쏘드와 최소 키를 가진 원소를 삭제하지 않고 반환하는 메쏘드가 있다. 마지막으로, 우선순위 큐에 대해 발령 가능한 예외상황이 있다.

주요 메쏘드

- insertItem(k, e): 키 **k**인 원소 **e**를 큐에 삽입
- element removeMin(): 큐로부터 최소 키를 가진 원소를 삭제하여 반환

일반 메쏘드

- integer size(): 큐의 항목 수를 반환
- boolean isEmpty(): 큐가 비어 있는지 여부를 반환

접근 메쏘드

- element minElement(): 큐에서 최소 키를 가진 원소를 반환
- clement minKey(): 큐에서 최소 키를 반환

예외

- emptyQueueException(): 비어 있는 큐에 대해 삭제나 원소 접근을 시도할 경우 발령
- fullQueueException(): 만원 큐에 대해 삽입을 시도할 경우 발령

5.2 우선순위 큐를 이용한 정렬

크기 비교 가능한 원소 집합을 정렬하는 데 우선순위 큐를 이용할 수 있다. 이 절에서는 우선순위 큐를 이용한 정렬에 어떤 방식들이 있는지와, 우선순위 큐의 구현 방식에 따라 정렬 과정이 어떻게 달라지는지 살펴본다. 먼저, 우선순위 큐의 상세 구현과 상관 없이, 우선순위 큐를 이용한 일반적인 정렬에 관해 설명한다. 알고리즘 PQ-Sort는 이 절차를 의사코드로 보인다. 명령문 1행에서 비어 있는 우선순위 큐 **P**를 초기화한 후 2행에서 입력 리스트 **L**의 원소들을 차례로 삭제하여 **P**에 삽입한다. 3행에서 **P**로부터 최소 키를 가진 원소부터 차례로 삭제하여 **L**에 삽입한다. 그 결과로 정렬된 리스트 **L**을 얻을 수 있다. 그림 5-2는 알고리즘 PQ-Sort에 의해 다섯 마리의 동물이 키 순으로 정렬된 것을 보인다. 이 문제에서는 마침 키 ^{key}가 키 ^{height}다.

Alg *PQ-Sort*(*L*)
   input list *L*
   output sorted list *L*

1. *P* ← *empty priority queue*
2. **while** (!*L.isEmpty*())
      e ← *L.removeFirst*()
      P.insertItem(*e*)
3. **while** (!*P.isEmpty*())
      e ← *P.removeMin*()
      L.addLast(*e*)
4. **return**

(a) PQ-Sort 정렬 전   (b) PQ-Sort 정렬 후

그림 5-2 (a~b) PQ-Sort 수행 전과 후

알고리즘 PQ-Sort는 수행 대상인 리스트 **L**이 배열 또는 연결리스트 중 어느 것으로 구현되었는지와 무관하게 작동한다. 이 점은 우선순위 큐 **P**에 대해서도 마찬가지로 **P**의 상세 구현을 특정하지 않는다. **L**이나 **P**처럼 상세 구현이 특정되지 않은 데이터구조를

일반generic 데이터구조라고 말한다. 일반 데이터구조에 관해서는 앞서 응용문제 4.7.3에서 설명한 바 있다. 일반 데이터구조를 사용한 알고리즘은 특정 데이터구조를 대상으로 작성된 알고리즘에 비해 한 차원 높은 추상의 차원에서 알고리즘을 제시하는 만큼 가독성이 높은 것은 물론 응용 범위도 넓다. 이 같은 장점에 따라 가능하면 일반 데이터구조를 사용한 알고리즘을 자주 제시할 것이다.

알고리즘 PQ-Sort의 단계별 실행시간은 우선순위 큐의 상세 구현에 따라 다르다. 우선순위 큐 *P*를 **무순리스트**unordered list에 의해, 또는 **순서리스트**ordered list에 의해 구현하는 두 가지 방식이 있다.

무순리스트로 구현하는 경우

- 우선순위 큐의 항목들을 리스트에 임의 순서로 저장한다.
- **성능**: 메쏘드 insertItem은 **O**(1) 시간에 수행한다. 항목을 리스트의 맨 앞 또는 맨 뒤에 삽입할 수 있기 때문이다. removeMin, minKey, minElement 등 작업은 **O**(*n*) 시간에 수행한다. 최소 키를 찾기 위해 전체 리스트를 순회해야 하기 때문이다.

순서리스트로 구현하는 경우

- 우선순위 큐의 항목들을 리스트에 키 순서로 저장한다.
- **성능**: 메쏘드 insertItem은 **O**(*n*) 시간에 수행한다. 항목을 삽입할 곳을 찾아야 하기 때문이다. removeMin, minKey, minElement 등 작업은 **O**(1) 시간에 수행한다. 최소 키를 가진 항목이 리스트의 맨 앞에 있기 때문이다.

여기서 눈치빠른 독자라면 우선순위 큐를 무순리스트 또는 순서리스트로 구현하는 것은 앞서 배달부와 교수의 예에서 A 그룹 또는 B 그룹의 전략과 각각 정확히 일치함을 알 수 있을 것이다. 즉, A 그룹의 저장소(우편가방 또는 채점완료된 답안지 더미)는 무순리스트에, B 그룹의 저장소는 순서리스트에 해당된다. 각각의 전략에 대해 구체적으로 살펴보자.

5.2.1 선택 정렬

선택 정렬selection-sort은 PQ-Sort의 일종으로 우선순위 큐가 무순리스트로 구현된다. 선택 정렬의 실행시간은 *n*회의 insertItem 작업을 사용하여 원소들을 우선순위 큐에 삽입하는 데 **O(n)** 시간을 소요하며, n회의 removeMin 작업을 사용하여 원소들을 우선순위 큐로부터 키 순서로 삭제하는 데 $n + (n-1) + (n-2) + \cdots + 2 + 1$ 에 비례하는 시간을 소요한다. 즉, 선택 정렬은 **O(n^2)** 시간에 수행한다. 그림 5-3 (a)는 선택 정렬을 통해 키가 다른 동물들이 정렬되는 과정을 보인다. 울타리 속의 동물들은 하나씩 차례대로 우리로 옮겨진다(1~5). 다음, 키가 작은 것부터 차례로 골라내(바로 이 때문에 '선택' 정렬이라고 부른다) 우리에서 울타리로 옮겨져(6~10) 정렬이 완료된다.

5.2.2 삽입 정렬

삽입 정렬insertion-sort은 PQ-Sort의 일종으로 우선순위 큐가 순서리스트로 구현된다. 삽입 정렬의 실행시간은 n회의 insertItem 작업을 사용하여 원소들을 우선순위 큐에 삽입하는 데 $1 + 2 + \cdots + (n-2) + (n-1) + n$ 에 비례하는 시간을 소요하며 n회의 removeMin 작업을 사용하여 원소들을 우선순위 큐로부터 정렬 순서로 삭제하는 데 **O(n)** 시간을 소요한다. 즉, 삽입 정렬은 **O(n^2)** 시간에 실행한다. 그림 5-3 (b)는 삽입 정렬을 통해 키가 다른 동물들이 정렬되는 과정을 보인다. 그림에서 울타리 속의 동물들은 하나씩 차례대로 우리로 옮겨진다(1~5). 이 과정에서 키 순서에 따라 자기 키에 맞는 위치에 삽입되는 (바로 이 때문에 '삽입' 정렬이라고 부른다) 방식으로 옮겨진다. 삽입 단계가 완료된 후, 첫 번째 우리부터 시작하여 차례로 울타리로 옮겨져(6~10) 정렬이 완료된다.

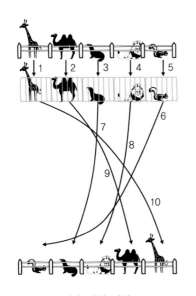
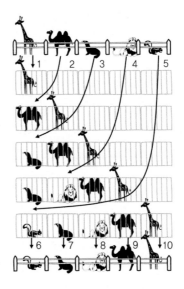

(a) 선택 정렬   (b) 삽입 정렬

그림 5-3 (a~b) 선택 정렬과 삽입 정렬

　위에 설명한 선택 정렬과 삽입 정렬은 동일한 알고리즘 PQ-Sort를 사용한다. 다만 다른 점은 알고리즘이 사용하는 주요 데이터구조인 우선순위 큐 **P**가 어떻게 구현되었는지다. 같은 알고리즘이지만 **P**를 무순리스트로 구현하면 선택 정렬을, **P**를 순서리스트로 구현하면 삽입 정렬을 수행한다. 동물의 예에서 울타리는 **L**의 역할을, 우리는 **P**의 역할을 한다. 두 정렬 방식 모두 정렬의 시작과 끝은 주어진 저장소인 울타리에서 이루어지지만 정렬의 중간과정에서는 임시 저장소인 우리를 사용하여 수행한다.

5.3　제자리 정렬

앞서 예에서 동물이 다섯 마리인 경우 동물들의 임시 저장소로서 정확히 다섯 개의 우리가 필요한데, 이 우리들은 원래 제공된 내부 공간인 울타리 이외에 정렬을 위해 추가로 소요되는 공간이므로 외부 공간이라 할 수 있다. 동물이 **n**마리면 우리가 **n**개 필요할 것이다. 따라서 앞서 선택 정렬, 삽입 정렬 모두 **O(n)** 크기의 외부의 우선순위 큐를 추가로 사용하여 리스트를 정렬한다고 할 수 있다. 만약 원래 리스트 자체를 위한 내부 공간 이외에 추가로 **O(1)** 크기의 외부 공간만을 사용한다면 이를 **제자리**in-place에서 수행한다고 말한다. 위의 예에서 우리를 전혀 사용하지 않고 원래 주어진 울타리만 사용하여 정렬을 수행한다면 제자리 정렬이다.

　제자리냐 아니냐는 종종 매우 중요하다. 예를 들어 우리 한 개를 빌려 오는 데 비싼 값을 치뤄야 한다고 가정해 보자. 정렬할 때마다 동물 수 **n**에 비례하는 만큼의 비용이 들 것이다. 반면, 정렬을 수행하는데 아무리 큰 **n**에 대해서라도 우리를 전혀 빌리지 않거나 겨우 몇 개, 즉 상수 개수의 우리로만 수행한다면 비용절감을 추구해야 하는 동물원 입장에서 큰 도움이 될 것이다. 일반적으로 어떤 정렬 알고리즘이 정렬 대상 개체를 위해 원래 제공된 메모리에다 오직 상수 메모리만을 추가적으로 사용한다면 해당 정렬 알고리즘이 제자리에서 수행한다고 말한다. 이 절에서는 앞서 제시한 선택 정렬과 삽입 정렬을 제자리에서 수행할 수 있는지에 대해 살펴본다.

5.3.1 제자리 선택 정렬

선택 정렬이 외부 데이터구조를 사용하는 대신 제자리에서 수행하도록 구현할 수 있다. 여기서는 입력 리스트의 일부가 우선순위 큐가 된다. 제자리 선택 정렬을 위해서는 다음과 같이 한다.

- 리스트의 앞 부분을 정렬 상태로 유지한다.
- 리스트에서 원소를 삭제하는 대신 원소들의 자리를 맞바꾼다.

그림 5-4 (a)는 동물들에 대해 제자리 선택 정렬을 하는 것을 보인다. 외부 메모리에 해당하는 우리를 사용하지 않고 입력 리스트, 즉 원래 주어진 공간인 울타리만 사용하여 정렬을 수행하는 것을 볼 수 있다. 그림에서 점선으로 둘러싸인 부분은 우리, 즉 우선순위 큐 역할을 하는 공간을 표시한다. 다시 말해 우선순위 큐를 위해 실제 외부 메모리를 사용하지 않는 대신 기존의 리스트 공간 내에 가상의 우선순위 큐를 설정하여 마치 우선순위 큐가 있는 것처럼 수행한다. 정렬의 각 단계에서마다 현재 우선순위 큐에서 최소 키를 가진 동물을 우선순위 큐의 가장 왼쪽 자리의 동물과 위치를 맞바꾼다. 초기에는 입력 리스트 전체가 우선순위 큐로 설정되며 정렬의 단계가 진행됨에 따라 우선순위 큐의 크기가 5, 4, 3, 2, 1, 0 으로 왼쪽에서부터 한 칸씩 좁아진다.

5.3.2 제자리 삽입 정렬

삽입 정렬 역시 외부 데이터구조를 사용하는 대신 제자리에서 수행하도록 구현할 수 있다. 여기서도 입력 리스트의 일부가 우선순위 큐가 된다. 제자리 삽입 정렬을 위해서는 다음과 같이 한다.

- 리스트의 앞 부분을 정렬 상태로 유지한다.
- 리스트에서 원소를 삭제하는 대신 원소들의 자리를 맞바꾼다.

그림 5-4 (b)는 동물들에 대해 제자리 삽입 정렬을 하는 것을 보인다. 이 역시 외부 메모리에 해당하는 우리를 사용하지 않고 입력 리스트, 즉 원래 주어진 공간인 울타리만 사용하여 정렬을 수행하는 것을 볼 수 있다. 이번에도 그림에서 점선으로 둘러싸인 부분은 우리, 즉 우선순위 큐의 역할을 하는 공간을 표시한다. 다시 말해 우선순위 큐를 위해 실제 외부 메모리를 사용하지 않는 대신 기존의 리스트 공간 내에 가상의 우선순위 큐를 설정하여 마치 우선순위 큐가 있는 것처럼 수행한다. 정렬의 각 단계에서마다 아직 우선순위 큐에 삽입되지 않은 동물 중 가장 왼쪽의 동물을 우선순위 큐의 키 순에 따른 자기 자리에 삽입한다. 이때 삽입할 동물과 그 동물의 왼쪽에 있던 동물의 위치를 맞바꾸어가며 왼쪽으로 진행한다. 그러다 자기 자리를 찾으면 그 자리에 멈춘다. 초기에는 우선순위 큐가 비어 있는 것으로 설정되며 정렬의 단계가 진행됨에 따라 우선순위 큐의 크기가

0, 1, 2, 3, 4, 5로 오른쪽 방향으로 한 칸씩 넓어진다.

(a) 제자리 선택 정렬   (b) 제자리 삽입 정렬

그림 5-4 (a~b) 제자리 선택 정렬과 제자리 삽입 정렬

아래 알고리즘 inPlaceSelectionSort와 inPlaceInsertionSort는 입력 리스트가 배열로 구현된 것을 전제로 한 것이다. 앞서 설명한대로 두 알고리즘이 모두 사용하는 우선순위 큐는 실제가 아닌 가상적인 데이터구조이므로 코드 상으로 나타나지는 않지만 암묵적으로 사용되고 있음에 유의하자. 또한 제자리 버전인 만큼 입력 배열의 크기 n과 상관 없이 *pass*, *minLoc*, *j*, *save* 등 상수 메모리로 충분한 몇 개의 기초변수만 사용하는 것에도 유의하자.

```
Alg inPlaceSelectionSort(A)
    input  array A of n keys
    output  sorted array A

1. for pass ← 0 to n − 2
       minLoc ← pass
       for j ← (pass + 1) to n − 1
           if (A[j] < A[minLoc])
               minLoc ← j
       A[pass] ↔ A[minLoc]
2. return
```

```
Alg inPlaceInsertionSort(A)
    input  array A of n keys
    output  sorted array A

1. for pass ← 1 to n - 1
       save ← A[pass]
       j ← pass - 1
       while ((j ≥ 0) & (A[j] > save))
           A[j+1] ← A[j]
           j ← j - 1
       A[j+1] ← save
2. return
```

5.4 선택 정렬과 삽입 정렬 비교

선택 정렬과 삽입 정렬은 기초적인 정렬 방식으로써 몇 가지 공통점과 차이점을 가진다. 두 알고리즘의 공통점은 전체적으로 $O(n^2)$ 시간에 수행한다는 점이다. 두 알고리즘 모두 중첩 반복문으로 작성되는데 내부 반복문은 선형 탐색을 수행하므로 $O(n)$ 시간에 수행하며 외부 반복문은 $O(n)$ 개의 정렬 단계(이를 패스라고도 한다)로 구성된다. 이 둘을 곱하면 전체적으로 $O(n^2)$ 시간이 되는 것이다. 기억공간 소요량을 살펴보면 두 알고리즘 모두 제자리 버전은 $O(1)$ 공간을 소요한다. 두 알고리즘 모두 구현이 단순하다는 장점이 있으므로 입력 크기 n이 작은 경우에 유용하다.

이번에는 차이점을 살펴보자. 만약 초기 입력 리스트가 완전히 또는 거의 정렬된 경우라면 제자리 삽입 정렬이 제자리 선택 정렬보다 빠르다. 왜냐하면 완전 또는 거의 정렬되었다면 제자리 삽입 정렬 알고리즘의 내부 반복문이 매번 $O(1)$ 시간만 소요하기 때문이다. 여기에 외부 반복문의 수행 횟수를 곱하면 전체적으로 $O(n)$ 시간에 수행됨을 알 수 있다. 반면, 데이터원소끼리의 교환 작업(메쏘드 swapElements)에 시간이 많이 걸리는 경우 제자리 선택 정렬이 더 빠르다. 왜냐하면 제자리 선택 정렬의 경우 교환 작업이 패스마다 $O(1)$회 수행되는데 비해 제자리 삽입 정렬의 경우 패스마다 최악의 경우 $O(n)$회의 교환 작업이 수행되어야 하기 때문에 두 알고리즘의 점근적 수행 시간은 $O(n^2)$으로 동일하더라도 실제 수행 시간은 느리게 된다. 표 5-1은 두 정렬 알고리즘에 대한 비교다.

표 5-1 선택 정렬과 삽입 정렬

우선순위 큐	작업 수행시간			정렬 방식
	insertItem	*removeMin*	*minKey, minElement*	
무순리스트	**O**(1)	**O**(*n*)	**O**(*n*)	선택 정렬
순서리스트	**O**(*n*)	**O**(1)	**O**(1)	삽입 정렬

5.5 응용문제

이 절에서는 우선순위 큐와 관련된 응용문제를 제시하고 이에 대한 해결을 설명한다. 제
시될 문제는 다음과 같다.

- 역치와 삽입 정렬

5.5.1 역치와 삽입 정렬

 L을 n개의 원소로 이루어진, 전체순서 관계가 정의된 리스트로 가정하자. L
내의 **역치** inversion 란 x가 y 앞에 나타나지만 $x > y$ 인 원소 쌍 x, y를 말한다.

- 정수 [0, n − 1] 범위의 유일한 원소로 이루어진 크기 n의 리스트 L 내에 최대 가
  능한 역치의 수와 이때의 L의 원소 배치를 구하라.
- 만약 모든 원소가 바른 자리(즉, 정렬 시점에 있어야 할 자리)에서 k칸 이내에 위
  치한다면 L에 대한 삽입 정렬 수행에 $O(nk)$ 시간이 소요됨을 설명하라.
  ※ 힌트 : 삽입 정렬 알고리즘을 검토하여 우선, I가 리스트 L 내의 총 역치의 수라고 할 때 삽입
  정렬이 $O(n + I)$ 시간에 수행함을 설명하라.

■ 해결

삽입 정렬에 대한 심층적 이해를 돕는 문제다. 먼저 첫 번째 문제에 대한 해결이다. 답은
$L = (n − 1, n − 2, \cdots, 2, 1, 0)$ 처럼 역정렬 상태인 경우며, 이때 역치의 수는 모든 원소 쌍
이 역치이므로 $n(n − 1)/2$ 개다.

다음은 두 번째 문제에 대한 해결이다. 리스트에 대한 삽입 정렬의 수행을 검토함으로
써 우선 I가 리스트 L 내의 총 역치의 수라고 할 때 삽입 정렬이 $O(n + I)$ 시간에 수행함

을 설명하자. 알고리즘은 외부 반복문에 대해 $O(n)$ 작업을 수행한다. 내부 반복문의 한 라운드는 한 칸씩 왼쪽으로 진행하면서 딱 한 개의 역치를 교정한다. 알고리즘이 종료하면 역치는 남지 않는다. 그러므로 I가 리스트 L 내 역치의 수라고 할 때 내부 반복문은 정확히 총 I 라운드를 수행해야 한다. 따라서 내부 반복문에 종합적으로 $O(I)$ 시간이 소요된다. 그러므로 알고리즘은 합계 $O(n+I)$ 시간에 수행한다.

이제 모든 원소가 바른 자리에서 k칸 이내에 위치하는 경우 총 역치의 수를 계산해 보자. 총 역치의 수에 대해 상한을 설정하기로 한다. 리스트의 특정 원소 i에 대해 최대 $4k$개의 원소들이 역치 상태에 있을 수 있다. 이들은 $i-2k$에서 $i+2k$ 범위에 있는 원소들이다. 왜 그런지는 그림 5-5를 보면 알 수 있다. 그림에서 왼쪽과 오른쪽의 검은 원소 쌍은 각각 바른 자리의 원소 쌍을, 윤곽선 원소들은 이들이 k칸 이내의 틀린 자리에 위치한 모습을 나타낸다. 따라서 최대 총 $4nk$개의 역치가 있을 수 있다. 그러므로 알고리즘은 합계 $O(n+I) = O(n+4nk)$, 즉 $O(nk)$ 시간에 수행한다.

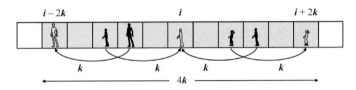

그림 5-5 특정 원소 i를 중심으로 최대 4k칸 범위 내의 역치 가능한 원소들

요약

- 우선순위 큐 ADT는 임의의 데이터 항목이 삽입될 수 있는 저장소로써 삭제 시에는 최소 키를 가진 항목부터 삭제되는 데이터구조를 말한다.
- 우선순위 큐를 이용하여 정렬을 수행할 수 있다. 선택 정렬은 우선순위 큐가 무순리스트로, 삽입 정렬은 우선순위 큐가 순서리스트로 구현된다.
- 일반적으로 어떤 정렬 알고리즘이 정렬 대상 개체를 위해 원래 제공된 메모리에 추가하여 오직 상수 메모리만을 사용한다면, 해당 정렬 알고리즘이 제자리에서 수행한다고 말한다.
- 선택 정렬과 삽입 정렬은 모두 총 $O(n^2)$ 시간에 수행한다. 만약 초기 입력 리스트가 완전히 또는 거의 정렬된 경우라면 삽입 정렬이 선택 정렬보다 빠르다. 반대로, 데이터원소끼리의 교환 작업에 시간이 많이 걸리는 경우라면 선택 정렬이 더 빠르다.

연습문제

5-1 정렬 연습

다음 입력 리스트에 대한 제자리 선택 정렬과 제자리 삽입 정렬의 수행 내용을 예시하라.

- 입력 리스트: 22 15 36 44 10 3 9 13 29 25

예시를 위해, 배열의 우선순위 큐 부분에 속하는 원소들을 (점선 대신) 괄호로 묶어 표시하는 방식으로 리스트의 내용을 보여라.

5-2 최악의 제자리 삽입 정렬

제자리 삽입 정렬에 대한 최악의 입력 리스트의 예를 들어라. 또한 그러한 리스트에 대해 제자리 삽입 정렬이 $\Omega(n^2)$ 시간에 수행함을 설명하라.

심층문제

5-1 제자리 선택 정렬

정렬할 입력 리스트가 배열 A로 주어졌다고 가정하고 배열 A와 단지 몇 개의 기본형 변수만을 사용하여 수행하는 선택 정렬 알고리즘을 C로 구현하라. 다시 말해 배열 A의 n개의 원소를 제자리에서 정렬하는 inPlaceSelectionSort(A)를 C로 작성하라.

※ 주의 : 프로그램은 $n = 20$ 을 사용하여 3회의 실행예를 보여야 한다. 3회 중 적어도 1회는 중복 키가 다수 존재하는 리스트로 실행해야 한다. 정렬 전과 후의 리스트를 각각 보여야 한다.

5-2.제자리 삽입 정렬

정렬할 입력 리스트가 배열 A로 주어졌다고 가정하고 배열 A와 단지 몇 개의 기본형 변수만을 사용하여 수행하는 삽입 정렬 알고리즘을 C로 구현하라. 다시 말해 배열 A의 n개의 원소를 제자리에서 정렬하는 inPlaceInsertionSort(A)를 C로 작성하라.

※ 주의 : $n = 20$ 을 사용하여 3회의 프로그램 실행예를 보여야 한다. 3회 중 적어도 1회는 중복 키가 다수 존재하는 리스트로 실행하라. 정렬 전과 후의 리스트를 각각 보여야 한다.

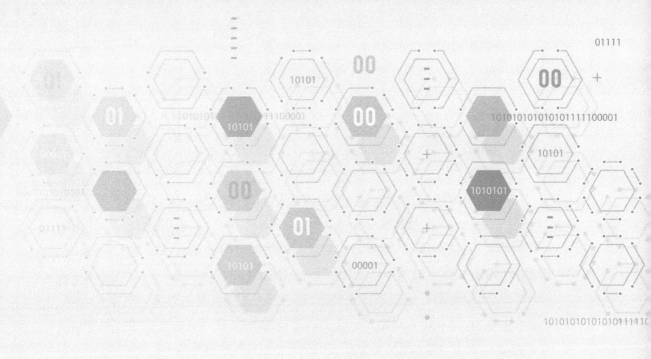

CHAPTER **6**

힙과 힙 정렬

6.1 힙

우선순위 큐 ADT의 특성을 정리해 보자. 우선순위 큐 ADT는 데이터 항목에 대한 삽입과 삭제 메쏘드를 지원하는 저장소로써 삽입에는 별 제약이 없지만 삭제를 할 때는 저장소의 데이터 항목 중 최소 키를 가진 항목을 삭제하는 특징이 있다. 앞 장에서 우선순위 큐 ADT의 이러한 기능을 무순리스트 또는 순서리스트로 구현했다. 무순 또는 순서리스트 외에 우선순위 큐 ADT를 구현할 수 있는 방식이 한 가지 더 있다. 바로 힙이라 불리는 데이터구조를 사용하는 것이다. **힙** heap은 내부노드에 키를 저장하면서 다음 두 가지 속성을 만족하는 이진트리다.

- **힙순서** heap-order : 루트를 제외한 모든 내부노드 v에 대해 $key(v) \geq key(parent(v))$ 를 만족한다. 즉 모든 부모-자식 관계에서 부모노드의 키가 자식노드의 키보다 작거나 같도록 구성된 이진트리를 말한다(외부노드에는 데이터원소를 저장하지 않는다).

- **완전이진트리** complete binary tree 로 구성되어야 한다. 완전이진트리는 다음 두 가지 조건을 만족하는 이진트리를 말한다. 힙의 높이를 h라 하면 첫째, $i = 0, \cdots, h - 1$ 에 대해 깊이 i인 노드가 2^i개 존재한다. 둘째, 깊이 $h - 1$ 에서 내부노드들은 외부노드들의 왼쪽에 존재한다.

힙에는 루트와 마지막 노드, 두 개의 접근점이 있다. 힙의 **마지막 노드** last node 는 힙의 높이를 h라 하면 깊이 $h - 1$ 의 가장 오른쪽 내부노드다. 그림 6-1은 힙과 마지막 노드를 예시한다.

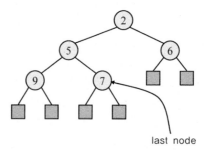

last node

그림 6-1 힙과 마지막 노드

6.1.1 힙의 높이

다음은 힙의 높이에 대한 정리다(그림 6-2 참고).

※ 정리 : n개의 키를 저장한 힙의 높이는 $\mathbf{O}(\log n)$이다.

※ 증명 : (완전이진트리의 성질을 이용한다)

- n개의 키를 저장한 힙의 높이를 h라 하자.
- 깊이 $i = 0, \cdots, h - 2$에 2^i개의 키, 그리고 깊이 $h - 1$에 적어도 한 개의 키가 존재하므로 $n \geq 1 + 2 + 4 + \cdots + 2^{h-2} + 1$ 이다.
- 따라서 $n \geq 2^{h-1}$, 즉 $h \leq \log n + 1$ 이다.

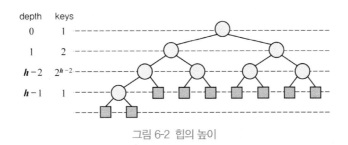

그림 6-2 힙의 높이

6.2 힙을 이용한 우선순위 큐 구현

앞서 언급했듯이, 힙을 사용하여 우선순위 큐 ADT를 구현할 수 있다. 우선순위 큐 ADT 역할을 하기 위한 조건은 데이터 항목의 삽입과 삭제가 자유로운 저장소로서 삭제의 경우 최소 키를 가진 항목을 삭제해야 하는 것이다. 이 절에서는 힙을 통해 이러한 특성을 어떻게 구현할지 살펴본다. 먼저 저장소로서의 역할을 위해, 힙을 구성하는 이진트리 각 내부노드에 (키, 원소) 쌍의 데이터 항목을 저장한다. 힙에 관한 작업의 편의상 외부노드에는 데이터 항목을 저장하지 않는 것으로 한다. 그리고 마지막 노드의 위치를 변수로 관리한다. 이처럼 힙을 적정이진트리, 즉 내부노드가 좌우 자식노드를 모두 가지는 이진트리로 구현할 경우 대략 키를 저장한 내부노드 수만큼의 모조 외부노드를 추가로 표현해야 하지만 알고리즘 작성이 단순해지는 이점이 있다. 그림 6-3은 방금 설명한대로 구현된 힙을 보인다. 그림에서 내부노드는 (키, 원소) 쌍으로 된 데이터 항목을 가리키는 포인터를 저장하도록 되어 있다. 차후 예부터는 간단히 노드 내에 키만 직접 저장된 것으로 전제한다. 이어 힙이 우선순위 큐 ADT의 메쏘드 삽입과 삭제를 어떻게 지원하는지 살펴본다.

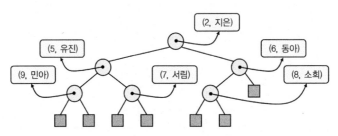

그림 6-3 힙과 (키, 원소) 데이터 항목들

6.2.1 힙에 삽입

 우선순위 큐 ADT의 삽입 메쏘드 insertItem은 힙에 키 **k**를 삽입하는 것에
해당한다. 삽입 알고리즘은 세 단계로 구성된다.

1. 삽입 노드 z, 즉 새로운 마지막 노드를 찾는다.
2. k를 z에 저장한 후 z을 내부노드로 확장한다.
3. 힙순서 속성을 복구한다.

Alg *insertItem(k)*
  input key **k**, node *last*
  output none

1. *advanceLast()*
2. $z \leftarrow last$
3. Set node z to k
4. *expandExternal(z)*
5. *upHeap(z)*
6. **return**

Alg *upHeap(v)*
  input node *v*
  output none

1. **if** (*isRoot(v)*)
    return
2. **if** ($key(v) \geq key(parent(v))$)
    return
3. *swapElements(v, parent(v))*
4. *upHeap(parent(v))*

그림 6-4 (a~d)는 힙에 대한 삽입을 단계별로 보인다. 먼저 (a) 마지막 노드보다 하나 오른쪽의 노드를 삽입 위치 z로 설정한다. 이 작업은 알고리즘 advanceLast를 호출하여 마지막 노드 ***last***를 하나 오른쪽 노드로 갱신한 후 이 위치를 z에 복사함으로써 완성된다. 그리고 (b) 삽입 노드 z에 새 키 ***k***를 삽입한 후 z을 내부노드로 확장한다. 이 시점에 주의할 점은 새로운 키 ***k***가 삽입된 후 힙순서 속성이 위배될 수 있다는 점이다. 따라서 (c) 알고리즘 upheap은 삽입노드로부터 상향경로를 따라가며 키 ***k***를 교환함으로써 힙순서 속성을 복구한다. (d) upheap은 키 ***k***가 루트, 또는 부모의 키가 ***k***보다 작거나 같은 노드에 도달하면 정지한다. 앞서 증명했듯이 힙의 높이는 $O(\log n)$이므로, upheap은 $O(\log n)$ 시간에 수행한다.

참고로, 알고리즘 insertItem, upHeap의 작업 대상 힙은 **일반**generic 힙이란 점에 유의하자. 다시 말해, 알고리즘은 힙이 배열 또는 연결트리 중 어느 것으로 구현되었는지에 상관 없이 작동한다(구현에 대해서는 나중에 설명한다). 일반 힙, 또는 일반 데이터구조의 개념과 이를 사용하는 이점에 대해서는 앞서 설명한 바 있으며 이제는 여기에 상당히 익숙해졌을테니 앞으로는 일반 데이터구조를 다룰 때마다 이에 관해 언급하는 것은 생략한다.

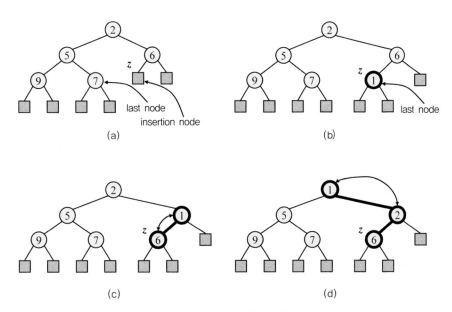

그림 6-4 (a~d) 힙에 삽입

힙이 연결트리로 구현된 경우, 알고리즘 insertItem이 호출하는 expandExternal(z)은 그림 6-5에 보인 것처럼 트리 노드의 삽입을 위한 구체적인 작업을 수행한다. 즉, 노드 z

의 왼쪽과 오른쪽에 각각 동적메모리로부터 할당받은 외부노드 자식을 추가함으로써 노드 z를 내부노드로 확장한다. 다음 절에서 설명할 알고리즘 reduceExternal은 트리 노드의 삭제를 위해 expandExternal과 정반대의 작업을 수행한다.

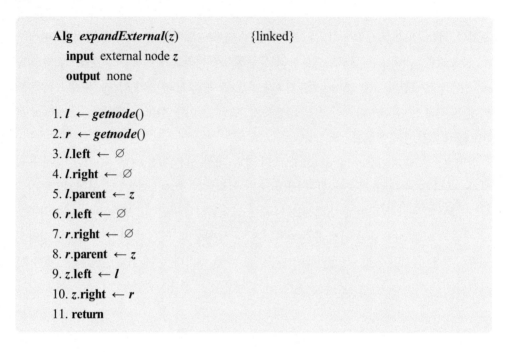

```
Alg expandExternal(z)                    {linked}
   input  external node z
   output none

1. l ← getnode()
2. r ← getnode()
3. l.left ← ∅
4. l.right ← ∅
5. l.parent ← z
6. r.left ← ∅
7. r.right ← ∅
8. r.parent ← z
9. z.left ← l
10. z.right ← r
11. return
```

그림 6-5 expandExternal(z)의 수행 내용

6.2.2 힙으로부터 삭제

우선순위 큐 ADT의 삭제 메쏘드 removeMin은 힙으로부터 루트 키를 삭제하는 것에 해당한다. 삭제 알고리즘은 다음 세 단계로 구성된다.

1. 루트 키를 마지막 노드 w의 키로 대체한다.
2. w와 그의 자식들을 잎으로 축소한다.
3. 힙순서 속성을 복구한다.

Alg *removeMin*()
    input node *last*
    output key

1. $k \leftarrow key(root())$
2. $w \leftarrow last$
3. *Set root to* $key(w)$
4. *retreatLast*()
5. $z \leftarrow rightChild(w)$
6. *reduceExternal*(z)
7. *downHeap*($root()$)
8. **return** k

Alg *downHeap*(v)
    input node v whose left and right subtrees are heaps
    output a heap with root v

1. **if** (*isExternal*(*leftChild*(v)) & *isExternal*(*rightChild*(v)))
    return
2. *smaller* $\leftarrow$ *leftChild*(v)   {internal node}
3. **if** (*isInternal*(*rightChild*(v)))
    if (*key*(*rightChild*(v)) < *key*(*smaller*))
        smaller $\leftarrow$ *rightChild*(v)
4. **if** (*key*(v) $\leq$ *key*(*smaller*))
    return
5. *swapElements*(v, *smaller*)
6. *downHeap*(*smaller*)

그림 6-6 (a~c)는 힙으로부터 삭제하는 과정을 단계별로 보여준다. 먼저 (a) 루트에 저장된 키를 반환하기 위해 일시 저장한다. 그리고 (b) 마지막 노드 *w*의 키를 루트에 복사한 후 알고리즘 retreatLast를 호출하여 마지막 노드 *last*를 하나 왼쪽 노드로 갱신하고는 노드 *w*를 외부노드로 축소한다. 이 시점에 주의할 점은, 삽입할 때와 마찬가지로, 루트 키를 마지막 노드로 대체한 후 힙순서 속성이 위배될 수 있다는 점이다. 따라서 (c) 알고리즘 downheap은 루트로부터 하향경로를 따라가며 키 *k*를 교환함으로써 힙순서 속성을 복구한다. downheap은 키 *k*가 잎, 또는 자식의 키가 *k*보다 크거나 같은 노드에 도달하면 정지한다. 힙의 높이는 $O(\log n)$이므로, downheap 역시 $O(\log n)$ 시간에 수행한다.

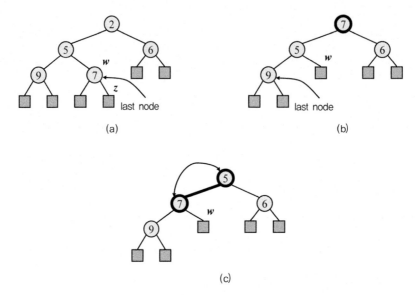

그림 6-6 (a~c) 힙으로부터 삭제

    알고리즘 removeMin이 호출하는 reduceExternal은 앞 절에서 소개한 알고리즘 expandExternal과 정반대 작업을 수행한다. 힙이 연결트리로 구현된 경우, 알고리즘 reduceExternal(z)은 그림 6-7 (a~b)에 보인 것처럼 트리 노드의 삭제를 위한 구체적인 작업을 수행한다. 즉, 외부노드 z의 부모노드 w를 z의 형제노드 zs로 대체하여 결과적으로 z의 부모노드를 z과 함께 삭제한다(점선 부분). 삭제된 z, w에게 할당되었던 기억장소는 재활용을 위해 동적메모리로 반환된다. 그림에 보인 것처럼 zs는 힙 삭제의 경우 항상 (a) 외부노드지만, 다른 경우에는 (b) 내부노드일 수도 있다. 이 경우는 이어지는 장에서 다루어진다.

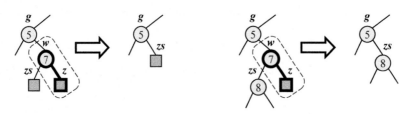

(a) 노드 z의 형제 zs가 외부노드인 경우   (b) 노드 z의 형제 zs가 내부노드인 경우

그림 6-7 (a~b) reduceExternal(z)의 수행 내용

```
Alg reduceExternal(z)                    {linked}
    input external node z
    output the node replacing the parent node of the removed node z

    1. w ← z.parent
    2. zs ← sibling(z)
    3. if (isRoot(w))
           root ← zs                     {renew root}
           zs.parent ← ∅
       else
           g ← w.parent
           zs.parent ← g
           if (w = g.left)
               g.left ← zs
           else {w = g.right}
               g.right ← zs
    4. putnode(z)                        {deallocate node z}
    5. putnode(w)                        {deallocate node w}
    6. return zs
```

6.2.3 마지막 노드 갱신

앞서 힙에 대한 삽입이나 삭제 모두에서 마지막 노드를 갱신할 필요가 있었다. 각각에 대해 자세히 살펴보자. 먼저 삽입의 경우, 삽입 노드를 찾기 위해서는 현재의 마지막 노드에서 하나 오른쪽 노드를 찾아야 한다. 그림 6-8은 삽입 노드를 찾는 과정을 보인다.

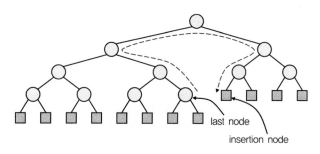

그림 6-8 삽입 노드 찾기

하지만 현재의 마지막 노드가 그 노드가 위치하는 레벨의 맨 오른쪽 노드인 경우 삽입 노드는 다음 레벨의 맨 왼쪽 노드를 찾아야 한다. 알고리즘 advanceLast는 이 같은 경우들을 모두 고려하기 위해 다음과 같은 방식으로 삽입 노드, 즉 새로운 마지막 노드의 위치를 찾아야 한다. 아래 절차를 따르면 $O(\log n)$개의 노드를 순회함으로써 삽입 노드를 찾을 수 있다.

- 현재 노드가 오른쪽 자식인 동안, 부모노드로 이동한다.
- 현재 노드가 왼쪽 자식이면, 형제 노드로 이동한다.
- 현재 노드가 내부노드인 동안, 왼쪽 자식으로 이동한다.

다음, 삭제 후 마지막 노드를 갱신하는 작업은 위와 반대 방향으로 수행하면 된다. 이를 수행하는 알고리즘 retreatLast가 수행해야 할 내용은 스스로 생각해 보자. 알고리즘 advanceLast와 retreatLast의 구체적인 내용 작성은 심층문제에서 다룬다.

6.3 힙 구현과 성능

힙은 이진트리이므로 이진트리 방식으로 구현할 수 있다. 연결힙, 즉 힙을 연결 이진트리로 구현할 경우 각 데이터 항목은 동적메모리로부터 할당된 노드들로 구성될 것이며 부모-자식 간의 관계는 노드 사이의 링크에 의해 표현된다.

연결힙의 대안으로써 배열을 사용하여 구현한 순차힙이 있다. 배열에 기초하여 힙을 구현할 경우 그림 6-9에 보인 것처럼 n개의 키를 가진 힙을 크기 n의 배열을 사용하여 표현할 수 있다. 이때 첨자 i에 존재하는 노드에 대해 왼쪽 자식은 첨자 $2i$에, 오른쪽 자식

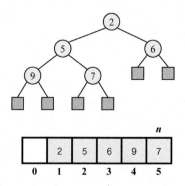

그림 6-9 순차힙 : 배열에 기초한 힙

은 첨자 $2i + 1$ 에, 부모는 첨자 $\lfloor i/2 \rfloor$ 에 각각 존재한다. 이와 같은 연산을 지원하기 위해 배열첨자 0 셀은 사용하지 않는다. 연결힙과 달리 노드 사이의 링크는 명시적으로 저장할 필요가 없다. 또한 힙의 외부노드, 즉 잎들은 실제 데이터 항목을 저장하지 않으므로 배열 원소로 표현할 필요가 없다. 이 구현 방식에서 마지막 노드의 첨자는 항상 n이다. 힙에 대한 삽입을 수행하는 insertItem 작업은 첨자 $n + 1$ 위치에 삽입하는 것에 해당하며, 삭제를 수행하는 removeMin 작업은 첨자 n 위치에서 삭제하는 것에 해당한다.

연결힙과 순차힙의 점근적 성능은 기억공간 소요량이나 대부분의 작업에서 동일하지만 마지막 노드를 갱신하는 작업에서 차이가 있다. 순차힙에서 단순히 ±1 연산을 통해 마지막 노드를 쉽게 갱신하는 것과는 달리 연결힙에서는 링크를 따라 새 마지막 노드 위치를 찾아야 하므로 시간이 더 걸린다. 표 6-1은 힙의 구현 방식에 따른 성능을 요약한다.

표 6-1 힙 구현에 따른 성능 비교

힙 구현	작업				공간소요
	size, isEmpty	insertItem, removeMin	minKey, minElement	advanceLast, retreatLast	
연결	$O(1)$	$O(\log n)$	$O(1)$	$O(\log n)$	$O(n)$
순차	$O(1)$	$O(\log n)$	$O(1)$	$O(1)$	$O(n)$

<table>
</table>

6.4	힙 정렬

앞 장에서 무순리스트나 순서리스트로 구현된 우선순위 큐를 정렬에 응용하는 것을 설명했다. 힙 역시 우선순위 큐를 구현한 또 하나의 형태이므로 정렬에 응용될 수 있다. 이를 **힙 정렬** heap sort 이라고 부른다. 힙 정렬의 성능을 얘기하기 전에 먼저 힙의 성능을 상기해 보자. 힙으로 구현된 n 항목의 우선순위 큐를 고려하면 공간 사용량은 $O(n)$, 메쏘드 insertItem과 removeMin은 모두 $O(\log n)$ 시간에 수행한다. 메쏘드 size, isEmpty, minKey, minElement는 $O(1)$ 시간에 수행한다. 결론적으로, 이 같은 힙의 성능을 바탕으로 n개의 원소로 이루어진 리스트를 $O(n \log n)$ 시간에 정렬할 수 있다. 즉, 선택 정렬이나 삽입 정렬과 같은 $O(n^2)$ 시간 알고리즘보다 훨씬 빠르다.

아래 주어진 알고리즘 heapSort를 살펴보자. 명령문 1행은 비어 있는 힙을 초기화한다. 명령문 2행은 입력 리스트의 원소들을 하나씩 삭제하여 힙에 삽입한다. 맨 앞의 원소를 삭제하면 충분하므로 삭제는 $O(1)$ 시간에 수행하며, 삽입은 앞서 설명했듯이 $O(\log n)$ 시간에 수행한다. 삭제와 삽입을 원소 *n*개에 대해 반복 수행하므로 명령문 2행은 총 **O**(*n* log *n*) 시간에 수행한다. 명령문 3행은 2행과 반대 방향으로 작업한다. 이번엔 힙의 모든 원소를 하나씩 삭제하여 리스트에 삽입한다. 힙으로부터의 삭제는 앞서 설명했듯이 **O**(log *n*) 시간에 수행한다. 리스트에 대한 삽입은 맨 뒤에 삽입하는 것이므로 **O**(1) 시간에 수행할 수 있다. 삭제와 삽입을 원소 *n*개에 대해 반복 수행하므로 명령문 3행 역시 총 **O**(*n* log *n*) 시간에 수행한다. 그러므로 알고리즘 heapSort는 전체적으로 **O**(*n* log *n*) 시간에 수행함을 알 수 있다. 거시적인 관점에서, 알고리즘 heapSort는 1기 작업(phase 1, 즉 명령문 2행)과 2기 작업(phase 2, 즉 명령문 3행)으로 이루어진다는 것에 유의하자.

Alg *heapSort*(*L*)
  input list *L*
  output sorted list *L*

1. *H* ← *empty heap*
2. **while** (!*L.isEmpty*())   {phase 1}
     k ← *L.removeFirst*()
     H.insertItem(*k*)
3. **while** (!*H.isEmpty*())   {phase 2}
     k ← *H.removeMin*()
     L.addLast(*k*)
4. **return**

알고리즘 heapSort의 성능 향상을 위한 두 가지 개선점이 있다.

- 제자리 힙 정렬은 heapSort의 공간 사용을 줄일 수 있다.
- 상향식 힙생성은 heapSort의 속도를 높힐 수 있다.

이어지는 절에서 각각에 대해 구체적으로 설명한다.

6.5   제자리 힙 정렬

이 방식은 정렬되어야 할 리스트가 배열로 주어진 경우에만 적용된다. 앞 장의 제자리 선택 정렬과 제자리 삽입 정렬에서 외부의 우선순위 큐 사용을 피하기 위해 입력 리스트의 일부를 가상 우선순위 큐로 사용했던 것을 상기하자. 여기서도 힙을 저장하는 데 리스트 *L*의 일부를 가상 힙으로 사용함으로써 외부 힙 사용을 피한다. 한 가지 주의할 것은, 지금까지 사용했던 **최소힙**^{min-heap}, 즉 부모의 키가 자식노드의 키보다 작거나 같은 힙 대신, 부모의 키가 자식노드의 키보다 크거나 같도록 하여 최대 원소가 맨 위에 오게 되는 **최대힙**^{max-heap}을 사용한다는 점이다. 이제 아래에 주어진 제자리 힙 정렬 알고리즘 inPlaceHeapSort를 구체적으로 살펴보자.

알고리즘 inPlaceHeapSort 수행의 어떤 시점에서든, 첨자 1부터 i까지의 *L*의 왼쪽 부분은 힙의 원소들을 저장하는 데 쓰이고 첨자 $i+1$ 부터 n까지의 오른쪽 부분은 리스트의 원소들을 저장하는 데 쓰인다. 그러므로 *L*의 (첨자 1, ⋯, i에 있는) 첫 i개의 원소들은 힙의 배열 표현을 나타낸다. 다시 말해 첨자 k의 원소는 첨자 $2k$ 및 $2k+1$ 의 자식들보다 크거나 같다. 그림 6-10 힙 정렬의 1기에서 $i = 4$ 일 때, 배열의 점선으로 둘러싸인 부분은 힙을 구성하는 원소들을 나타내고 오른쪽의 점선 밖 원소들은 아직 힙에 편입되지 않은 리스트 원소들을 나타낸다. 배열 아래의 이진트리는 배열의 힙 부분을 이진트리 형태의 힙으로 시각화한 것이다(가상 힙이므로 실제 이진트리로 구현되지는 않는다).

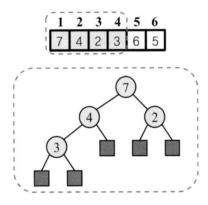

그림 6-10 힙 정렬 1기의 i = 4 일 때의 모습

```
Alg  inPlaceHeapSort(A)
    input  array A of n keys
    output  sorted array A

1. buildHeap(A)                          {phase 1}
2. for i  ← n downto 2                    {phase 2}
       A[1]  ↔ A[i]
       downHeap(1, i − 1)
3. return
```

Alg *buildHeap(A)*
   input array *A* of *n* keys
   output heap *A* of size *n*

1. **for** *i* ← 1 **to** *n*
     insertItem(A[i])
2. **return**

Alg *downHeap(i, last)*
   input index *i* of array *A* representing a maxheap of size *last*
   output none

1. *left* ← 2*i*
2. *right* ← 2*i* + 1
3. **if** (*left* > *last*)   {external node}
     return
4. *greater* ← *left*
5. **if** (*right* ≤ *last*)
     if (*key(A[right])* > *key(A[greater])*)
         greater ← *right*
6. **if** (*key(A[i])* ≥ *key(A[greater])*)
     return
7. *A[i]* ↔ *A[greater]*
8. *downHeap(greater, last)*

다음은 제자리 힙 정렬 알고리즘 inPlaceHeapSort의 수행을 단계별로 나타낸 절차다. 1기와 2기로 나누어 진행하며 각 기는 여러 단계로 구성된다.

1기

- 비어 있는 힙에서 출발하여 힙과 리스트의 경계(즉, 짙은 부분과 옅은 부분의 경계)를 왼쪽에서 오른쪽으로 한 번에 한 칸씩 이동한다.
- 단계 *i* (*i* = 1, ···, *n*)에서 첨자 *i*에 있는 원소를 힙에 추가함으로써 힙을 확장한다.

2기

- 비어 있는 리스트에서 출발하여 힙과 리스트의 경계(즉, 짙은 부분과 옅은 부분의 경계)를 오른쪽에서 왼쪽으로 한 번에 한 칸씩 이동한다.

- 단계 i ($i = n$, ⋯, 2)에서 힙의 최대 원소를 삭제하여 리스트의 첨자 i에 저장함으로써 리스트를 확장한다.

그림 6-11과 그림 6-12는 6개의 원소로 구성된 리스트에 대한 제자리 힙 정렬 알고리즘 inPlaceHeapSort의 수행 예를 각각 1기와 2기로 나누어 보인다. 1기와 2기의 각 단계에서 배열 가운데 힙에 쓰인 부분은 연한 강조색으로 표시되었다. 1기의 마지막 단계가 완료되면 입력 리스트 전체가 최대힙으로 전환된다. 2기 작업은 1기에서 완성된 최대힙으로부터 출발하여 반복적으로 루트를 삭제한다. 배열 아래 점선 내에 보인 이진트리 관점의 힙은 가상적일 뿐, 제자리 알고리즘이 실제 생성하는 것은 아니라는 점에 다시 한번 유의하자.

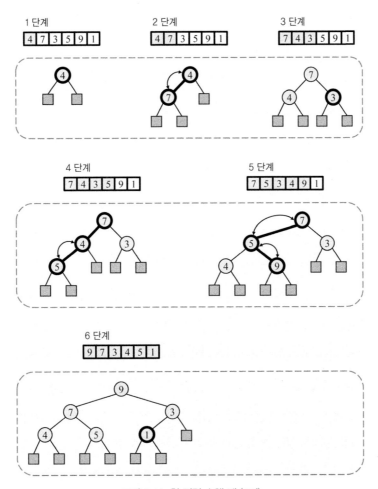

그림 6-11 힙 정렬 수행 예 (1기)

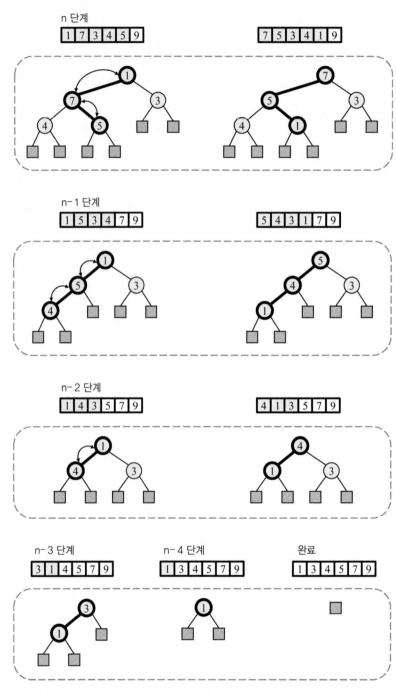

그림 6-12 힙 정렬 수행 예 (2기)

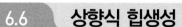

힙 정렬의 1기에서, n회의 연속적인 삽입, 즉 insertItem 작업을 사용하여 $O(n \log n)$ 시간에 힙을 생성했다. 만약 힙에 저장되어야 할 모든 키들이 미리 주어진다면 $O(n)$ 시간에 수행하는 **상향식 힙생성** bottom-up heap construction 방식을 사용하여 $\log n$ 단계만으로 주어진 n개의 키를 저장하는 힙을 생성할 수 있다. 다시 말해 그림 6-13에 보인 것처럼 단계 i에서 각각 $2^i - 1$개의 키를 가진 두 개의 힙을 $2^{i+1} - 1$개의 키를 가진 힙으로 합병할 수 있다.

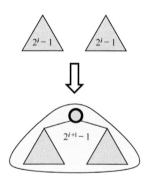

그림 6-13 크기 $2^i - 1$인 두 개의 힙 합병

상향식 힙생성은 재귀 또는 비재귀 방식으로 구현할 수 있다. 이어 각각에 대해 설명한다.

6.6.1 재귀적 상향식 힙생성

아래 알고리즘 buildHeap은 상향식 힙생성을 구동하는 알고리즘이다. buildHeap은 명령문 1행에서 입력 리스트 L을 우선 완전이진트리 T로 전환하기 위해 convertToCompleteBinaryTree를 수행한다. 만약 L이 배열로 주어졌다면 첫 번째 셀을 비운 배열에 복사하는 것으로 충분하다. 하지만 L이 연결리스트로 주어졌다면 약간의 작업이 필요하다. 구체적 알고리즘은 심층문제에서 다룬다. 2행의 rBuildHeap은 재귀적 방식으로 상향식 힙생성을 실제 수행한다. 그림 6-14 (a~c)는 rBuildHeap의 작업 내용을 예시한다. (a) 현재 주어진 내부노드 v의 좌우 부트리에 대해 rBuildHeap을 재귀호출하여 반환된 좌우 힙을 각각 T_1, T_2라 하고, (b) 이들을 좌우 부트리로 하며 루트가 v인 이진트리를 T라 하면, (c) T의 루트에서 downHeap을 수행하여 T의 힙순서 속성을 복구한다.

Alg *buildHeap(L)*
　input list *L* storing *n* keys
　output heap *T* storing the keys in *L*

1. *T* ← *convertToCompleteBinaryTree(L)*
2. *rBuildHeap(T.root())*
3. **return** *T*

Alg *rBuildHeap(v)*　　　　　　　　　{recursive}
　input node *v*
　output a heap with root *v*

1. **if** (*isInternal(v)*)
　　rBuildHeap(leftChild(v))
　　rBuildHeap(rightChild(v))
　　downHeap(v)
2. **return**

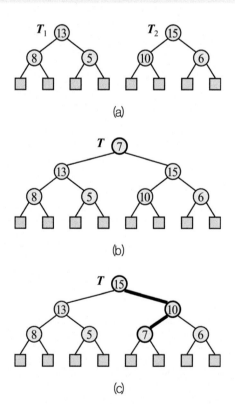

그림 6-14 (a~c) 힙 합병의 절차

방금 설명한 버전은 각 재귀호출이 힙인 부트리를 반환하는 방식 때문에 **상향식** bottom-up이라 불린다. 그 이유는 입력 리스트를 점차적으로 힙으로 만드는 과정이 외부노드에서 시작하여 각 재귀호출이 반환함에 따라 트리 위쪽을 향해 진행하기 때문이다. 그러므로 이 과정을 종종 **힙화한다** heapify 또는 **힙화** heapification를 수행한다고 말하기도 한다.

그림 6-15 (a~j)는 15개 원소로 구성된 입력 리스트에 대한 알고리즘 buildHeap의 전체 수행 예를 단계별로 보인다. 그림에서 좌우 대칭인 경우 왼쪽 부트리의 힙화 과정만 보이고 오른쪽 부트리에 대한 힙화 과정을 보이는 것은 생략했다(예를 들어 그림 (h)에서 원소 27을 루트로 하는 부트리가 힙화된 과정은 왼쪽의 원소 25를 루트로 하는 부트리의 힙화 과정과 유사하므로 상세한 과정을 생략했다). 각 단계에서 선명하게 표시된 노드들은 앞서 설명한 합병에 관여하는 두 개의 힙을, 굵은 테두리로 표시된 노드들은 합병 직후 downHeap 수행에 관여하는 노드들을 나타낸다. 이렇게 두 개의 힙을 합병하고 downHeap을 수행하는 절차가 반복 진행되어 최종적으로는 그림 (j)에 보인 것처럼 입력 리스트 전체에 대한 최대힙이 생성된다.

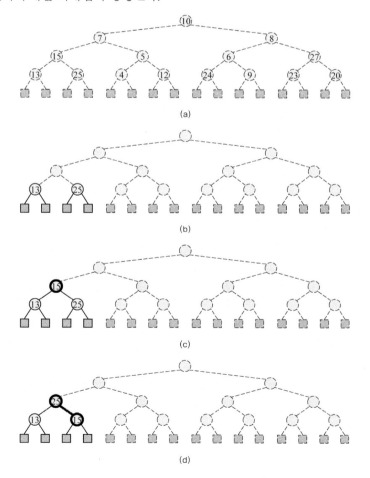

그림 6-15 (a~j) 상향식 합생성 수행 예

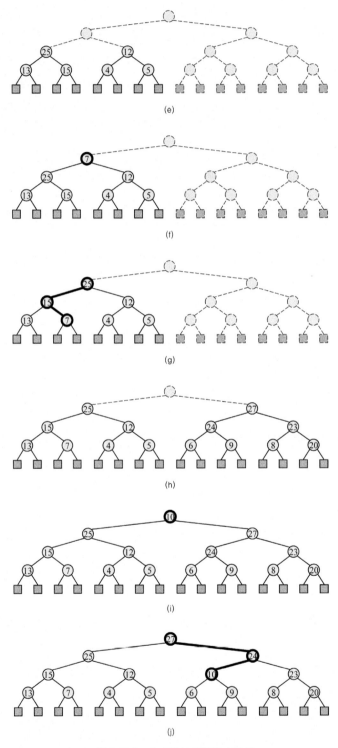

그림 6-15 (a~j) 상향식 힙생성 수행 예

6.6.2 비재귀적 상향식 힙생성

아래 알고리즘 buildHeap은 상향식 힙생성의 비재귀 버전이다. 알고리즘 작성 내용을
보면 알 수 있듯이, 비재귀 버전은 정렬되어야 할 리스트가 배열로 주어진 경우에만 적
용 가능하다. 이 방식에서는 내부노드를 왼쪽 자식으로 가지는 가장 깊은 내부노드 가운
데 가장 오른쪽 노드에서 힙생성을 시작하여 루트로 향하는 후진방향으로 반복 수행한
다. 이 시작 노드는 바로 첨자 $\lfloor n/2 \rfloor$인 노드임을 알 수 있다. 그림 6-16의 입력 리스트
예에서는 굵은 테두리로 표시된 첨자 3 노드가 바로 이 노드에 해당한다. 첨자 4~6 노드
들을 건너 뛰는 이유는 간단하다. 이들은 단독 내부노드로서 힙의 조건을 이미 만족하므
로 힙화할 필요가 없기 때문이다.

Alg *buildHeap*(*A*)
    input array *A* of *n* keys
    output heap *A* of size *n*

1. **for** *i* ← $\lfloor n/2 \rfloor$ **downto** 1
    downHeap(*i*, *n*)
2. **return**

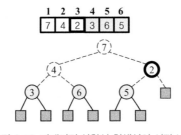

그림 6-16 비재귀적 상향식 힙생성의 시작 노드

6.6.3 상향식 힙생성의 성능

상향식 힙생성의 속도 성능을 분석하기 위해 알고리즘 downHeap의 최악
의 경우 시간을 **대리경로**proxy path를 사용하여 생각해 보자. 그림 6-17에 점
선으로 보인 대리경로들은 먼저 오른쪽 자식노드로 내려간 후 힙의 바닥까
지 반복적으로 왼쪽 자식노드를 따라 내려간다. 물론 이 경로는 대리경로일 뿐, 실제의
downHeap 경로와는 다를 수 있다. 하지만 실제 경로가 무엇이든 최악의 경우 대리 경

로와 동일한 수의 노드를 방문하여 downHeap이 완료될 것은 틀림없다. 이는 상향식 힙 생성의 재귀 또는 비재귀 버전 모두에 해당한다. 그림에서 보다시피 각 노드는 최대 두 개의 대리경로에 의해 방문되므로 대리경로들이 방문하는 전체 노드 수는 $O(n)$이다. 따라서 상향식 힙생성은 $\Omega(n)$ 시간에 수행된다.

그러나 힙생성은 힙 정렬의 1기 작업에 불과하다. 불행히도 힙 정렬 2기의 최악실행시간은 여전히 $O(n \log n)$이다. 따라서 상향식 힙생성을 채택하더라도 힙 정렬 전체의 점근적 속도는 향상되지 않는다. 그렇다고 하더라도 상향식 힙생성은 n회의 연속적인 삽입보다 빠르므로 적어도 힙 정렬 1기의 속도를 향상시키는 것은 분명하다.

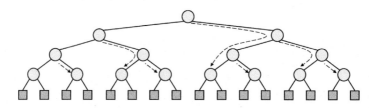

그림 6-17 상향식 힙생성에서 downHeap의 대리경로

6.7 응용문제

이 절에서는 응용문제를 통해 힙과 힙 정렬을 어떻게 응용할 수 있는지 학습한다. 여기서 다룰 문제는 다음과 같다.

- 힙의 마지막 노드

6.7.1 힙의 마지막 노드

이진트리의 루트로부터 어떤 노드까지의 경로를 **이진수열** binary string로 표현할 수 있다. 여기서 0은 "왼쪽으로 이동"을, 1은 "오른쪽으로 이동"을 의미한다. 예를 들어 이진수열 '010'은 루트로부터 시작하는 다음의 경로를 의미한다(그림 6-18 참고).

- 왼쪽 자식으로 이동,
- 오른쪽 자식으로 이동,
- 왼쪽 자식으로 이동

이 표현법에 기초하여 **n**개의 원소를 가지는 힙의 마지막 노드를 찾기 위한 **로그시간** logarithmic time 알고리즘을 작성하라.

- findLastNode(v, n): 루트가 **v**며 **n**개의 원소로 이루어진 힙의 마지막 노드를 반환

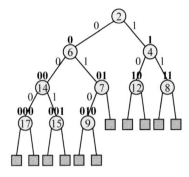

그림 6-18 힙의 마지막 노드

■ 해결

힙을 응용하는 문제다. 힙의 마지막 노드에 이르는 경로는 **n**의 이진수 표기에서 최상위 비트를 제거하여 얻은 경로로 주어진다. 알고리즘 findLastNode는 우선 알고리즘 binary-Expansion을 사용하여 힙의 크기 **n**에 대한 이진수 표기를 얻는다. 알고리즘 binary-Expansion은 주어진 정수 **n**을 반복적으로 2로 나눈 나머지, 즉 **n**의 이진수 표기를 스택 **S**에 저장하여 반환한다. 알고리즘 findLastNode는 **S**의 최상위 원소를 삭제함으로써 이 진수 표기의 최상위 비트를 제거한다. 이후 **S**의 원소들이 가리키는 방향으로 이동하여 마지막 노드에 도달한다.

예 **n** = 10인 경우, **n** = 1010_2 에서 최상위 비트를 제거하여 경로 '010'을 얻는다.

Alg *binaryExpansion(i, S)*
    input integer *i*, empty stack *S*
    output binary representation of *i* in stack *S*

  1. **while** $(i \geq 2)$
      S.push(i % 2)
      $i \leftarrow i/2$
  2. *S.push(i)*
  3. **return**

```
Alg  findLastNode(v, n)
   input  root v of a heap, integer n
   output  last node of the heap with root v

1. S ← empty stack
2. binaryExpansion(n, S)
3. S.pop()                                    {remove highest-order bit}
4. while  (!S.isEmpty())
       bit ← S.pop()
       if  (bit = 0)
           v ← leftChild(v)
       else  {bit = 1}
           v ← rightChild(v)
5. return  v
```

요약

- 우선순위 큐를 구현하는 또 하나의 방안으로 힙이 있다. 힙은 힙순서 속성과 완전이진 트리 속성을 모두 만족하는 이진트리를 말한다.
- 힙에 대한 접근점은 루트와 마지막 노드가 있다.
- n개의 키를 저장한 힙의 높이는 $O(\log n)$이다.
- 힙을 연결 또는 순차 데이터구조로 구현할 수 있다. 두 가지 구현에 대한 성능은 대부분 작업에서 동일하지만 마지막 노드의 갱신 작업에서는 차이가 있다.
- 힙 정렬은 힙을 이용한 정렬이다.
- 힙 정렬은 반복적인 삽입에 의해 힙을 생성하는 1기와 힙으로부터 반복적인 루트 삭제를 통해 정렬을 수행하는 2기로 구성된다. 각 기는 $O(n \log n)$ 시간에 수행하므로 힙 정렬은 전체적으로 $O(n \log n)$ 시간에 수행한다.
- 힙 정렬의 기억장소 소요량을 줄이기 위해 제자리에서 수행하도록 구현할 수 있다.
- 재귀적 또는 비재귀적 상향식 힙생성을 통해 힙 정렬 1기의 수행시간을 $O(n)$ 시간으로 단축할 수 있다.

연습문제

6-1 힙 내 최대 키의 위치

적어도 두 개 이상의 키를 저장한 최소힙에 최대 키를 가진 항목이 저장되는 위치는 어디인가? 힙이 유일한 키만 저장하는 경우와 중복 키를 저장하는 경우로 나누어 각각 답하라.

1. 아무 노드
2. 루트를 제외한 아무 노드
3. 가장 깊은 내부노드 가운데 하나
4. 외부노드 바로 위의 내부노드 가운데 하나

6-2 힙과 이진트리 순회

7개의 유일한 원소(예 1, 2, ···, 7)를 저장하는 힙 T를 다음 방식으로 순회할 경우 T의 원소들이 정렬 순서로 얻어지는 T가 존재할 수 있을까? 있다면 각각의 T의 예를 들어라

- 선위순회(preorder)
- 중위순회(inorder)
- 후위순회(postorder)

6-3 힙 정렬 연습

아래의 배열에 저장된 입력 리스트에 대한 제자리 힙 정렬 알고리즘의 실행 내용을 예시하라.

- 입력 리스트: 4 1 5 7 3 9

※ 주의 : 알고리즘의 1기에서 다음 두 가지의 상이한 방식을 사용하여 각각 답하고, 1기와 2기의 각 단계에서 배열의 힙 부분을 괄호 안에 표시하는 방식으로 리스트의 모습을 보여라.

A. 재귀적 상향식 힙생성
B. 비재귀적 상향식 힙생성

6-4 힙에서 키 갱신

배열 $A[1..n]$로 주어지며 최대 원소가 $A[1]$인 힙(즉, 최대힙)이 있다. 힙순서 속성을 유지하며 특정 키 값을 변경(감소 또는 증가)시키는 알고리즘 replaceKey를 작성하라.

- replaceKey(i, x): $A[i]$에 저장된 키를 x로 변경
- ※ 힌트 : 알고리즘 upHeap과 downHeap을 사용해도 좋다.

6-5 배열과 최대힙

다음 배열은 최대힙을 나타내는가? 이유와 힘께 답하라

- 20 15 18 7 9 5 12 3 6 2

심층문제

6-1 힙 애니메이션

힙을 애니메이션하는 C 프로그램을 구현하라. 프로그램은 우선순위 큐 작업을 모두 지원해야 하며 upHeap과 downHeap 과정을 시각화해야 한다. 특히 상향식 힙생성을 시각화할 경우 보너스 점수가 주어질 것이다.

6-2 삽입을 위한 마지막 노드 갱신

힙을 구현하기 위해 사용된 이진트리 T를 접근하는 데 오직 이진트리 ADT의 메쏘드만 사용할 수 있다고 전제한다. 즉, T가 배열로 구현되어 있다고 가정할 수 없다. 현재의 마지막 노드 *last*에 대한 참조가 주어졌다고 가정하고 삽입점(즉, 새로운 *last*)을 찾기 위한 $O(\log n)$-시간 알고리즘 advanceLast를 이진트리 ADT의 메쏘드만을 사용하여 의사코드로 작성하라.

- advanceLast(): 힙 T에 대한 삽입을 위해 T의 마지막 노드 *last*를 전진, 즉 갱신

6-3 삭제를 위한 마지막 노드 갱신

힙을 구현하기 위해 사용된 이진트리 T를 접근하는 데 오직 이진트리 ADT의 메쏘드만 사용할 수 있다고 전제한다. 즉, T가 배열로 구현되어 있다고 가정할 수 없다. 현재의 마지막 노드 *last*에 대한 참조가 주어졌다고 가정하고 삭제 후의 새로운 마지막 노드 *last*를 찾기 위한 $O(\log n)$-시간 알고리즘 retreatLast를 이진트리 ADT의 메쏘드만을 사용하여 의사코드로 작성하라.

- retreatLast(): 힙 T에 대한 삭제를 위해 T의 마지막 노드 *last*를 후퇴, 즉 갱신

6-4 힙에 삽입

연결힙 **T**에 대한 삽입 알고리즘을 C로 구현하라.

- insertItem(k): 키 **k**를 **T**에 삽입
- upHeap(v): insertItem에 의해 호출되어 **T**의 노드 **v**에서 출발하여 upheap 수행
- ※ 참고 : swapElements, expandExternal, advanceLast 사용 가능

6-5 힙으로부터 삭제

연결힙 **T**에 대한 삭제 알고리즘을 **C**로 구현하라.

- removeMin(): **T**로부터 최소 키를 삭제하여 반환
- downHeap(v): removeMin에 의해 호출되어 **T**의 노드 **v**에서 출발하여 downHeap 수행
- ※ 참고 : swapElements, reduceExternal, retreatLast 사용 가능

6-6* k-번째 작은 원소

n개의 유일한 정수로 이루어진 무순리스트 **L**의 **k**-번째 작은 원소를 $O(n+k \log n)$ 시간에 찾아내는 알고리즘 findKthSmallest(L, k)를 의사코드 및 C로 작성하라.

※ 힌트 : 힙을 이용하라.

실행예

- **n** = 20, **k** = 3, 5, 7 을 사용하여 총 3회의 실행예를 보일 것.
- 각 실행예에 대해 초기 무순리스트 **L**의 내용과 **k** 값을 보인 후 실행 결과를 출력해야 한다.

6-7* 작은 키들을 보고

T를 **n**개의 키를 저장하며 루트가 **v**인 최소힙이라 하자. 주어진 검색 키 **x**보다 작은 **T**의 키를 모두 보고하는 효율적인 알고리즘 findSmallerKeys(v, x)를 의사코드로 작성하라. 여기서 **x**는 **T**에 존재하지 않을 수도 있음에 주의

하라. 예를 들어 아래 그림에 주어진 힙과 검색 키 $x = 7$에 대해 알고리즘은 2, 4, 5, 6을 보고한다. 키들은 정렬 순서로 보고되지 않아도 좋다. 이상적으로는, 알고리즘은 $O(k)$ 시간에 수행해야 한다. 여기서 k는 보고되는 키의 수다.

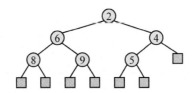

6–8* Ω(n log n) 시간이 걸리는 연속적 삽입

어떤 n에 대해서든 힙에 연속적으로 삽입하는 데 $\Omega(n \log n)$ 시간이 소요되는 경우를 보여라.

6–9 연결리스트로부터 연결완전이진트리 구축

상향식 힙생성 알고리즘 buildHeap이 호출하는 convertToCompleteBinaryTree를 작성하라.

- convertToCompleteBinaryTree(L): 연결리스트 L을 연결완전이진트리로 전환하여 반환

※ 힌트: 알고리즘은 큐를 이용하여 선형시간에 적정이진트리 형태의 연결완전이진트리를 구축한다.

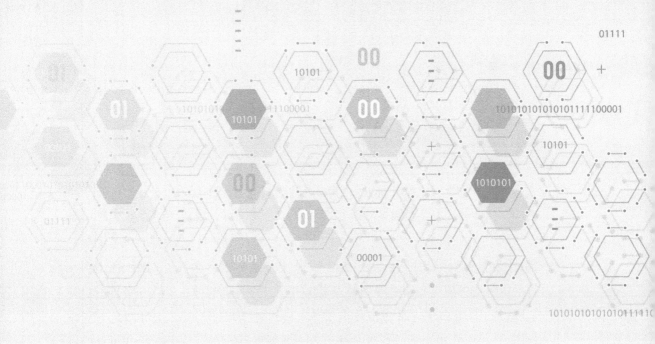

CHAPTER **7**

합병 정렬

7.1 분할통치법

옛날 이야기를 해 보자. 촉나라의 군사 제갈공명은 오직 산삼만이 황제 유비의 지병을 치료할 수 있음을 알았다. 황제의 지병은 어제 오늘 일이 아니라 수십 년 지속된 것이라 아주 많은 양의 산삼이 필요했다. 마침 공명은 장수산에서 산삼이 많이 자란다는 것을 알게 되었다. 하지만 장수산은 매우 큰 산이었다. 현명한 공명은 산을 동쪽과 서쪽 둘로 나누어 관우와 장비에게 각각 한쪽씩을 맡겨 산삼을 채집하여 그 개수를 보고하라 명했다. 관우와 장비는 각각 자신이 맡은 구역을 다시 둘로 쪼개어 각 구역에 대해 부장 한 명씩에게 임무를 맡겼다. 이제 네 명의 부장은 각기 장수산의 1/4에 해당하는 구역을 수색하게 되었다. 네 명의 부장들은 각자 자신의 휘하 부대에서 심마니 출신 병사를 두 명씩 차출했다. 그리고는 자신이 맡은 구역을 다시 둘로 쪼개어 한 구역에 한 명씩의 심마니 출신 병사를 투입했다. 병사들은 실제로 산을 수색해서 산삼을 채집했으며 임무수행을 마친 후 산삼의 숫자를 자신의 부장에게 보고했다. 각 부장은 휘하의 두 병사가 캔 산삼의 숫자를 합친 숫자를 자신의 상관인 관우 또는 장비에게 보고했다. 관우와 장비는 휘하 두 명의 부장이 보고한 숫자를 합쳐 공명에게 보고했다. 공명은 관우와 장비가 보고한 숫자를 합쳐 채집한 산삼의 총 개수를 알게 되었고 이 정도 숫자면 황제의 지병을 치료하기에 충분하다고 판단하여 산삼캐기 작전을 종료했다.

물론 삼국지에서 이런 이야기를 읽은 기억이 없을 것이다. 저자가 지어냈기 때문이다. 이 이야기에서 우리가 주목할 것은 원래의 작전을 공명이 스스로 수행한 것이 아니라 관우와 장비 두 장수에게 분할하여 위임했다는 점이다. 관우와 장비 역시 맡겨진 임무에 대한 수행을 휘하의 두 부장에게 분할하여 위임했다. 부장들 역시 임무를 병사들에게 분할 위임했다. 마지막으로 병사들은 실제 임무를 수행하여 결과를 상관에게 보고했다. 부장은 병사들의 보고를 취합하여 관우 또는 장비에게 보고했다. 관우와 장비 역시 자신에게 보고된 결과를 취합하여 공명에게 보고했다. 공명은 산삼 채집을 스스로 수행하지는 않았지만 전체 산삼을 채집하고 그 개수까지 알게 된 것이다(그림 7-1 참고).

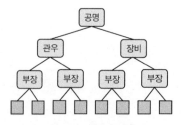

그림 7-1 심마니 작전

공명이 취했던 문제해결의 절차를 알고리즘 작성에도 적용할 수 있다. 알고리즘이 원래 주어진 문제를 직접 해결하지 않는 대신 문제를 몇 개의 부문제로 분할하고 각 부문제의 해결을 알고리즘 자신에게 재귀적으로 위임하는 것이다. 재귀의 마지막에 알고리즘이 직접 해결 가능한 크기의 부문제가 되면 문제를 더 이상 분할 위임하지 않고 직접 해결한 결과를 윗선의 호출 알고리즘에게 반환한다. 이러한 문제해결 방식을 분할통치법이라 하며 이 방식으로 작성된 알고리즘을 분할통치 알고리즘이라고 한다.

이제 좀 더 구체적으로 설명한다. **분할통치법** divide-and-conquer은 일반적인 알고리즘 **설계 기법** algorithm design paradigm의 일종이다. 분할통치법에 의한 알고리즘은 다음과 같은 해결 절차를 가진다.

1. **분할** divide: 입력 데이터 L을 둘 이상의 분리된 부분집합 L_1, L_2, ⋯ 으로 나눈다.
2. **재귀** recur: L_1, L_2, ⋯ 각각에 대한 부문제를 재귀적으로 해결한다.
3. **통치** conquer: 부문제들에 대한 해결을 합쳐 L의 해결을 구한다.

위에 보인 것처럼, 분할통치에 의한 알고리즘은 문제해결의 특성상 대개 재귀를 수반한다. 재귀의 베이스 케이스는 상수 크기의 부문제들로서 알고리즘에 의해 직접 해결가능한 수준의 문제들이다. 분할 시 두 개의 부문제로 분할하는 경우가 가장 많지만 종종 셋 이상의 부문제로 분할하여 해결하는 경우도 있다. 재귀알고리즘에 대한 실행시간 분석은 공식적으로는 **점화식** recurrence equation을 사용하여 분석한다. 하지만 점화식에 의하지 않더라도 논리적 직관에 의해 실행시간 분석이 가능한 경우가 많다. 이 책에서는 꼭 필요한 경우를 제외하고는 가능하면 후자의 방식을 사용할 것이다. 분할통치법을 응용한 대표적인 예로는 이 장에서 다룰 합병 정렬과 다음 장에서 다룰 퀵 정렬이 있다. 이외에도, 분할통치법은 일반적인 알고리즘 설계 기법인 만큼 이어지는 장들에서도 많이 다루게 된다. 특히 15장에서 방향그래프에 관해 공부할 때 여기에 관련된 응용문제를 다수 다룰 것이다.

7.2 합병 정렬

합병 정렬 merge sort은 분할통치법에 기초한 정렬 알고리즘이다. 합병 정렬은 앞 장에서 다룬 힙 정렬처럼 비교에 기초한 정렬이며 $O(n\log n)$ 시간에 수행한다. 하지만 힙 정렬과는 달리 외부의 우선순위 큐를 사용하지 않으며 데이터를 **순차적** sequential 방식으로 접근한다. 비교에 기초한 정렬이란, 두 개의 키의 크기를 반복적으로 비교한 결과에 따라 정렬이 진행됨을 말하며 순차적 접근이란, 정렬되어야 할 데이터원소들을 접근할 때 기억장소에 원소들이 저장된 물리적 순서를 그대로 따라감을 말한다. 따라서 정렬되어야 할 데이터 항목들이 디스크에 저장된 경우 이에 대해 합병 정렬을 수행하면 순차적으로 접근하지 않는 성렬 알고리즘에 비해 디스크로부터 데이터를 접근하고 읽는 데 걸리는 물리적 시간이 단축된다는 이점이 있다. 이런 연유로 순차적 저장매체(碶 디스크 또는 자기테이프)에 존재하며 주기억장치에 일시에 탑재가 불가능한 초대규모의 데이터에 대한 정렬을 위해서는 합병 정렬을 적용하는 것이 전체 수행시간 면에서 유리하다.

합병 정렬 알고리즘 mergeSort를 살펴보자. n개의 원소로 이루어진 입력 리스트 L에 대한 합병 정렬은 다음 세 단계로 구성된다.

1. **분할** divide: 무순리스트 L을 각각 $n/2$개의 원소를 가진 두 개의 **부리스트** sublist L_1과 L_2로 분할
2. **재귀** recur: L_1과 L_2를 각각 재귀적으로 정렬
3. **통치** conquer: L_1과 L_2를 단일 순서리스트로 합병

```
Alg mergeSort(L)
    input  list L with n elements
    output  sorted list L

1. if (L.size() > 1)
       L₁, L₂ ← partition(L, n/2)
       mergeSort(L₁)
       mergeSort(L₂)
       L ← merge(L₁, L₂)
2. return
```

7.2.1 합병

알고리즘 mergeSort에서 분할과 재귀 단계는 수행 내용이 무엇인지 직관적으로도 이해가 가능하겠지만, 통치 단계인 알고리즘 merge의 수행 내용은 조금의

설명이 필요하다. 알고리즘 merge는 앞서 재귀호출로 반환된 두 개의 정렬된 부리스트 L_1과 L_2를 각각의 원소들의 합을 포함하는 순서리스트 L로 합병하는 과정이다. L_1과 L_2는 각각 $n/2$개의 원소를 가진다. 알고리즘 merge는 이중연결리스트로 구현된 두 개의 순서리스트 L_1과 L_2를 합병하는 데 $O(n)$ 시간과 $O(n)$ 공간을 소요한다. 구체적으로, 명령문 1행에서 합병 결과 리스트를 축적할 비어 있는 리스트 L을 초기화한다. 명령문 2행에서는 두 개의 순서리스트 L_1과 L_2를 차례로 순회하며 키가 작은 원소부터 큰 원소 순으로 삭제하여 반복적으로 리스트 L에 추가한다. 명령문 3, 4행에서는 2행의 반복문에서 처리되지 못한 리스트 L_1 또는 L_2의 나머지 원소들을 리스트 L에 반복적으로 추가한다. 마지막으로 명령문 5행에서 합병 리스트 L을 반환함으로써 종료한다.

Alg *merge*(L_1, L_2)
    input sorted list L_1 and L_2 with $n/2$ elements each
    output sorted list of $L_1 \cup L_2$

1. $L \leftarrow$ *empty list*
2. **while** (!L_1.*isEmpty*() & !L_2.*isEmpty*())
    if (L_1.*get*(1) $\leq$ L_2.*get*(1))
        L.*addLast*(L_1.*removeFirst*())
    else
        L.*addLast*(L_2.*removeFirst*())
3. **while** (!L_1.*isEmpty*())
    L.*addLast*(L_1.*removeFirst*())
4. **while** (!L_2.*isEmpty*())
    L.*addLast*(L_2.*removeFirst*())
5. **return** L

그림 7-2 (a~h)는 크기 3인 순서리스트 L_1과 크기 4인 순서리스트 L_2에 대한 알고리즘 merge의 수행 예다. 리스트 내 원소의 배경이 짙게 표시된 것은 해당 리스트의 정렬이 된 부분을, 굵은 테두리의 원소들은 알고리즘 merge의 명령문 2행에서 크기 비교가 수행되는 두 개의 키들을 나타낸다.

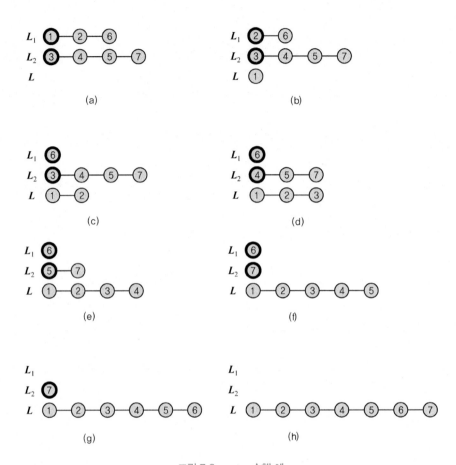

그림 7-2 merge 수행 예

7.2.2 합병 정렬 트리

 합병에 대해 자세히 알았으므로 이 절에서는 알고리즘 mergeSort의 실행 과정을 살펴본다. mergeSort의 실행 과정은 이진트리 형태로 보일 수 있는 데 이 같은 이진트리를 **합병 정렬 트리**merge-sort tree라고 한다. 그림 7-3의 초기 입력 리스트에 대한 수행 예를 합병 정렬 트리로 보일 것이다.

그림 7-3 초기 입력 리스트

그림 7-4 (a~b)에 보인 수행 예에서 합병 정렬 트리의 루트는 초기 입력 리스트다. 트리의 노드는 (a) 재귀호출 단계에서는 합병 실행 이전의 입력 부리스트를, (b) 반환 단계에서는 합병 실행 이후의 부리스트를 나타낸다. 노드와 노드 간의 간선은 (a) 재귀호출

단계에서는 분할된 부리스트에 대한 재귀호출을, (b) 반환 단계에서는 정렬된 부리스트의 반환을 나타낸다. 따라서 인접한 두 개의 상향 간선은 반환된 두 개의 정렬 부리스트에 대한 **합병** merge을 의미한다. 간선 옆의 숫자는 합병 정렬의 전체적인 수행 가운데 그 간선에 해당하는 작업이 실행되는 시간적 순서를 나타낸다. 그림 (a~b)에서 정렬 수행 전의 무순리스트의 원소들은 옅은 배경으로, 정렬이 완료된 순서리스트의 원소들은 짙은 배경으로 나타냈다. 합병 정렬 트리 맨 아래 레벨의 잎들은 크기 1의 부리스트에 대한 베이스 케이스 호출과 반환을 의미한다.

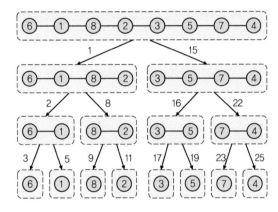

(a) 합병 정렬 트리로 나타낸 재귀호출 과정과 순서

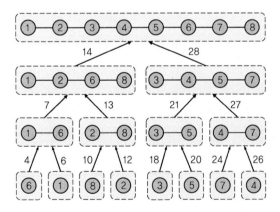

(b) 합병 정렬 트리로 나타낸 반환 과정과 순서

그림 7-4 (a~b) 합병 정렬 트리

7.2.3 합병 정렬 분석

이 절에서는 합병 정렬의 실행시간을 분석한다. 알고리즘 mergeSort는 재귀알고리즘이지만 점화식에 의하지 않고도 직관적인 분석이 가능하다. 이를 위해 그림 7-5에 나타난 mergeSort에 대한 분석 과정을 살펴보자. 먼저, 앞 절에서 제시한 합병 정렬 트리의 높이 h는 각 재귀호출에서 리스트를 절반으로 나누므로 $O(\log n)$이다. 레벨 i에서 2^i개의 크기 $n/2^i$의 리스트들을 분할하고 2^{i+1}번의 재귀호출을 하여 반환된 결과를 합병한다. 리스트가 배열로 주어진 경우 분할과 재귀호출에는 $O(1)$ 시간이 소요된다. 이제 레벨 i에서 합병에 걸리는 시간만 계산하면 된다. 7.2.1절에서 설명했듯이 합친 크기가 n인 두 리스트를 합병하는 데 $O(n)$ 시간이 소요되므로, 레벨 i에서 합병에 소요되는 전체 시간은 $O(n)$이다. 여기에 합병 정렬 트리의 높이 $O(\log n)$을 곱하면 알고리즘 mergeSort의 전체 실행시간은 $O(n \log n)$이 된다.

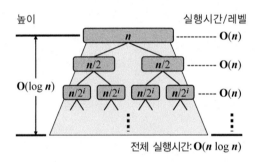

그림 7-5 합병 정렬 실행시간 분석

직관적인 분석의 대안으로, mergeSort와 같은 재귀알고리즘의 실행시간을 공식적으로 구하기 위해 실행시간에 관한 식을 세우면 점화식을 얻는다. $T(n)$을 입력 크기 n에 대한 알고리즘 mergeSort의 실행시간이라 놓으면 다음 식이 세워진다.

$$T(n) = c \qquad\qquad\qquad (n < 2)$$
$$T(n) = 2T(n/2) + O(n) \qquad (n \geq 2)$$

다시 말해, n-키 리스트에 대한 알고리즘 mergeSort의 실행시간 $T(n)$은, $n \geq 2$인 경우 두 개의 $n/2$-키 부리스트에 대해 mergeSort를 실행하는 데 소요되는 시간과 이들을 합병하는 데 걸리는 시간 $O(n)$을 합한 것과 같다. 만약 $n < 2$라면, 한 개의 키로 이루어진 부리스트이므로 베이스 케이스가 되어 상수시간 c에 해결 가능하다. 이 점화식을 해결하면 $T(n) = O(n \log n)$을 얻는다. 점화식의 구체적인 해결 과정은 생략한다.

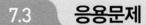

응용문제

이 절에서는 합병 정렬에 관한 문제 한 개를 먼저 다룬 다음 분할통치법에 대해 훈련할 문제를 하나 더 다루기로 한다. 응용문제들은 다음과 같다.

- 배열에 대한 합병 정렬
- 포화이진트리

7.3.1 배열에 대한 합병 정렬

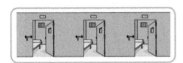

일반 리스트가 아닌, 배열에 대해 작동하는 합병 정렬 알고리즘의 버전을 작성하라.

- mergeSort(A): n개의 원소로 구성된 배열 A를 합병 정렬
- ※ 힌트 : 외부 배열을 "버퍼", 즉 임시 저장공간으로 사용하라.

■ 해결

합병 정렬을 배열에 적용하는 문제다. 앞서 제시한 알고리즘 mergeSort는 일반적인 리스트 ADT 메쏘드를 사용하여 작성했다. 따라서 리스트가 배열 또는 연결리스트 가운데 어느 것으로 상세 구현되었는지에 관계없이 작동한다. 하지만 구현이 배열로 특정된 경우 의사코드의 일부가 배열에 특화되도록 수정해야 할 것이다.

가장 먼저, 알고리즘 mergeSort는 배열 전체를 정렬의 범위로 지정하는 의미의 초기 매개변수 첨자들을 재귀적 합병 정렬 알고리즘 rMergeSort에게 전달한다. 알고리즘 rMergeSort는 분할 단계에서 배열첨자를 이용한 분할을 수행하고 각각의 리스트에 대해 리스트의 상한과 하한을 나타내는 배열첨자를 매개변수로 하여 rMergeSort를 재귀호출한다(명령문 1행). 다음, 합병 단계를 수행하는 알고리즘 merge에서는 두 개의 순서리스트의 원소들 중 작은 원소부터 외부 배열(버퍼)의 동일한 첨자 위치에 반복적으로 복사한다(명령문 3행). 이후에는 방금의 반복 과정에서 처리되지 않은 리스트 원소들을 외부 배열에 반복적으로 복사한다(명령문 4, 5행). 알고리즘 merge의 마지막 작업은 합병의 결과를 저장한 외부 배열의 원소들을 원 배열의 동일한 첨자 위치로 복사하여 반환하는 것이다(명령문 6행). 두 순서리스트의 크기의 합은 최악의 경우 n이므로, 알고리즘 merge가 사용하는 외부 기억장소는 $O(n)$임에 유의하자. 재귀알고리즘 rMergeSort의 베

이스 케이스는 분할 리스트의 크기가 1인 경우며 이는 매개변수인 배열첨자들의 위치를 이용하여 검사한다(명령문 1행의 조건문). 이 조건이 만족되면 이미 정렬이 된 것으로 보아 분할, 재귀, 합병 단계를 거치지 않고 그대로 반환한다.

전체적으로, 배열 버전의 알고리즘 mergeSort는 리스트 ADT 버전의 mergeSort와 마찬가지로 $O(n \log n)$ 시간에 수행하며 $O(n)$ 공간을 사용한다.

```
Alg mergeSort(A)
   input  array A of n keys
   output sorted array A

1. rMergeSort(A, 0, n − 1)
2. return
```

```
Alg rMergeSort(A, l, r)
   input  array A[l..r]
   output sorted array A[l..r]

1. if (l < r)
       m ← ⌊(l+r)/2⌋
       rMergeSort(A, l, m)
       rMergeSort(A, m + 1, r)
       merge(A, l, m, r)
2. return
```

```
Alg merge(A, l, m, r)
   input  sorted array A[l..m], A[m + 1..r]
   output sorted array A[l..r] merged from A[l..m] and A[m + 1..r]

1. i, k ← l
2. j ← m + 1
3. while (i ≤ m & j ≤ r)
       if (A[i] ≤ A[j])
           B[k++] ← A[i++]
       else
           B[k++] ← A[j++]
4. while (i ≤ m)
       B[k++] ← A[i++]
5. while (j ≤ r)
       B[k++] ← A[j++]
6. for k ← l to r
       A[k] ← B[k]
7. return
```

7.3.2 포화이진트리

높이 h의, $n = 2^h$ 개의 외부노드로 이루어진 포화이진트리가 있다. **포화이진트리** full binary tree는 이진트리의 모든 레벨 i에 2^i 개의 노드가 존재하는 이진트리를 말한다. 그림 7-6은 포화이진트리의 예다. 포화이진트리의 각 노드 v는 임의의 실수 값 $value(v) = k$를 저장하고 있다. v가 외부노드라면, $A(v)$는 v의 조상들의 집합을 나타낸다(v의 조상에는 v 자신도 포함되는 것으로 전제한다). a와 b가 서로 다른 외부노드라면, $A(a, b)$는 a 또는 b의 조상들의 집합을 나타낸다. 즉 $A(a, b) = A(a) \cup A(b)$ 이다.

$f(a, b)$를 $A(a, b)$에 포함된 노드 v의 $value(v)$의 합이라 정의하자. $f(x, y)$를 최대로 하는 두 개의 외부노드 x와 y를 찾는 효율적인 알고리즘을 작성하고 분석하라. 예를 들어 그림 7-6의 포화이진트리에서 $f(x, y) = 19 + 15 + 21 + 36 + 20 + 30 = 141$ 이다.

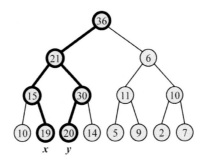

그림 7-6 포화이진트리

■ 해결

분할통치법에 대한 심층적 이해를 돕는 문제다. 단순화하기 위해, 여기서 제시하는 알고리즘은 최대값을 계산하기만 할 뿐, 두 개의 외부노드를 반환하지는 않는다. 하지만 이 값을 주는 두 개의 노드를 반환하도록 알고리즘을 수정하는 것은 어렵지 않으니 스스로 해보기 바란다.

문제해결의 개요는 다음과 같다. 먼저 노드 v를 루트로 하는 부트리 내의 모든 외부노드 x의 조상 노드들의 $value(x)$의 합 $f(x)$ 중 최대값을 계산하는 함수 max1(v)를 정의한다. 다음, 이와 유사하게, max2(v)를 노드 v를 루트로 하는 부트리 내의 모든 외부노드 x, y 쌍에 대한 $f(x, y)$ 값 중 최대값을 계산하는 함수로 정의한다. 그리하면 루트를 매개변수로 하여 max2를 호출하면 문제에 대한 답을 얻을 수 있다.

- **함수 max1 정의**

먼저 함수 max1을 구현한다. 최대값 경로는 노드 v의 왼쪽 또는 오른쪽 부트리 둘 중 하나에 존재할 것이다. 이러한 좌우 분할적 고려를 분할통치법에 직선적으로 적용하면 알고리즘을 얻을 수 있다.

> **Alg *max1(v)***
>   **input** node *v*
>   **output** maximum value of *f(x)*, i.e. the sum of the ancestors of all leaves *x* in
>   *v*'s subtree
>
> 1. **if** (*isExternal(v)*)
>   **return** *value(v)*
> 2. **return** *value(v)* + *max(max1(leftChild(v)), max1(rightChild(v)))*
>   {Total **O(*n*)**}

max1은 최악의 경우 트리의 모든 노드를 중복 없이 한 번씩 방문하므로 $O(n)$ 시간에 수행한다. max1과 같은 재귀함수의 실행시간을 공식적으로 구하기 위해 합병 정렬에서 했던 것과 같이 점화식을 세워 풀 수도 있다. $T_{max1}(n)$을 입력 크기 n에 대한 함수 max1의 실행시간이라 놓으면 다음 식을 세울 수 있다.

$$T_{max1}(n) = c \qquad\qquad\qquad (n < 2)$$
$$T_{max1}(n) = 2T_{max1}(n/2) + c \qquad\qquad (n \geq 2)$$

다시 말해, 노드 n개의 포화이진트리에 대한 max1 함수의 실행시간 $T_{max1}(n)$은, $n \geq 2$인 경우 왼쪽 부트리와 오른쪽 부트리의 각각 $n/2$개의 노드에 대해 max1 함수가 실행하는 시간과 몇 개의 기초 작업 수행에 걸리는 시간을 합한 것과 같다(기초 작업이란 명령문 1행의 조건 검사와 2행의 덧셈 등을 말한다). 만약 $n < 2$라면, 외부노드 한 개만으로 이루어진 부트리이므로 베이스 케이스가 되어 상수시간 c에 해결 가능하다. 위 점화식을 해결하면 $T_{max1}(n) = O(n)$을 얻는다.

- **함수 max2 정의**

함수 max2의 작성을 위해서는 세 갈래 분할에 대한 고려가 필요하다. 최대값을 반환하는 두 개의 외부노드가 모두 v의 왼쪽 부트리에 존재할 가능성과, 모두 v의 오른쪽 부트리에 존재할 가능성과, 그리고 좌우 부트리에 각각 하나씩 존재할 가능성, 이 세 가지다. 이 세 갈래 분할에 대한 고려를 분할통치법에 그대로 적용하면 알고리즘을 얻을 수 있다.

Alg *max2(v)*
　input　node *v*
　output　maximum *f(x, y)* over all pairs of leaves *x, y* in *v*'s subtree

1. **if** (*isInternal(v)* & *isExternal(leftChild(v))* & *isExternal(rightChild(v))*)
　　return *value(v)* + *value(leftChild(v))* + *value(rightChild(v))*
2. **return** *value(v)* + *max(max2(leftChild(v))*,
　　max2(rightChild(v)),
　　max1(leftChild(v)) + *max1(rightChild(v)))*
{Total **O(*n* log *n*)**}

---

max2의 실행시간에 관해 식을 세우면 다음과 같다.

$$T_{max2}(n) = c \qquad\qquad (n < 4)$$
$$T_{max2}(n) = 2T_{max2}(n/2) + 2T_{max1}(n/2) + c \quad (n \geq 4)$$

다시 말해, 노드 *n*개의 포화이진트리에 대한 max2 함수의 실행시간 $T_{max2}(n)$은, $n \geq$ 4인 경우 왼쪽 부트리와 오른쪽 부트리의 각각 *n*/2개의 노드에 대해 max2 함수와 max1 함수가 각각 실행하는 시간과 몇 개의 기초 작업 수행에 걸리는 시간을 합한 것과 같다. 만약 *n* < 4라면, 내부노드 한 개만으로 이루어진 부트리이므로 베이스 케이스가 된다. $T_{max1}(n) = O(n)$ 이므로, 아래 점화식의 우변을 정리하면 $2T_{max2}(n/2) + O(n)$ 이 된다. 이를 해결하면 $T_{max2}(n) = O(n \log n)$ 시간이라는 것을 구할 수 있다. 여기서 조금 더 노력하면 현재의 $O(n \log n)$ 시간을 $O(n)$ 시간으로 개선하는 해결을 구할 수 있다. 이 개선에 관한 문제는 심층문제에서 다룬다.

요약

• 분할통치법은 일반적인 알고리즘 설계 기법의 일종이다. 분할통치법에 의한 알고리즘은 분할, 재귀, 통치의 세 단계 해결 과정을 가진다.

- 합병 정렬은 분할통치법에 기초한 정렬 알고리즘이다. 합병 정렬은 힙 정렬처럼, 비교에 기초한 정렬이며 $O(n \log n)$ 시간에 수행한다. 하지만 힙 정렬과는 달리, 외부의 우선순위 큐를 사용하지 않으며 데이터를 순차적 방식으로 접근한다.
- 두 개의 순서리스트를 합병하는 알고리즘 merge는 $O(n)$ 시간과 $O(n)$ 공간을 소요한다.
- 합병 정렬의 실행 과정은 이진트리 형태로 보일 수 있다. 이 같은 이진트리를 합병 정렬 트리라고 한다.
- 합병 정렬 트리의 루트는 초기 입력 리스트이며 트리의 노드는 재귀호출 단계에서는 합병 실행 이전의 입력 리스트를, 반환 단계에서는 합병 실행 이후의 리스트를 나타낸다. 노드와 노드 간의 간선은 재귀호출 단계에서는 입력 리스트 각 분할에 대한 재귀호출을, 반환 단계에서는 정렬된 리스트의 반환을 나타낸다.

연습문제

7-1 배열의 최대 원소

n개의 수를 저장한 무순배열 A의 최대 원소를 분할통치법에 의해 찾는 알고리즘 arrayMax(A, n)를 작성하라.

7-2. 합병 정렬 연습

아래 입력 리스트에 대한 알고리즘 mergeSort의 수행 내용을 보여라. 정렬의 과정을 합병 정렬 트리로 보여도 좋다.
- 입력: 22 15 36 44 10 3 9 25 29 13

심층문제

7-1 배열의 최대와 최소 원소

n개의 수를 저장한 무순배열 A의 최대와 최소 원소를 모두 찾는 분할통치식 알고리즘 arrayMaxMin(A, n)을 의사코드로 작성하라.

※ 주의 : 비교 횟수가 $3n/2$를 초과하면 안된다.

※ 힌트 : 최대 최소 두 값을 x, y 쌍으로 반환하라.

7-2 연결리스트에 대한 합병 정렬

단일연결리스트로 구현된 리스트에 대해 작동하는 알고리즘 mergeSort의 버전을 의사코드로 작성하고 C 프로그램으로 구현하라.

- mergeSort(L): 단일연결리스트 L의 원소들을 합병 정렬
- merge(L_1, L_2): mergeSort에 호출되어 두 개의 정렬 단일연결리스트 L_1과 L_2를 합병한 단일연결리스트를 반환

※ 주의 : merge는 입력 리스트 L_1과 L_2, 그리고 몇 개의 기본형 변수만을 사용할 수 있다.

실행예 n = 20을 사용하여 3회의 실행예를 보여라. 3회 중 적어도 1회는 중복 키가 다수 존재하는 리스트로 실행해야 한다. 정렬 전과 후의 리스트의 내용을 각각 출력해 보여라.

※ 힌트 : 다음을 사용해도 좋다.
- 리스트 ADT의 메쏘드
- partition(L, k): L을 각각의 크기가 k 및 $|L| - k$인 두 개의 부리스트 L_1과 L_2로 분할하고 L_1, L_2 쌍을 반환(여기서 $|L|$은 L의 크기임)

Alg *partition*(*L*, *k*)
    input singly linked list *L*, integer *k*
    output partition L_1 and L_2 of *L*, each of size *k* and $|L| - k$, resp.

    1. $p, L_1 \leftarrow L$
    2. **for** $i \leftarrow 2$ **to** k
        $p \leftarrow p$.next
    3. $L_2 \leftarrow p$.next
    4. p.next $\leftarrow \varnothing$
    5. **return** L_1, L_2

7-3 자연 합병 정렬

 자연 합병 정렬 natural merge-sort은 정렬되어야 할 초기 리스트의 부리스트들에 존재하는 부분 순서를 이용한다. 예를 들어 아래 그림의 리스트는 네 부분의 정렬된 부리스트로 구성되어 있다. 자연 합병 정렬은 정렬된 부리스트의 인접한 쌍을 반복적으로 합병하여 전체 리스트를 합병 정렬한다.

자연 합병 정렬 알고리즘을 작성하라.

* naturalMergeSort(L): 리스트 **L**을 자연 합병 정렬

※ 힌트 : 비재귀 방식 알고리즘이다.

※ 참고 : 알고리즘 merge(A, B)와 리스트 ADT의 메쏘드들의 사용이 가능하다.

7-4* 역치

L을 **n**개의 원소로 이루어진, 전체순서 관계가 정의된 리스트로 가정하자. **L** 내의 **역치**inversion란 **x**가 **y** 앞에 나타나지만 **x** > **y**인 원소 쌍 **x, y**를 말한다. **L** 내의 역치의 수를 $O(n \log n)$ 시간에 찾아내는 countInversion(L) 알고리즘을 의사코드로 작성하라.

예 아래 리스트 내 역치의 수는 12다(짙게 표시된 원소 쌍들).

※ 참고 : 알고리즘 partition(L, ⌊n/2⌋)과 리스트 ADT의 메쏘드들의 사용이 가능하다.

※ 힌트 : 알고리즘 mergeSort와 merge를 약간 수정하면 이 문제를 해결할 수 있다.

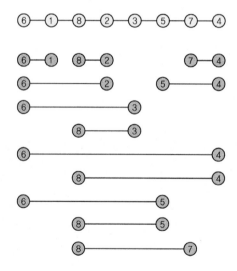

7-5† 포화이진트리 – 선형시간 버전

앞서 포화이진트리 응용문제에서, 함수 max1(v)과 max2(v)를 정의하여 노드 v를 루트로 하는 부트리 내의 모든 외부노드 **x, y** 쌍에 대한 **f(x, y)** 중 최대값을 $O(n \log n)$ 시간에 계산했다. 이 해결을 개선하여 문제를 $O(n)$ 시간에 해결하는 함수를 작성하라.

※ 힌트 : 함수 max1과 max2의 해결 내용을 응용하라.

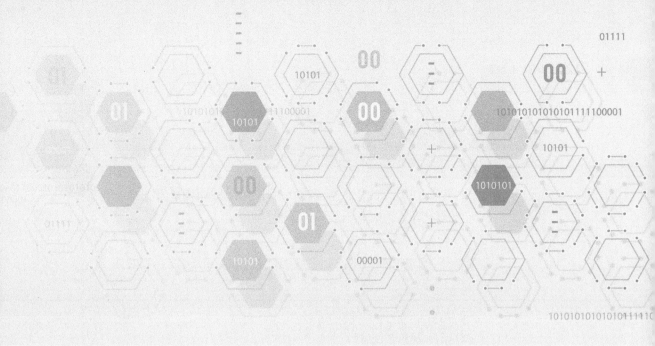

CHAPTER **8**

퀵 정렬

8.1   퀵 정렬

퀵 정렬quick sort은 합병 정렬과 마찬가지로 분할통치법에 기초한 정렬 알고리즘이다. 퀵 정렬은 다음 세 단계로 구성된다.

1. **분할**divide: 입력 리스트 원소 가운데 기준원소 p를 택하여 L을 다음 세 부분으로 분할한다.
   - LT (p보다 작은 원소들)
   - EQ (p와 같은 원소들)
   - GT (p보다 큰 원소들)
2. **재귀**recur: LT와 GT를 정렬한다.
3. **통치**conquer: LT, EQ, GT를 결합한다.

알고리즘 quickSort는 위의 세 단계를 재귀적인 방식으로 수행하여 입력 리스트 L을 정렬한다.

Alg *quickSort(L)*
   input list *L* with *n* elements
   output sorted list *L*

1. **if** (*L.size*() > 1)
    k ← *a position in L*
    LT, EQ, GT ← *partition(L, k)*
    quickSort(LT)
    quickSort(GT)
    L ← *merge(LT, EQ, GT)*
2. **return**

합병 정렬에서 합병 단계가 시간이 가장 많이 걸리는 단계인데 비해 퀵 정렬에서는 분할 단계에 가장 많은 시간을 소요한다. 다음 절에서 자세히 살펴본다.

8.1.1 분할

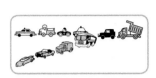

알고리즘 quickSort에서 재귀 단계와 통치 단계인 합병은 수행 내용이 단순하다. 하지만 분할 단계인 알고리즘 partition의 수행 내용은 상당한 시간을 소요하는 작업이다. 알고리즘 partition은 입력 리스트를 다음과 같이 분할한다.

1. L로부터 각 원소 e를 차례로 삭제한다.
2. e를 기준원소 p와의 비교 결과에 따라 부리스트 LT, EQ, GT에 삽입한다.

삽입과 삭제를 리스트의 맨 앞이나 맨 뒤에서 수행하므로 $O(1)$ 시간이 소요된다. 따라서 quickSort의 분할 단계는 $O(n)$ 시간이 소요된다. 알고리즘 partition은 명령문 1행에서 입력 리스트의 원소들 가운데 하나를 **기준원소** pivot로 설정한다. 명령문 2행에서는 비어 있는 세 개의 부리스트 LT, EQ, GT를 초기화한다. 명령문 3행에서 입력 리스트에서 반복적으로 삭제된 원소를 기준원소와 비교하여 크기에 따라, 기준원소보다 작으면 LT Less Than에, 같으면 EQ Equal To에, 크면 GT Greater Than에 삽입한다. 즉, 입력 리스트의 모든 원소는 세 개의 부리스트 중 하나에 삽입된다. 반복을 마치면 세 개의 부리스트를 모두 반환함으로써 분할을 완료한다.

```
Alg partition(L, k)
    input  list L with n elements, position k of pivot
    output  sublists LT, EQ, GT of the elements of L, less than, equal to, or
            greater than pivot, resp.

1. p ← L.get(k)                              {pivot}
2. LT, EQ, GT ← empty list
3. while (!L.isEmpty())
       e ← L.removeFirst()
       if (e < p)
           LT.addLast(e)
       elseif (e = p)
           EQ.addLast(e)
       else {e > p}
           GT.addLast(e)
4. return LT, EQ, GT
```

이제 기준원소의 선택에 대해 생각해 보자. 기준원소는 입력 리스트의 원소 중 어떤 것이라도 좋다. 가장 단순하게는, 입력 리스트의 맨 앞, 중간 또는 맨 뒤처럼 접근이 쉬운 원소를 택한다. 조금 복잡하게는, 리스트 내 동일 간격의 세 원소들(즉, 리스트의 0/2, 1/2, 2/2 위치 원소들)의 **중앙값** median을 택하거나, 좀더 정밀하게, 동일 간격의 다섯 원소들(즉, 리스트의 0/4, 1/4, 2/4, 3/4, 4/4 위치 원소들)의 중앙값을 택하기도 한다. 연습 문제에서는 아예 리스트 전체 원소들의 중앙값을 기준 원소로 택하는 경우에 대해 다룬다. 이와 다르게, 무작위 위치의 원소를 기준 원소로 택할 수도 있다. 기준원소의 선택에 따라 분할의 결과가 달라지는 것은 물론이며 퀵 정렬 전체 성능에 영향을 미치기도 한다. 이에 관한 상세한 내용은 뒤에서 다루기로 한다.

8.1.2 퀵 정렬 트리

 앞 장의 합병 정렬에서 그랬던 것처럼 퀵 정렬의 실행 과정을 이진트리 형태로 보일 수 있다. 이를 **퀵 정렬 트리** quick-sort tree라고 한다. 퀵 정렬 트리는 퀵 정렬의 수행 내용을 그림으로 보일 뿐 아니라 성능 분석에도 도움이 된다. 이제 그림 8-1에 보인 초기 입력 리스트에 대한 알고리즘 quickSort의 수행 내용을 퀵 정렬 트리로 그려 보이기로 한다. 비교를 위해 앞장의 합병정렬 트리에서 사용했던 것과 동일한 입력 리스트를 사용했다.

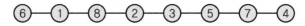

그림 8-1 초기 입력 리스트

　그림 8-2 (a~b)에 보인 퀵 정렬 트리의 루트는 초기 입력 리스트다. 트리의 노드는 (a) 재귀호출 단계에서는 합병 실행 이전의 입력 부리스트를, (b) 반환 단계에서는 합병 실행 이후의 부리스트를 나타낸다. 노드와 노드 사이의 간선은 (a) 재귀호출 단계에서는 분할된 부리스트에 대한 재귀호출을, (b) 반환 단계에서는 정렬된 부리스트의 반환을 나타낸다. 따라서 인접한 두 개의 상향 간선은 반환된 두 개의 정렬 부리스트에 대한 합병을 의미한다. 간선 옆의 숫자는 퀵 정렬의 전체적인 수행 가운데 그 간선에 해당하는 작업이 실행되는 시간적 순서를 나타낸다. 그림 (a~b)에서 분할 시의 기준원소는 분할 때마다 임의로 선택된 것으로 전제하여 굵은 테두리로 표시했으며, 정렬 수행 전의 리스트의 원소들은 옅은 배경으로, 정렬이 완료된 리스트의 원소들은 짙은 배경으로 나타냈다. 퀵 정렬 트리 맨 아래 레벨의 잎들은 크기 0 또는 1의 부리스트에 대한 베이스 케이스 호

출과 반환을 의미한다.

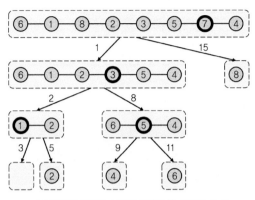

(a) 퀵정렬 트리로 나타낸 재귀호출 과정과 순서

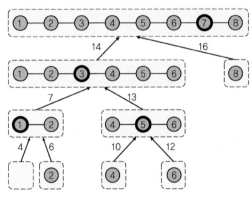

(b) 퀵정렬 트리로 나타낸 반환 과정과 순서

그림 8-2 (a~b) 퀵정렬 트리로 나타낸 반환 과정과 순서

8.1.3 퀵 정렬 분석

 이 절에서는 퀵 정렬의 실행시간을 분석한다. 합병 정렬과 같이, 알고리즘 quickSort 역시 재귀알고리즘이지만 점화식에 의하지 않고도 직관적인 분석이 가능하다. 이를 위해 우선 그림 8-3에 보인 알고리즘 quickSort 수행의 최악의 경우에 대한 분석 과정을 살펴보자.

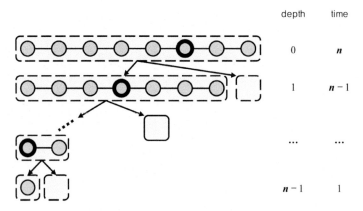

그림 8-3 퀵 정렬의 최악실행시간

  quickSort의 최악은 분할 때마다 기준원소가 유일한 최소 또는 최대 원소가 선택되어 **LT**와 **GT** 가운데 하나는 크기가 $n-1$이 되며, 다른 쪽은 크기가 0이 되는 경우다. 이 경우 퀵 정렬 트리의 각 레벨에서의 실행시간은 $n+(n-1)+\ldots+2+1$ 합에 비례한다. 즉, quickSort의 최악실행시간은 $O(n^2)$이다. 이는 '퀵'이란 이름에 걸맞지 않는 속도임이 분명하다. 하지만 이 분석에는 약간의 문제가 있다. 부리스트를 분할할 때마다 하필이면 항상 부리스트의 원소 가운데 가장 크거나 가장 작은 원소를 기준원소로 택하는 것은 매우 드문 우연의 일치이며 확률적으로도 일어나기 어려운 경우다. 평균적으로는 리스트가 일정 크기의 두 개의 부리스트로 분할될 것으로 기대할 수 있으므로 퀵 정렬의 평균실행시간은 최선실행시간이라고 할 수 있는 $O(n \log n)$이다. 그렇다고 해도 퀵 정렬의 이론적 최악실행시간이 $O(n^2)$인 것은 분명하다. 이어지는 절에서는 기준원소를 무작위로 선택할 경우 $O(n \log n)$ 실행시간이 보장된다는 것을 설명한다.

8.2 무작위 퀵 정렬

  앞서 확률 얘기가 나왔으니 퀵 정렬의 성능을 최악의 경우가 아닌 확률에 기초하여 분석해보기로 하자. 이렇게 확률에 기초한 분석으로 얻은 실행시간을 **기대실행시간** expected running time이라고 한다. 앞서 최악실행시간 분석에서 분할의 결과 두 개의 부리스트의 크기 차이가 클수록 최악의 결과가 나타난다는 것을 알았다. 따라서 재귀호출된 퀵 정렬이 수행하는 분할의 결과 두 개의 부리스트의 크기 차이가 어느 정도냐에 따라 퀵 정렬의 시간 성능면에서 좋은 호출과 나쁜 호출로 나뉘질 수 있다. 크기 *s*의 리스트에 대한 알고리즘 quickSort의 재귀호출을 고려해 보자. 여기서 경험법칙 상의 기준을 적용한다면 좋은 호출에 의한 분할은 **LT**와 **GT**의 크기가 모두 (3/4)*s* 보다 작다. 나쁜 호출은 **LT**와 **GT** 가운데 하나의 크기가 (3/4)*s* 보다 크다. 그림 8-4 (a~b)는 (a) 좋은 호출과 (b) 나쁜 호출의 예다.

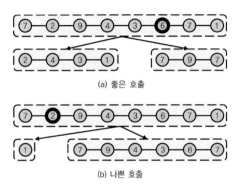

그림 8-4 (a~b) 좋은 호출과 나쁜 호출

이 기준에 의하면 호출이 좋을 확률은 1/2이다. 그림 8-5에 보인 것처럼 가능한 기준 원소의 1/2은 좋은 호출인 것이다.

그림 8-5 좋은 기준원소와 나쁜 기준원소

8.2.1 무작위 퀵 정렬의 기대실행시간

기대실행시간을 구하기 위해 기준원소 선택에 따른 우연성을 최소화하는 수단으로 기준원소의 선택을 무작위로 하는 방안을 고려하자. 기준원소 선택의 전략에 따라 퀵 정렬을 결정적 버전과 무작위 버전으로 나눌 수 있다. **결정적 퀵 정렬**deterministic quick-sort 버전에서는 항상 리스트로부터의 특정 원소랄 수 있는 맨 앞, 중간, 또는 맨 마지막 원소, 아니면 이들로부터 계산한 중앙값 등을 기준원소로 선택한다. **무작위 퀵 정렬**randomized quick-sort 버전에서는 항상 리스트의 원소 가운데 무작위 원소를 기준원소로 선택한다. 앞서 설명했듯이 리스트의 원소 중 1/2은 좋은 기준 원소라는 사실에 기초하여 기준원소를 선택하는 것이다. 동전던지기에서 앞면이 나올 확률은 1/2이다. 이 말을 바꾸면, *k*개의 앞면을 얻기 위한 동전던지기의 기대 횟수는 **2*k***

라고 할 수 있다. 이러한 확률적 상식에 기초하여 무작위 퀵 정렬의 기대실행시간은 무엇인지 그림 8-6의 퀵 정렬 트리를 보면서 분석해 보자.

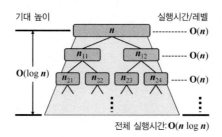

그림 8-6 퀵 정렬 기대실행시간 분석

먼저, 퀵 정렬 트리의 깊이 i의 노드에 대해 확률적인 측면에서 다음을 기대할 수 있다.

- $i/2$개의 조상은 좋은 호출이다.
- 현재 호출을 위한 입력 리스트의 크기는 최대 $(3/4)^{i/2}n$이다

따라서, 깊이 $2\log_{4/3}n$의 노드에 대해 기대 입력크기는 1이다. 이에 대한 증명은 다음과 같다.

$$(3/4)^{i/2}n = 1$$
$$(3/4)^{i/2} = 1/n$$
$$i/2 = \log(1/n)/\log(3/4)$$
$$= \log n^{-1}/\log(4/3)^{-1}$$
$$= {-}\log n/{-}\log(4/3)$$
$$= \log n/\log(4/3)$$
$$= \log_{4/3} n$$
$$\therefore i = 2\log_{4/3}n = O(\log n)$$

그러므로 퀵 정렬 트리의 기대 높이는 $O(\log n)$이다. 레벨 i에서 2^i개의 리스트들을 분할하고 2^{i+1}번의 재귀호출을 하여 반환된 결과를 합병한다. 이 가운데 재귀호출과 합병에는 $O(1)$ 시간이 소요된다. 이제 레벨 i에서 분할에 걸리는 시간만 계산하면 된다. 앞서 8.1.1절에서 설명했듯이 크기가 n인 리스트를 분할하는 데 $O(n)$ 시간이 소요되므로 레벨 i에서 분할에 소요되는 전체 시간은 $O(n)$이다. 여기에 퀵 정렬 트리의 기대 높이 $O(\log n)$을 곱하면 알고리즘 quickSort의 기대실행시간은 $O(n\log n)$이 된다.

위 설명대로 무작위 퀵 정렬이 $O(n\log n)$ 실행시간을 보장하긴 하지만 결정적 퀵 정렬에 비해 확실히 그리고 항상 빠르다고 단정할 수는 없다. 앞서 언급한대로 결정적 퀵

정렬 역시 평균적으로는 **O**($n \log n$) 시간에 수행하기 때문이다.

퀵 정렬의 **O**($n \log n$) 시간 성능은 앞서 다루었던 힙 정렬이나 합병 정렬과 동일하다. 하지만 실제로 퀵 정렬은 이 두 개의 정렬 알고리즘과 비교하여 1회 반복 라운드의 수행 내용이 적은 관계로 전체적 수행시간 면에서 매우 빠르다. 이러한 이유 때문에 퀵 정렬은 중대규모의 입력에 대해 가장 자주 쓰이는 정렬 알고리즘이다. 실제 수행시간 측정을 통한 비교실험은 심층문제에서 다룬다.

한 가지 유의할 점은, 무작위 퀵 정렬은 분할을 위한 기준원소의 위치만 무작위로 정할 뿐 그 외 분할이나 합병 작업은 결정적 퀵 정렬과 동일하게 수행한다는 것이다.

8.3 제자리 퀵 정렬

앞서 선택 정렬, 삽입 정렬, 힙 정렬 알고리즘들은 기억장소 소요량을 최소화하는 제자리 버전의 작성이 가능했다. 퀵 정렬 역시 제자리 수행이 가능하다. 제자리 버전 퀵 정렬 알고리즘 inPlaceQuickSort는 분할 단계에서 입력 리스트의 원소들을 재배치하기 위해, 입력 리스트에서 삭제하여 외부의 부리스트에 삽입하는 대신 대체 작업을 수행한다. 대체란 입력 리스트 내에서 재배치되어야 할 원소들의 자리를 맞바꾸는 것이다. 그 결과 입력 리스트의 원소들은 다음 세 부분으로 재배치된다. 재귀호출은 **LT**와 **GT** 부리스트에 대해 수행된다.

- **LT** (**a** 보다 아래의, 기준원소보다 작은 원소들)
- **EQ** (**a**와 **b** 사이의, 기준원소와 같은 원소들)
- **GT** (**b** 보다 위의, 기준원소보다 큰 원소들)

Alg *inPlaceQuickSort*(**L**, **l**, **r**)
    input list **L**, position **l**, **r**
    output list **L** with elements of position from **l** to **r** rearranged in increasing order

1. **if** ($l \geq r$)
    return
2. **k** ← *a position between **l** and **r***
3. **a, b** ← *inPlacePartition*(**L**, **l**, **r**, **k**)
4. *inPlaceQuickSort*(**L**, **l**, **a** − 1)
5. *inPlaceQuickSort*(**L**, **b** + 1, **r**)

구체적으로, 알고리즘 inPlacePartition(L, l, r, k)는 입력 리스트 L의 왼쪽 경계점 l과 오른쪽 경계점 r, 그리고 기준원소의 위치 k를 매개변수로 하여 호출된다. inPlacePartition 이 반환하는 a, b 쌍은 분할의 결과인 세 개의 부리스트에 대한 경계점들을 표시한다. 즉, LT는 $[l..a-1]$ 위치에, EQ는 $[a..b]$ 위치에, GT는 $[b+1..r]$ 위치에 각각 존재함을 표시한다. 유의할 점은, EQ 부리스트가 한 개 이상의 위치를 포함할 수 있다는 것은 inPlacePartition 이 리스트 내 원소가 중복하여 존재하는 경우에도 작동하도록 작성된 버전임을 의미한다.

참고로 아래 알고리즘 inPlacePartition은 배열 입력에 대한 제자리 분할을 수행하지만 입력 배열이 유일한 원소들로만 구성된 것을 전제로 한 버전이다. 중복 원소가 있을 경우에도 적용할 수 있는 버전의 작성은 심층문제에서 다룬다.

Alg *inPlacePartition*(*A*, *l*, *r*, *k*)
   input array *A*[*l..r*] of distinct elements, index *l*, *r*, *k*
   output final index of the pivot resulting from partitioning *A*[*l..r*] into *LT*, pivot, *GT*

1. $p \leftarrow A[k]$ {pivot}
2. $A[k] \leftrightarrow A[r]$ {hide pivot}
3. $i \leftarrow l$
4. $j \leftarrow r-1$
5. **while** $(i \leq j)$
    while $(i \leq j \ \& \ A[i] \leq p)$
       $i \leftarrow i+1$
    while $(j \geq i \ \& \ A[j] \geq p)$
       $j \leftarrow j-1$
    if $(i < j)$
       $A[i] \leftrightarrow A[j]$ {replace pivot}
6. $A[i] \leftrightarrow A[r]$
7. **return** i {index of pivot}

그림 8-7은 알고리즘 inPlacePartition의 분할 수행 예다. 그림에서 기준원소는 굵은 테두리로 표시되어 있다. 제일 먼저 기준원소를 맨 오른쪽 원소와 교환하여 숨긴다. 다음, 왼쪽에서 출발한 포인터는 오른쪽으로 진행하다가 기준원소보다 큰 원소를 만나면 진행을 멈춘다. 오른쪽에서 출발한 포인터는 왼쪽으로 진행하다가 기준원소보다 작은 원소를 만나면 진행을 멈춘다. 양쪽 포인터의 진행이 멈추면 멈춘 위치의 원소들을 맞교환한다. 이후 앞서와 마찬가지로 포인터들을 진행하면서 교환하기를 반복하다가 왼쪽의 포인터가 오른쪽의 포인터를 추월하면 반복을 마친다. 반복을 마친 시점의 왼쪽 포인터는

분할의 경계점을 가리키게 된다. 이 위치를 반환하고 종료한다.

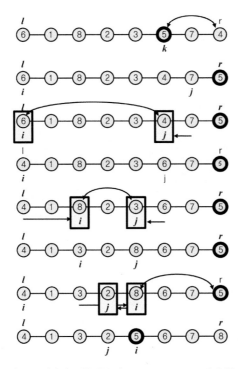

그림 8-7 제자리 분할 알고리즘 inPlacePartition의 수행 예

8.4 합병 정렬과 퀵 정렬 비교

합병 정렬과 퀵 정렬은 공통적으로 분할통치법에 기초한 정렬이므로 각각의 특성을 비교하는 것은 의미가 있다. 첫째, 분할통치의 세 단계인 분할, 재귀, 합병 가운데 합병 정렬은 합병 단계에서 가장 많은 시간을 소요하는데 비해 퀵 정렬은 분할 단계에서 가장 많은 시간을 소요한다. 둘째, 퀵 정렬은 제자리 구현이 가능하지만 합병 정렬은 리스트가 배열로 주어진 경우 제자리 구현이 어렵다. 마지막으로, 시간 추이에 따른 작업 순서를 고려한다면 합병 정렬은 작은 부리스트들의 합병으로 시작하여 점점 큰 부리스트들을 합병해 나간다(그림 7-4 참고). 반대로 퀵 정렬은 큰 부리스트들의 분할로 시작하여 점점 작은 부리스트들을 분할해 나간다(그림 8-2 참고). 방금 거론한 차이점을 인간의 문제해결 방식에 대입한다면 작은 문제들부터 풀어 나가 점점 큰 문제에 도전하여 해결하는 방식과, 큰 것부터 우선 해결하고 소소한 것들을 나중에 해결하는 방식에 비유될 수 있다. 독자는 어느 방

식을 선호하는가? 아마 대부분의 사람들은 전자인 합병 정렬의 해결 방식이 자연스럽다고 생각할 수도 있겠다. 그러나 퀵 정렬의 이러한 부자연스러운 특성 덕분에 합병 정렬에서는 불가능하지만 퀵 정렬에서 가능한 변형 응용이 있다. 퀵 정렬의 변형은 응용문제에서 다루기로 한다. 표 8-1은 지금까지 거론한 합병 정렬과 퀵 정렬의 공통점과 차이점들을 요약한다.

표 8-1 합병 정렬과 퀵 정렬 비교

	합병 정렬	**퀵 정렬**
기법	분할통치법	분할통치법
실행시간	$O(n \log n)$ 최악실행시간	$O(n^2)$ 최악실행시간 $O(n \log n)$ 기대실행시간
분할 vs. 합병	분할은 쉽고, 합병은 어렵다	분할은 어렵고, 합병은 쉽다
제자리 구현	제자리 합병이 어렵다	제자리 분할이 쉽다
실제 작업 순서	작은 것에서 점점 큰 부문제로 진행	큰 것에서 점점 작은 부문제로 진행

8.5 응용문제

이 절에서는 퀵 정렬의 응용에 대해 공부한다. 응용으로 제시될 문제는 다음과 같다.

- 색 분리
- 신부와 반지
- 퀵 정렬 변형

8.5.1 색 분리

그림 8-8에 보인 것처럼 n개의 원소로 이루어진 리스트 L이 있다. 여기서 원소는 각각 백색 또는 흑색으로 칠해져 있다(그림에서는 옅고 짙음으로 표시했다). L이 배열로 표현되었다고 전제하고, L의 모든 백색 원소들이 흑색 원소들의 앞에 오도록 재배치하는 제자리, $O(n)$-시간 알고리즘을 작성하라.

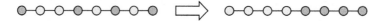

그림 8-8 색 분리

■ 해결

퀵 정렬의 분할 단계를 응용하는 문제다. 이 문제는 퀵 정렬이 사용하는 분할을 1회만 적용하면 해결된다. 퀵 정렬의 분할과 다른 점은 기준원소가 없다는 점이다. 다음과 같이 수행하여 백색 원소들을 리스트의 왼쪽으로, 흑색 원소들을 리스트의 오른쪽으로 재배치한다(그림 8-9 참고).

1. 배열의 왼쪽과 오른쪽 양쪽 끝에서 각각 포인터가 출발한다.
2. 왼쪽 포인터가 백색 원소를 가리키는 동안 첨자를 계속 증가시킨다.
3. 마찬가지로, 오른쪽 포인터가 흑색 원소를 가리키는 동안 첨자를 계속 감소시킨다.
4. 왼쪽 포인터가 흑색 원소에 이르고 오른쪽 포인터가 백색 원소에 이르면, 두 원소를 맞교환한다.
5. 두 포인터가 만날 때까지 포인터를 계속 진행하면서 원소를 맞교환한다.
6. 두 포인터가 만난 시점에 배열 원소의 재배치가 완료된다.

작업은 전체 n개의 원소를 1회 순회하므로 $O(n)$ 시간에 수행한다. 심층문제에서 이 문제를 확장한 조금 어려운 버전을 다룬다.

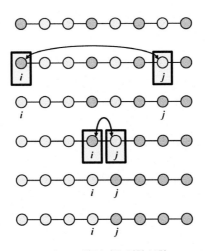

그림 8-9 색 분리를 위한 분할

8.5.2 신부와 반지

 n명의 신부 집합 B(rides)와 n개의 반지 집합 R(ings)이 있다. R에 속한 반지 각각은 B에 속하는 신부들 중 단 한명의 신부에게만 크기가 딱 들어 맞는다. 공교롭게도, B에 속한 신부들은 모두 겉보기에 너무나 닮았고, R에

속한 반지 역시 너무나 닮았다. 그래서 겉만 봐서는 신부 간에 손가락 굵기 차이를 구별하거나 반지 간에 크기 차이를 구별할 수 없다. 구별하기 위한 유일한 방법은, 신부-반지 쌍 (b, r)을 택하여(여기서 물론 $b \in B$, $r \in R$), 신부 b의 손가락이 반지 r의 크기보다 큰지, 작은지, 딱 맞는지 끼어 보는 수밖에 없다. 모든 신부와 반지의 짝을 찾아주기 위한 효율적인 메쏘드 match를 설계하고 신부-반지 끼어 보는 시도 횟수를 기준으로 메쏘드의 실행시간을 구하라. 메쏘드는 알고리즘과 달리 정밀한 의사코드가 아니라도 구체성이 있는 설명이면 충분하다.

- match(B, R): 각각 n개의 원소로 구성된 집합 B와 R의 원소들에 대한 매치 쌍들의 집합을 반환

■ 해결

퀵 정렬 알고리즘의 일반적 응용에 관한 문제로서 해결 과정은 다음과 같다.

Alg *match(B, R)*
  input set *B*, *R*
  output matchup set of pairs of elements from *B* and *R*

1. **if** (*B.isEmpty*())
    return *an empty set*
2. **if** (*B.size*() = 1)
    return *a singleton set with element* (*B.get*(1), *R.get*(1))
3. $b \leftarrow$ *an element in B*
4. $R_{LT}, R_{EQ}, R_{GT} \leftarrow$ *partition(R, b)*
5. $r \leftarrow R_{EQ}.get$(1)
6. $B_{LT}, B_{GT} \leftarrow$ *partition(B − {b}, r)*
7. $M_{LT} \leftarrow$ *match(B_{LT}, R_{LT})*
8. $M_{GT} \leftarrow$ *match(B_{GT}, R_{GT})*
9. $M \leftarrow$ *merge(M_{LT}, {(b, r)}, M_{GT})*
10. **return** *M*

메쏘드의 수행 내용에 대한 설명이다. 신부의 집합 B 중 아무 신부 b를 택하여 집합 R의 모든 반지와 비교한다. 신부 b의 손가락에 모든 반지를 하나씩 끼어보는 것이다. 비교를 진행하면서 결과에 따라 반지 집합을 작은 반지들 R_{LT}과 큰 반지들 R_{GT}, 딱 맞는 반지 $R_{EQ}(= r)$의 세 집합으로 나눈다. 딱 맞는 반지 r을 딱 맞는 신부 b를 제외한 모든 신부와

비교한다. 그러면서 작은 신부들 B_{LT}와 큰 신부들 B_{GT}, 두 집합으로 나눈다. 이제 문제가 두 개의 부문제로 나뉘어졌다. 한 문제는 b, r 쌍보다 작은 B_{LT}와 R_{LT}로 구성되었으며, 다른 문제는 이보다 큰 B_{GT}와 R_{GT}로 구성되어 있다. 각각의 부문제에 대해 앞서와 같은 방식으로 비교와 분할을 반복한다면 퀵 정렬과 유사한 방식으로 수행하는 메쏘드를 얻게 된다. 메쏘드의 분석 역시, 분할의 기준원소가 되는 신부와 반지를 무작위로 택한다는 전제 하에 퀵 정렬에서 했던 것처럼 기대실행시간을 분석할 수 있으며 그 결과는 $\mathbf{O}(n \log n)$ 시간이 된다.

8.5.3 퀵 정렬 변형

아래 알고리즘 quickSort(A, n)는 크기 n의 배열 A에 무순으로 저장된 n개의 유일한 키들을 오름차순으로 퀵 정렬한다. 알고리즘 partition(A, l, r, k)는 $A[k]$를 기준원소로 삼아, 배열 A의 원소들을 기준원소보다 작은 원소들과 큰 원소들이 각각 배열 A의 왼편과 오른편에 위치하도록 이동시키고, 그 사이에 기준원소를 위치시킨 후, 기준원소의 위치인 배열첨자를 반환한다.

```
Alg quickSort(A, n)                        {driver}
    input  array A of n distinct keys
    output  sorted array A

1. rQuickSort(A, 0, n – 1)
2. return
```

```
Alg rQuickSort(A, l, r)                    {recursive}
    input  array A of size n, index l, r
    output  array A with elements of index from l to r rearranged in ascending order

1. if (l < r)
        k ← a position between l and r
        m ← partition(A, l, r, k)
        rQuickSort(A, l, m – 1)
        rQuickSort(A, m + 1, r)
```

퀵 정렬은 수행 특성 상, 큰 부리스트의 분할로부터 시작하여 작은 리스트의 분할로 옮겨간다. 이로 인해 배열 A는 시간이 지남에 따라 거시적인 관점에서 볼 때 점점 정렬된 상태로 옮겨간다. 이 점에 착안하여 정렬이 상당히 진행된 적당한 시점에 퀵 정렬을 중단하고 ("거의" 정렬된 입력에 대해서는 퀵 정렬보다 더 우수한 시간성능을 가지는) 삽입 정렬로 전환하여 정렬을 완성할 수도 있다. 이렇게 하기 위해서는 제시된 알고리즘 quickSort 또는 rQuickSort에 약간의 수정이 필요하다. 수정 내용을 설명하라.

> ※ 참고 : n개의 유일한 키를 저장한 배열 A를 삽입 정렬하는 알고리즘 insertionSort(A, n)의 사용이 가능하다.

■ 해결

퀵 정렬의 작업 순서 특성을 이해해야 해결이 가능한 문제다. 퀵 정렬을 더 이상 적용하지 않을 대상 원소 수의 크기(예 **$Limit$** = 100)를 정하여 이를 알고리즘 rQuickSort 명령문 1행의 조건문에 반영한다. rQuickSort 완료 후 거의 정렬된 상태의 배열을 알고리즘 insertionSort가 처리하도록 알고리즘 quickSort의 명령문 2행을 추가한다.

Alg *quickSort(A, n)*　　　{driver}
　　input array A of n distinct keys
　　output sorted array A

1. *rQuickSort(A, 0, n − 1)*
2. *insertionSort(A, n)*
3. **return**

Alg *rQuickSort(A, l, r)*　　　{recursive}
　　input array A of size n, index l, r
　　output array A with elements of index from l to r rearranged in increasing order

1. **if** $(r - l \geq Limit)$
　　$k \leftarrow$ *a position between l and r*
　　$m \leftarrow$ *partition(A, l, r, k)*
　　rQuickSort(A, l, m − 1)
　　rQuickSort(A, m + 1, r)

요약

• 퀵 정렬은 합병 정렬과 마찬가지로 분할통치법에 기초한 정렬 알고리즘이다.

- 합병 정렬에서 합병 단계가 시간이 가장 많이 걸리는 단계였는데 비해 퀵 정렬에서는 분할 단계에 가장 많은 시간을 소요한다.
- 분할의 기준원소는 입력 리스트의 원소 중 아무 것이라도 좋다. 일반적으로는 입력 리스트의 맨 앞, 중간 또는 맨 뒤처럼 접근이 쉬운 원소를 택하지만 분할 단계가 수행될 때마다 달리 택할 수도 있다.
- 퀵 정렬 트리는 퀵 정렬의 수행 내용을 그림으로 보여줄 뿐 아니라 성능 분석에도 도움이 된다.
- 퀵 정렬의 최악은 분할 시에 기준원소가 항상 유일한 최소 또는 유일한 최대 원소일 경우다. 이 경우 퀵 정렬의 최악실행시간은 $O(n^2)$이다.
- 무작위 퀵 정렬 버전은 분할 때마다 리스트의 원소 가운데 무작위 원소를 기준원소로 선택함으로써 $O(n \log n)$ 기대실행시간을 보장한다.
- 퀵 정렬은 제자리 수행이 가능하다. 제자리 버전 퀵 정렬 알고리즘은 분할 단계에서 입력 리스트의 원소들을 재배치하기 위해 대체 작업을 사용한다.
- 무작위 퀵 정렬의 점근적 실행시간은 힙 정렬이나 합병 정렬과 동일하지만, 퀵 정렬이 반복 수행하는 작업의 내용이 비교적 간단한 관계로 실제 수행시간 면에서 위의 두 정렬 알고리즘에 비해 매우 빠르다.

연습문제

8–1 퀵 정렬 연습

다음 입력 리스트에 대한 quick-sort 알고리즘의 수행 내용을 보여라. 분할이 완료될 때마다 분할의 내용을 ((LT), EQ, (GT)) 형태로 괄호로 묶어 표시하라.

- 입력: 22 15 36 44 10 3 9 25 29 13

※ 주의 : 리스트의 마지막 원소를 기준원소로 사용하라.

8–2 중앙 원소를 기준원소로 선택

퀵 정렬 알고리즘의 결정적 버전이다. n-원소 리스트의 마지막 원소를 기준원소로 삼는 대신 위치 $\lfloor n/2 \rfloor$의 원소, 즉 리스트의 중앙에 있는 원소를 기준원소로 삼는다고 전제한다. 퀵 정렬의 이 버전을 이미 정렬된 리스트에 대해 수행할 경우의 실행시간을 구하라. 그

리고 이 버전을 수행할 경우 $\Theta(n^2)$ 시간이 소요되는 입력 리스트의 특성을 설명하라.

8-3 무작위 알고리즘의 실행시간

혜진이는 어떤 무작위 알고리즘에 대해서라도 최악실행시간과 기대실행시간은 상수시간 배수의 차이만 있다고 주장한다. 혜진이의 주장이 옳은지 그른지 논거와 함께 설명하라.

8-4 중앙값 기준원소

분할 대상 배열의 중앙값을 찾아 기준원소로 삼는 partition 알고리즘을 사용하는 quickSort 알고리즘이 있다. 이 quickSort 알고리즘의 실행시간을 구하라.

심층문제

8-1* 색 분리 – 세가지 색

앞서 백색과 흑색을 분리하는 응용문제를 백색, 회색, 흑색의 세 가지 색으로 확장하여 답하라. 아래 그림은 세 가지 색이 섞여 있는 리스트를 색 순서로 재배치하는 예다.

8-2 중복 키가 존재하는 리스트 분할

심층문제 8-1의 해결을 응용하여 해결 가능한 문제다.

알고리즘 inPlacePartition을 확장하여 입력 리스트 **L**에 중복 키가 있는 일반적인 경우에도 효율적으로 분할할 수 있는 알고리즘 inPlacePartition을 의사코드 및 C로 작성하고 알고리즘의 실행시간을 big-Oh 형식으로 구하라.

- inPlacePartition(A, l, r, k): 중복 원소가 존재 가능한 배열 $A[l..r]$와 기준원소의 첨자 **k**가 주어졌을 때, **a**, **b** 쌍을 반환. 여기서 **a**, **b**는 $A[l..r]$을 **LT**, **EQ**, **GT**로 분할한 결과 가운데 부리스트 **EQ**의 왼쪽 경계점과 오른쪽 경계점을 각각 나타낸다.

[실행예]

n = 20을 사용하여 3회의 실행예를 보여라. 3회 모두 중복 키가 다수 존재하는 리스트로 실행해야 한다. 분할 전과 후의 리스트를 각각 보일 것.

8–3 퀵 정렬의 다양한 버전 비교실험

심층문제 8-2에서 작성한 알고리즘 inPlacePartition을 사용하여 다양한 버전의 퀵 정렬을 수행, 비교하여 최선의 성능을 가지는 버전을 찾는 문제다. 다양한 버전에는 결정적 및 무작위 기준원소에 의한 분할을 각각 수행하는 퀵 정렬의 '원형' 버전들과 응용문제 8.5.3에 제시된 '변형' 버전들이 포함된다.

프로그래밍 지침

- 아래 지침대로 진행할 경우 여러 버전의 알고리즘을 각각 따로 작성하지 않고 통합적 방식으로 비교실험할 수 있다.
- 이 문제에서 비교실험할 네 가지 퀵 정렬 버전은 '결정적' 1, 3 및 '무작위' 1, 3이다. 이들이 공통적으로 사용할 기준원소 위치 선택 함수 findPivot을 다음과 같이 작성하라.
- findPivot(A, l, r):
  - '결정적1' 버전 수행 시에는, 첨자 *r*을 반환한다.
  - '무작위1' 버전 수행 시에는, 첨자 *l*과 *r* 사이의 무작위 위치를 반환한다.
  - '결정적3' 또는 '무작위3' 버전 수행 시에는, 부배열의 크기가 3 미만이면(즉, 2이면) 앞 위치를 반환. 그렇지 않으면 수행 버전에 따라 작업 내용이 달라진다. 먼저, '결정적3' 버전 수행 시에는 배열 *A*의 첨자 *l*과 *r* 사이 원소들 가운데 맨 앞, 중간, 맨 뒤 원소의, 그리고 '무작위3' 버전 수행 시에는 배열 *A*의 첨자 *l*과 *r* 사이 원소들 가운데 무작위 세 원소의 중앙값(이를 **3-중앙값** median-of-3이라 한다) 위치를 반환한다.
- findPivot과 inPlacePartition 함수를 이용하여 부배열의 크기가 *Limit*보다 클 때까지는 퀵 정렬을 수행하고 *Limit* 이하가 되면 삽입 정렬로 전환하여 정렬을 마무리하는 quickSort 알고리즘을 작성하라. 원형 버전에 대한 수행은 *Limit* = 1로 하여 quickSort를 호출하면 된다.
- 주함수에서 1 ~ 100,000 사이의 중복 가능한 *n* = 100,000개의 정수 키로 이루어진 배열 *A*의 복사본에 대해 *Limit* = 1, 100, 500, 1000으로 변경하면서 앞서의 네 가지 퀵 정렬 버전을 차례로 수행하고 이들의 시간 성능을 비교하라.
- 초기 입력 배열 *A*는 난수발생 함수를 사용하여 무작위하게 생성하고 정렬할 때마다 *A*의 복사본을 만들어 사용함으로써 동일한 입력에 대한 성능 비교가 되게 하라 - 입력 배열의 원본을 생성하거나 복사본을 만드는 데 걸리는 시간은 실행 시간에서 제외할 것.

※ 주의
- 입력 리스트를 동적 배열로 할당할 것.
- 모든 경우에 '제자리' 버전 퀵 정렬을 수행할 것.
- 프로그램 구현 초기에 작은 **n** 값을 사용하여 정렬이 정확히 수행되는지 확인한 후, 구현 완성 단계에서 큰 **n** 값을 사용할 것.
- 다양한 *Limit* 값에 대한 네 가지 버전의 퀵 정렬을 수행 완료할 때마다 해당 수행의 cpu time을 출력하라 – 이때, 수행시간 = 0 으로 나타나지 않도록, 수행시간의 소수점 이하 자릿수들을 충분히 명세해야 한다.
- 정렬 전후의 리스트 내용은 양이 많은 관계상 출력하지 말 것.

8-4 비재귀적 제자리 퀵 정렬

중복 키가 존재할 수 있는 배열을 정렬하기 위한 퀵 정렬 알고리즘의 비재귀, 제자리 버전을 작성하라. 즉, 배열 *A*의 첨자 *l*에서 *r*까지의 원소들을 정렬하기 위한 알고리즘 nonRecursiveInPlaceQuickSort(A, l, r)을 의사코드로 작성하라. 알고리즘은 여전히 분할통치법에 기초해야 한다. 알고리즘 작성을 위해 중복 원소에도 작동하는 inPlacePartition의 버전을 사용해도 좋다.

※ 힌트 : 스택을 사용하여 부리스트의 왼쪽과 오른쪽 경계점 쌍을 저장한다.

8-5 퀵 선택

배열 *A*는 무순으로 저장된 *n*개의 유일한 키들을 저장한다. 배열 *A*를 완전 정렬하지 않고도 배열 *A*의 원소들 가운데 *i*-번째(0 ≤ *i* ≤ *n* - 1) 작은 값을 반환하는 알고리즘 quickSelect(A, n, i)를 의사코드로 작성하라.

※ 힌트 : 알고리즘 quickSelect(A, n, i)는 O(*n*) 기대실행시간에 수행한다.

8-6* 파형 배열

배열 $A[0..2n]$가 만약 $A[0] \leq A[1] \geq A[2] \leq A[3] \geq \cdots \leq A[2n - 1] \geq A[2n]$ 의 속성을 가진다면 원소값들이 물결치듯 변화하는 모습 때문에 **파형 배열** wiggly array 이라고 부른다. 주어진 실수들의 무순배열 $B[0..2n]$에 대해, *B*의 원소들을 파형 배열로 재배치한 배열 $A[0..2n]$을 출력할 O(*n*)-시간 알고리즘을 의사코드로 작성하라.

예 아래의 배열 *A*는 파형 배열이다.

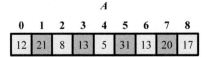

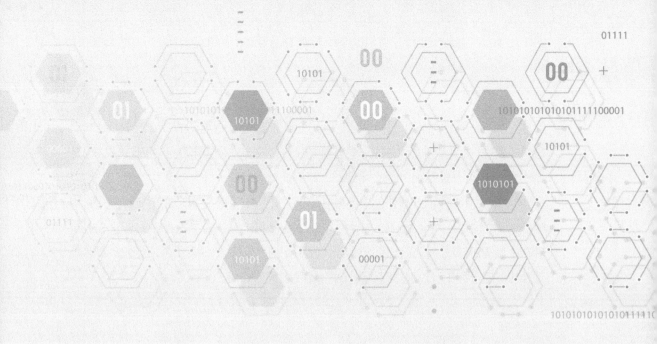

CHAPTER 9

정렬 일반

앞서 우선순위 큐를 이용한 정렬로 5장에서 선택 정렬, 삽입 정렬 그리고 6장에서 힙 정렬을 다루었다. 이에 추가하여 분할통치법에 기초한 정렬로 7장에서 합병 정렬, 그리고 8장에서 퀵 정렬을 설명했다. 이들은 공통적으로 무순리스트의 키들을 비교하여 원소들을 키 순서에 따라 재배치하는 전략을 사용했다. 이런 방식의 정렬을 **비교정렬**comparison-based sorting이라 부른다. 이 상에서는 지금까지 학습했던 비교정렬 알고리즘들에 관한 일반적 원리와 특성이라 할 수 있는 주제에 대해 공부한다. 제시될 주제는 비교정렬의 하한과 정렬의 안정성이다. 이어지는 절에서 각각의 주제를 다룬다.

9.1   비교정렬의 하한

비교정렬은 언제나 두 개의 키를 비교하는 작업에 기초하여 정렬을 수행한다. 하지만 이들 알고리즘의 시간 성능은 제각각 달랐던 것을 상기하자. n개의 원소로 이루어진 무작위 리스트에 대해 선택과 삽입 정렬은 $O(n^2)$ 시간에, 힙 정렬과 합병 정렬은 $O(n \log n)$ 시간에 정렬을 수행한다. 퀵 정렬은 최악의 경우 $O(n^2)$ 시간에 수행하지만 무작위 퀵 정렬 버전은 $O(n \log n)$ 기대시간에 수행한다. 그러므로 지금까지 제시된 비교정렬 알고리즘 가운데 최고의 성능은 $O(n \log n)$ 시간임을 알 수 있다. 과연 이 시간 성능이 최선일까? 이보다 더 빨리 수행할 수는 없을까? 이 절에서는 이러한 질문에 대한 답을 얻기 위해 비교정렬 시간 성능의 이론적 하한에 대해 분석한다. 비교정렬 시간 성능의 **하한**lower bound이란, n개 원소들의 키 $k_1, k_2, \cdots, k_n$을 비교하여 키 순서로 정렬하는 데 필요한 최소한의 시간을 말한다. 하한을 아는 것은 중요하다. 어떤 정렬 알고리즘의 수행 속도가 최선인지 혹은 개선의 여지가 있는지 판단하는 근거로 사용될 수 있기 때문이다.

비교정렬의 하한을 구하는 것은 마치 그림 9-1에 보인 저울 하나만을 도구로 사용하여

그림 9-1 저울

각각의 키 $k_1, k_2, \cdots, k_n$ 을 가진 n개 원소를 키 순서로 정렬하기 위해 저울을 적어도 몇 번 달아야 하는지 알아내는 문제와 비슷하다. 저울은 양쪽에 키를 하나씩만 올려 놓을 수 있으며 저울에 단 결과는 저울추가 왼쪽으로 기울던가 오른쪽으로 기울던가 둘 중 하나다. 유일 키로 전제하면 양쪽의 무게가 같은 경우는 없다.

이제 비교정렬의 하한을 단계적으로 유도해 보자. n개의 유일한 키로부터 $n!$개의 순서가 존재한다. 오름차순 정렬을 목표로 한다면 이 가운데 단 하나의 순서만이 정렬 순서다. 그림 9-2는 3개의 키에 대해 3! = 6가지의 가능한 순서가 있고 그 가운데 하나만이 정렬 순서임을 보인다.

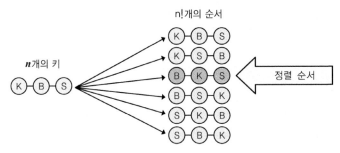

그림 9-2 세 개의 키에 대해 가능한 6개의 순서와 단 한 개의 정렬 순서

이제 오름차순 정렬을 수행하기 위한 총 비교 횟수, 즉 저울을 다는 횟수를 세어보자. 비교정렬 알고리즘이 취할 수 있는 최선은 저울을 한 번 달아서 최초의 $n!$개의 가능한 순서 중 절반을 고려 대상에서 제외하는 것이다. 다시 말해, 두 개의 임의의 키 k_a, k_b를 비교하고 그 결과가 $k_a < k_b$ 이면 $n!$개의 순서 중 k_a가 k_b보다 앞서 있는 순서들만 취하고 나머지 절반은 고려 대상에서 제외한다. 이들은 정렬 순서가 될 가능성이 없기 때문이다. 만약 비교의 결과가 $k_a > k_b$ 이면 방금 했던 것과 반대로 하면 된다. 즉 $n!$개의 순서 중 k_b가 k_a보다 앞서 있는 순서들만 취하고 나머지 절반은 고려 대상에서 제외한다. 따라서 한 번의 비교 결과가 어느 쪽이든 $n!/2$개의 순서만 고려 대상으로 남게 된다. 두 번째 비교도 마찬가지로 진행한다. 두 개의 임의의 키 k_c, k_d를 비교하고 그 결과에 따라 남은 순서 중 절반을 고려 대상에서 제외하고 나머지 절반만을 취한다. 지금까지 두 번의 비교 결과 $n!/2^2$개의 순서만 고려 대상으로 남는다. 이런 방식으로 계속 진행하면 한 번 비교를 수행할 때마다 고려 대상이 절반으로 줄어들고 마지막에는 단 하나의 고려 대상만이 남게 된다. 바로 이것이 찾고자 했던 정렬 순서다.

이진트리의 노드에서 비교를 수행하고 그 결과에 따라 좌우 부트리 중 한쪽 부트리로만 순회를 진행하는 형태의 이진트리를 **결정트리**decision tree라고 한 것을 상기할 필요가

있다(응용문제 4.7.5 참고). 단 하나의 정렬 순서를 찾기 위한 비교정렬 알고리즘의 수행
은 결국 그림 9-3에 보인 것과 같은 결정트리에서 루트로부터 잎으로 향하는 임의의 하
향경로(화살표)와 일치하는 방향으로 진행하게 된다. 이 결정트리의 내부노드는 두 개의
키에 대한 비교 작업이며 n!개의 외부노드는 서로 다른 순서다. 각기 다른 하향경로는 각
기 다른 외부노드로 결말되며 실제 성렬 과정에서 어느 하향경로를 순회하는지는 초기
입력 순열에 따라 달라진다.

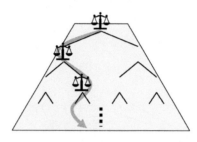

그림 9-3 결정트리

여기서 두 가지 중요한 사실은 알고리즘이 정렬 순서를 찾기 위해 하향경로를 순회하
는 과정에서 결정트리의 노드에서마다 한 번씩 비교를 수행하므로 총 비교 횟수는 하향
경로 상의 노드 수라는 것과, 이 노드 수는 어느 하향경로를 순회하든 결정트리의 높이
와 일치한다는 것이다. 바로 이 높이가 총 비교정렬 실행시간의 하한이다. 이제 결정트
리의 높이만 알면 비교정렬의 하한을 구할 수 있다. n개의 외부노드가 존재하는 포화이
진트리의 높이는 적어도 $\log n + 1$ 이므로, n!개의 외부노드가 존재하는 포화이진트리의
높이는 적어도 $\log n$!이다(그림 9-4 참고).

최소 높이(시간)

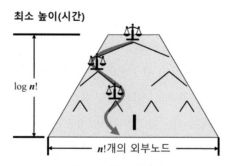

그림 9-4 결정트리의 높이

그러므로 비교 정렬은 최소 $\log n$! 시간을 소요한다. 이 식으로부터 다음과 같은 유도를
통해 어떤 비교 정렬 알고리즘이라도 $\Omega(n \log n)$ 시간에 수행한다는 결론을 얻을 수 있다.

$$\log n! = \log(n \times (n-1) \times (n-2) \times \cdots \times n/2 \times \cdots \times 3 \times 2 \times 1)$$
$$\geq \log(n \times (n-1) \times (n-2) \times \cdots \times n/2)$$
$$\geq \log(n/2 \times n/2 \times n/2 \times \cdots \times n/2) = \log(n/2)^{n/2} = (n/2)\log(n/2)$$

이 결론에 비추어 보면, 앞서 학습했던 비교정렬 알고리즘 가운데 힙 정렬, 합병 정렬, 그리고 무작위 버전 퀵 정렬은 적어도 점근적 시간 성능 면에서는 최선의 알고리즘이라고 평가할 수 있다. 이에 비해 선택 정렬, 삽입 정렬, 그리고 결정적 버전 퀵 정렬 알고리즘의 최악의 경우는 비교정렬의 하한에 미치지 못하는 느린 시간에 수행한다는 것도 알 수 있다. 저울의 예로 비유하자면 이들 알고리즘은 수행 과정에 이미 비교했던 키 쌍을 다시 저울에 올려 놓는다거나, 키 쌍을 비교한 후 현재 고려 대상의 절반보다 큰 부분을 다음 고려 대상으로 취한다거나 등의 비효율이 포함된 것으로 볼 수 있다.

9.2 정렬의 안정성

(키, 원소) 쌍으로 구성된 데이터 항목들의 리스트가 있다고 전제하자. 여기에 추가하여 데이터 항목들의 키들이 유일하지 않다고 전제하자. 이렇게 중복 키가 존재하는 리스트의 (키, 원소) 쌍 항목들을 정렬할 때 중요한 이슈는 동일 키 항목이 어떻게 처리되느냐는 것이다. 예를 들어 $L = ((k_0, e_0), \cdots, (k_{n-1}, e_{n-1}))$을 n개 (키, 원소) 쌍 항목의 리스트라 하자. 두 개의 항목 (k_i, e_i)와 (k_j, e_j)에 대해, $k_i = k_j$이며 정렬 전에 (k_i, e_i)가 (k_j, e_j)보다 앞서 있었다면(즉, $i < j$), 정렬 후에도 (k_i, e_i)가 (k_j, e_j)보다 앞서 있는 것이 보장된다면 그 정렬 알고리즘을 **안정적** stable이라고 말한다. 정렬 알고리즘에 있어서 **안정성** stability은 중요하다. 왜냐하면 많은 응용에서 동일 키 원소들의 원래 순서가 보존되어야 할 필요가 있기 때문이다. 알기 쉬운 예로 인터넷 쇼핑몰에서 현재 보고 있는 상품 목록을 처음에는 최근 출시 순으로 정렬해서 본다고 가정하자. 나중에 최저가격 순으로 다시 정렬한다고 하자. 만약 정렬이 안정적이라면 동일 키 원소들, 즉 가격이 동일한 상품들은 처음 순서, 즉 최근 출시 순서로 나타날 것이다. 만약 정렬이 비안정적이라면 동일 가격의 상품이 최근 출시 순으로 나타난다는 보장이 없다. 같은 가격의 상품들은 최근 출시된 것이 위에 나타나기를 기대했던 사용자라면 안정적 정렬을 선호한 셈이다.

비교정렬 알고리즘 가운데 선택 정렬, 삽입 정렬, 그리고 합병 정렬은 안정적이지만 힙 정렬과 퀵 정렬은 비안정적이다. 힙 정렬 알고리즘이 비안정적인 이유는 힙 재구성 과정에서 두 개의 동일한 키들의 원래 순서가 뒤바뀔 수 있기 때문이다. 퀵 정렬 알고리즘이 비안정적인 이유는 분할 과정에서 두 개의 동일한 키들의 원래 순서가 뒤바뀔 수 있기 때문이다. 알고리즘을 모의실행하여 스스로 확인해 보자.

9.3 비교정렬 알고리즘 비교

표 9-1은 파트 II의 5~8장에서 공부한 비교정렬 알고리즘들의 특성을 요약한 것이다. 비교 기준은 실행시간, 주요 전략의 차이, 제자리 구현 가능성, 그리고 최적 수행을 위한 적정 입력 크기 등이다.

표 9-1 비교정렬 알고리즘 비교

	시간	주요 전략	비고
선택 정렬	$O(n^2)$	우선순위 큐 (무순리스트로 구현)	제자리 구현 가능 느림(소규모 입력에 적당)
삽입 정렬	$O(n^2)$	우선순위 큐 (순서리스트로 구현)	제자리 구현 가능 느림(소규모 입력에 적당)
힙 정렬	$O(n \log n)$	우선순위 큐 (힙으로 구현)	제자리 구현 가능 빠름(대규모 입력에 적당)
합병 정렬	$O(n \log n)$	분할통치	순차 데이터접근 빠름(초대규모 입력에 적당)
퀵 정렬	$O(n \log n)$ 기대시간	분할통치	제자리 구현 가능, 무작위 버전 가장 빠름(대규모 입력에 적당)

9.4 응용문제

이 절에서는 정렬 일반에 관한 응용문제가 주어진다. 다룰 문제들은 다음과 같다.

- 투표
- 두 키로 정렬

9.4.1 투표

n-원소 리스트 L이 주어졌다고 가정하자. 여기서 L의 각 원소는 선거에서의 투표를 표현한다. 각 투표는 후보자의 기호를 나타내는 정수로 주어진다. 기호들은 정수지만 빠진 번호가 있을 수도 있다(선거기간 중 기권 등의 이유로). 어떤 번호가 빠졌는지 또는 후보자가 모두 몇 명이나 되는지에 대한 아무런 정보 없이, L이 나타내는 투표 내용에서 당선자를 찾아내는 $O(n \log n)$-시간 메쏘드를 작성하라. 즉, 엄밀한 의사코드가 아니라도 구체적인 설명이면 충분하다.

※ 전제 : 가장 많은 표를 획득한 후보자가 당선된다.

예 아래 그림 9-5에 보인 투표 리스트에서 기호 7이 당선자다.

그림 9-5 투표 리스트

■ 해결

정렬에 대한 기초적인 이해를 바탕으로 해결할 수 있는 문제다. 아래 메쏘드로 해결할 수 있다.

1. 리스트 L을 후보자의 기호 순서로 정렬한다.
2. 정렬된 리스트를 순회하면서 현재까지 최대 득표한 기호와 득표수를 저장한다.
3. 각 기호의 득표수를 현재까지 최대 득표수와 비교하여 필요하다면 갱신한다.

1단계는 최소 $O(n \log n)$ 시간, 2단계는 $O(n)$ 시간을 소요한다. 그러므로 총 $O(n \log n)$ 시간을 소요한다.

9.4.2 두 키로 정렬

n개의 (학생이름, 점수) 쌍으로 구성된 무순리스트가 있다. 여기서 점수는 0에서 100 사이의 정수며 학생이름은 문자열로 표현되어 있다. 이 데이터를 아래 표 9-2에 보인 것처럼 점수의 내림차순으로 정렬하되 점수가 같은 경우 학생 이름의 오름차순으로 정렬하고자 한다. 이와 같이 정렬하기 위해 각 정렬 키에 대해 어떤 순서로, 어떤 비교정렬 알고리즘을 사용할지 설명하라.

※ 전제 : 전체 정렬 작업은 최악의 경우 $O(n \log n)$ 시간에 수행되어야 한다.

표 9-2 성적표

심청	95	배비장	65
콩쥐	90	연놀부	65
장화	86	팥쥐	65
홍련	86	변학도	41
연흥부	74		

■ 해결

각 비교정렬의 성능과 안정성에 대한 이해와 응용력을 돕고자 하는 문제다. 다음 두 단계로 나누어 진행한다.

1. 학생 이름을 정렬 키로 사용하여 오름차순 힙 정렬(또는 합병 정렬)을 수행한다. 이 단계에서 정렬의 안정성은 중요하지 않다.

2. 이 단계에서는 정렬의 안정성을 고려하여 알고리즘을 선택해야 한다. 1단계의 정렬 결과에, 점수를 키로 사용하여 내림차순 합병 정렬을 수행한다.

요약

- 입력 리스트의 키들을 비교하여 원소들을 키 순서에 따라 재배치하는 방식의 정렬을 비교정렬이라 한다.

- 어떤 비교 정렬 알고리즘이라도 $\Omega(n \log n)$ 시간에 수행한다.

- 비교정렬 알고리즘 가운데 힙 정렬, 합병 정렬, 그리고 무작위 버전 퀵 정렬은 비교정렬의 하한에 수행한다. 이에 비해 선택 정렬, 삽입 정렬, 그리고 결정적 버전 퀵 정렬 알고리즘의 최악의 경우는 비교정렬의 하한에 미치지 못하는 느린 시간에 수행한다.

- $L = ((k_0, e_0), \cdots, (k_{n-1}, e_{n-1}))$ 을 (키, 원소) 쌍 항목들의 리스트라 하자. 두 개의 항목 (k_i, e_i)과 (k_j, e_j)에 대해, $k_i = k_j$이며 정렬 전에 (k_i, e_i)가 (k_j, e_j)보다 앞서 있었다면(즉, $i < j$), 정렬 후에도 (k_i, e_i)가 (k_j, e_j)보다 앞서 있는 것이 보장된다면 그 정렬 알고리즘을 안정적이라고 말한다.

- 정렬 알고리즘에 있어서 안정성은 중요하다. 왜냐하면 많은 응용에서 동일 키 원소들의 원래 순서가 보존되어야 할 필요가 있기 때문이다.

연습문제

9–1 정렬 알고리즘 안정화

유신은 어떤 비교 정렬 알고리즘이라도 그 실행시간에 상수 배수 이상의 영향 없이 안정적 알고리즘으로 수정할 수 있다고 주장한다. 유신의 주장이 옳은지 그른지 논거와 함께 설명하라.

9–2 이상적인 우선순위 큐

계백은 비교 정렬 알고리즘에서 사용할 우선순위 큐를 다음 두 성질을 모두 만족하도록 설계 가능하다고 주장한다.

- 작업 removeMin을 $\Theta(1)$ 시간에 수행
- 작업 buildHeap을 $\Theta(n)$ 시간에 수행

계백의 주장이 옳은지 그른지 논거와 함께 설명하라.

9–3 다섯 개의 수 비교정렬

개소문은 "최악의 경우 최대 6번의 비교를 수행하여 5개의 수를 비교정렬할 수 있다"고 주장한다. 개소문이 옳은지 그른지 논거와 함께 설명하라.

9–4 이미 정렬된 리스트를 제자리 정렬

문희는 제자리 정렬 알고리즘에 이미 정렬된 배열이 입력으로 주어지면 배열의 내용을 전혀 변경(즉, write)하지 않은 채로 반환한다고 주장한다. 문희가 옳은지 그른지 논거와 함께 설명하라.

9–5 비안정적 정렬 알고리즘

최악의 경우 $O(n \log n)$의 실행시간을 가지는 비교정렬 알고리즘 가운데 안정성이 보장되지 않는 알고리즘이 무엇인지 답하고 안정성이 보장되지 않는 이유를 간략히 설명하라.

심층문제

9-1 합병 정렬과 결정적 퀵 정렬 비교

합병 정렬과 제자리, 결정적 퀵 정렬을 C 프로그램으로 구현하고 어느 쪽이 빠른지 비교 실험하라. 결정적 퀵 정렬에서 리스트의 마지막 원소를 기준원소로 사용하라. 수행시간을 측정하기 위해 C 언어의 실행시간 측정 함수를 활용하라. 중복 키들이 존재 가능한 입력 리스트를 사용해야 한다.

실행예 입력 리스트는 n = 1,000,000(PC 성능 상 불가피한 경우 증감 가능)의 배열로 하며 입력 리스트 데이터를 얻기 위해 C 언어의 난수발생 함수를 활용하라. 프로그램 구현 초기에 작은 n 값을 사용하여 정렬이 정확히 수행되는지 확인한 후, 구현 완성 단계에서 큰 n 값을 사용해야 할 것이다. 입력 리스트로 "무작위한" 것과, "거의 정렬된" 것과, "거의 역정렬된" 것을 각각 1회씩 사용, 총 세 가지의 상이한 입력에 대한 두 알고리즘의 실행예를 보여야 한다(따라서 총 6회의 정렬을 실행하게 된다). "거의 정렬된" 및 "거의 역정렬된" 입력은 응용문제 8.5.3을 참고하여 마련하라. 6회의 정렬 각각의 수행시간을 출력하라 - 이때, 수행시간 = 0 이라고 출력하지 않도록, 수행시간의 소수점 이하 자릿수들을 충분히 명세해야 한다. 정렬 전후의 리스트 내용은 양이 많은 관계 상 출력하지 않는다. 마지막에 실험의 결과에 대해 간략히 리뷰하라.

9-2 제자리 삽입 정렬과 제자리 퀵 정렬 비교

제자리 삽입 정렬과 제자리 퀵 정렬을 C 프로그램으로 구현하라. 다양한 n 에 대한 실험을 통해, 퀵 정렬이 삽입 정렬보다 빠르기 시작하는 대강의 n 값을 찾아라.

9-3 정렬 알고리즘 애니메이션

정렬 알고리즘 가운데 하나를 선택하여 C 프로그램으로 애니메이션을 구현하라. 애니메이션은 해당 정렬 알고리즘의 핵심 속성을 직관적인 방식으로 시각화해야 하며, 이 알고리즘에 익숙치 않은 사람에게 알고리즘을 설명하기 위해 텍스트 또는 사운드 역시 적절히 활용하라.

실행예 n = 20을 사용하여 1회의 실행예를 보여라. 유일 키만이 존재하는 리스트로 실행해도 무방하다. 사용자 개입 없이 약 0.5초 간격으로 정렬의 각 단계를 자동 진행하는 방식으로 보여라.

※ 참고 : 힙 정렬을 트리 형태의 애니메이션으로 구현할 경우 보너스 점수가 주어진다.

9-4* 리스트에서 중복 제거

 A를 개체들의 모음이라 하자. A를 집합으로 변환하는 효율적인 메쏘드를 작성하라. 다시 말해 A로부터 모든 중복을 삭제해야 한다. 그리고 메쏘드의 실행시간을 구하라.

예 아래 리스트 B는 리스트 A를 집합으로 변환한 것이다.

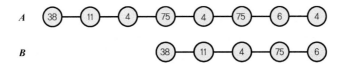

9-5* 두 리스트가 동일한지 결정

 전체 순서 관계가 정의되고 중복이 있을 수 있는 두 개의 리스트 A와 B가 주어졌다고 가정한다. A와 B가 (서로 다른 순서로라도) 동일한 원소들의 집합을 포함하는지 결정하는 효율적인 메쏘드를 작성하고 실행시간을 구하라.

예 아래 리스트 A와 B는 동일한 원소들의 집합을 포함한다.

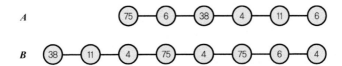

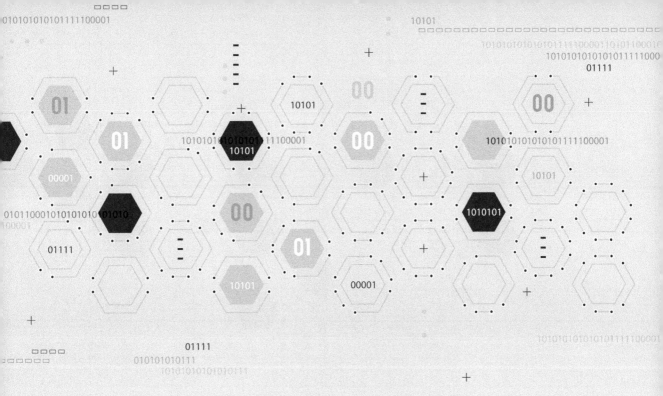

PART **III**

탐색

파트 III는 탐색을 주제로 한다.
여기서는 사전, 탐색트리, 해시테이블 등 세 개의 장이 포함된다.

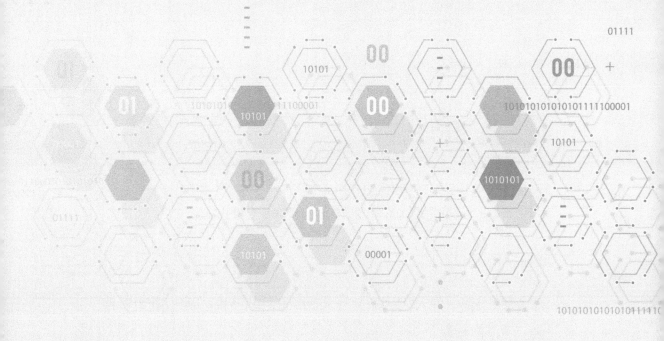

CHAPTER **10**

사전

10.1   사전 ADT

우리가 익히 알고 있는 데이터 집단에 **사전**dictionary이 있다. 이 절에서는 사전을 추상 데이터구조로 모델링한 사전 ADT의 개념과 응용에 대해 설명한다.

10.1.1 사전 ADT

사전은 영어사전, 국어사전과 같은 단어 사전을 의미하며 수많은 (단어, 설명) 쌍의 모음으로 구성되어 있다. 데이터 구성 형태의 관점에서 사전을 좀 더 광범위하게 정의하면 전화번호부, 연락처 목록, 출석부, 각종 일람표 또는 조견표 등 우리 주변의 많은 것들이 사전의 범위에 포함된다. 이들 역시 특정 사항(키)에 대해 특정 주석(원소)이 딸린 1대 1 쌍 항목들의 모임이기 때문이다. 이 장에서 말하는 사전은 광범위한 의미에서의 (키, 원소) 쌍으로 표현된 데이터 항목의 모음을 말한다. **사전 ADT**dictionary ADT는 이것을 추상 데이터구조로 모델링한 것이다.

지난 파트에서 우선순위 큐를 사용한 데이터 저장이나 리스트에 대한 정렬에 대해 다루었다. 지금까지 우리는 설명의 단순화를 목적으로 우선순위 큐나 리스트의 데이터 항목들이 키로만 구성된 것으로 전제하여 이들에 관한 작업을 수행했다. 하지만 현실적으로는 앞서 6.2절의 첫머리에서 언급했듯이 각 데이터 항목은 포인터만 저장하고 포인터는 다시 (키, 원소) 쌍 데이터를 가리키는 방식으로 구현되는 경우가 많다. 이 방식으로 데이터 구조를 확장하더라도 앞서 제시한 모든 메쏘드나 알고리즘들을 거의 그대로 적용할 수 있는 것은 물론이다. 이 장에서는 사전에 관한 작업을 구체적으로 설명하기 위해 필요하다면, 지금까지 암묵적으로 취급했던 (키, 원소) 쌍 구조를 명시적으로 취급할 것이다.

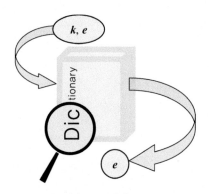

그림 10-1 사전 ADT

그림 10-1에 보인 것처럼 사전 ADT에 대한 주요 작업은 탐색, 삽입 그리고 삭제가 있다. 다시 말해 사전의 가장 주요한 기능은 키에 대한 탐색을 통해 키와 연관된 원소를 찾는데 있다. 또한, 사전에는 기존에 없던 새로운 (키, 원소) 쌍 항목이 추가될 수도 있으며 기존의 항목 중 특정 (키, 원소) 쌍 항목을 삭제할 수도 있다.

사전 ADT에는 두 종류가 있다. 데이터 항목들이 키 순서와 관계 없이 저장된 **무순사전 ADT**unordered dictionary ADT와 키 순서에 의해 정렬이 되어 저장된 **순서사전 ADT**ordered dictionary ADT다. 단어사전, 백과사전, 출석부, 성적표 등은 순서사전에 속하지만, 어떤 개인의 수첩에 기록된 친지 연락처 목록은 키(즉, 이름) 순서로 기록되지는 않으므로 무순사전이라고 할 수 있다. 하지만, 만약 주소를 추가할 때마다 해당 날짜를 기록에 포함해 작성했다면 날짜를 키로 하는 순서사전으로 볼 수도 있다.

10.1.2 사전 ADT 응용

 사전은 다양한 컴퓨터 응용성을 가진다. 직접적인 응용의 예로는 연락처 목록, 신용카드 사용승인, 인터넷주소 매핑 등이 있다. 연락처 목록은 이미 설명한 바와 같이 (이름, 주소) 항목들의 모음이다. 신용카드 사용승인이란 업소 현장에서 고객 신용카드 결제에 대한 온라인 승인을 말한다. 온라인 신용카드 서버는 전송된 카드번호를 키로 해서 서버에 저장된 (카드번호, 카드정보) 쌍 항목들의 사전을 조회하여 카드의 잔여이용한도가 충분한지 혹은 분실신고된 카드가 아닌지 등 카드정보를 확인한 후에 승인을 통보한다. 인터넷주소 매핑은 사용자가 검색창에 써넣은 호스트명(예 www.sejong.ac.kr)을 **도메인 네임 서버**Domain Name Server, DNS가 IP 주소(예 128.148.34.101)로 전환하는 것을 말한다. 도메인 네임 서버는 호스트명을 키로 해서 서버에 저장된 (호스트명, IP 주소) 쌍이 저장된 사전을 조회하여 해당 IP주소를 반환함으로써 사용자의 웹써핑을 가능하게 한다.

직접적인 응용 외에 사전은 간접적으로도 응용될 수 있다. 알고리즘 수행을 위한 보조 데이터구조라든가 다른 데이터구조를 구성하는 요소로 사용될 수 있다. 이어지는 절에서 사전 ADT에 대한 메쏘드와 구현에 대해 자세히 살펴본다.

10.2 사전 ADT 메쏘드

사전 ADT에 관한 작업은 크게 일반 메쏘드, 접근 메쏘드, 그리고 갱신 메쏘드로 나눌 수 있다.

일반 메쏘드

- integer size(): 사전의 항목 수를 반환
- boolean isEmpty(): 사전이 비어 있는지 여부를 반환

접근 메쏘드

- element findElement(k): (키, 원소) 항목들의 모음인 사전에 키 k를 가진 항목이 존재하면 해당 원소를 반환, 그렇지 않으면 특별 원소 *NoSuchKey*를 반환

갱신 메쏘드

- insertItem(k, e): 사전에 (k, e) 항목을 삽입
- element removeElement(k): 사전에 키 k를 가진 항목이 존재하면 해당 항목을 삭제하고 원소를 반환, 그렇지 않으면 특별 원소 *NoSuchKey*를 반환

10.3 사전 ADT 구현

사전을 구현하는 가장 중요한 목적은 탐색이다. 비공식적으로, **탐색** search 은 데이터 집단으로부터 특정 정보를 추출함을 말한다. 이 절에서 다룰 공식적인 의미에서의 탐색은 사전으로 구현된 데이터 집단으로부터 지정된 키를 저장한 (키, 원소) 쌍 항목을 찾아 해당 원소를 반환함을 말한다.

사전 관련 작업에 영향을 미치는 두 가지의 상이한 전제가 있다. 바로 유일 키와 중복 키 전제다. 유일 키 사전은 한 개의 키에 대해 하나의 데이터 항목만 존재하는 사전을 말한다. 예를 들면 학번, 은행계좌, login ID 등은 유일하므로 이에 연관된 데이터 항목도 하나만 존재할 것이다. 중복 키 사전은 한 개의 키에 대해 여러 개의 데이터 항목이 존재

표 10-1 사전 구현에 따른 탐색기법

구현 형태	구현 종류	예	주요 탐색기법
리스트	무순사전 ADT	기록파일	선형탐색
	순서사전 ADT	일람표	이진탐색
트리	탐색트리	이진탐색트리, AVL 트리, 스플레이 트리	트리탐색
해시테이블			해싱

하는 사전을 말한다. 예를 들어 이름, 나이, 계좌개설일자 등을 키로 한 사전은 한 개의 키에 대해 여러 개의 데이터 항목이 존재할 수 있다.

알아야 할 것은 사전을 어떻게 구현하는가에 따라 탐색의 기법이 달라진다는 점이다. 표 10-1은 사전 구현 형태에 따른 탐색기법의 차이를 요약한다. 표에 보인 구현 형태 중, 이 장에서는 리스트로 구현한 사전에 관한 내용만 다루고 트리나 해시테이블로 구현된 사전에 관한 내용은 이어지는 장에서 각각 따로 다룬다. 이어지는 절에서는 리스트로 구현된 사전에 대한 탐색 작업을 중심으로 설명한다. 리스트에 대한 데이터 항목의 삽입과 삭제는 비교적 단순하며 데이터구조 교과에서 주로 다루는 내용이므로 구체적인 설명을 생략한다.

10.3.1 무순사전 ADT

무순리스트로 구현된 사전의 대표적인 예로 **기록파일** log file이 있다. 기록파일이란 그때그때의 기록을 누적한 파일을 말한다. 서버 컴퓨터에 많은 사용자들이 로그인한 기록이나, 온라인 신용카드 사용승인 서버의 승인기록 등이 여기에 해당한다. 사전의 키에 해당하는 IP 주소나 로그인 아이디, 또는 신용카드 번호의 순서와 무관하게 기록이 누적되므로 무순리스트다. 무순리스트는 이중연결리스트 또는 원형배열 등을 이용하여 상세 구현할 수 있다. 무순리스트를 사용할 경우, 사전의 주요 작업인 탐색, 삽입, 삭제에 관한 성능은 다음과 같다.

- 삽입(insertItem)은 새로운 항목을 기존 리스트의 맨 앞 또는 맨 뒤에 삽입하면 되므로 $O(1)$ 시간이면 수행한다.
- 탐색(findElement) 및 삭제(removeElement)는 최악의 경우(항목이 존재하지 않을 경우), 주어진 키를 가진 항목을 찾기 위해 리스트 전체를 순회해야 하므로 $O(n)$ 시간을 소요한다.

다시 말해 무순리스트는 삽입이 빠른 대신 탐색과 삭제가 느린 특성을 가진다. 각 작업의 성능에 차이가 있지만 소규모 기록파일의 경우 느린 수행시간이 큰 문제가 되지 않으므로 무순리스트를 사용해도 무방하다. 하지만 서버의 로그인 기록을 저장하는 사전처럼 규모가 큰 기록파일의 경우 무순리스트를 사용하는 것이 유리하다. 일반적으로 서버에는 접속자가 많으므로 로그인 기록 삽입은 빈번하지만, 로그인 기록을 탐색하거나 삭제하는 일은 드물다. 무순리스트에 대한 삽입은 빠르지만 탐색이나 삭제가 느린 점을 고려할 때, 무순리스트의 사용이 유리한 것이다.

■ 선형탐색

 아래 알고리즘 findElement는 무순리스트 사전에 대한 탐색을 수행한다. findElement 작업은 사전에 대해 지정된 키 k에 관한 **선형탐색** linear search을 수행하여 k를 가진 원소를 반환한다. 알고리즘 isValid(i)는 위치 i가 리스트 L의 적법한 위치인지 여부를 반환한다. 적법성 판단은 L의 상세 구현에 따라 다르다. isValid를 포함한 사전 메쏘드들의 내용 작성은 연습문제에서 다룬다.

```
Alg findElement(k)              {generic}
    input  list L, key k
    output  element with key k

1. L.initialize(i)
2. while (L.isValid(i))
       if (L.key(i) = k)
           return  L.element(i)
       else
           L.advance(i)
3. return  NoSuchKey
```

알고리즘 findElement의 성능을 분석하자. 입력 크기, 즉 사전 항목의 수를 n이라 하면 최악의 경우는 찾고자 하는 키가 리스트의 맨 뒤에 있거나 아예 없는 경우다. 따라서 $O(n)$ 시간에 수행한다. 주어진 리스트에 대해 읽기 접근만 수행하므로 기억공간 소요량은 $O(1)$이다.

10.3.2 순서사전 ADT

순서리스트로 구현된 사전의 대표적인 예로 **일람표** lookup table가 있다. 일람표란 다수의 항목을 일목요연하게 순서대로 정리한 기록을 말한다. 이와 같은 순서리스트는 키 순서에 의해 정렬하여 배열에 기초한 리스트에 저장할 수 있다. 이 경우 순서리스트의 주요 작업인 탐색, 삽입, 삭제를 위한 시간 성능은 다음과 같다.

- 탐색(findElement)은 이진탐색을 사용하면 $O(\log n)$ 시간에 수행한다.
- 삽입(insertItem)은 새로운 항목을 삽입하기 위한 공간 확보를 위해 최악의 경우 n개의 기존 항목들을 이동해야 하므로 $O(n)$ 시간을 소요한다.
- 삭제(removeElement)는 항목이 삭제된 공간을 기존 항목들로 메꾸기 위해 최악의 경우 n개의 기존 항목들을 이동해야 하므로 $O(n)$ 시간을 소요한다.

정리하면, 순서리스트는 무순리스트와는 달리 탐색이 빠른 대신 삽입과 삭제가 느린 특성을 가진다. 소규모 일람표를 구현하는 데는 무순리스트나 순서리스트 중 어느 것이든 별 상관이 없다. 소규모인 만큼 수행시간 면에서 별 차이가 없기 때문이다. 하지만 신용카드 사용승인을 위한 사전처럼 규모가 큰 일람표의 경우 순서리스트를 사용하는 것이 유리하다. 이 사전에 대해 카드 사용승인을 위한 탐색은 빈번하지만 신규 발급으로 인해 카드 항목을 삽입하거나 탈퇴나 유효기간 만료로 인해 기존 카드 항목을 삭제하는 일은 상대적으로 드물다. 또 다른 형태의 사전인 온라인 전화번호부도 마찬가지다. 전화번호를 찾는 일에 비해 새 전화번호를 삽입하거나 기존 번호를 삭제하는 일은 상대적으로 드물다. 따라서 이런 사전에는 탐색은 빠르지만 삽입이나 삭제가 느린 순서리스트를 사용하는게 유리한 것이다.

아래 알고리즘 findElement는 순서리스트 사전에 대한 탐색을 위한 버전이다. 앞서 findElement와 마찬가지로 선형탐색을 수행하지만 실패가 예정된 선형탐색의 경우 조기 실패가 보장된다. 그 이유는, 앞서 무순리스트의 경우 키가 나타날 때까지 항상 마지막 데이터 항목까지 탐색해야 하는 것에 비해, 순서리스트의 데이터 항목들은 키 순서로 저장되어 있으므로 선형탐색 과정에서 키가 나타나야 할 지점을 지나친 순간 탐색 실패를 결정하고 종료할 수 있기 때문이다(명령문 2행의 elsief 절 참고). 그렇다고 하더라도 점근적으로는 여전히 $O(n)$ 최악실행시간을 소요한다.

```
Alg  findElement(k)              {generic}
   input  list L, key k
   output  element with key k


1. L.initialize(i)
2. while  (L.isValid(i))
     if  (L.key(i) = k)
         return  L.element(i)
     elseif  (L.key(i) > k)
         return  NoSuchKey
     else
         L.advance(i)
3. return  NoSuchKey
```

■ 이진탐색

방금 설명한 findElement 버전 대신 순서사전에 대한 유력한 탐색 전략이 있다. 바로 이진탐색이다. **이진탐색** binary search은 키로 정렬되고 배열에 기초한 리스트로 구현된 사전에 대해 탐색 작업을 수행한다. 아래 주어진 알고리즘 findElement의 이진탐색 버전은 재귀알고리즘이다. 재귀할 때마다 탐색 범위가 절반으로 줄어든다. 따라서 입력 크기의 로그 수에 해당하는 수의 재귀를 수행한 후 정지한다. 재귀알고리즘 rFindElement는 명령문 2행에서 배열첨자를 이용하여 탐색 범위의 중간 위치를 찾아낸다. 명령문 3행에서 탐색 키와 중간 위치의 키를 비교하여 그 결과에 따라 왼쪽 또는 오른쪽 절반에 대해 탐색을 계속한다. 명령문 1행은 계속적인 이등분으로 인해 탐색 범위가 줄어들다가 결국 비게 되었는지 검사하여 만약 비어 있으면 **NoSuchKey**를 반환한다. **NoSuchKey**는 탐색의 실패를 의미하는 특별 원소다.

```
Alg  findElement(k)              {driver}
   input  sorted array A[0..n − 1], key k
   output  element with key k


1. return  rFindElement(k, 0, n − 1)
```

```
Alg  rFindElement(k, l, r)                    {recursive}
1. if  (l > r)
      return  NoSuchKey
2. mid ← (l + r)/2
3. if  (k = key(A[mid]))
      return  element(A[mid])
   elseif  (k < key(A[mid]))
      return  rFindElement(k, l, mid - 1)
   else  {k > key(A[mid])}
      return  rFindElement(k, mid + 1, r)
```

그림 10-2는 무순리스트에 대해 findElement(7)을 호출한 이진탐색의 수행 예다. 그림에서 굵은 테두리로 표시된 원소는 탐색 범위를 이등분한 중앙의 원소를 나타내며 옅은 배경의 원소들은 탐색 범위를, 짙은 배경의 원소들은 탐색에서 제외된 원소들을 나타낸다.

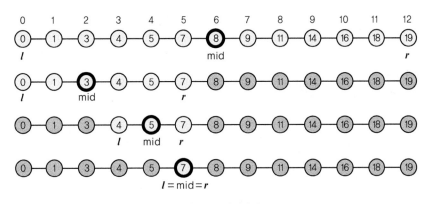

그림 10-2 이진탐색

이진탐색의 성능을 분석해 보자. 입력된 순서리스트가 배열로 구현됐을 때 총 비교 횟수는 최악의 경우 $O(\log n)$이다. 따라서 $O(\log n)$ 시간에 수행한다. 만약 순서리스트가 연결리스트로 구현되었다면 이진탐색으로 얻는 이득은 없다. 연결리스트로 구현된 경우, 가운데 위치로 접근하는 데만 $O(n)$ 시간 소요되므로 전체적으로 $O(n)$ 시간에 수행하기 때문이다.

이 절을 마치면서 이진탐색이 강력한 탐색 전략임을 잘 드러낼 수 있는 예로 스무고개를 고려해 보자. 스무고개에서 문제를 내는 이는 예/아니오 대답을, 문제를 푸는 이는 양자택일식의 질문을 한다. 처음엔 그저 수많은 동물이나 식물 가운데 하나를 맞추라는 식으로 문제가 주어지므로 질문 초기에는 정답 후보에 대한 고려범위가 매우 넓다. 만약 문제를 푸는 이가 현명한 질문을 통해 고려범위를 이등분해나간다고 가정하자. 20회의 문답에서 고려범위를 매번 1/2로 줄여간다면, 처음에 $2^{20} \approx 1{,}000{,}000$개의 후보 집단에서 출발하더라도 20회의 이등분에 의해 단 하나의 후보로 압축될 것이다. 어떤 동물이나 식물이든 약 1,000,000개의 후보 집단에 충분히 포함될 것이므로 정답을 맞추는 것이 보장된다(물론, 문제를 푸는 이가 대략 이등분이 가능한 질문을 20번 연속하여 생각해내는 것을 전제로 한다).

앞서 7장에서 분할통치법을 공부했다. 분할통치에서도 원문제를 이등분하여 두 개의 부문제로 나누는 것을 계속해가면서 해결을 시도한다. 이진탐색과 매우 비슷하지 않은가? 분할통치와 이진탐색은 어떤 점이 다를까? 분할통치법에서는 이등분된 두 개의 범위를 모두 고려해야 했다(심마니 작전에서 관우와 장비 둘 다 임무 수행을 했던 것을 상기하자). 하지만 이진탐색에서는 두 개의 범위 중 한 쪽은 고려 대상에서 배제되고 다른 한 쪽만 고려 대상으로 남는다. 이러한 절반에 대한 배제는 시종일관 계속된다. 따라서 전체적인 작업 수행 양이 분할통치에 비해 현저히 작다.

10.4   응용문제

이 절에서는 사전 ADT에 관련된 다양한 응용문제를 해결함으로써 사전 ADT, 선형탐색, 그리고 이진탐색에 대해 익숙해지도록 한다. 여기서 다룰 문제들은 다음과 같다.

- 교차 선분
- 단일모드 배열의 최대 원소
- 배열의 두 수 덧셈
- 두개의 사전에서 k-번째 작은 키

10.4.1 교차 선분

n개의 선분이 있다. 각 선분 i는 양끝점 s_i와 e_i의 수평축 값을 나타내는 실수 쌍 (s_i, e_i)로 표현되며 s_i와 e_i는 모두 유일하다. 교차하는 선분들이 있는지 찾아보고, 몇 번이나 교차하는지 구하고, 교차하는 선분들의 쌍 (i, j)의 집합을 구하는 알고리즘을 작성하라.

※ 힌트 : $O(n \log n)$ 시간에 수행하는 정렬 함수 sort가 사용 가능하다고 전제하라.

※ 참고 : 각 선분을 현재 운항 중인 항공편으로, 선분의 시작과 끝을 항공편의 출발과 도착 시각으로 본다면, 이 문제는 운항 시간이 겹치는 항공편들의 모든 쌍을 구하는 문제가 된다. 마찬가지로, 각 선분을 특정 서버에 접속했던 사용자로, 선분의 시작과 끝을 접속자의 로그인과 로그아웃 시각으로 본다면, 이 문제는 접속 시간이 겹치는 접속자들의 모든 쌍을 구하는 문제가 된다.

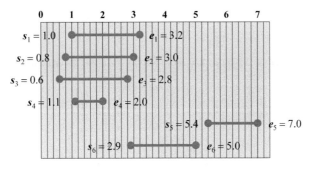

그림 10-3 6개의 교차 선분

예　그림 10-3에 보인 6개의 선분에는 다음 8개의 교차 쌍이 있다.

(1, 2) (1, 3) (1, 4) (2, 3) (2, 4) (3, 4) (1, 6) (2, 6)

■ 해결

사전의 개념과 사전 관련 작업에 관한 이해를 돕기 위한 비교적 고난도 문제다. 해결은 다음과 같다.

1. 먼저, 각 선분에 대해 시작(Start)과 끝(End), 두 개의 이벤트를 설정한다. 주어진 예에서는 6개의 선분이 각각 시작하고 끝나므로 모두 12개의 이벤트가 있다.

2. n개의 선분에 대한 $2n$개의 이벤트를 좌표를 기준으로 정렬하여 사전을 생성한다. 사전의 각 항목은 이벤트로써 ((좌표, 이벤트코드), 선분 ID) 쌍으로 구성된

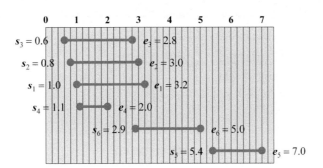

그림 10-4 좌표순으로 정렬된 12개의 이벤트

다. 이벤트코드는 S(tart) 또는 E(nd)이며, 좌표는 S의 경우 시작점, E의 경우 끝점이다. 선분 ID는 각 선분의 고유 번호 *i*를 말한다. 그림 10-4는 주어진 예에 대해 좌에서 우로 이벤트들이 좌표순으로 정렬된 것이다(12개의 검은 점이 이벤트를 표시한다). 정렬된 이벤트들은 다음과 같다.

((0.6 S) 3), ((0.8 S) 2), ((1.0 S) 1), ((1.1 S) 4), ((2.0 E) 4), (((2.8 E) 3), ((2.9 S) 6), ⋯

3. 이벤트 사전을 접근하여 좌표에 의해 정렬된 2*n*개의 이벤트들을 차례로 처리한다.

   • 선분의 시작 이벤트에서는

   {교차 선분 쌍} ← {교차 선분 쌍} ∪ {(열린 선분, 현재 선분)}

   {열린 선분} ← {열린 선분} ∪ {현재 선분}

   • 선분의 끝 이벤트에서는

   {열린 선분} ← {열린 선분} − {현재 선분}

4. 모든 이벤트에 대한 처리가 끝나면 {교차 선분 쌍}을 반환한다.

알고리즘 findIntersectingSegments는 위에 설명한 절차들을 수행한다.

Alg *findIntersectingSegments(n)*

    input *n* line segments with start and end coordinates each

    output intersecting segments

1. *D* ← *build a dictionary of 2n events of* ((***coordinate***, ***eventcode***), ***ID***) *pairs sorted by* ***coordinate***, *where an* ***eventcode*** *is either* ***S****(tart) or* ***E****(nd), and the* ***coordinate*** *is a real number*   {$O(n \log n)$}

2. *interSegments*, *openSegments* ← ∅

3. **for each** *e* ∈ *D*   {$O(n)$}

    if (*e*.eventcode = **S**)

        for each *s* ∈ *openSegments*   {$O(n^2)$}

            interSegments ← *interSegments* ∪ {(*s*, *e*.**ID**)}

        openSegments ← *openSegments* ∪ {*e*.**ID**}

    else {*e*.eventcode = **E**}

        openSegments ← *openSegments* − {*e*.**ID**}

4. **return** *interSegments*

                                        {Total $O(n^2)$}

아래 표 10-2는 알고리즘 findIntersectingSegments가 주어진 예에 대해 12개의 이벤트를 처리하는 과정을 차례로 보인다.

표 10-2 알고리즘 수행 과정

e(vent)	coordinate	openSegments	openSegments 수	interSegments 수	interSegments
s_3	0.6	$\{s_3\}$	1		$\{\}$
s_2	0.8	$\{s_3, s_2\}$	2	+1	$\cup\{(3,2)\}$
s_1	1.0	$\{s_3, s_2, s_1\}$	3	+2	$\cup\{(3,1)(2,1)\}$
s_4	1.1	$\{s_3, s_2, s_1, s_4\}$	4	+3	$\cup\{(3,4)(2,4)(1,4)\}$
e_4	2.0	$\{s_3, s_2, s_1\}$	3		
e_3	2.8	$\{s_2, s_1\}$	2		
s_6	2.9	$\{s_2, s_1, s_6\}$	3	+2	$\cup\{(2,6)(1,6)\}$
e_2	3.0	$\{s_1, s_6\}$	2		
e_1	3.2	$\{s_6\}$	1		
e_6	5.0	$\{\}$	0		
s_5	5.4	$\{s_5\}$	1		
e_5	7.0	$\{\}$	0		

10.4.2 단일모드 배열의 최대 원소

어떤 배열 $A[0..n-1]$의 원소가 계속 증가하다가 계속 감소하는 원소들로 구성되어 있을 경우 배열 A를 **단일모드**unimodal라고 한다. 구체적으로, 다음을 만족하는 배열 A의 첨자 m이 존재하는 경우를 말한다.

- 모든 $0 \le i < m$에 대해 $A[i] < A[i+1]$
- 모든 $m \le i < n$에 대해 $A[i] > A[i+1]$

$A[m]$은 최대 원소가 되며, 자신보다 작은 원소들(즉, $A[m-1]$과 $A[m+1]$)로 둘러싸인 단 하나의 **지역 최대**local maximum 원소가 된다. 주어진 단일모드 배열 $A[0..n-1]$의 최대 원소를 $O(\log n)$ 시간에 찾는 알고리즘을 작성하라.

예 그림 10-5의 배열 A는 단일모드 배열이며 배열 A의 최대원소는 $A[5] = 41$이다.

A

0	1	2	3	4	5	6	7	8
-21	8	12	13	35	41	23	20	17

그림 10-5 단일모드 배열

■ 해결

이진탐색을 응용하는 문제다. 단일모드 배열의 정의에 의해, $0 \le i < n$ 에 대해 $A[i] < A[i+1]$ 이거나 $A[i] > A[i+1]$ 이다. 이 두 가지 경우를 구분하는 데만 집중하면 된다. 만약 $A[i] < A[i+1]$ 이면 $A[0..n-1]$의 최대 원소는 $A[i+1..n-1]$에 존재한다. 반대로, 만약 $A[i] > A[i+1]$ 이면 $A[0..n-1]$의 최대 원소는 $A[0..i]$에 존재한다. 알고리즘 findMaxOfUnimodalArray 는 이 과정을 반복적으로 수행하여 단일모드 배열 $A[0..n-1]$의 최대 원소를 찾는다. 이 진탐색과 유사한 절차로 수행하므로 알고리즘의 실행시간은 $O(\log n)$이다. 단일모드 배열에 관한 응용은 심층문제에서 다시 다룬다.

Alg *findMaxOfUnimodalArray(A, n)*
   input unimodal array *A* of size *n*
   output the maximum element of *A*

1. $a \leftarrow 0$
2. $b \leftarrow n - 1$
3. **while** $(a < b)$
    $mid \leftarrow (a+b)/2$
    if $(A[mid] < A[mid+1])$
       $a \leftarrow mid+1$
    if $(A[mid] > A[mid+1])$
       $b \leftarrow mid$
4. **return** $A[a]$

10.4.3 배열의 두 수 덧셈

정수가 아닐 수도 있는 수들의 무순배열 $A[0..n-1]$가 있다. A의 원소는 중복이 있을 수 있다. 역시 정수가 아닐 수도 있는 주어진 수 s에 대해, $A[i_1] + A[i_2] = s$ 를 만족하는 (i_1, i_2) 첨자 쌍을 찾는 알고리즘을 의사코드로 작성하라. 그런 쌍이 여러 개 있더라도 하나만 찾으면 된다. 알고리즘은 $O(n^2)$보다 빨라야 한다.

※ 전제 : $O(n \log n)$ 시간에 수행하는 정렬 함수 sort의 사용이 가능하다.

예 그림 10-6은 배열 A와 다양한 s값에 대한 알고리즘의 수행 예다.

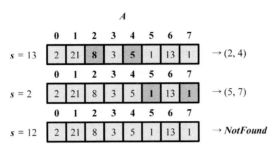

그림 10-6 배열로부터 두 수의 합산

■ 해결

사전의 개념과 이진탐색에 대한 이해를 돕기 위한 문제다. 우선, 아래 알고리즘 buildDictionaryForPairs를 수행하여 배열로부터 순서사전 **D**를 만든다. 생성된 사전 **D** 의 각 항목은 (**A** 배열원소, **A** 배열첨자)로 이루어진 키-원소 쌍이다. 다음, 알고리즘 findIndexPair 알고리즘을 수행하여 배열의 각 원소를 순회하면서 각 원소의 대응수(즉, 더해서 **s**가 되는 수)를 사전에서 이진탐색에 의해 찾는다. 이 작업을 마지막 배열 원소에 대해서까지 수행하여 못 찾으면 실패를 반환한다.

Alg *buildDictionaryForPairs*(*A*)
    input array $A[0..n-1]$ of numbers
    output an ordered dictionary *D* with ($A[i]$, *i*) pairs for *i* in $0..n-1$, i.e., maps
                numbers in *A* to the indices of the numbers

1. **for** *i* ← 0 **to** *n* − 1   {**O**(*n*)}
        D.insertItem($A[i]$, *i*)
2. **return** *sort*(*D*)   {**O**(*n* log *n*)}
                                      {Total **O**(*n* log *n*)}

Alg *findIndexPair*(**A**, **s**)
    input array $A[0..n-1]$ of numbers, number **s**
    output an index pair (i_0, i_1), s.t. $A[i_0]+A[i_1] = s$

  1. $D \leftarrow buildDictionaryForPairs(A)$ {**O**(**n** log **n**)}
  2. **for** $i \leftarrow 0$ **to** $n-1$ {**O**(**n**)}
      $s' \leftarrow s - A[i]$
      $j \leftarrow D.findElement(s')$ {**O**(**n** log **n**)}
      if $(j \neq NoSuchKey)$
         return i, j
  3. **return** *NotFound*

                                        {Total **O**(**n** log **n**)}

그림 10-7은 (a) 알고리즘 buildDictionaryForPairs를 수행하여 배열 *A*로부터 생성된 사전 **D**의 예와 (b) 생성된 사전 **D**를 이용하여 *s* = 13인 경우, *i* = 2에 대해 *A*[2] = 8의 대응수 5의 첨자 *j* = 4를 찾는 예다. 사전을 만드는 데 **O**(**n** log **n**) 시간이 소요되며 각 배열 원소에 대한 이진탐색에 **O**(log **n**) 시간이 소요되지만 모든 원소에 대해 이를 수행하므로 **O**(**n** log **n**) 시간이 소요된다. 따라서 알고리즘은 전체적으로 **O**(**n** log **n**) 시간에 수행한다.

이 문제에서는 주어진 수를 만들기 위한 두 개의 첨자 쌍을 찾는 문제를 다뤘다. 심층 문제에서는 이를 확장하여 둘 이상 여러 개의 첨자를 결합하여 주어진 합을 만드는 문제를 다룬다.

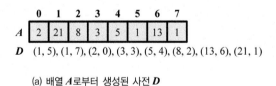

(a) 배열 **A**로부터 생성된 사전 **D**

s = 13인 경우, *i* = 2에 대해

(b) 사전 **D**를 이용한 대응수 첨자 찾기

그림 10-7 (a~b) 사전 생성과 대응수 첨자 찾기

10.4.4 두 개의 사전에서 k-번째 작은 키

두 개의 순서사전 **S**와 **T**가 있다. **S**와 **T** 모두 **n**개의 항목으로 구성되었으며 배열에 기초한 순서리스트로 구현되어 있다. **S**와 **T** 전체에서 **k**-번째 작은 키를 찾는 **O**(log **n**)-시간 알고리즘을 의사코드로 작성하라.

※ 전제 : **S**와 **T** 전체에 중복 키는 없다.

■ 해결

이진탐색에 대한 심도있는 이해를 기초로 한 응용문제로 비교적 고난도에 속한다. 사전 **S**와 **T** 각각에 대한 이진탐색을 병행하면서 고려범위를 축소해나가는 방식으로 해결해야 한다. 그림 10-8 (a~j)를 보면서 해결 전략을 이해하자.

(a) 초기에는 **S**와 **T**의 전체 구역에 목표 키가 존재할 가능성이 있으므로 전체 구역을 고려범위에 포함한다(고려범위는 짙게 표시되어 있다).

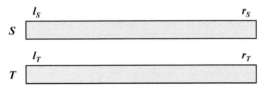

그림 10-8 (a) 초기

(b) 재귀가 시작되면 **S**와 **T**를 각각 이등분하여 그림과 같이 전체를 4개의 구역, S_L, S_R, T_L, T_R로 나누어 고려한다. 고려 내용은 **k**와 S_L과 T_L 두 구역을 합한 크기를 비교한 결과 =, < , > 각 경우마다 다시 ***mid**$_S$*와 ***mid**$_T$*의 키를 비교하여 4개 구역 가운데 고려 대상에서 제외할 구역을 찾는 것이다.

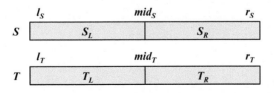

그림 10-8 (b) mid_S ← $(l_S + r_S)/2$, mid_T ← $(l_T + r_T)/2$

(c) 첫 번째 경우로, k가 S_L과 T_L을 더한 크기와 같은 $k = |S_L| + |T_L|$ 인 경우 양쪽의 중앙 키를 비교한다. 만약 $key(S[mid_S]) < key(T[mid_T])$ 이면, 목표 키는 S_R, T_L 을 합한 구역에서 $k - |S_L|$ 번째 큰 키다. 고려범위에서 제외되는 구역들은 흰색 으로 표시되었다.

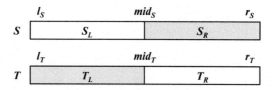

그림 10-8 (c) $k = |S_L| + |T_L|$, $key(S[mid_S]) < key(T[mid_T])$

(d) $key(S[mid_S]) > key(T[mid_T])$ 이면, 목표 키는 S_L, T_R을 합한 구역에서 $k - |T_L|$ 번 째 큰 키다.

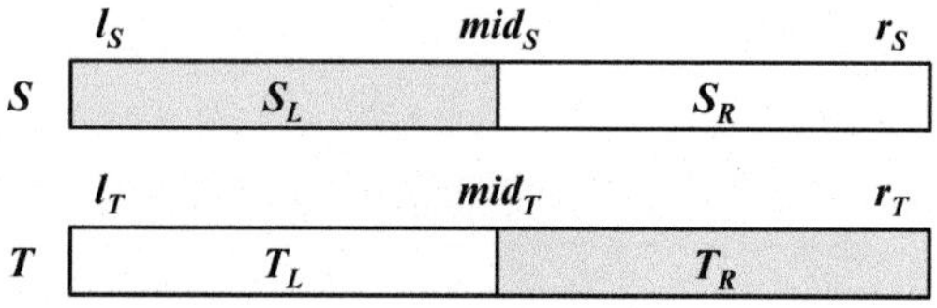

그림 10-8 (d) $k = |S_L| + |T_L|$, $key(S[mid_S]) > key(T[mid_T])$

(e) 두 번째 경우로 k가 S_L과 T_L을 더한 크기보다 작은 $k < |S_L| + |T_L|$ 인 경우 양쪽 의 중앙 키를 비교한다. 만약 $key(S[mid_S]) < key(T[mid_T])$ 이면, 목표 키는 S_L, S_R, T_L을 합한 구역에서 k번째 큰 키다.

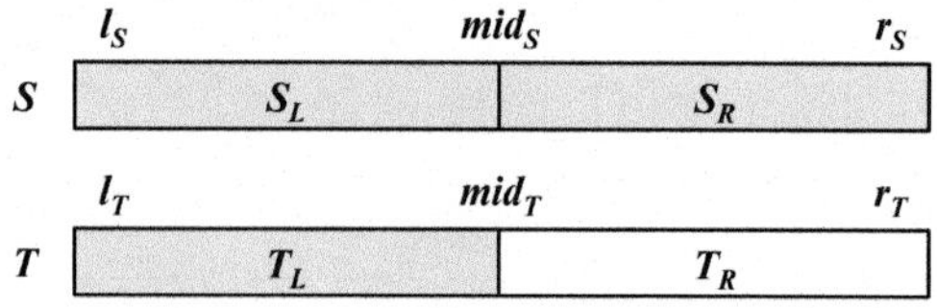

그림 10-8 (e) $k < |S_L| + |T_L|$, $key(S[mid_S]) < key(T[mid_T])$

(f) $key(S[mid_S]) > key(T[mid_T])$ 이면, 목표 키는 S_L, T_L, T_R 을 합한 구역에서 k번 째 큰 키다.

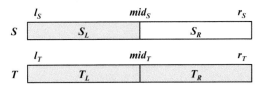

그림 10-8 (f) k < |S$_L$| + |T$_L$|, key(S[mid$_s$]) > key(T[mid$_T$])

(g) 마지막 세 번째 경우로, k가 S_L과 T_L을 더한 크기보다 큰 $k > |S_L| + |T_L|$ 인 경우 양쪽의 중앙 키를 비교한다. 만약 $key(S[mid_S]) < key(T[mid_T])$ 이면, 목표 키는 S_R, T_L, T_R 을 합한 구역에서 $k - |S_L|$ 번째 큰 키다.

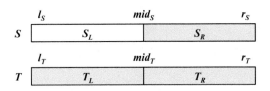

그림 10-8 (g) k > |S$_L$| +| T$_L$|, key(S[mid$_s$]) < key(T[mid$_T$])

(h) $key(S[mid_S]) > key(T[mid_T])$ 이면, 목표 키는 S_L, S_R, T_R 을 합한 구역에서 $k - |T_L|$ 번째 큰 키다.

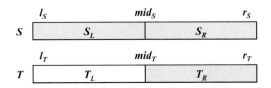

그림 10-8 (h) k > |S$_L$| + |T$_L$|, key(S[mid$_s$]) > key(T[mid$_T$])

[i] 재귀의 베이스 케이스는 S나 T 가운데 어느 한쪽이 먼저 비게 되는 경우다. $l_S >$ r_S 이면 S가 빈 것이고, $l_T > r_T$ 이면 T가 빈 것이다. 이 경우에는 비어 있는 쪽의 반대쪽 구역에서 k번째 원소를 찾아 반환함으로써 종료한다.

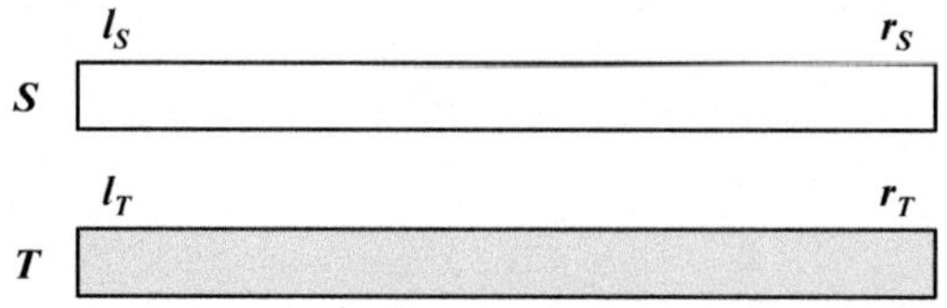

(i) $l_S > r_S$

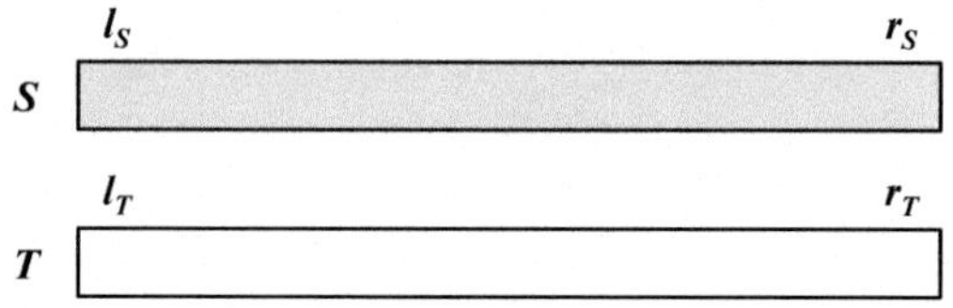

(j) $l_T > r_T$

그림 10-8 (i~j) 재귀의 베이스 케이스

알고리즘 findKth는 그림 10-8 (a~j)에서 설명한 내용을 수행한다.

Alg *findKth*(k)   {driver}
   input sorted array $S[0..n-1]$, $T[0..n-1]$, integer k
   output k-th smallest key in $S \cup T$

1. **return** *rFindKth*(k, 0, $n-1$, 0, $n-1$)

Alg *rFindKth*(k, l_S, r_S, l_T, r_T)   {recursive}
    input sorted array $S[l_S..r_S]$, $T[l_T..r_T]$, integer k, index l_S, r_S, l_T, r_T
    output k-th smallest key in $S[l_S..r_S] \cup T[l_T..r_T]$

1. **if** ($l_S > r_S$)
    return $key(T[l_T + k - 1])$
2. **if** ($l_T > r_T$)
    return $key(S[l_S + k - 1])$
3. $mid_S \leftarrow (l_S + r_S)/2$
4. $mid_T \leftarrow (l_T + r_T)/2$
5. $|S_L| \leftarrow mid_S - l_S + 1$
6. $|T_L| \leftarrow mid_T - l_T + 1$
7. **if** ($k = |S_L| + |T_L|$)
    if ($key(S[mid_S]) < key(T[mid_T])$)
        return *rFindKth*($k - |S_L|, mid_S + 1, r_S, l_T, mid_T$)
    else {$key(S[mid_S]) > key(T[mid_T])$}
        return *rFindKth*($k - |T_L|, l_S, mid_S, mid_T + 1, r_T$)
  elseif ($k < |S_L| + |T_L|$)
    if ($key(S[mid_S]) < key(T[mid_T])$)
        return *rFindKth*($k, l_S, r_S, l_T, mid_T - 1$)
    else {$key(S[mid_S]) > key(T[mid_T])$}
        return *rFindKth*($k, l_S, mid_S - 1, l_T, r_T$)
  else {$k > |S_L| + |T_L|$}
    if ($key(S[mid_S]) < key(T[mid_T])$)
        return *rFindKth*($k - |S_L|, mid_S + 1, r_S, l_T, r_T$)
    else {$key(S[mid_S]) > key(T[mid_T])$}
        return *rFindKth*($k - |T_L|, l_S, r_S, mid_T + 1, r_T$)

제시한 해결 전략은 **S**, **T** 두 사전을 항상 4개의 구역으로 나누어 고려한다. 그렇다고 해서 이 전략을 4진 탐색에 기초한 전략이라고 말하기에는 부적당하다. 4진 탐색이란 반복적으로 리스트를 4등분하여 이 가운데 일부를 고려범위에서 제외해 나가는 방식이다. 하지만 본 문제해결에 제시한 전략에서는 각 리스트가 절반으로 나뉘어 고려되므로 이진탐색 전략에 기초하는 것이다.

요약

- 사전 ADT는 (키, 원소) 쌍으로 구성된 데이터 항목의 집단을 모델링한다.
- 사전 ADT에 대한 주요 작업은 탐색, 삽입 그리고 삭제가 있다.
- 사전 관련 작업에 영향을 미치는 두 가지의 상이한 전제로는 유일 키와 중복 키 두 가지가 있다.
- 기록파일로 대표되는 무순사전 ADT는 삽입이 빠른 대신 탐색과 삭제가 느린 특성을 가진다. 무순사전에 대해서는 선형탐색을 수행한다.
- 일람표로 대표되는 순서사전 ADT는 탐색이 빠른 대신 삽입과 삭제가 느린 특성을 가진다. 순서사전에 대해서는 이진탐색을 수행할 수 있다.
- 배열로 구현된 순서리스트에 대한 이진탐색은 최악의 경우 $O(\log n)$시간에 수행한다.

연습문제

10-1 findElement의 특정 버전

무순리스트에 대한 선형탐색 알고리즘 findElement의 배열 버전과 연결리스트 버전을 각각 의사코드로 다시 작성하라.

10-2 findElement의 부알고리즘

이번엔 무순리스트와 순서리스트에 대한 선형탐색 알고리즘 findElement를 그대로 사용한다는 전제 하에, findElement가 호출하는 아래의 보조 메쏘드들을 배열과 연결리스트 버전으로 각각 의사코드로 작성하라.

- key(i)
- element(i)
- initialize(i)
- isValid(i)
- advance(i)

10-3 비재귀적 이진탐색

크기 n인 순서배열 A에서 키 k를 가지는 원소를 찾는 findElement(k)의 비재귀 버전을 의사코드로 작성하라.

10-4 순서배열의 두 수 덧셈

정수가 아닐 수도 있는 수들의 순서배열 $A[0..n-1]$이 있다. A의 원소는 중복이 있을 수 있다. 역시 정수가 아닐 수도 있는 주어진 수 s에 대해, $A[i_1]+A[i_2] = s$ 를 만족하는 i_1, i_2를 찾는 알고리즘을 의사코드로 작성하라. 알고리즘은 $O(n^2)$ 시간보다 빨리 수행되어야 한다. 참고로 앞서 응용문제에서는 무순배열에 대해 다루었다.

예 배열 A에서 주어진 s에 대해 첨자 쌍을 반환하는 예다.

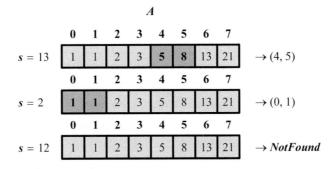

10-5 두 개의 키 범위 내의 원소들

n개의 유일한 키로 이루어진 배열 A로 순서사전을 구현했다. 주어진 두 개의 키 k_1과 k_2에 대해, 사전의 키들 중 $k_1 \le k \le k_2$ 를 만족하는 키 k의 원소들을 반환하는 $O(\log n + s)$-시간 알고리즘을 의사코드로 작성하라. 여기서 s는 반환되는 원소의 수다.

※ 주의 : k_1과 k_2 가운데 하나 또는 모두가 사전에 존재하지 않을 수도 있다.

예 아래 순서사전에서 $k_1 = 7$, $k_2 = 22$ 인 경우 키 9, 15, 22 원소들을 반환한다.

	0	1	2	3	4	5	6	7
A	1	4	6	9	15	22	33	37

심층문제

10-1* 이진탐색을 병행하는 삽입 정렬

삽입 정렬 알고리즘 insertionSort는 정렬의 각 패스에서, 리스트의 정렬된 부분(즉, 우선순위 큐 부분)을 선형탐색한다. 이 선형탐색을 이진탐색으로 대체하여 $O(\log n)$ 탐색 시간을 성취하는 것을 고려해 볼 수 있다. 이러한 접근이 과연 알고리즘 insertionSort의 전체 수행시간을 향상시킬 수 있는지에 대해 설명하라.

10-2* 자기조정 리스트

자기조정 리스트 self-adjusting list란 보통의 리스트와 달리, 삽입은 리스트의 맨 앞에서만 이루어지고, 원소가 findElement에 의해 접근될 경우 해당 원소를 리스트의 맨 앞으로 이동시킨다. 이때 기존 원소들의 상대적 순서를 변경하지 않는다. 접근 빈도가 상이한 원소들의 리스트를 자기조정 리스트로 구현하면 접근 빈도가 높은 원소들이 리스트의 앞쪽에 놓이게 된다. 이와 같은 자기조정 리스트는 인터넷 검색어 추천 등에서 응용될 수 있다. 자기조정 리스트를 다음 방식으로 구현할 경우 각각에 대한 메쏘드 insertItem과 findElement를 의사코드로 작성하라.

* 배열
* 연결리스트

10-3* 순서배열에서 동일 키를 가진 원소들

순서배열 A로 구현된 중복 키 사전이 있다. A에 대해 findAllElements(k) 작업을 수행할 알고리즘을 의사코드로 작성하고 C 프로그램으로 구현하라. 알고리즘은 $O(\log n + s)$ 시간에 수행해야 한다. 여기서 n은 A의 원소 수며 s는 알고리즘에 의해 반환된 항목들의 수다. $n = 30$, $s = 5$ 인 경우에 대한 프로그램의 실행 결과를 출력하라.

※ 전제 : 중복 키 원소들이 반환되는 순서는 중요하지 않다.

10-4* 비트행렬에서 1의 수 세기

$n \times n$ 배열 A의 각 행이 1과 0으로만 구성되며 A의 어느 행에서도 1들이 0들보다 먼저 나타난다고 가정한다. A가 이미 메모리에 탑재되어 있다고 전제하고, A에 존재하는 1의 수를 $O(n \log n)$ 시간에 세어 반환하는 알고리즘 countOnes(A, n)를 의사코드로 작성하

고 C 프로그램으로 구현하라.

예 아래 그림의 8×8 배열 A에는 모두 34개의 1이 있다.

　※ 힌트 : 4 + 5 + 1 + 8 + 4 + 0 + 7 + 5 = 34

	0	1	2	3	4	5	6	7
0	1	1	1	1	0	0	0	0
1	1	1	1	1	1	0	0	0
2	1	0	0	0	0	0	0	0
3	1	1	1	1	1	1	1	1
4	1	1	1	1	0	0	0	0
5	0	0	0	0	0	0	0	0
6	1	1	1	1	1	1	1	0
7	1	1	1	1	1	0	0	0

A

실행예 위에 주어진 $n = 8$ 예를 포함, $n = 10$과 $n = 12$ 예를 사용한 프로그램의 실행 결과
　를 출력하라.

　※ 주의 : 알고리즘 countOnesButSlow는 배열 A 내의 1의 수를 세기는 하지만 $O(n \log n)$ 시간이 아닌
　　　　$O(n^2)$ 시간에 수행한다. 아래 그림에 보인 것처럼 배열의 모든 행을 선형탐색하기 때문이다.

```
Alg  countOnesButSlow(A, n)
    input  bit matrix A[n×n]
    output  the total number of 1's

1. c ← 0
2. for i ← 0 to n − 1
       j ← 0
       while ((j < n) & (A[i, j] = 1))
           c ← c + 1
           j ← j + 1
3. return  c
```

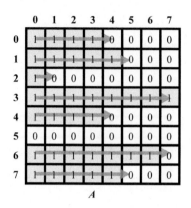

10-5 두 개의 사전에서 k-번째 작은 키

두 개의 순서사전 **S**와 **T**가 있다. **S**와 **T** 모두 **n**개의 항목으로 구성되었으며 배열에 기초한 순서리스트로 구현되어 있다. **S**와 **T** 전체에서 **k**번째 작은 키를 찾는 $O(\log n)$-시간 알고리즘을 C로 구현하라.

> ※ 전제 : 중복 키는 없음.

> ※ 힌트 : 동일한 응용문제의 해결을 참고하라.

실행예 **n** = 20, **k** = 10 을 사용할 것.

10-6† 독 묻은 트럼펫

어느 트럼펫 제조회사의 제품 창고에 **n**개의 완제품 트럼펫이 쌓여 있다. 방금 경비가 창고에서 라이벌 기업의 스파이를 잡았다. 스파이는 트럼펫의 마우스 피스에 독을 묻히려 들어온 것인데 다행히도 단 한 개의 트럼펫에만 독을 묻히고 난 시점에 잡혔다. 문제는 그 많은 트럼펫 중 어느 트럼펫인지 모른다는 것이다. 설상가상으로, 스파이가 사용한 독은 치명적이어서 독이 묻은 트럼펫을 단 한 번만 불더라도 폐렴에 걸린다. 하지만 그 독은 효과가 느린 특성이 있어서 감염된 사람의 몸에 서서히 퍼져서 그 폐렴이 나타나는 데까지 1주일이 걸린다.

독극물 연구소에 의뢰하거나 창고의 트럼펫을 모두 폐기 처분하는 것은 너무 비용이 큰 것으로 생각한 트럼펫회사의 사장은 독이 묻은 트럼펫을 찾아내기 위해 트럼펫을 불 직원들을 지원받기로 결심했다. 지원자들에게는 특별보너스를 약속했다. 전체 보너스 지출 금액을 아끼고 싶은 사장은 가능하면 적은 수의 지원자를 모집하고 싶어한다. 사장이 최대 $O(\log n)$

명의 지원자를 받아 지금으로부터 1주일 후 독이 묻은 트럼펫을 찾아낼 수 있는 방안을 설계하라.

※ 힌트 : 고난도긴 하지만 이진탐색을 응용해서 해결 가능하다.

10-7* 볼록다각형 최대 좌표

다각형 polygon의 모든 내각이 180°를 넘지 않고 아무 변도 교차하지 않으면 **볼록** convex하다고 말한다. 아래 그림에 보인 것처럼 볼록다각형을 배열 $V[0..n-1]$로 표현하기로 한다. 여기서 각 배열 원소는 다각형의 정점을 (x, y) 좌표로 나타낸다.

※ 전제
- 최소의 x 좌표값을 가지는 정점이 $V[0]$로 주어지고, 각 정점 $V[0..n-1]$은 그림 예에서 보듯이 시계 반대방향 순으로 나열되어 있다.
- 정점들의 x 좌표 및 y 좌표는 모두 유일하다.

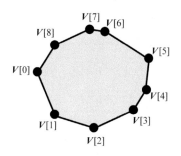

A. 최대 x 좌표를 가지는 정점, 즉 가장 오른쪽으로 돌출한 정점을 $O(\log n)$ 시간에 찾는 알고리즘을 의사코드로 작성하라

B. 최대 y 좌표를 가지는 정점, 즉 가장 위로 돌출한 정점을 $O(\log n)$ 시간에 찾는 알고리즘을 의사코드로 작성하라.

※ 힌트 : 응용문제에서 다뤘던 단일모드 배열을 응용하는 문제다.

10-8* 서랍 속의 비밀번호

 0에서 $n-1$까지 일련번호가 매겨진 n개의 서랍이 있다. 각 서랍에는 번호의 오름차순으로 비밀번호가 하나씩 들어 있다. 비밀번호는 유일하며 음수일 수도 있다. 한번 서랍을 열어보는 데 1원이 든다. 서랍번호와 비밀번호가 일치하는 서랍의 번호를 찾기 위한 효율적인(즉, 돈이 가장 덜 드는) 알고리즘을 의사코드로 작성하라. 그런 서랍이 여러 개면 그 중 아무 서랍을 찾으면 된다. 그런 서랍이 없으면 실패를 반환하면 된다.

📖 아래 그림에서 서랍번호와 비밀번호가 일치하는 서랍이 짙게 표시되었다.

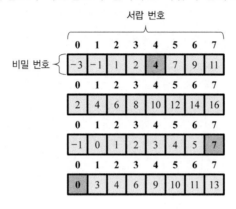

서랍 번호

비밀 번호

10-9* † 배열의 여러 수 덧셈

응용문제에서 다뤘던 배열의 두 수 덧셈 문제를 여러 수의 덧셈으로 확장한 문제다. 정수가 아닐 수도 있는 수들의 무순배열 $A[0..n-1]$가 있다. 역시 정수가 아닐 수도 있는 주어진 수 s와 정수 k에 대해, $A[i_1] + A[i_2] + \cdots + A[i_k] = s$ 를 만족하는 k-tuple $(i_1, i_2, \cdots, i_k)$ 를 $O(n^k)$-시간보다 빨리 찾는 알고리즘 findIndexTuple(A, s, k)를 의사코드로 작성하라($k \geq 2$).

※ 전제 : $O(n \log n)$ 시간에 수행하는 정렬 함수 sort의 사용이 가능하다.

📖 아래 그림은 배열 A에서 주어진 s와 정수 k에 대해 k-tuple을 반환하는 예다.

A k-tuple

$k = 2$, $s = 13$ → (2, 4)

$k = 3$, $s = 4$ → (0, 5, 7)

$k = 4$, $s = 8$ → *NotFound*

$k = 4$, $s = 16$ → (0, 2, 4, 5)

10-10* 중복 리스트의 유일 원소

크기 n의 배열 A에 최대 k개의 유일한 원소가 존재한다($k^2 < n$). 배열 A에 나타나는 유일한 k개의 원소들만을 크기 k의 순서배열 B에 저장하는 알고리즘을 의사코드로 작성하고 분석하라.

예 A = (5, 10^{10}, π, 128/279, 10^{10}, π, 5, 10^{10}, π, 128/279)이면, n = 10, k = 4 다. 이 경우
B = (128/279, π, 5, 10^{10})가 된다.

　　※ 주의
　　　• k는 상수처럼 그리 크지 않은 수일 수도 있으므로 실행시간은 n뿐만 아니라 k에도 의존하도
　　　　록 작성하는 것이 좋다.
　　　• k는 알고리즘에 입력으로 주어지지 않는다.

10-11* 두 배열로부터 정수 덧셈

　A와 B는 각각 n개의 정수로 이루어진 배열이다. 주어진 정수 x에 대해 $x = a + b$ 를 만
족하는 A 내의 정수 a와 B 내의 정수 b가 존재하는지 결정하는 $O(n \log n)$-시간 알고리
즘을 의사코드로 작성하라.

　　• existPair(A, B, x): 주어진 x에 대해 $a \in A$, $b \in B$이며 $x = a + b$를 만족하는 (a,
　　　　b) 쌍이 존재하는지 여부를 반환

예 아래 배열 A와 B에서 x = 53 에 대해 $x = a + b$ 를 만족하는 a와 b는 a = 38, b = 15 다.

$$A \quad \boxed{75}\;\boxed{6}\;\boxed{38}\;\boxed{4}\;\boxed{11}\;\boxed{6}$$

$$B \quad \boxed{43}\;\boxed{15}\;\boxed{4}\;\boxed{5}\;\boxed{15}\;\boxed{3}$$

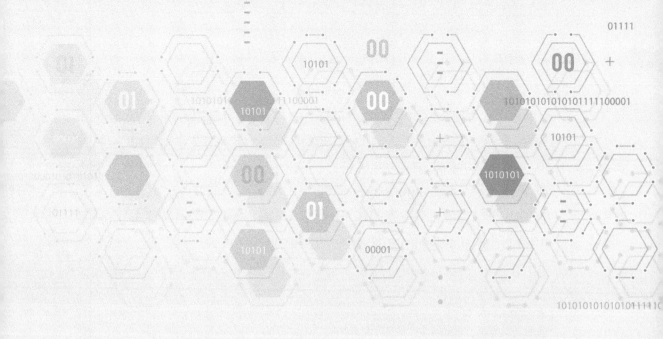

CHAPTER **11**

탐색트리

이 장은 탐색 파트의 두 번째 장으로써 탐색트리를 소개한다. 앞 장에서 무순과 순서리스트를 이용한 사전에 대해 학습했다. **탐색트리** search tree는 사전의 두 번째 형태로써 이진트리로 구현되며 리스트로 구현된 사전과 마찬가지로 탐색, 삽입, 삭제의 주요 작업을 지원한다. 이진트리를 구현하는 방식에 따라 탐색트리를 이진탐색트리, AVL 트리, 스플레이 트리의 세 종류로 나눌 수 있다. 이어시는 절에서는 이들 각각에 대한 구현 내용과 이들을 탐색에 어떻게 이용하는지, 성능은 어떠한지 살펴본다.

11.1 이진탐색트리

 이진탐색트리 binary search tree는 내부노드에 (키, 원소) 쌍을 저장하며 다음의 성질을 만족하는 이진트리다.

- u, v, w는 모두 트리노드며 u와 w가 각각 v의 왼쪽과 오른쪽 부트리에 존재할 때 $key(u) < key(v) \leq key(w)$이 성립

위 정의로 인해 이진탐색트리를 중위순회하면 키가 증가하는 순서로 방문하게 된다. 그림 11-1은 이진탐색트리의 예다. 앞서 6장에서 트리로 구현한 힙과 유사하게, 그림을 단순화하기 위해 각 노드에 키만 저장하는 것으로 표시했지만 실제로는 (키, 원소) 쌍이 저장된다. 또 하나의 유사점으로 이진탐색트리 관련 알고리즘을 단순화하기 위해 적정 이진트리, 즉 내부노드가 좌우 자식노드를 모두 가지는 이진트리로 구현하고 외부노드에는 데이터 항목을 저장하지 않는다.

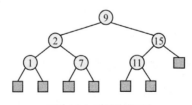

그림 11-1 이진탐색트리

11.1.1 이진탐색트리의 주요 메쏘드

이제 이진탐색트리로 구현된 사전에 대한 주요 메쏘드인 탐색, 삽입, 삭제 작업에 대해 구체적으로 살펴보자.

■ 탐색

그림 11-2는 주어진 이진탐색트리에 대한 탐색 알고리즘 findElement(7)의 수행 예다. 키 k를 찾기 위해 루트에서 출발하는 하향경로를 추적한다. 다음에 방문할 노드는 k와 현재 노드의 키의 크기를 비교한 결과에 따라 결정된다. 찾고자 하는 키 k가 현재 노드의 키보다 작으면 현재 노드의 왼쪽 부트리에서, k가 현재 노드의 키보다 크면 현재 노드의 오른쪽 부트리에서 탐색을 계속하며, k가 현재 노드의 키와 같으면 현재 노드의 원소를 반환하고 탐색을 종료한다. 만약 잎, 즉 외부노드에 도달하면, 키 k가 발견되지 않은 것이므로 탐색의 실패를 의미하는 특별 원소 *NoSuchKey*를 반환한다.

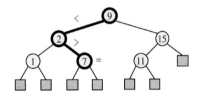

그림 11-2 이진탐색트리에 대한 탐색

알고리즘 findElement(k)는 위에 설명한 방식으로 노드 w를 루트로 하는 이진탐색트리에서 키 k를 탐색한다.

Alg *findElement(k)*
   input binary search tree *T*, key *k*
   output element with key *k*

1. $w \leftarrow$ *treeSearch(root(), k)*
2. **if** (*isExternal(w)*)
      return *NoSuchKey*
  else
      return *element(w)*

```
Alg treeSearch(v, k)                          {generic}
    input  node v of a binary search tree, key k
    output node w, s.t. either w is an internal node storing key k or w is the
           external node where key k would belong if it existed

    1. if (isExternal(v))
          return v
    2. if (k = key(v))
          return v
       elseif (k < key(v))
          return treeSearch(leftChild(v), k)
       else {k > key(v)}
          return treeSearch(rightChild(v), k)
```

이진탐색트리에 대한 탐색 수행 과정을 잘 살펴보면 어떤 노드에서 한 쌍의 키를 비교할 때마다 탐색의 고려범위가 그 노드의 왼쪽 부트리 또는 오른쪽 부트리 가운데 하나로 작아진다. 작아진 부트리가 원래 부트리의 절반 정도 크기라면 앞 장에서 다루었던 이진탐색과 유사한 속도로 탐색이 진행될 것이다. 그렇지 않다면, 즉 절반보다 크다면 탐색의 고려범위가 작아지는 속도가 느릴 것이므로 이진탐색보다 느리게 진행될 것이다. 이진탐색트리의 구체적 성능에 관해서는 나중에 다시 살펴보기로 하자.

메쏘드 findElement가 이진탐색트리에 특화된 탐색을 수행하는 알고리즘 treeSearch를 사용하여 탐색을 수행하는 것에 유의하자. 다시 말해 탐색에 관련된 작업을 두 알고리즘이 분담하도록 설계함으로써 findElement는 사전에 대한 탐색 메쏘드로써 기능하고 treeSearch는 탐색 이외 다른 목적으로도 사용될 수 있도록 설계되었다.

삽입

이진탐색트리에 새 (키, 원소) 쌍을 삽입하는 작업은 메쏘드 insertItem(k, e)가 수행한다. 중복 키를 저장하지 않는다는 전제 하에, 삽입 작업을 수행하기 위해 우선 키 k를 탐색한다. k가 트리에 존재하지 않을 경우 탐색은 잎 w에 도달한다. 외부노드 w에 k를 삽입한 후 앞서 6.2.1절에서 설명한 expandExternal(w) 작업을 사용하여 w를 내부노드로 확장한다. 그림 11-3은 주어진 이진탐색트리에 대해 insertItem(8, e)을 수행하는 예다.

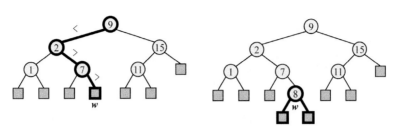

(a) insertItem(8, e) 수행전   (b) insertItem(8, e) 수행후

그림 11-3 (a~b) 이진탐색트리에 대한 삽입

Alg *insertItem*(*k*, *e*)
    input binary search tree *T*, key *k*, element *e*
    output none

1. *w* ← *treeSearch*(*root*(), *k*)
2. **if** (*isInternal*(*w*))
      return
  else
     Set node ***w*** *to* (*k*, *e*)
     expandExternal(*w*)
     return

삽입 메쏘드 insertItem이 호출하는 탐색 알고리즘이 findElement가 아닌 treeSearch 임에 유의하자. 앞서 알고리즘 treeSearch를 탐색 이외의 목적으로도 활용될 수 있도록 탐색 메쏘드 findElement와 분리하여 작성했다. 그 결과 treeSearch가 삽입을 목적으로 한 메쏘드에도 활용될 수 있다.

삭제

이진탐색트리로부터 키를 삭제하는 작업은 메쏘드 removeElement(k)가 수행한다. 삭제 작업을 수행하기 위해 우선 키 *k*를 탐색한다. 여기서도 treeSearch가 활용된다. *k*가 트리에 존재할 경우 탐색은 *k*를 저장하고 있는 노드 *w*에 도달한다. 여기서 두 가지 경우가 발생한다. 노드 *w*의 자식 중 하나라도 외부노드인 경우와 둘 다 내부노드인 경우다. 첫 번째 경우에 대한 처리는 두 번째 경우에 대한 처리보다 간단하다. 노드 *w*의 자식 중 하나가 외부노드 *z*라면, 앞서 6.2.2절에서 설명한 reduceExternal(z) 작업을 사용하여 *w*와 *z*를 트리로부터 삭제한다. 그림 11-4는 왼편의 이진탐색트리에서 첫 번째 경우에 해당하는 삭제 작업 removeElement(7)의 수행 내용이다.

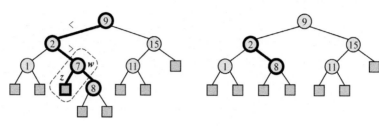

(a) removeElement(7) 수행전   (b) removeElement(7) 수행후

그림 11-4 이진탐색트리에 대한 삭제(첫 번째 경우)

두 번째 경우는 삭제되어야 할 키 k가 내부노드만을 자식들로 가지는 노드 w에 저장되어 있는 경우로써, 작업 내용이 첫 번째 경우보다 복잡하다. 그림 11-5는 왼편의 이진탐색트리에 대해 removeElement(2)를 수행한 예다. 그림을 참고하면서 삭제를 위한 다음 수행 내용을 보자.

1. 트리 T에 대해 w의 중위순회 계승자 y와 그 자식노드 z을 찾아낸다.
   - 노드 y는 우선 w의 오른쪽 자식으로 이동한 후, 거기서부터 왼쪽 자식들만을 따라 끝까지 내려가면 도달하게 되는 마지막 내부노드며, 노드 z은 y의 왼쪽 자식인 외부노드다.
   - y는 T를 중위순회할 경우 노드 w 바로 다음에 방문하게 되는 내부노드이므로 w의 **중위순회 계승자** inorder successor라 불린다.
   - 따라서 y는 w의 오른쪽 부트리 내 노드 중 가장 왼쪽으로 돌출된 내부노드다.
2. y의 내용을 w에 복사한다.
3. reduceExternal(z) 작업을 사용하여 노드 y와 z를 삭제한다.

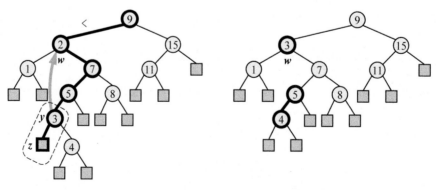

(a) removeElement(2) 수행전   (b) removeElement(2) 수행 후

그림 11-5 이진탐색트리에 대한 삭제(두 번째 경우)

삭제 메쏘드 removeElement는 명령문 1행에서 알고리즘 treeSearch를 활용하여 삭제할 노드를 찾아낸다. 명령문 2행에서 키를 못 찾은 경우 그대로 반환한다. 명령문 3행에서 삭제 메쏘드가 반환할 원소를 임시 저장하며 4~6행에서 첫 번째와 두 번째 중 어느 경우인지 구분하여 각각에 맞는 삭제 절차를 수행한다. 마지막으로 7행에서 앞서 임시 저장했던 원소를 반환하고 종료한다.

```
Alg  removeElement(k)
    input  binary search tree T, key k
    output  element with key k

1. w ← treeSearch(root(), k)
2. if (isExternal(w))
        return  NoSuchKey
3. e ← element(w)
4. z ← leftChild(w)
5. if (!isExternal(z))
        z ← rightChild(w)
6. if (isExternal(z))              {case 1}
        reduceExternal(z)
   else                            {case 2}
        y ← inOrderSucc(w)
        z ← leftChild(y)
        Set node w to (key(y), element(y))
        reduceExternal(z)
7. return  e
```

11.1.2 이진탐색트리의 성능

이 절에서는 이진탐색트리의 성능을 분석한다. 높이 h의 이진탐색트리로 구현된 n 항목의 사전을 가정하면 기억장소 사용량은 사전 항목 한 개에 $O(1)$의 공간이 소요되므로 전체적으로 $O(n)$ 공간을 사용한다. 사전의 주요 메쏘드 findElement, insertItem, removeElement 모두 이진탐색트리의 루트에서 출발하는 하향경로를 따라 진행하므로 $O(h)$ 시간에 수행한다. 여기서 h는 이진탐색트리의 높이며 이는 그림 11-6에 보인 것처럼 (a) 최악의 경우, 즉 편향이진트리인 경우 $O(n)$이며, (b) 최선의 경우, 즉 이진탐색트리의 모양이 좌우

대칭인 경우 **O**(log **n**)이다. 다시 말해 **n**개의 노드로 이루어진 이진탐색트리의 주요 메쏘드들은 최악의 경우 **O**(**n**) 시간에 수행한다.

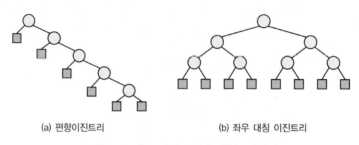

(a) 편향이진트리　　　　　　　　(b) 좌우 대칭 이진트리

그림 11-6 이진트리의 모양에 따른 높이 차이

11.2　AVL 트리

탐색트리의 두 번째 종류는 AVL 트리다. **AVL 트리**^AVL tree^는 트리 **T**의 모든 내부노드 **v**에 대해 **v**의 자식들의 좌우 높이 차이가 1을 넘지 않는 이진탐색트리를 말한다. 이를 **높이균형 속성**^height-balance property^이라고 한다. AVL트리의 정의에 의해 AVL 트리의 부트리 역시 AVL 트리다. 높이(또는 균형이라고도 함) 정보는 각 내부노드에 저장된다. **n**개의 항목을 저장하는 AVL 트리의 높이는 **O**(log **n**)이되며 사전 메쏘드 findElement는 **O**(log **n**) 시간에 수행한다. 그림 11-7은 AVL 트리의 예다. 그림에서 각 노드 옆의 숫자는 노드의 높이를 나타낸다.

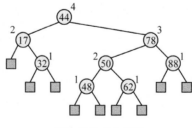

그림 11-7 AVL 트리

11.2.1 AVL 트리의 주요 메쏘드

AVL 트리는 이진탐색트리와 마찬가지로 사전의 주요 메쏘드인 탐색, 삽입, 삭제를 모두 지원한다. AVL 트리는 이진탐색트리의 일종이므로 이에 대한 탐색은 이진탐색트리

에 대한 탐색과 완전히 동일하다. 그러므로 앞서 제시한 이진탐색트리에 대한 탐색 메쏘드 findElement를 그대로 사용할 수 있다. AVL 트리에 대한 삽입이나 삭제 등 갱신 작업은 이진탐색트리에서의 삽입, 삭제 작업과 유사하다. 다만 다른 점은 삽입이나 삭제 작업의 결과 AVL 트리의 높이균형 속성이 파괴될 수 있다는 점이다. 그러므로 삽입, 삭제 작업 후에는 혹시 생겼을지도 모를 불균형을 "찾아서 수리"해야 한다. 불균형을 찾는 것은 각 노드의 **균형검사** balance check를 통해, 그리고 불균형을 수리하는 것은 **개조** restructure라 불리는 작업을 통해, 트리의 높이균형 속성을 회복하기 위한 계산 작업을 수행함을 뜻한다. 이제 AVL 트리에 대한 삽입과 삭제 작업에 대해 구체적으로 살펴보자.

삽입

삽입은 일단 이진탐색트리에서와 동일하게 수행한다. 하지만 삽입의 마지막 단계에서 expandExternal 작업에 의해 확장된 노드 w(그리고 조상노드들)가 균형을 잃을 수 있다. 그림 11-8 (a~d)는 (a) 주어진 AVL 트리와 (b) 주어진 트리에 대한 삽입 작업 insertItem(54, e) 직후 트리가 균형을 잃은 예다. 이어 높이균형 속성을 회복하기 위해 (c) 트리를 개조하기 전과 (d) 후의 모습이다.

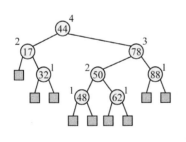
(a) AVL 트리에 대한 삽입 전

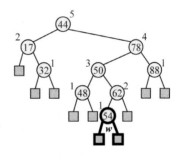
(b) 삽입 직후 불균형

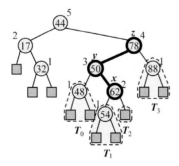
(c) AVL 트리 개조 전

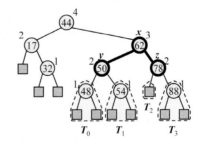
(d) AVL 트리 개조 후

그림 11-8 (a~d) AVL 트리에 대한 삽입에 따른 개조

알고리즘 insertItem의 수행 내용을 구체적으로 살펴보자. 명령문 1행에서 알고리즘 treeSearch를 활용하여 삽입 위치를 찾는 것은 이진탐색트리에서와 마찬가지다. 중복 원소를 저장하지 않는다는 전제 하에 명령문 2행에서 만약 키가 탐색되면 삽입을 수행하지 않고 반환한다. 그렇지 않으면 treeSearch가 반환한 삽입 위치 외부노드에 (키, 원소) 쌍을 지정하고 이를 내부노드로 확장한다. 이후 알고리즘 searchAndFixAfterInsertion을 호출하여 균형검사를 수행하고 만약 불균형이 있으면 개조를 통해 높이균형 속성을 회복하여 반환한다.

Alg *insertItem*(*k*, *e*)
    input AVL tree *T*, key *k*, element *e*
    output none

1. *w* ← *treeSearch*(*root*(), *k*)
2. **if** (*isInternal*(*w*))
      return
  else
      Set node w to (*k*, *e*)
      expandExternal(*w*)
      searchAndFixAfterInsertion(*w*)
      return

Alg *searchAndFixAfterInsertion*(*w*)
    input internal node *w*
    output none

1. *w*에서 *T*의 루트로 향해 올라가다가 처음 만나는 불균형 노드를 *z*이라 하자 (그러한 *z*이 없다면 return).
2. *z*의 높은 자식을 *y*라 하자.
    {수행 후 *y*는 *w*의 조상이 되는 것에 유의}
3. *y*의 높은 자식을 *x*라 하자.
    {수행 후 노드 *x*가 *w*와 일치할 수도 있으며 *x*가 *z*의 손자임에 유의. *y*의 높이는 자신의 형제노드의 높이보다 2가 더 많다}
4. *restructure*(*x*, *y*, *z*)
    {수행 후, 이제 *b*를 루트로 하는 부트리의 모든 노드는 균형을 유지한다. 높이균형 속성은 노드 *x*, *y*, *z*에서 지역적으로나 전역적으로나 모두 복구된다}
5. **return**

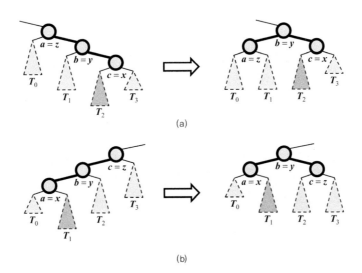

(a)

(b)

그림 11-9 (a~b) 단일회전

 개조를 수행하는 알고리즘 restructure에 대해 설명하기 전에 언급할 것이 있다. 대부분의 문헌에서 개조는 종종 **회전**rotation이라고도 불린다. 그림 11-9에 보인 것처럼 개조에 직접 참여하는 세 개의 노드 a, b, c를 기준으로, 만약 $b = y$ 면, y를 중심으로 z을 (a) 왼쪽(즉, 시계 반대방향) 또는 (b) 오른쪽(즉, 시계 방향)으로 회전시키면 되는데 이를 **단일회전**single rotation이라 부른다. 또한 그림 11-10에 보인 것처럼 만약 $b = x$ 면 x를 중심으로 y를 (a) 오른쪽 또는 (b) 왼쪽으로 회전한 후, 다시 x를 중심으로 z을 (a) 왼쪽 또는 (b) 오른쪽으로 회전시키면 되는데 이를 **이중회전**double rotation이라 부른다. 다시 말해 어떤 불균형이냐에 따라 방금 설명한 단일회전과 이중회전 그리고 이들의 좌우대칭형을 포함한 네 가지 회전 알고리즘 가운데 하나를 수행하여 불균형을 해소하고 높이균형 속성을 회복할 수 있다. 두 그림의 왼편을 보면 네 개의 부트리 가운데 짙게 칠해진 부트리가 있다. 이는 삽입 수행 결과 키가 높아져 불균형을 초래한 부트리를 나타낸다. 그림의 오른쪽을 보면 회전 이후 이 부트리에 의한 불균형이 해소된 것을 볼 수 있다.

여기서 제시할 개조 알고리즘 restructure(x, y, z)의 버전은 방금 설명한 네 가지 유형의 회전을 하나의 알고리즘으로 통합한다. restructure의 수행 내용은, 먼저 명령문 1행에서 개조의 주대상이 되는 세 개의 직계 노드 x, y(x의 부모노드), z(x의 조부모노드)을 중위순회 방문 순서로 나열하여 왼쪽부터 차례로 노드 a, b, c로 설정한다. 그런 다음 명령문 2행에서 세 개의 직계 노드 x, y, z에서 파생되는 네 개의 부트리들을 중위순회 방문 순서에 따라 왼쪽부터 부트리 T_0, T_1, T_2, T_3로 설정한다. 이후 명령문 3~7행에서 노드 a,

b, c 및 부트리 T_0, T_1, T_2, T_3 간의 부모-자식 관계를 변경함으로써 높이균형 속성을 회복한다. 개조 전후를 통해 T의 모든 노드의 중위순회 순서는 보존된다. 개조 작업에 의해 AVL 트리 T의 $O(1)$개 노드의 부모-자식 관계만이 수정되므로 알고리즘은 $O(1)$ 시간에 수행한다.

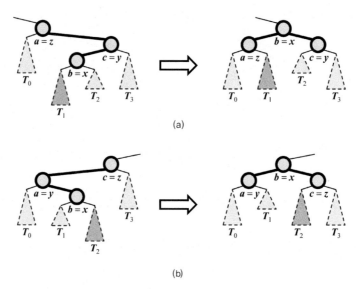

(a)

(b)

그림 11-10 (a~b) 이중회전

Alg *restructure*(x, y, z)
  input a node x of a binary search tree T that has both a parent y and a
      grandparent z
  output tree T after restructuring involving nodes x, y and z

1. x, y, z의 중위순회 방문순서의 나열을 (a, b, c)라 하자.
2. x, y, z의 부트리들 가운데 x, y, z을 루트로 하는 부트리를 제외한 4개의 부트리들의 중위순회 방문순서의 나열을 (T_0, T_1, T_2, T_3)라 하자.
3. z을 루트로 하는 부트리를 b를 루트로 하는 부트리로 대체한다.
4. T_0와 T_1을 각각 a의 왼쪽 및 오른쪽 부트리로 만든다.
5. T_2와 T_3를 각각 c의 왼쪽 및 오른쪽 부트리로 만든다.
6. a와 c를 각각 b의 왼쪽 및 오른쪽 자식으로 만든다.
7. **return** b

삭제

삭제도 일단 이진탐색트리에서와 동일하게 수행한다. 하지만 삭제의 마지막 단계에서 reduceExternal 작업에 의해 삭제된 노드의 부모노드 *w*(그리고 조상노드들)가 불균형이 될 수 있다. 그림 11-11 (a~d)는 (a) 주어진 AVL 트리와 (b) 주어진 트리에 대한 삭제 작업 removeElement(32) 직후 트리가 균형을 잃은 예다. 이어 높이균형 속성을 회복하기 위해 (c) 트리를 개조하기 전과 (d) 후의 모습이다.

알고리즘 removeElement의 수행 내용을 구체적으로 살펴보자. 명령문 1행에서 알고리즘 treeSearch를 활용하여 삭제할 노드를 찾는 것은 이진탐색트리에서와 마찬가지다. 명령문 2행에서 만약 키를 저장한 노드가 없으면 삭제를 수행하지 않고 반환한다. 키를 저장한 노드가 있으면, 이진탐색트리에 대한 삭제와 마찬가지로 명령문 3~6 행에서 삭제에 대한 두 가지 경우를 구분하여 삭제 처리한다. 이후 명령문 7행에서 알고리즘 searchAndFixAfterRemoval을 호출하여 균형검사를 수행하고 만약 불균형이 있으면 개조를 통해 높이균형 속성을 회복하여 반환한다.

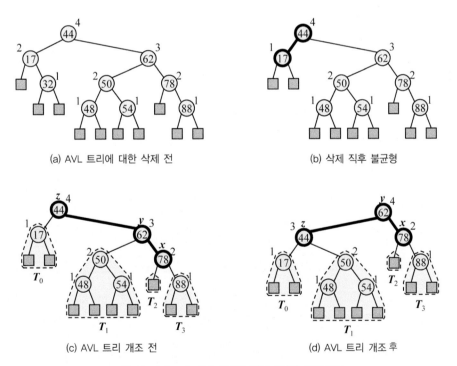

(a) AVL 트리에 대한 삭제 전

(b) 삭제 직후 불균형

(c) AVL 트리 개조 전

(d) AVL 트리 개조 후

그림 11-11 (a~d) AVL 트리에 대한 삭제에 따른 개조

Alg *removeElement*(*k*)
  input AVL tree *T*, key *k*
  output element with key *k*

1. *w* ← *treeSearch*(*root*(), *k*)
2. **if** (*isExternal*(*w*))
    return *NoSuchKey*
3. *e* ← *element*(*w*)
4. *z* ← *leftChild*(*w*)
5. **if** (!*isExternal*(*z*))
    z ← *rightChild*(*w*)
6. **if** (*isExternal*(*z*))   {case 1}
    zs ← *reduceExternal*(*z*)
  else   {case 2}
    y ← *inOrderSucc*(*w*)
    z ← *leftChild*(*y*)
    Set node w to (*key*(*y*), *element*(*y*))
    zs ← *reduceExternal*(*z*)
7. *searchAndFixAfterRemoval*(*parent*(*zs*))
8. **return** *e*

Alg *searchAndFixAfterRemoval*(*w*)
  input internal node *w*
  output none

1. *w*에서 *T*의 루트로 향해 올라가다가 처음 만나는 불균형 노드를 *z*이라 하자 (그러한 *z*이 없다면 return).
2. *z*의 높은 자식을 *y*라 하자.
    {수행 후 *y*는 *w*의 조상이 아닌 *z*의 자식이 되는 것에 유의}
3. *y*의 두 자식 중 어느 한쪽이 높으면 높은 자식을 *x*라 하고, 두 자식의 높이가 같으면 둘 중 *y*와 같은 쪽의 자식을 *x*로 선택한다.
4. *b* ← *restructure*(*x*, *y*, *z*)
    {수행 후 높이 균형 속성은 방금 전 *z*을 루트로 했으나 지금은 변수 *b*를 루트로 하는 부트리에서 지역적으로 복구된다. 하지만 방금의 개조에 의해 *b*를 루트로 하는 부트리의 높이가 하나 줄어들 수 있으며 바로 이 때문에 *b*의 조상도 균형을 잃을 수 있다. 즉, 삭제 후 한 번의 개조만으로는 높이균형 속성을 전역적으로 복구하지 못할 수도 있다}
5. *T*를 *b*의 부모부터 루트까지 올라가면서 균형을 잃은 노드를 찾아 수리하는 작업을 계속한다.

여기서도 한 번의 개조를 위해 네 가지 유형의 회전 가운데 하나가 필요하지만 이를 하나로 통합한 알고리즘 restructure를 사용하면 된다. restructure의 수행 내용은 앞서 설명했으므로 생략한다.

본문에서는 searchAndFixAfterInsertion, searchAndFixAfterRemoval, restructure 등 AVL 트리 관련 주요 알고리즘들을 작동 방식에 대한 이해를 돕기 위해 메쏘드 형식의 언어로 제시했지만, 연습문제에서는 이 알고리즘들에 대한 본격적인 의사코드를 다룬다.

11.2.2 AVL 트리의 성능

이 절에서는 AVL 트리의 성능을 분석한다. AVL 트리로 구현된 n개의 항목으로 이루어진 사전을 전제하면 공간사용량은 $O(n)$이 된다. 높이균형 속성이 유지되므로 트리의 높이는 $O(\log n)$이다. 세 개의 직계 노드와 네 개의 관련 부트리에 관한 한 번의 restructure 작업을 **3-노드 개조**trinode restructure라고도 부르는데 이 작업은 단지 몇 개의 노드 사이의 부모-자식 관계만 변경하므로 $O(1)$ 시간에 수행한다. 단, 이는 연결트리 사용을 전제한 것이고 배열을 사용한 순차트리의 경우 이보다 훨씬 많은 시간이 걸린다는 것에 주의하자 (여기에 관해서는 심층문제에서 다룬다).

이제 사전의 주요 메쏘드인 탐색, 삽입, 삭제의 성능을 살펴보자. findElement 작업은 $O(\log n)$ 시간에 수행한다. 탐색으로는 불균형이 발생하지 않으므로 개조가 필요하지 않기 때문이다. insertItem과 removeElement 작업은 $O(\log n)$ 시간에 수행한다. 그 이유는 두 작업 모두 초기의 treeSearch 작업에 $O(\log n)$ 시간이 소요되며 삽입 후 불균형은 $O(1)$ 시간에 수정되지만 삭제 후 불균형은 트리를 올라가면서 개조를 수행하여 높이균형을 회복하는 데 $O(\log n)$ 시간이 소요되기 때문이다.

11.3 스플레이 트리

이 장에서 다룰 마지막 세 번째 종류의 탐색트리는 스플레이 트리다. **스플레이 트리** splay tree 는 트리의 노드가 (탐색 또는 갱신을 위해) 접근된 후 스플레이되는 이진탐색트리를 말한다. "노드 x를 스플레이한다"함은 "연속적인 재구성을 통해 노드 x를 루트로 이동시킴"을 말한다. 스플레이의 중요한 원칙은 가장 깊은 내부노드를 스플레이해야 한다는 점이다. 스플레이 트리는 사용되는 환경에 적응하여 재조정되는 양식으로 작동되므로 일종의 **자기조정** self-adjusting 이진탐색트리다.

스플레이 트리를 사용하는 이점이 몇 가지 있다. 첫째 구현이 비교적 단순하다. AVL 트리에서 요구되는 높이균형 유지가 불필요하기 때문이다. 둘째 스플레이 트리는 사전의 주요 작업인 탐색, 삽입, 삭제에 $O(\log n)$ 상각실행시간을 제공한다. 마지막으로 스플레이 트리의 자기조정성은 각 항목에 대한 접근빈도가 균등하지 않은 사전에 사용하면 매우 유리하다.

11.3.1 스플레이 트리의 주요 메쏘드

스플레이 트리는 사전의 주요 메쏘드인 탐색, 삽입, 삭제 작업을 지원한다. 각 작업에서 접근된 노드를 스플레이한다는 점에서 앞 절에서 설명했던 이진탐색트리나 AVL 트리와 다르다. 그렇다면 남은 것은 정확히 언제, 어떤 노드를 스플레이할지와, 스플레이를 어떻게 수행할지의 두 가지만 공부하면 된다. 먼저 언제 무엇을 스플레이 할지는 표 11-1에 정리되어 있다.

표 11-1 언제. 어떤 노드를 스플레이하는가

언제	어떤 노드를 스플레이 하는가
탐색 시에	키가 어떤 내부노드에서 발견되면 그 노드를 스플레이 그렇지 않으면 탐색 실패 지점 외부노드의 부모노드를 스플레이
삽입 시에	새로 삽입한 내부노드를 스플레이
삭제 시에	실제로 삭제된 내부노드의 부모노드를 스플레이

다음은 스플레이를 어떻게 수행할지에 대한 것이다. 스플레이해야 할 노드 x를 루트로 이동시키는 작업은 루트로 향하는 상향경로를 따라 점진적으로 진행된다. 진행의 각 시점에서 AVL 트리에서 수행했던 것과 비슷한 3-노드 개조 작업을 수행한다. 다시 말해 노드 x, 노드 x의 부모노드, 그리고 노드 x의 조부모노드로 구성된 세 개의 직계 노드와 네 개의 관련 부트리들의 부모-자식 관계를 변경하여 x

를 세 노드의 맨 위로 이동시킨다. 그리고는 *x*가 루트에 도달할 때까지 이 작업을 반복적으로 수행한다. 그림 11-12 (a~b)는 스플레이를 위한 3-노드 개조의 유형이다. 각 유형에 대한 좌우대칭 그림은 생략한다. 여기서 그림 (b)의 zig-zag 회전은 AVL 트리의 이중회전과 동일하다. 그림 (c)의 zig 회전은 노드 *x*가 루트의 자식인 경우의 2-노드 개조 내용을 보인다. 이 역시 좌우대칭 그림은 생략한다.

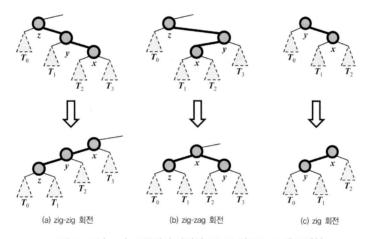

(a) zig-zig 회전   (b) zig-zag 회전   (c) zig 회전

그림 11-12 (a~c) 스플레이 과정의 3-노드 및 2-노드 개조 작업

스플레이 과정에서 필요한 모든 회전은 단순히 leftRotate 또는 rightRotate 두 가지의 기초 회전 중 하나 또는 이들의 복합으로 성취할 수 있다. 그림 11-13 (a~b)는 각 기초 회전의 수행 내용이다. 각 알고리즘의 구체적 작성은 심층문제로 남겨둔다.

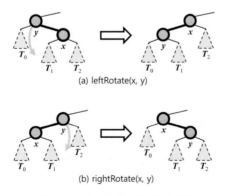

(a) leftRotate(x, y)

(b) rightRotate(x, y)

그림 11-13 (a~b) 두 가지 기초 회전

재귀알고리즘 splay는 위의 두 가지의 기초 회전을 사용하여 스플레이의 전 과정을 수행한다. 명령문 2행은 2-노드 개조를 위한 zig 회전을 수행한다. 명령문 3~5행은 3-노드 개조를 위한 zig-zig 회전이나 zig-zag 회전을 수행한다. 여기까지 한 번의 개조가 완료

된 후 명령문 6행에서 루트를 향해 스플레이를 계속한다. 명령문 1행은 베이스 케이스로 써 루트에 도달했는지 검사하여 스플레이를 종료한다.

```
Alg  splay(x)
    input  internal node x
    output  none

1. if  (isRoot(x))
        return
2. if  (isRoot(parent(x)))                      {zig}
        if  (x = leftChild(root()))
            rightRotate(x, root())
        else
            leftRotate(x, root())
        return
3. p  ← parent(x)
4. g  ← parent(p)
5. if  (x = leftChild(leftChild(g)))            {zig-zig}
        rightRotate(p, g)
        rightRotate(x, p)
   elseif  (x = rightChild(rightChild(g)))      {zig-zig}
        leftRotate(p, g)
        leftRotate(x, p)
   elseif  (x = leftChild(rightChild(g)))       {zig-zag}
        rightRotate(x, p)
        leftRotate(x, g)
   else  {x = rightChild(leftChild(g))}         {zig-zag}
        leftRotate(x, p)
        rightRotate(x, g)
6. splay(x)
```

그림 11-14 (a~d)는 스플레이 과정에 대한 이해를 돕기 위한 수행 예다. 먼저 그림 (a)에 주어진 스플레이 트리는 아래 셋 가운데 한 작업이 처리된 직후의 모습이라고 전제한다.

- 키 14에 대한 성공적인 탐색, 또는 키 15에 대한 실패한 탐색
- 키 14를 삽입
- 키 14를 저장한 노드의 자식노드를 삭제

위 세 가지 가운데 어느 경우든 키 14를 저장한 노드를 스플레이해야 한다. (a) 이 노드에 대한 스플레이는 zig–zag 회전으로부터 출발하여, (b) zig–zig 회전, 그리고 (c) zig–zig 회전을 거쳐, (d) 스플레이가 완료된다.

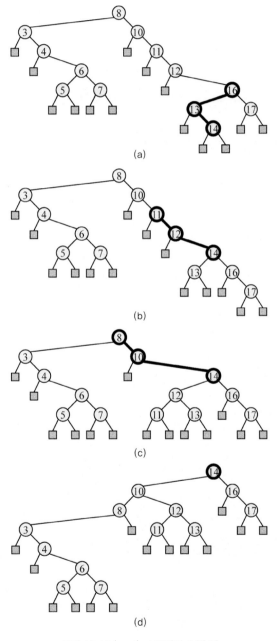

그림 11-14 (a~d) 스플레이 수행 예

11.3.2 스플레이 트리의 성능

알고리즘 splay의 최악실행시간은 $O(h)$ 시간이다. 여기서 h는 스플레이 트리의 높이다. 다시 말해 스플레이 트리로 구현한 사전에 대한 탐색, 삽입, 삭제 등의 작업을 항상 가장 깊은 노드에서 수행한다면, 매번 가장 긴 경로를 따라 스플레이해야 하므로 $O(h)$ 시간을 소요한다. 더구나 스플레이 트리가 편향이진트리 형태로 유지되는 최악의 경우 h는 $\Omega(n)$ 이다. 최악의 관점에서만 보면 스플레이 트리는 그리 효율적이지 않다는 뜻이 된다.

하지만 스플레이 트리는 상각의 관점에서 보면 훌륭한 수행 성능을 가진다. 즉, 비어 있는 스플레이 트리에서 출발하여 n회의 연속적인 삽입, 삭제, 탐색을 수행한 시간을 종합적으로 분석하면 각 주요 작업에 $O(\log n)$ 상각실행시간이 소요되는 것으로 나온다. 이 성능은 앞 절에서 다룬 AVL 트리의 성능과 일치한다. 더구나 스플레이 트리는 AVL 트리보다 구현이 간단하며 AVL 트리보다 개조를 위해 처리해야 할 경우의 수가 적다는 이점도 있다. 또한 AVL 트리와 달리 각 노드에 높이나 균형 정보를 유지할 필요도 없다.

더욱 놀라운 것은 $f(i)$를 사전 항목 i에 대한 접근 횟수로 정의할 경우, 항목 i에 대한 접근에 소요되는 상각실행시간이 $O(\log (n/f(i)))$이라는 사실이다. 이 말은 어떤 사전 항목이 예를 들어 $n/5$회만큼 자주 접근된다면 $O(\log (n/f(i))) = O(\log (n/(n/5))) = O(\log 5) = O(1)$ 이므로 이 항목에 대한 각 작업의 상각실행시간이 $O(1)$ 시간에 수행된다는 것을 의미한다. AVL 트리와 같은 균형탐색트리로 구현된 사전이라면 이 항목의 접근에 $O(\log n)$ 시간이 걸리는 것과 비교해볼 때 큰 차이가 있음을 알 수 있다. 다시 말해 스플레이 트리는 사전의 각 항목에 접근되는 빈도에 "적응"할 수 있다는 장점을 가진다. 자주 접근되는 항목일수록 더 빨리 접근하는 특성은 많은 응용에서 매우 유용하게 사용될 수 있는 장점이다 (예를 들어 자동차 네비게이션에 입력하는 목적지는 대개 자주 가는 곳이다). 스플레이 트리에 대한 상각실행시간에 관한 공식적인 증명은 다소 복잡하므로 생략한다.

11.4 응용문제

이 절에서는 탐색트리에 대한 이해와 훈련을 돕기 위한 응용문제들을 제시하고 해결 방안을 설명한다. 다룰 문제들은 다음과 같다.

- 중복 키를 가진 이진탐색트리 메쏘드
- 주어진 키 범위 내의 원소들

- 주어진 키 범위 내의 원소 수
- 투표

11.4.1 중복 키를 가진 이진탐색트리 메쏘드

 중복 키가 존재 가능한 이진탐색트리가 있다. 이진탐색트리는 다음과 같이 정의된다.

- u, v, w 세 개의 노드에 대해, u와 w가 각각 v의 왼쪽 및 오른쪽 부트리 내의 노드일 때 $key(u) < key(v) \leq key(w)$ 이 성립('$\leq$'에 유의)

A. 이진탐색트리 T로 구현된 순서사전에서 주어진 키 k를 갖는 모든 원소들을 반환하는 findAllElements(k) 작업을 수행할 알고리즘을 의사코드로 작성하라.

B. 이진탐색트리 T로 구현된 순서사전에서 insertItem(k, e) 작업을 수행할 알고리즘을 의사코드로 작성하라.

C. 이진탐색트리 T로 구현된 순서사전에서 주어진 키 k를 갖는 모든 항목을 삭제하고 해당 원소들을 반환하는 removeAllElements(k) 작업을 수행할 알고리즘을 의사코드로 작성하라.

※ 주의
- 알고리즘은 $O(h+s)$ 시간에 수행해야 한다. 여기서 h는 T의 높이며 s는 반환되는 원소 수다.
- 원소들이 반환되는 순서는 중요하지 않다.
- 알고리즘 treeSearch를 사용해도 좋다.

예 그림 11-15는 중복 키를 가진 이진탐색트리의 예다.

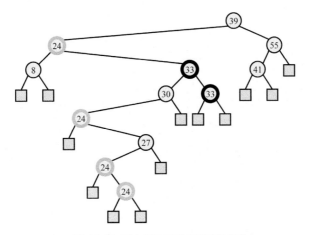

그림 11-15 중복 키를 가진 이진탐색 트리

■ 해결

탐색, 삽입, 삭제 알고리즘을 차례로 작성한다.

• **탐색 알고리즘**

탐색 알고리즘 findAllElements는 초기에 이진탐색트리의 루트에 대해 키 k에 대한 탐색이 내부노드 w에서 성공하면 w의 원소를 접근하여 리스트 L(초기에 L은 비어 있다)에 수집한다. 그런 다음 w의 오른쪽 부트리를 대상으로 다시 키 k에 대한 탐색을 수행한다. 이진탐색트리의 정의상 오른쪽 부트리에 동일한 키가 존재할 가능성이 있기 때문이다. 이렇게 계속하다가 탐색이 실패하면 L에 수집된 원소들을 반환한다. 이 작업은 이진탐색트리의 루트에서 출발하여 외부노드로 향하는 경로를 따라 탐색하므로, 소요되는 시간은 이진탐색트리 T의 높이 h와 찾아낸 원소의 수 s의 합을 넘지 않는다. 따라서 $O(h+s)$ 시간에 수행한다. 주어진 알고리즘 findAllElements는 알고리즘 treeSearch를 사용하는 버전이지만 treeSearch를 사용하지 않는 버전도 가능하다. 이 버전의 작성은 연습문제에서 다룬다.

> **Alg** *findAllElements*(*k*)
>   **input** binary search tree *T*, key *k*
>   **output** elements with key *k*
>
> 1. *L* ← *empty list*
> 2. *w* ← *treeSearch*(*root*(), *k*)
> 3. **while** (*isInternal*(*w*))
>   *L.addLast*(*element*(*w*))
>   *w* ← *treeSearch*(*rightChild*(*w*), *k*)
> 4. **return** *L.elements*()
>   {Total $O(h+s)$}

• **삽입 알고리즘**

삽입 알고리즘 insertItem 역시 탐색과 마찬가지 방식으로 이진탐색트리의 루트에서 출발하여 외부노드로 향하는 하향경로를 따라 탐색한다. 외부노드에 도달하면 이 노드에 (키, 원소) 쌍을 저장하고 내부노드로 확장한 후 반환한다. 탐색과 같은 경로를 따라 작업하므로 $O(h+s)$ 시간에 수행한다.

Alg *insertItem*(*k*, *e*)
    input binary search tree *T*, key *k*, element *e*
    output none

1. *w* ← *treeSearch*(*root*(), *k*)
2. **while** (*isInternal*(*w*))
     w ← *treeSearch*(*rightChild*(*w*), *k*)
3. *Set node w to* (*k*, *e*)
4. *expandExternal*(*w*)
5. **return**
                {Total **O**(*h*+*s*)}

- **삭제 알고리즘**

마지막으로 삭제 알고리즘이다.

Alg *removeAllElements*(*k*)
    input binary search tree *T*, key *k*
    output elements with key *k*

1. *L* ← *empty list*
2. *w* ← *treeSearch*(*root*(), *k*)
3. **while** (*isInternal*(*w*))
    L.addLast(*element*(*w*))
    z ← *leftChild*(*w*)
    if (!*isExternal*(*z*))
       z ← *rightChild*(*w*)
    if (*isExternal*(*z*))   {case 1}
       w ← *reduceExternal*(*z*)
    else   {case 2}
       y ← *inOrderSucc*(*w*)
       x ← *leftChild*(*y*)
       Set node w to (*key*(*y*), *element*(*y*))
       reduceExternal(*x*)
    w ← *treeSearch*(*w*, *k*)
4. **return** *L.elements*()
                {Total **O**(*h*+*s*)}

삭제 알고리즘 removeAllElements는 먼저, 이진탐색트리의 루트에 대해 키 *k*에 대한 탐색이 내부노드 *w*에서 성공하면, *w*의 원소를 리스트 *L*(초기에 *L*은 비어 있다)에 수집한 후 이 노드를 삭제한다. 그런 다음 노드 *w*를 대체한 노드에서 시작하여 다시 키 *k*에 대한 탐색을 수행한다. 이진탐색트리의 정의 상 오른쪽 부트리에 동일한 키가 존재할 가능성이 있기 때문이다. 이렇게 계속하다가 탐색이 실패하면 *L*에 수집된 원소들을 반환한다. 이 작업에 소요되는 시간 역시 이진탐색트리의 루트에서 출발하여 외부노드로 향하는 하향경로를 따라 탐색하므로 $O(h+s)$ 시간에 수행한다.

11.4.2 주어진 키 범위 내의 원소들

 AVL 트리 *T*로 구현되며 유일 키로 이루어진 *n* 항목의 순서사전이 있다. *T*에서 $O(\log n + s)$ 시간에 수행하는 다음 메쏘드를 작성하라. 여기서 *s*는 반환되는 원소의 수다.

* findAllInRange(k_1, k_2): AVL 트리 *T*의 $k_1 \leq k \leq k_2$ 인 키 *k*를 가진 원소를 모두 반환

※ 주의 : 원소들이 반환되는 순서는 중요하지 않다.

예 그림 11-16에 보인 AVL 트리에서, findAllInRange(48, 80)는 62, 50, 55, 80 키를 가진 원소들을 반환한다.

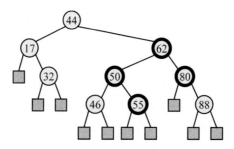

그림 11-16 AVL 트리의 주어진 키 범위(48, 80) 내의 원소들

■ 해결

트리 *T*에 대해 이진탐색과 분할통치가 결합된 형식으로 재귀하여 해결한다. AVL 트리 *T*의 각 내부노드 *v*에서 $k_1 \leq key(v) \leq k_2$ 이면 노드 *v*의 원소 *element(v)*를 수집한 후 *key(v)*의 크기에 따라 다음 세 가지 경우로 나누어 좌우 부트리에 대한 탐색을 계속한다.

- $key(v) \leq k_1$: 노드 v의 오른쪽 부트리에 대해 탐색을 계속
- $k_2 \leq key(v)$: 노드 v의 왼쪽 부트리에 대해 탐색을 계속
- $k_1 < key(v) < k_2$: 노드 v의 왼쪽과 오른쪽 부트리 모두에 대해 각각 탐색을 계속

만약 v가 외부노드면 재귀를 멈추고 반환한다. 원소들은 비어 있는 리스트 L을 초기화하여 수집한다. 작업에 소요되는 시간은 AVL 트리의 루트에서 출발하여 외부노드로 향하는 하향경로를 따라 탐색하므로 이진탐색트리 T의 높이 h와 찾아낸 원소의 수 s의 합을 넘지 않는다. 그러므로 $\mathbf{O}(h+s) = \mathbf{O}(\log n+s)$ 시간에 수행한다.

Alg *findAllInRange(k_1, k_2)*   {distinct keys}
   input AVL tree T, key k_1, k_2
   output all elements with key k, s.t. $k_1 \leq k \leq k_2$

1. $L \leftarrow$ *empty list*
2. *rFindAllInRange($root()$, k_1, k_2, L)*
3. **return** *L.elements()*

Alg *rFindAllInRange(v, k_1, k_2, L)*
   input list L, node v of an AVL tree T, key k_1, k_2
   output list L of elements with key k, s.t. $k_1 \leq k \leq k_2$

1. **if** (*isExternal(v)*)
    return
2. **if** ($k_1 \leq key(v) \leq k_2$)
    L.addLast(element(v))
3. **if** ($key(v) \leq k_1$)
    rFindAllInRange(rightChild(v), k_1, k_2, L)
   elseif ($k_2 \leq key(v)$)
    rFindAllInRange(leftChild(v), k_1, k_2, L)
   else {$k_1 < key(v) < k_2$}
    rFindAllInRange(leftChild(v), k_1, k_2, L)
    rFindAllInRange(rightChild(v), k_1, k_2, L)
                                {Total $\mathbf{O}(\log n + s)$}

예 그림 11-17은 주어진 AVL 트리 예에서, findAllInRange(48, 80)이 방문하는 간선과 노드들을 굵은 선으로 나타낸다.

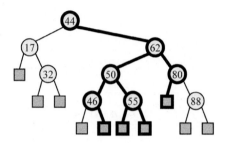

그림 11-17 findAllInRange(48, 80)이 방문하는 간선과 노드들

이 문제는 유일한 키만을 저장하는 AVL 트리에 대한 것이었다. 중복 키를 저장할 수 있는 AVL 트리에 대한 버전은 심층문제에서 다룬다.

11.4.3 주어진 키 범위 내의 원소 수

AVL 트리 T로 구현되며 유일 키로 이루어진 n 항목의 순서사전이 있다. T에서 $O(\log n)$ 시간에 수행하는 다음 메쏘드를 구현하라.

- countAllInRange(k_1, k_2): AVL 트리 T의 $k_1 \leq k \leq k_2$인 키 k들의 수를 계산하여 반환

※ 주의 : 이전 응용문제와 유사해 보이지만 시간성능 조건이 다르므로 다른 해결책을 생각해내야 한다.

※ 힌트 : AVL 트리의 데이터구조를 확장하여 각 내부노드에 새 라벨을 정의하고 트리가 갱신되면 이 라벨의 값도 갱신되도록 한다.

예 그림 11-18에 보인 AVL 트리 예에서 countAllInRange(50, 80)는 4를 반환한다.

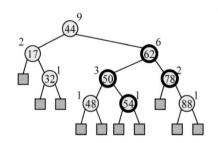

그림 11-18 AVL 트리의 주어진 키 범위 내의 원소 수

■ 해결

이 문제는 AVL 트리의 특성에 관한 심층적 이해를 돕는다. 주어진 문제를 $O(\log n)$ 시간에 수행하기 위한 전제로 AVL 트리의 각 노드에 그 노드를 루트로 하는 부트리의 크기, 즉 부트리 내의 내부노드 수를 저장해야 한다. 트리 갱신 시에는 삽입이나 삭제가 수행된 경로의 노드들의 부트리의 크기를 증가시키거나 감소시켜야 한다. 특히 3-노드 개조를 수행할 때 세 노드(즉, 개조 알고리즘의 a, b, c 노드)를 루트로 하는 부트리의 크기를 올바르게 갱신하는 데 주의를 기울여야 한다. 이런 방식으로 AVL 트리 T의 데이터구조가 확장되어 T의 각 노드 v에 대해 v를 루트로 하는 부트리의 크기를 반환하는 size(v) 메쏘드가 있다고 전제한다. 그림 11-19는 이 방식으로 구현된 AVL 트리를 보인 것이다. 그림에서 T의 각 노드 v의 정수 라벨은 size(v) 값을 나타낸다.

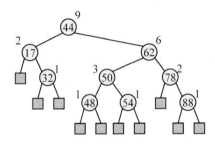

그림 11-19 각 노드에 부트리의 내부노드 수를 저장한 AVL 트리

(k_1, k_2) 키 쌍 범위 내 노드들의 수를 계산하기 위해서는 두 키를 모두 탐색하여 각각의 탐색경로를 구하고 두 탐색경로 사이에 존재하는 노드 수를 합하는 방식으로 해결하면 된다. 메쏘드는 다음과 같다.

1. 먼저 AVL 트리 T에 대해 k_1과 k_2 모두를 탐색하여 각각의 탐색경로를 P_1과 P_2라 하고 각각의 탐색이 반환한 노드를 v_1과 v_2라 한다.
2. 두 경로에 공통된 마지막 노드를 v라 한다.
3. P_1 경로 중 v로부터 v_1까지의 부경로 S_1을 순회한다.
4. 순회 도중 만나는 각 내부노드 $w \neq v$ 에 대해 w의 오른쪽 자식 u가 S_1에 존재하지 않는다면, u가 내부노드인 경우 현재까지의 합에 그 오른쪽 자식의 부트리의 크기와 1을 더하고 u가 외부노드인 경우 1만 더한다(1을 더하는 이유는 노드 w를 노드 수에 포함시키기 위해서다).
5. 마찬가지로 P_2 경로 중 v로부터 v_2까지의 부경로 S_2를 순회한다.

6. 순회 도중 만나는 각 내부노드 $w \neq v$에 대해 w의 왼쪽 자식 u가 S_2에 존재하지 않는다면, u가 내부노드인 경우 현재까지의 합에 그 왼쪽 자식의 부트리의 크기와 1을 더하고 u가 외부노드인 경우 1만 더한다.

7. 마지막으로 v가 내부노드면 현재까지의 합에 1을 더하여 노드 수에 포함시킨다.

그림 11-20은 countAllInRange(50, 80)에 대해 방금 설명한 메쏘드의 수행 내용을 보인 것이다. 그림에서 탐색경로는 굵은 화살표로, 탐색경로에 존재하는 노드들은 굵은 테두리로 표시되었다.

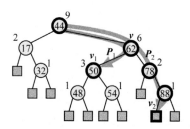

그림 11-20 AVL 트리의 주어진 키 범위 내의 원소 수 계산

알고리즘 countAllInRange를 제시하기에 앞서 이 문제를 위해 알고리즘 treeSearch는 방문한 경로의 노드들을 리스트에 수집하여 반환하도록 다음과 같이 수정한 버전을 사용한 것에 주의하자.

Alg *treeSearch*(*L*, *v*, *k*)   {another version}
    input list *L*, node *v* of a binary search tree, key *k*
    output node *w*, s.t. either *w* is an internal node storing key *k* or *w* is the external
                node where key *k* would belong if it existed, list *L* of nodes visited

1. *L.addLast*(*v*)
2. **if** (*isExternal*(*v*))
       return *v*
3. **if** (*k* = *key*(*v*))
       return *v*
   elseif (*k* < *key*(*v*))
       return *treeSearch*(*L*, *leftChild*(*v*), *k*)
   else {*k* > *key*(*v*)}
       return *treeSearch*(*L*, *rightChild*(*v*), *k*)
                                {Total **O**(log *n*)}

Alg *countAllInRange*(k_1, k_2)
    input AVL tree *T*, key k_1, k_2
    output the number of items with key *k*, s.t. $k_1 \leq k \leq k_2$

    1. P_1, P_2 ← *empty list*
    2. v_1 ← *treeSearch*(P_1, *root*(), k_1)   {**O**(log *n*)}
    3. v_2 ← *treeSearch*(P_2, *root*(), k_2)   {**O**(log *n*)}
    4. *v* ← *last node common to* P_1 *and* P_2 {**O**(log *n*)}
    5. S_1 ← *subpath of* P_1 *starting at v*
    6. S_2 ← *subpath of* P_2 *starting at v*
    7. *c* ← 0
    8. **for each** *w* ≠ *v* ∈ S_1.*elements*()   {**O**(log *n*)}
        if (*isInternal*(*w*))
            u ← *rightChild*(*w*)
            if (*u* ∉ S_1)
                if (*isInternal*(*u*))
                    c ← *c* + *size*(*u*)
                c ← *c* + 1   {count *w*}
    9. **for each** *w* ≠ *v* ∈ S_2.*elements*()   {**O**(log *n*)}
        if (*isInternal*(*w*))
            u ← *leftChild*(*w*)
            if (*u* ∉ S_2)
                if (*isInternal*(*u*))
                    c ← *c* + *size*(*u*)
                c ← *c* + 1   {count *w*}
    10. **if** (*isInternal*(*v*))
        c ← *c* + 1   {count *v*}
    11. **return** *c*

                                        {Total **O**(log *n*)}

    마지막으로 countAllInRange의 성능을 분석한다. 두 키에 대한 탐색은 각각 **O**(log *n*) 시간을 소요한다. 두 개의 탐색경로에 공통된 마지막 노드 *v*를 찾는 데 **O**(log *n*) 시간을, 두 개의 탐색경로 각각에서 *v*로부터의 부경로를 추출하는 데 **O**(log *n*) 시간을 소요한다. 두 개의 탐색경로를 순회하는 데 각각 **O**(log *n*) 시간을 소요한다. 그러므로 알고리즘은 전체적으로 **O**(log *n*) 시간에 수행한다.

11.4.4 투표

 앞서 9장의 응용문제에서 다루었던 투표 문제를 다시 생각해 보자. 전과 마찬가지로 **n**-원소 리스트 **L**이 주어졌다고 가정하자. 여기서 **L**의 각 원소는 선거에서의 투표를 표현하며 각 투표는 선택된 후보자의 기호를 나타내는 정수로 주어진다. 기호들은 정수지만 빠진 번호가 있을 수도 있다는 점도 이전 문제와 같다. 하지만 이번엔 출마한 후보자의 수 **k** < **n** 를 안다고 가정하자. 이 경우 당선자를 찾아내는 **O(n log k)**-시간 메쏘드를 작성하라.

※ 전제 : 가장 많은 표를 획득한 후보자가 당선된다.

예 그림 11-21의 투표 리스트에서 기호 7이 당선자다.

그림 11-21 투표 리스트

■ 해결

해결은 두 가지 버전이 있다. 첫 번째 버전은 8장에서 배운 퀵 정렬의 분할을 사용하며, 두 번째 버전은 이 장에서 배운 균형탐색트리를 이용한다. 두 버전의 수행 성능은 동일하다.

• **분할을 이용한 메쏘드**

1. 알고리즘 inPlacePartition의 중복 키가 존재하는 경우의 버전을 사용하여 리스트 **L**을 분할한다.
2. **LT**와 **GT** 부리스트에 대하여 분할을 반복한다.
3. 분할이 완료된 후 리스트를 스캔하면서 최대 득표자를 찾는다.

1단계는 **O(n)** 시간, 2단계는 유일 키의 수가 **k**이므로 **O(log k)** 회의 분할 단계가 존재한다. 3단계는 **O(n)** 시간을 소요한다. 그러므로 총 **O(n log k)** 시간에 수행한다.

• **균형탐색트리를 이용한 메쏘드**

1. 후보자의 기호를 AVL 트리와 같은 균형탐색트리에 저장한다. 이 트리에서 각 기호를 나타내는 노드에 득표 수 라벨을 정의하여 이 라벨에 해당 기호의 득표수를 저장한다.
2. 투표 리스트를 순회하며, AVL 트리에서 각 투표의 기호에 해당하는 노드를 탐색한다.

3. 노드를 찾으면 그 노드의 득표수 라벨을 증가시키고 못 찾으면 해당 기호를 나타내는 노드를 새로 삽입한다. 새로 삽입되는 노드의 득표수 라벨은 1로 초기화한다.

AVL 트리는 k개의 원소를 저장하므로, 각 투표에 대한 탐색과 삽입은 $O(\log k)$ 시간에 수행한다. 득표 수 라벨 초기화나 갱신은 $O(1)$ 시간에 수행한다. 전체 n개의 투표에 대해 삽입과 초기화 또는 탐색과 갱신을 수행하므로 총 실행시간은 $O(n \log k)$이다.

점근적 성능이 동일한 위 두 버전 가운데 실제 수행시간은 어느 버전이 빠를까? 중복 키가 존재하는 분할의 경우 n개의 원소에 대해 두 번의 순회 패스를 사용하여 분할을 수행해야 하므로 여기에 상당한 시간이 소요된다는 것을 짐작할 수 있다. 그러므로 분할을 사용하지 않는 두 번째 버전이 수행시간 면에서 유리하다. 궁금하다면 실제 전국적 규모의 선거를 참작하여 $n = 10,000,000$, $k = 10$ 정도로 설정하여 기호 1과 10 사이의 무작위 투표 리스트를 만들어 두 버전을 각각 실행해 보자. 수행시간의 차이가 어느 정도인지 확인할 수 있다.

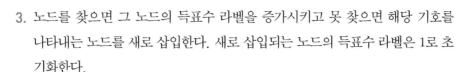

요약

- 탐색트리를 이용하여 사전 ADT를 구현할 수 있으며 여기에는 이진탐색트리, AVL 트리, 스플레이 트리 등의 방식이 있다.
- u, v, w 가 이진탐색트리의 노드며 u와 w가 각각 v의 왼쪽과 오른쪽 부트리에 존재할 때 $key(u) < key(v) \leq key(w)$ 가 성립한다.
- n개의 노드로 이루어진 이진탐색트리로 구현된 사전의 주요 메쏘드들은 최악의 경우 $O(n)$ 시간에 수행한다.
- AVL 트리는 트리 T의 모든 내부노드 v에 대해 v의 자식들의 좌우 높이 차이가 1을 넘지 않는 이진탐색트리를 말한다. 이를 높이균형 속성이라고 한다.
- AVL 트리에 대한 갱신은 높이균형 속성을 파괴할 수 있다. 트리에 대한 개조 작업을 통해 높이균형 속성을 회복할 수 있으며 삽입 후의 개조 작업은 $O(1)$ 시간에, 삭제 후의 개조 작업은 $O(\log n)$ 시간에 수행한다.
- AVL 트리로 구현된 사전의 주요 메쏘드들은 모두 $O(\log n)$ 시간에 수행한다.
- 스플레이 트리는 트리의 노드가 (탐색 또는 갱신을 위해) 접근된 후 스플레이되는 이

진탐색트리를 말한다. "노드 x를 스플레이한다"함은 "연속적인 재구성을 통해 x를 루트로 이동시킴"을 말한다.

- 스플레이 시점은 탐색, 삽입, 또는 삭제 작업 직후이며 스플레이되어야 할 노드는 작업 내용에 따라 다르다.

- 스플레이 과정은 스플레이되어야 할 노드를 루트로 이동시킬 때까지 두 가지의 기초 회전 작업을 반복적으로 적용함으로써 수행된다.

- n개의 노드로 구성된 스플레이 트리에서 스플레이 작업의 최악실행시간은 $O(n)$이다. 하지만 종합분석을 수행하면 스플레이 트리로 구현된 사전에 대한 주요 메쏘드들이 모두 $O(\log n)$ 상각실행시간에 수행된다는 것을 알 수 있다.

- 스플레이 트리는 사전의 각 항목에 접근되는 빈도에 적응한다는 장점을 가진다. 이처럼 자주 접근되는 항목일수록 더 빨리 접근하는 특성은 매우 유용하게 응용될 수 있다.

연습문제

11-1 이진탐색트리의 모든 원소들

D를 이진탐색트리로 구현된 n 항목의 순서사전이라고 가정하자. D를 위한 다음의 메쏘드를 $O(n)$ 시간에 수행하도록 구현하라.

- elements(): 이진탐색트리로 구현된 사전 D의 모든 원소들을 반환

※ 전제 : 원소들의 반환 순서는 중요하지 않다.

11-2 비재귀적 트리 탐색

알고리즘 treeSearch(v, k)의 비재귀 버전을 의사코드로 작성하라.

11-3 이진탐색트리 구축

비어 있는 이진탐색트리에 아래 키들을 가진 항목들을 주어진 순서대로 삽입한다.

- 키: 30, 40, 24, 58, 48, 26, 11, 13

삽입이 수행될 때마다 변화하는 트리 모습을 보여라.

11-4 findAllElements의 버전

중복 키를 가진 이진탐색트리 응용문제에서 제시했던 탐색 알고리즘 findAllElements의 다른 버전을 의사코드로 작성하라.

※ 주의 : 알고리즘 treeSearch를 사용할 수 없다.

11-5 동일한 키 집단으로 생성된 이진탐색트리

윤하는 이진탐색트리에 특정 집단의 키들을 삽입할 때 삽입 순서는 상관이 없다고 주장한다. 즉, 동일한 키 집단에 대해서는 동일한 이진탐색트리가 생성된다는 것이다. 윤하가 옳은지 그른지 논거와 함께 설명하라.

11-6 동일한 키 집단으로 생성된 AVL 트리

윤하는 앞서 자신이 내세운 주장을 약간 수정했다. 이제 그녀는 이진탐색 트리가 아니라 AVL 트리에 특정 집단의 키들을 삽입할 때 삽입 순서는 상관이 없다고 주장한다. 동일한 키 집단에 대해 동일한 AVL 트리가 생성된 다는 것이다. 윤하가 옳은지 그른지 논거와 함께 설명하라.

11-7 AVL 트리 구축

비어 있는 AVL 트리에 아래 키들을 가진 항목들을 주어진 순서대로 삽입한 다.

• 키: 2, 1, 4, 5, 9, 3, 6, 7

삽입이 수행될 때마다 변화하는 트리 모습을 보여라.

11-8 AVL 트리의 부트리들의 크기 유지

그림에 보인 것처럼 AVL 트리로 구현된 *n* 항목의 순서사전이 있다. 트리의 각 노드에 대해 해당 부트리의 크기, 즉 부트리 내의 내부노드의 수를 어떻게 유지할지 설명하라.

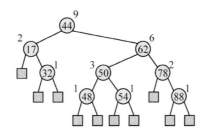

11-9 AVL 트리 갱신

다음 작업의 결과로 생성되는 AVL 트리를 각각 그려라.

• 아래 AVL 트리에 키 52를 가진 항목을 삽입
• 아래 AVL 트리에서 키 62를 가진 항목을 삭제

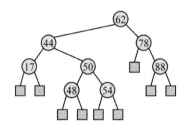

11-10 배열로 표현된 이진트리에서의 회전

배열로 표현된 n-노드 이진트리에서 회전을 수행하는 데 $\Omega(n)$ 시간이 소요되는 이유를 설명하라.

11-11 $\Theta(\log n)$ 개조

단 한 번의 removeElement 작업 이후 높이균형을 회복하기 위해, 잎으로부터 루트까지 $\Theta(\log n)$ 번의 개조(또는 회전)를 요구하는 AVT 트리의 예를 그림으로 보여라. 그림에서, 이 작업에 의해 아무 영향을 받지 않는 부트리들을 표현할 때 삼각형을 사용하라.

11-12 스플레이 트리 구축

비어 있는 스플레이 트리에 아래 키들을 가진 항목들을 주어진 순서대로 삽입한다.

• 키: 1, 2, 3, 4

삽입이 수행될 때마다 변화하는 트리 모습을 보여라.

11-13 스플레이 트리에서 삭제

그림에 보인 스플레이 트리에서 키 e를 삭제한다. 다음의 두 시점에서 트리를 그려라.

• 삭제 직후
• 스플레이 완료 후

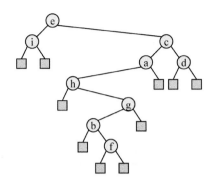

11-14 이진탐색트리의 높이

민경이는 **n**개의 노드로 이루어진 이진탐색트리의 높이는 항상 **O**(log **n**)이라고 주장한다. 민경이의 주장이 옳은지 그른지 논거와 함께 설명하라.

11-15 AVL 트리 알고리즘

다음 AVL 트리 관련 알고리즘을 의사코드로 작성하라.

- searchAndFixAfterInsertion
- searchAndFixAfterRemoval
- restructure

※ 주의 : 트리의 루트 노드는 **root**며 각 노드는 다음 필드로 구성된다고 전제하라.

- left
- right
- parent
- height

※ 힌트 : 다음을 포함한 일반적 메쏘드들 사용 가능.

- isRoot
- key

심층문제

11-1 AVL 트리 메쏘드 구현

유일 키를 저장한 AVL 트리에 관한 순서사전 ADT의 주요 메쏘드들을 C 프로그램으로 구현하고 적절한 데이터를 사용하여 메쏘드들을 수행한 결과를 출력하라.

- findElement(k)
- insertItem(k, e)
- removeElement(k)

- 탐색, 삽입, 삭제를 하나의 프로그램으로 묶어서 구현하라.
- main 함수에서 반복적으로 사용자의 명령코드 **f**(ind), **i**(nsert), **r**(emove)에 따라 해당 메쏘드를 호출하여 처리하는 방식으로 작성하라.
- 예를 들어, "**f** 14" 명령은 findElement(14)를 호출하고, "**i** 25 4" 명령은 insertItem(25, 4)를 호출하며, "**r** 25" 명령은 removeElement(25)를 호출한다.
- 삭제 명령 중 루트 키 삭제 명령을 반드시 포함하라.
- **q**(uit) 명령이 입력되면 프로그램 종료한다.

실행예

- **f** 명령에 대해서는 탐색결과 원소를 출력해야 하며, **i** 혹은 **r** 명령을 수행한 직후에는 현재 AVL 트리의 내용을 출력하여 방금 명령을 제대로 수행했는지 눈으로 확인 가능하도록 해야 한다.
- 탐색 명령 3회, 삽입 명령 3회, 삭제 명령 3회를 적당히 섞어서 실시하고 종료해야 한다.
- 원만한 실행을 위해서 프로그램 시작과 함께 초기 비어 있는 AVL 트리(외부노드 1개만으로 표현)에 20개 정도의 노드를 삽입한 후 명령코드를 입력받기 시작하도록 작성하라.

11-2* 이진탐색트리의 최대 및 최소 키

이진탐색트리 **T**에 저장된 최대 및 최소 키를 구하고자 한다. 다음 알고리즘을 각각 의사코드로 작성하라.
- findMaxKey(): 이진탐색트리 **T**에 저장된 최대 키를 반환
- findMinKey(): 이진탐색트리 **T**에 저장된 최소 키를 반환

11-3 이진탐색트리의 최대 및 최소 키 원소들

중복 키가 존재 가능한 이진탐색트리가 있다. 정의는 다음과 같다.
- **u**, **v**, **w** 세 개의 노드에 대해, **u**와 **w**가 각각 **v**의 왼쪽 및 오른쪽 부트리 내의 노드일 때 $key(u) < key(v) \leq key(w)$가 성립한다.

다음 그림은 그러한 이진탐색트리의 예다.

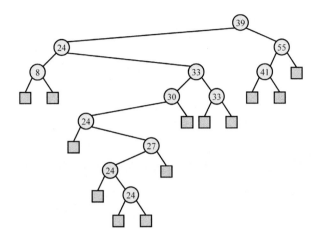

A. 이진탐색트리 **T**로 구현된 순서사전에서 최대 키를 가지는 원소들을 찾는 알고리즘을 작성하라.

- findMaxElements(): **T**에 저장된 최대 키의 원소들을 반환

B. 이진탐색트리 **T**로 구현된 순서사전에서 최소 키를 가지는 원소들을 찾는 알고리즘을 작성하라.

- findMinElements(): **T**에 저장된 최소 키의 원소들을 반환

※ 주의

- 알고리즘은 $O(h+s)$ 시간에 수행하여야 한다. 여기서 h는 **T**의 높이며 s는 반환되는 원소의 수다.
- 원소들이 반환되는 순서는 중요하지 않다.
- 알고리즘 treeSearch를 사용해도 좋다.

11-4* 주어진 키 범위 내의 원소들

앞서 응용문제에서 유일한 키들을 저장한 AVL 트리에 대해 주어진 키 범위 내의 원소들을 찾아 반환하는 알고리즘을 작성해 보았다. 이번에는 중복 키가 있을 수 있는 AVL 트리에 대해 동일한 문제를 해결한다.

AVL 트리 **T**로 구현되며 중복 키가 있을 수 있는 n 항목의 순서사전이 있다. **T**에서 $O(\log n + s)$ 시간에 수행하는 다음 메쏘드를 작성하라. 여기서 s는 반환되는 원소의 수다.

- findAllInRange(k_1, k_2): AVL 트리 **T**의 $k_1 \leq k \leq k_2$인 키 k를 가진 원소들을 모두 반환

※ 주의 : 원소들이 반환되는 순서는 중요하지 않다.

예 아래 그림에 보인 AVL 트리에서 findAllInRange(48, 80)는 62, 55, 55, 80 키를 가진 원소들을 반환한다.

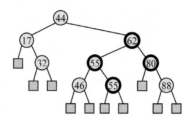

위 알고리즘을 C로 구현하고, 중복 키가 존재하는 20항목의 AVL 트리에 대해 3회의 서로 다른 키 범위를 주어 프로그램을 실행한 결과를 보여라.

11-5 스플레이를 위한 기초 회전

알고리즘 splay가 사용하는 기초 회전 알고리즘 leftRotate와 rightRotate를 의사코드로 작성하라.

- leftRotate(x, y): 노드 x를 중심으로 노드 y를 왼쪽으로 회전한 후 x를 y 위치로 이동
- rightRotate(x, y): 노드 x를 중심으로 노드 y를 오른쪽으로 회전한 후 x를 y 위치로 이동

위 두 알고리즘과 알고리즘 splay를 모두 C 프로그램으로 구현하고 실행예를 보여라.

실행예 $n = 20$의 스플레이 트리에서 출발하여 탐색, 삽입, 삭제 작업을 임의의 순서로 각 각 3회 수행한 결과를 보일 것.

11-6 반-스플레이 트리

스플레이 트리의 변형으로서 **반-스플레이 트리**half-splay tree를 생각해 보자. 반-스플레이 트리에서는 깊이 d의 노드를 스플레이 할 경우 깊이 $\lfloor d/2 \rfloor$ 의 노드에 도달하면 스플레이를 멈춘다. 반-스플레이 트리에서 노드 x를 스플레이하는 알고리즘 splay(x)를 의사코드로 작성하라.

11-7* 단일패스 스플레이

일반적인 스플레이 절차는 두 개의 패스를 요구한다. 스플레이할 노드 x를 찾기 위한 하향 패스와 노드 x를 스플레이하기 위한 상향 패스다. **단일패스 스플레이**one-pass splaying는 한 번의 하향 패스로 노드 x의 탐색과 스플레이를 수행하는 것을 말한다. 수행 방법을 설

명하고 알고리즘을 의사코드로 작성하라. 알고리즘에 zig-zig, zig-zag, zig 등의 세부단계가 어떻게 수행될지 나타나야 할 것이다.

> ※ 힌트 : 수행을 위해서는 x로 내려가는 하향 패스의 각 단계에서 다음 단계에 나타날 두 노드를 고려할 필요가 있을 것이며 마지막에는 zig 회전이 요구될 수도 있다.

11-8* 세 개의 순서배열

각각 n개의 실수를 저장한 순서배열 A_1, A_2, A_3가 있다($3n$개의 실수는 모두 유일하다). 은주는 $A_1 \cup A_2 \cup A_3$ 집합에 대한 균형 이진탐색트리(예 AVL 트리)를 구축하는 데 $\Omega(n \log n)$ 시간이 소요된다고 주장한다. 은주의 주장이 옳은지 그른지 논거와 함께 설명하라.

11-9* 이진탐색트리로부터 정렬

n-노드 이진탐색트리가 있다. 이진탐색트리로부터 키의 정렬 순서를 얻기 위해 다음과 같이 할 수 있다.

- 먼저 최소 키에 접근한다.
- 이후로는, **중위순회 계승자**^{inorder successor}를 $n - 1$ 회 호출함으로써 나머지 $n - 1$ 개의 키에 접근한다.

위 작업에 $O(n)$ 시간이 소요됨을 설명하라.

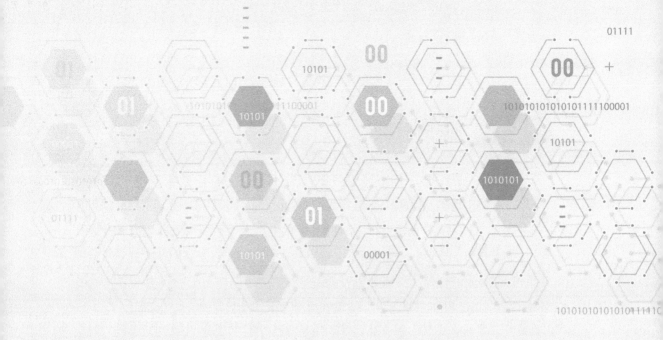

CHAPTER **12**

해시테이블

해시테이블

S 대학 어느 과의 학생들이 2박 3일 예정으로 MT를 갔다. 학생 대표는 수십 명 학생들을 숙소로 확보한 5개의 방에 어떻게 나누어 배정할지 고심한다. 예약한 방은 1호실부터 5호실까지다. 궁리 끝에 대표가 생각해낸 방안은 각 학생의 학번 끝자리 수를 5로 나눈 나머지에 1을 더한 숫자의 방이 그 학생이 들어갈 방이 되는 것이다. 예를 들어 학번이 200447인 학생은 (7 % 5) + 1 = 3 번 방으로 가는 것이다. 학생들은 이 방식에 따라 별탈없이 자기 방을 배정받았다.

대표가 고안해낸 방식은 일종의 데이터 저장 방식이다. 학번을 키로, 방번호를 기억장소의 주소라고 가정하자. 그러면 각 학생은 유일 키를 가진 데이터 항목이 된다. 방을 배정한다는 것은 학생, 즉 (키, 원소) 쌍 데이터 항목을 기억장소 주소에 저장하는 것과 같다. 여러 개의 데이터 항목이 저장된 숙소는 조그만 사전의 역할을 한다.

사전에 대한 주요 작업은 이렇게 수행될 것이다. 삽입은 학생에게 방을 배정하는 작업이며, 탐색은 특정 학생을 찾기 위해 우선 그 학생의 학번의 끝자리 수를 5로 나눈 나머지에 1을 더한 숫자의 방을 찾고, 다음엔 그 방 내에서 그 학생을 찾는 작업이다. 삭제는 대표를 경유하여 집에서 급한 연락이 온 학생을 탐색을 통해 찾아내어 퇴실시켜 집으로 돌려보내는 작업에 비유할 수 있다.

탐색, 삽입, 삭제가 가능하다는 점에서 앞서 두 개의 장에서 공부한 리스트나 탐색트리로 된 사전에 이은 또 하나의 사전이라고 할 수 있으나, 키를 사용하는 방식에서 앞서 사전들과 크게 다른 점이 있다. 지금까지의 사전에서는 두 개의 키를 크기 비교하는 방식으로만 사용했다. 하지만 여기서 키, 즉 학번을 사용하는 방식을 보면 두 개의 학번을 크기 비교하는 일없이 학번 한 개에 대한 나머지셈과 덧셈으로 얻은 결과를 방번호로 사용한다. 다시 말해 키 자체에 대한 연산을 통해 키의 항목을 저장할 기억장소 주소를 얻은 것이다. 이런 방식으로 키를 직접 조작하여 저장 주소를 찾는 방식을 **해시** hash라고 하며 이 방식에 의해 만들어진 사전을 해시테이블이라고 한다.

12.1.1 해시테이블 성능

이 장은 탐색 파트의 마지막 장으로 리스트, 탐색트리에 이어 사전을 구현할 수 있는 세 번째 종류의 데이터구조를 소개한다. **해시테이블** hash table은 키-주소 매핑에 의해 구현된 사전 ADT를 말한다.

해시테이블의 성능에 대해 생각해 보자. 이상적으로는 MT에 참여한 학생 수만큼의 방을 예약한다면 학생 한 명당 한 개의 방을 배정할 수 있다. 각 방번호가 방에 배정된 학생의 학번이라고 전제하면 사전의 주요 작업에 걸리는 시간도 $O(1)$이 된다. 하지만 이 방식은 너무 큰 저장 공간을 사용해야 하므로 비용 면에서 비현실적이다. 현실적 대안은 학생 수에 비해 작은 수의 방을 사용하는 것이다. 이 경우 방마다 비슷한 수의 학생들이 배정된다면 좋겠으나 방배정 원칙을 적용한 결과 이론적으로는 MT에 온 모든 학생들이 한 개의 방으로 배정될 수도 있다. 가령 모든 학생들의 학번 끝자리 수가 2 또는 7일 경우 모두 다 3번방으로 저장된다. 이렇게 되면 사전에 대한 주요 작업들은 모두 $O(n)$ 시간에 수행할 것이다. 왜냐하면 해시, 즉 탐색의 첫 단계인 매핑에 걸리는 시간은 한 번의 나머지셈과 한 번의 덧셈이라 $O(1)$ 시간이면 충분하지만 다음 단계에서 3번방에 모여 있는 n명의 학생 가운데서 다시 찾아야 하기 때문이다. 만약 3번방에 n명의 학생들이 학번 순으로 정렬되어 있는 특수한 상황이라면 $O(\log n)$ 시간에 이진탐색이 가능하긴 하다. 하지만 일반적으로는, 이 방식으로 구현된 사전에 대한 주요 작업의 최악 성능은 $O(n)$ 시간이다.

나중에 다루겠지만 결론부터 말한다면 해시테이블로 구현된 사전의 주요 작업들은 모두 $O(1)$ 기대시간에 수행한다. 따라서 해시테이블은 사전을 구현하는 유력한 수단이 되며 다양한 응용에서 자주 사용된다. 실제 해시테이블은 컴파일러의 심볼테이블이나 환경변수들의 레지스트리 등에도 사용된다.

12.2 버킷 배열

해시테이블은 다음과 같이 간략히 정의할 수 있다.

- 해시테이블 = 버킷 배열 + 해시함수

여기서 **버킷 배열** bucket array은 해시테이블을 구현한 1차원 배열을 의미하며, **해시함수** hash function는 키-주소 매핑을 위한 연산을 수행하는 함수다. 다시 말해 해시테이블은 데이터 항목들의 키를 배열첨자로 매핑함으로써 배열에 사전 항목들을 저장한다. 그림 12-1에 보인 것처럼 해시테이블을 위한 버킷 배열은 크기 M의 배열 A다. A의 각 셀은 **버킷** bucket, 즉 키-원소 쌍을 담는 용기로 본다. 경우에 따라서는 이를 슬롯slot이라 부르기도 한다. 정수 M은 배열의 용량을 정의한다. 키 k를 가진 원소 e는 버킷 $A[k]$에 삽입되며 사전에 존재하지 않는 키에 속하는 버킷 셀들은 **NoSuchKey**라는 특별한 개체를 담는 것으로 가정한다.

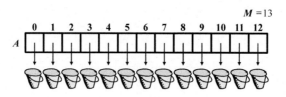

그림 12-1 버켓 배열

키가 유일한 정수고 [0, *M* - 1] 범위에 잘 분포되어 있다면 해시테이블에서의 탐색, 삽입, 삭제에 O(1) 최악 시간이 소요된다. 하지만 이 방식을 그대로 적용하기에는 두 가지 제약이 있다. 첫째, O(*n*) 공간을 사용하므로 해시테이블의 크기 *M*이 사전의 항목 수 *n*에 비해 매우 크다면 공간 낭비가 심하다. 다시 MT 예를 든다면 각 방번호가 학생의 학번이라는 얘기인데 학생들의 학번은 대개 여섯 자리이므로 겨우 수십 명의 학생이 올 것에 대비해 숙소 주인은 수십만 개의 방을 준비해야 할 것이다. 둘째, 키들이 [0, *M* - 1] 범위 내의 유일한 정수여야 하지만 현실은 그렇지만은 않다. 예를 들어 방배정을 학번에 의하지 않고 학생 이름을 기준으로 하고 싶더라도 대개 숫자로 된 방번호와는 직접 연결할 수 없다.

그러므로 이러한 제약을 극복하기 위해 해시테이블 데이터구조를 정의할 때는 반드시 키를 [0, *M* - 1] 범위 내의 정수로 매핑하는 좋은 해시함수와 함께 버켓 배열을 구성해야 한다.

12.3 해시함수

해시함수 *h*는 주어진 형의 키를 고정 범위 [0, *M* - 1]로 매핑한다.

예 해시함수 *h*

$h(x) = x \% M$ (*h*는 정수 키 *x*에 대한 해시함수다)

정수 $h(x)$를 키 *x*의 **해시값**^{hash value}이라 부른다. 주어진 키 형의 해시테이블은 다음으로 구성된다.

- 해시함수 *h*
- 크기 *M*의 배열(해시테이블이라 불림)

사전을 해시테이블로 구현할 때의 목표는 항목 (*k*, *e*)를 첨자 *i* = *h*(*k*)에 저장하는 것이다.

예 전화번호 해시함수 *h*

해시함수의 다른 간단한 예를 보이기 위해 (전화번호, 이름) 항목들을 저장하는 사전을 위한 해시테이블을 설계하자. 여기서 전화번호는 10자리수의 양의 정수로 가정한다. 설계된 해시테이블은 크기 M = 10,000의 배열과 아래 해시함수를 사용한다. 그림 12-2는 해시테이블의 내용이다.

$h(x)$ = x의 마지막 네 자리

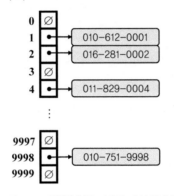

그림 12-2 전화번호를 저장한 해시테이블

해시함수는 보통 두 함수의 복합체로 명세된다.

- **해시코드맵** hash code map h_1: keys → integers
- **압축맵** compression map h_2: integers → [0, M - 1]

먼저 해시코드맵을 적용하고 그 결과에 압축맵을 적용한다. 즉, $h(k) = h_2(h_1(k))$ 다. 그림 12-3은 해시의 두 단계를 보인 것이다.

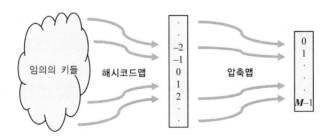

그림 12-3 두 단계 해시함수

MT 예에서 1단계에서 학번의 끝자리 수를 떼어낸 후 2단계에서 이 수를 5로 나눈 나머지를 구해 1을 더한 것이 두 단계 해시함수의 좋은 예다. 좋은 해시함수가 되기 위한 조건은 두 가지다. 첫째 키들을 외견상 **무작위하게** random 해시테이블에 분산시켜야 한다. 둘째 계산이 빠르고 쉬워야 한다(가능하면 상수시간).

12.3.1 해시코드맵

 해시코드맵 설계에 자주 사용되는 방식으로는 메모리 주소, 정수 캐스트, 요소합, 다항 누적 등이 있다.

- **메모리 주소** memory address

  키 개체의 메모리 주소를 정수로 재해석한다. 모든 Java 객체들의 기본 해시코드로 사용되며 일반적으로 만족스러우나 수치 또는 문자열 키에는 적용 곤란하다는 단점이 있다. 왜냐하면 동일한 값의 수치나 문자열이 두 군데 이상의 메모리에 존재할 경우 각 주소에 따라 상이한 수로 매핑될 수 있기 때문이다.

- **정수 캐스트** integer cast

  키의 비트값을 정수로 재해석하여 사용한다. 정수형에 할당된 비트 수를 초과하지 않는 길이의 키에 사용하기에는 적당하다. Java의 byte, short, int, float 등에도 사용된다.

- **요소합** component sum

  키의 비트들을 고정길이(예 16 또는 32 bits)의 요소들로 분할한 후 각 요소를 합한다(overflow는 무시). 정수형에 할당된 비트 수 이상의 고정길이의 수치 키에 적당하다. Java의 long, double 등에 사용된다. 그러나 문자의 순서에 의미가 있는 문자열 키에는 부적당하다. 왜냐하면 공통 문자들에 의해 원치 않는 충돌이 발생하기 때문이다. 예를 들어 temp01, temp10 등의 문자열 집단이나, stop, tops, spot, pots 등의 문자열 집단을 요소합 방식으로 처리할 경우 각 집단의 문자열들은 동일한 수로 매핑된다.

- **다항 누적** polynomial accumulation

  요소합에서와 마찬가지로 키의 비트들을 고정길이(예 8, 16, 32 bits)의 요소들 a_0 $a_1 \cdots a_{n-1}$로 분할한다. 그 다음에 고정값 z를 사용하여 각 요소의 위치에 따른 별도 계산을 부과한 다항식 $p(z)$를 계산한다(overflow는 무시).

$$p(z) = a_0 + a_1 z + a_2 z^2 + \cdots + a_{n-1} z^{n-1}$$

  특히 문자열 키에 사용하기에 적당하다. 예를 들어 고정값 $z = 33$을 선택할 경우

50,000개의 영단어에 대해 6회의 충돌(즉, 동일한 수로 매핑)밖에 일어나지 않는다.

12.3.2 압축맵

압축맵으로는 나머지셈이나 승합제가 자주 사용된다.

- **나머지셈** modulo division

  $h_2(k) = |k| \% M$

  해시테이블의 크기 M은 일반적으로 **소수**prime로 선택한다.

- **승합제** multiply, add and divide, MAD

  $h_2(k) = |ak + b| \% M$

  여기서 a와 b는 음이 아닌 정수로써 $a \% M \neq 0$ 이어야 한다. 그렇지 않으면 모든 정수가 동일한 수 b로 매핑되기 때문이다.

12.4 충돌 해결

충돌collision은 두 개 이상의 원소들이 동일한 셀로 매핑됨을 말한다. 다시 말해 상이한 키 k_1과 k_2에 대해 $h(k_1) = h(k_2)$ 면 충돌이 일어났다고 말한다. 그림 12-4는 이미 (k_1, e_1) 항목이 저장된 주소에 (k_2, e_2) 항목이 충돌한 상황을 그림으로 보인 것이다. $M < n$ 인 경우 충돌은 필수적이다. $M > n$ 인 경우라도 두 키의 해시값이 같으면 충돌이 일어난다. 충돌을 어떻게 해결하느냐의 전략은 사전의 성능에 큰 영향을 미친다. **충돌 해결**collision resolution을 위해 일관되고 효율적인 전략이 필요하다. 충돌 해결을 위한 전략으로는 크게 분리연쇄법과 개방주소법 두 가지가 있다. 이어지는 절에서 자세히 설명한다.

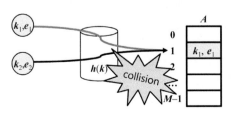

그림 12-4 충돌

12.4.1 분리연쇄법

분리연쇄법 separate chaining 또는 **연쇄법** chaining 에서는 각 버켓 $A[i]$는 리스트 L_i에 대한 참조를 저장한다. 여기서 L_i는 해시함수가 버켓 $A[i]$로 매핑한 모든 항목들을 저장하며 무순리스트 또는 기록파일 방식으로 구현된 미니 사전이라 볼 수 있다. 그림 12-5는 분리연쇄법으로 충돌을 해결한 예다. 분리연쇄법은 단순하고 빠르다는 장점이 있으나 테이블 외부에 리스트 $L_0, L_1, \cdots, L_{M-1}$을 위한 추가적인 저장공간을 필요로 한다.

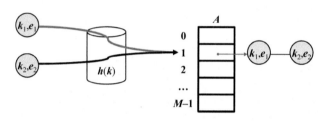

그림 12-5 분리연쇄법

예 그림 12-6은 아래 주어진 해시함수와 입력에 대한 분리연쇄법 사용 예다.

- $h(k) = k \% M$
- 키 (주어진 순서대로 삽입): 25, 13, 16, 15, 7, 28, 31, 20, 1

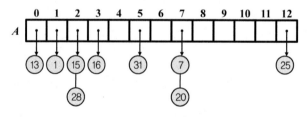

그림 12-6 분리연쇄법 사용 예

위 그림 12-5와 그림 12-6에서 리스트에 추가되는 항목들이 리스트의 기존 원소의 뒤에 저장되는 것으로 표현했지만 리스트의 테일 포인터를 별도로 유지하지 않는 경우라면 리스트의 맨 앞에 삽입하는 것이 유리하다. 리스트의 길이에 상관없이 상수시간 삽입이 가능하기 때문이다.

다음은 사전의 주요 작업에 대한 메쏘드들로써 탐색 메쏘드 findElement, 삽입 메쏘드 insertItem, 그리고 삭제 메쏘드 removeElement다. 알고리즘 initBucketArray는 버켓 배열의 모든 셀을 비어 있는 것으로 초기화한다.

Alg *findElement*(*k*)
   input bucket array *A*[0..*M* − 1], hash function *h*, key *k*
   output element with key *k*

1. *v* ← *h*(*k*)
2. **return** *A*[*v*].*findElement*(*k*)

Alg *insertItem*(*k*, *e*)
1. *v* ← *h*(*k*)
2. *A*[*v*].*insertItem*(*k*, *e*)
3. **return**

Alg *removeElement*(*k*)
1. *v* ← *h*(*k*)
2. **return** *A*[*v*].*removeElement*(*k*)

Alg *initBucketArray*()
   input bucket array *A*[0..*M* − 1]
   output bucket array *A*[0..*M* − 1] initialized with null buckets

1. **for** *i* ← 0 **to** *M* − 1
    A[*i*] ← *empty list*
2. **return**

12.4.2 개방주소법

충돌 해결을 위한 두 번째 전략으로 **개방주소법** open addressing에서는 충돌 항목이 테이블의 다른 셀에 저장된다. 그림 12-7은 개방주소법에 의한 충돌 해결을 보인다.

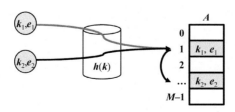

그림 12-7 개방주소법

개방주소법은 분리연쇄법에 비해 공간 사용을 절약하지만 삭제가 어렵다는 것과 사전 항목들이 연이어 **군집화**clustering하는 결점이 있다.

개방주소법은 처음 충돌한 위치에서 얼마나 떨어진 셀에 저장하느냐에 따라 다시 선형조사법, 2차 조사법, 이중해싱으로 나뉜다. 각각은 복잡성와 성능 면에서 다른 특성을 가진다.

선형조사법

선형조사법 linear probing은 충돌 항목을 (원형으로) 바로 다음의 비어 있는 테이블 셀에 저장함으로써 충돌을 처리한다. 구체적으로는 다음 순서에 의해 버켓을 조사한다.

$$A[(h(k)+f(i)) \% M], f(i) = i, i = 0, 1, 2, \cdots$$

(즉, $A[(h(k)]$, $A[(h(k)+1]$, $A[(h(k)+2]$, $A[(h(k)+3]$, $\cdots$의 순서)

이때 검사되는 각 테이블 셀을 **조사**probe라 부른다. 선형조사법의 단점은 충돌 항목들이 군집화하며 이후의 충돌에 의해 더욱 긴 **조사열**probe sequence로 군집하는 경향이 있다는 점이다. 이를 **1차 군집화**primary clustering라 한다. 군집화는 사전의 성능에 악영향을 끼친다. 사전의 주요 작업 수행시 선형탐색 방식으로 군집을 순회하는 데 많은 시간이 소요되기 때문이다.

예 그림 12-8은 아래 주어진 해시함수와 입력에 대한 선형조사법 사용 예다. 입력 키 중 굵게 표시된 수는 충돌 해결에 의해 처리되는 항목들이다.

- $h(k) = k \% M$
- 키(주어진 순서대로 삽입): 25, 13, 16, 15, 7, **28**, 31, **20**, 1, **38**

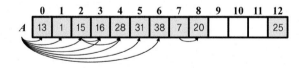

그림 12-8 선형조사법 사용 예

2차 조사법

2차 조사법 quadratic probing은 다음 순서에 의해 버켓을 조사한다.

$$A[(h(k) + f(i)) \% M], f(i) = i^2, i = 0, 1, 2, \cdots$$

(즉, $A[(h(k)]$, $A[(h(k) + 1]$, $A[(h(k)+4]$, $A[(h(k)+9]$, $\cdots$의 순서)

2차 조사법을 사용하면 선형조사법의 단점인 1차 군집화는 피하지만 해시값이 동일한 키들은 동일한 조사를 수반하므로 나름대로의 군집을 다시 형성한다. 이를 **2차 군집화** secondary clustering라고 한다. 2차 군집화 역시 1차 군집화와 마찬가지 이유로 사전의 성능에 안 좋은 영향을 끼친다. 또한 M이 소수가 아니거나 혹은 버켓 배열이 반 이상 차면 비어 있는 버켓이 남아 있더라도 찾지 못할 수도 있다는 단점이 있다.

예 그림 12-9는 아래 주어진 해시함수와 입력에 대한 2차 조사법 사용 예다. 앞서와 동일한 입력에 대해 어떤 방식으로 충돌 해결이 이루어지는지 주의해서 보자.

- $h(k) = k \% M, f(i) = i^2$
- 키 (주어진 순서대로 삽입): 25, 13, 16, 15, 7, **28**, 31, **20**, 1, **38**

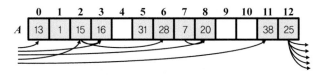

그림 12-9 2차 조사법 사용 예

이중해싱

 이중해싱 double hashing은 두 번째의 해시함수 h'를 사용하여 다음 순서에 의해 버켓을 조사한다.

$$A[(h(k)+f(i)) \% M], f(i) = i \cdot h'(k), i = 0, 1, 2, \cdots$$
$$(즉, A[(h(k)], A[(h(k)+h'(k)], A[(h(k)+2h'(k)], A[(h(k)+3h'(k)], \cdots의 순서)$$

이중해싱을 사용하면 동일한 해시값을 가지는 키들도 상이한 조사를 수반할 수 있기 때문에 군집화를 최소화한다. 이중해싱을 사용할 경우 알아둘 것은 h'의 계산 결과가 0이 안 되도록 설계해야 한다는 것과, 최선의 결과를 위해 $h'(k)$와 M이 **서로소** relative prime 여야 좋다는 것이다. 서로소가 아닌 경우, 즉 어떤 정수 d_1, d_2에 대해 $d_1 \cdot M = d_2 \cdot h'(k)$ 면, d_2개의 조사만 시도하고 만다. 버켓들 중 d_2/M 개만이 검사되는 것이다. 일반적으로 $h'(k) = q - (k \% q)$ 또는 $h'(k) = 1 + (k \% q)$ 등을 사용하면 좋은 결과를 얻을 수 있다. 여기서 $q < M$는 소수며 M 역시 소수여야 한다.

예 그림 12-10은 아래 주어진 해시함수와 입력에 대한 이중해싱 사용 예다. 이번에도 앞서와 동일한 입력에 대해 어떤 방식으로 충돌 해결이 이루어지는지 주의해서 보자.

- $h(k) = k \% M,\ h'(k) = 11 - (k \% 11)$
- 키(주어진 순서대로 삽입): 25, 13, 16, 15, 7, **28**, 31, **20**, 1, **38**

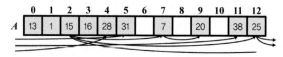

그림 12-10 이중해싱 사용 예

개방주소법 알고리즘

여기서 개방주소법을 사용하는 사전에 대한 탐색과 삽입 작업을 알고리즘으로 제시한다. 삭제는 나중에 다룬다. 다양한 조사 방식마다 특화된 메쏘드를 따로 작성하는 것은 불필요하다. 조사 방식에 관계 없이 사전의 주요 작업을 하나의 통합 메쏘드로 작성하는 것이 가능하기 때문이다. 다음 버켓의 주소는 조사 방식에 따른 버켓 위치를 반환하는 함수를 이용해서 구한다. 사용중인 버켓과 비어 있는 버켓을 구별하기 위해 버켓마다 태그(예 empty)를 정의하여 버켓이 비어 있는지 여부를 나타낸다. 초기화 알고리즘 initBucketArray는 모든 버켓을 비어 있는 것으로 설정한다.

Alg *findElement(k)*
    input bucket array $A[0..M-1]$, hash function *h*, key *k*
    output element with key *k*

1. $v \leftarrow h(k)$
2. $i \leftarrow 0$
3. **while** $(i < M)$
    $b \leftarrow getNextBucket(v, i)$
    if $(isEmpty(A[b]))$
        return *NoSuchKey*
    elseif $(k = key(A[b]))$
        return *element(A[b])*
    else
        $i \leftarrow i+1$
4. **return** *NoSuchKey*

Alg *insertItem*(*k*, *e*)
1. *v* ← *h*(*k*)
2. *i* ← 0
3. **while** (*i* < *M*)
    b ← *getNextBucket*(*v*, *i*)
    if (*isEmpty*(*A*[*b*]))
       Set bucket A[*b*] *to* (*k*, *e*)
       return
    else
       i ← *i* + 1
4. *overflowException*()
5. **return**

Alg *getNextBucket*(*v*, *i*)   {linear probing}
1. **return** (*v* + *i*) % *M*

Alg *getNextBucket*(*v*, *i*)   {quadratic probing}
1. **return** (*v* + *i*^{2}) % *M*

Alg *getNextBucket*(*v*, *i*)   {double hashing}
1. **return** (*v* + *i* · *h*′(*k*)) % *M*

Alg *initBucketArray*()
  input bucket array *A*[0..*M* − 1]
  output bucket array *A*[0..*M* − 1] initialized with null buckets

1. **for** *i* ← 0 **to** *M* − 1
    A[*i*].**empty** ← 1   {set bucket empty}
2. **return**

Alg *isEmpty*(*b*)   {example}
  input bucket *b*
  output boolean

1. **return** *b*.**empty**

개방주소법에서의 갱신

 항목의 삽입과 삭제 작업이 비교적 단순한 분리연쇄법과 달리 개방주소법을 사용할 경우 버켓의 갱신에 대해 각별히 주의를 기울여야 한다. 버켓의 항목이 삭제된 후 그 버켓을 단순히 비어 있는 것으로 설정하면 차후의 탐색 작업에서는 그 버켓을 검사한 후 다음 버켓으로 진행하기를 멈출 것이다. 따라서 조사 순서상 그 버켓 이후에 존재하는 항목들에 대한 탐색은 모두 실패하게 된다. 그렇다고 해서 삭제된 항목을 그대로 놔둘 수는 없는 일이다. 좋은 방법이 없을까?

여기에 대한 해답은 버켓을 비어 있는 것과 사용 중인 것, 두 종류로만 구분하는 것이 아니라 세 번째 종류로 **비활성화** deactivation된 버켓을 정의하는 전략이다. 즉, 초기에 모든 버켓은 비어 있는 것으로 시작하여 항목이 삽입되면 활성 버켓이 된다. 항목이 삭제된 버켓은 비활성화된 것으로 설정한다. 탐색 작업 수행 중 비활성 버켓을 만나면 마치 사용 중인 버켓처럼 취급하여 탐색을 계속 진행한다. 만약 삽입 작업 수행 중 비활성 버켓을 만나면 비어 있는 버켓과 마찬가지로 취급하여 이곳에 삽입한다. 다음은 비활성 전략을 사용하는 사전 메쏘드들의 버전이다. 구체적인 알고리즘 작성은 응용문제에서 다룬다.

아래 메쏘드들이 삭제된 원소를 비활성화하는 방식을 사용하는데 비해, 삭제된 원소가 애초부터 테이블에 삽입되지 않았던 것처럼 테이블의 원소들을 재배치하는 방식도 가능하다. 이 방식은 심층문제에서 다루어진다.

- findElement(k)
  1. 셀 $h(k)$에서 출발하여 다음 가운데 하나가 발생할 때까지 연속적인 셀들을 조사.
     - 비어 있는 셀을 만나면 탐색 실패
     - 활성 셀의 항목 (k, e)를 만나면 e를 반환
     - M개의 셀을 검사
  2. 탐색 실패.

- insertItem(k, e)
  1. 셀 $h(k)$에서 출발하여 다음 가운데 하나가 발생할 때까지 연속적인 셀들을 조사.
     - 비거나 비활성인 셀을 만나면 항목 (k, e)를 셀에 저장한 후 활성화
     - M개의 셀을 검사
  2. 테이블 만원 예외를 발령.
- removeElement(k)
  1. 셀 $h(k)$에서 출발하여 다음 가운데 하나가 발생할 때까지 연속적인 셀들을 조사.

- 비어 있는 셀을 만나면 탐색 실패
- 활성 셀의 항목 (k, e)를 만나면 비활성화하고 e를 반환
- M개의 셀을 검사

2. 탐색 실패.

12.5 해시테이블 성능

이 절에서는 해시테이블의 성능에 관련된 주제로서 우선 해시테이블의 적재율과 재해싱에 대해 설명한 후 해시테이블의 주요 작업의 성능을 분석한다.

12.5.1 적재율

해시테이블의 **적재율**^{load factor} α는 n/M으로 정의된다. 다시 말해 적재율은 좋은 해시함수를 사용할 경우 각 버켓의 기대 크기를 말한다. 주요 작업의 효율을 높이려면 적재율을 낮게 유지해야 한다. 가능하면 1 아래로 유지하는 것이 좋다. 키를 각 주소에 동일한 확률로 매핑하는 좋은 해시함수가 주어진다면 사전의 주요 작업인 findElement, insertItem, removeElement 등의 기대실행시간은 $O(\alpha)$다. 기대실행시간은 8.2절에서 무작위 퀵정렬의 성능을 분석하는 데 사용된 적이 있다. 분리연쇄법을 사용하는 경우 $\alpha > 1$ 이면 해시테이블은 작동은 하지만 다소 비효율적이다. $\alpha \leq 1$ 이면(그리고 기왕이면 0.75 미만이면) $O(\alpha) = O(1)$ 기대실행시간이 성취 가능하다. 개방주소법을 사용하는 경우 항상 $\alpha \leq 1$ 이다. $\alpha > 0.5$면, 선형 및 2차 조사법인 경우 군집화 가능성이 높으며 이에 따른 성능 저하가 있게 된다. $\alpha \leq 0.5$ 로 유지하면 $O(\alpha) = O(1)$ 기대실행시간에 수행한다.

12.5.2 재해싱

해싱의 주요 작업에 대한 성능을 보장받기를 원한다면 적재율을 적정한 수준으로 관리하는 것이 중요하다. 해시테이블의 적재율을 상수(보통 0.75) 이하로 유지하기 위해서는 원소를 삽입할 때마다 이 한계를 넘기지 않기 위해 추가적인 작업이 요구된다. 구체적으로,

테이블에 데이터 항목이 추가될 때마다 적재율의 상승 추이를 감시하고 이 수치가 미리 정한 한계 수준에 도달하면 모든 데이터 항목들을 비좁은 테이블로부터 이보다 큰 새 테이블로 옮겨야 한다. 이 작업을 **재해싱** rehashing이라 한다. 그럼 언제 재해싱을 하는가? 답은 다음의 세 가지 경우다.

- 적재율의 최적치를 초과했을 때
- 삽입이 실패한 때
- 너무 많은 비활성 셀들로 포화되어 성능이 저하되었을 때

재해싱은 다음 세 단계를 거쳐 수행한다.

1. 버킷 배열의 크기를 증가시킨다(원래 배열의 대강 두 배 크기로 - 이때 새 배열의 크기를 소수로 설정하는 것을 잊지 말아야 한다).
2. 새 크기에 대응하도록 압축맵을 수정.
3. 새 압축맵을 사용하여 기존 해시테이블의 원소들을 새 테이블에 삽입.

12.5.3 해시테이블 성능

최악의 경우 해시테이블에 대한 탐색, 삽입, 삭제는 $O(n)$ 시간 소요한다. 최악의 경우란 사전에 삽입된 모든 키가 충돌할 경우다. 적재율 $\alpha = n/N$은 해시테이블의 성능을 좌우하므로 최적치 범위 내로 유지되어야 한다. 해시값들을 **난수** random number와 같다고 가정하면 개방주소법에 의한 삽입을 위한 기대 조사횟수는 $1/(1 - \alpha)$ 이라고 알려져 있다(증명은 생략한다). 해시테이블에서의 모든 사전 ADT 작업들의 기대실행시간은 $O(1)$이다. 실전에서 적재율이 1(즉, 100%)에 가깝지만 않다면 해싱은 매우 빠르다. 이에 따라 소규모 데이터베이스, 컴파일러, 브라우저 캐시 등에서 유용하게 사용된다.

> ## 12.6 응용문제

이 절에서는 해시와 해시테이블에 대한 이해를 돕기 위한 응용문제들과 해결을 제시한다. 다룰 문제들은 다음과 같다.

- 연결리스트 동일성
- 비활성화 방식 삭제

12.6.1 연결리스트 동일성

S와 T는 각각 수들의 집합이며 무순의 (집합이므로 당연히) 유일한 수들의 단일연결리스트로 구현되어 있다. 각 리스트의 헤드노드로만 접근 가능하며 각 리스트의 길이는 모른다. $S = T$인지 결정하는 $O(min(|S|, |T|))$-기대시간 메쏘드를 작성하라. 여기서 $|S|$와 $|T|$는 각각 집합 S와 T의 크기다.

■ 해결

메쏘드는 다음과 같다.

1. 먼저 두 집합의 크기가 같은지 검사하여 크기가 다르면 둘이 동일하지 않다고 반환한다. 여기에는 $O(min(|S|, |T|))$ 시간이 소요된다.
2. 두 집합의 크기가 같으면 원소들도 같은지 검사해야 한다. 크기 $\Theta(|S|)$의 분리연쇄법에 의한 해시테이블을 만들고 반복적으로 S의 각 원소를 해시테이블에 삽입한다.
3. 그 다음엔 T의 각 원소들에 대해 해시테이블에 존재하는지 탐색한다.
4. T의 어떤 원소라도 해시테이블에 존재하지 않으면 두 집합이 동일하지 않다고 반환하고 T의 마지막 원소까지 존재하면 두 집합이 동일하다고 반환한다.

$|S| = |T|$인 상황에서 해시테이블에 대한 삽입과 탐색 작업들은 총 $O(|S|)$ 기대시간이 소요된다. 따라서 전체 실행시간은 $O(min(|S|, |T|))$ 기대시간이 된다. 알고리즘 areEquivalent는 방금 설명한 메쏘드를 수행한다.

Alg *areEquivalent*(*S*, *T*)
   input singly linked list *S*, *T* of distinct numbers
   output boolean indicating *S* = *T*

1. *s* ← *S*
2. *t* ← *T*
3. **while** (($s \neq \varnothing$) & ($t \neq \varnothing$))   {O(*min*(|*S*|, |*T*|))}
   s ← *s*.**next**
   t ← *t*.**next**
4. **if** (($s \neq \varnothing$) ‖ ($t \neq \varnothing$))
   return *False*
5. *H* ← *create a hash table*
6. *s* ← *S*
7. **while** ($s \neq \varnothing$)   {**O(|*S*|)**}
   H.**insertItem**(*s*.**elem**, *s*.**elem**)   {key = **elem**}
   s ← *s*.**next**
8. *t* ← *T*
9. **while** ($t \neq \varnothing$)   {**O(|*T*|)**}
   e ← *H*.**findElement**(*t*.**elem**)
   if (*e* = *NoSuchKey*)
      return *False*
   t ← *t*.**next**
10. **return** *True*

                                      {Total **O(*min*(|*S*|, |*T*|))**}

12.6.2 비활성화 방식 삭제

 비활성화 방식의 삭제란 앞서 설명한대로 삭제된 셀을 비활성화시키는 방식의 삭제를 말한다. 이 방식을 구사하는 개방주소법의 관련 알고리즘을 의사코드로 작성하라.

- findElement(k)
- insertItem(k, e)
- removeElement(k)

※ 참고 : 다음 알고리즘을 사용해도 좋다.

- deactivate(b): 버켓 **b**를 비활성으로 표시
- activate(b): 버켓 **b**를 활성으로 표시
- inactive(b): 버켓 **b**가 비활성인지 여부를 반환
- active(b): 버켓 **b**가 활성인지 여부를 반환

■ 해결

삭제 메쏘드 removeElement(k)는 조사 중 비어 있는 셀을 만나거나 M개의 셀을 모두 검사하면 **NoSuchKey**를 반환한다. 그 전에 활성 버켓 $A[b]$에서 항목 (k, e)를 만나면 $A[b]$를 비활성 셀로 표시하고 e를 반환한다. 삽입 메쏘드 insertItem(k, e)는 M개의 셀을 모두 검사하면 overflowException을 발령한다. 그 전에 비어 있거나 비활성 버켓 $A[b]$를 찾으면 항목 (k, e)를 버켓 $A[b]$에 저장한다.

```
Alg findElement(k)
1. v ← h(k)
2. i ← 0
3. while (i < M)
      b ← getNextBucket(v, i)
      if (isEmpty(A[b]))
          return NoSuchKey
      elseif (active(A[b]) & (k = key(A[b])))
          return element(A[b])
      else
          i ← i+1
4. return NoSuchKey
```

Alg *insertItem*(*k*, *e*)
1. *v* ← *h*(*k*)
2. *i* ← 0
3. **while** (*i* < *M*)
    b ← *getNextBucket*(*v*, *i*)
    if (*isEmpty*(*A*[*b*]) || *inactive*(*A*[*b*]))
        A[*b*] ← (*k*, *e*)
        activate(*A*[*b*])
        return
    else
        i ← *i*+1
4. *overflowException*()
5. **return**

Alg *removeElement*(*k*)
1. *v* ← *h*(*k*)
2. *i* ← 0
3. **while** (*i* < *M*)
    b ← *getNextBucket*(*v*, *i*)
    if (*isEmpty*(*A*[*b*]))
        return *NoSuchKey*
    elseif (*active*(*A*[*b*]) & (*k* = *key*(*A*[*b*])))
        e ← *element*(*A*[*b*])
        deactivate(*A*[*b*])
        return *e*
    else
        i ← *i*+1
4. **return** *NoSuchKey*

요약

- 해시테이블은 키-주소 매핑에 의해 구현된 사전 ADT를 말한다.
- 해시테이블은 버켓 배열과 해시함수가 결합되어 정의된다. 버켓 배열은 해시테이블을 구현한 1차원 배열을 의미하며, 해시함수는 키-주소 매핑을 위한 연산을 수행하는 함수다.
- 해시함수는 보통 해시코드맵과 압축맵 두 함수의 복합체로 명세된다.
- 상이한 두 개의 키가 동일한 해시테이블 주소로 매핑되면 충돌이 일어났다고 말한다. 충돌 해결을 위한 전략으로는 크게 분리연쇄법과 개방주소법 두 가지가 있다.
- 분리연쇄법(또는 연쇄법)에서 각 버켓은 리스트에 대한 참조를 저장한다. 분리연쇄법은 단순하고 빠르다는 장점이 있으나 테이블 외부에 추가적인 저장공간을 필요로 한다.
- 개방주소법에서는 충돌 항목이 테이블의 다른 셀에 저장된다. 개방주소법은 분리연쇄법에 비해 공간 사용을 절약하지만 삭제가 어렵다는 것과 사전 항목들이 군집화한다는 단점이 있다.
- 개방주소법은 처음 충돌한 위치에서 얼마나 떨어진 셀에 저장하느냐에 따라 다시 선형조사법, 2차 조사법, 이중해싱으로 분류된다.
- 개방주소법을 사용할 경우 버켓의 갱신에 대해 주의를 기울여야 한다. 삭제된 원소를 단순히 비어 있는 셀로 설정하는 것이 아니라 비활성화하는 방안이 있다.
- 해시테이블의 적재율 a는 n/M으로 정의된다. 다시 말해 적재율은 좋은 해시함수를 사용할 경우 각 버켓의 기대 크기를 말한다. 주요 작업의 효율을 위해 적재율은 낮게 (가능하면 1 아래로) 유지되어야 한다.
- 적재율을 최적치 범위로 유지하기 위해 테이블에 데이터 항목이 추가될 때마다 적재율의 상승 추이를 감시해야 하며 이 수치가 미리 정한 한계 수준에 도달하면 모든 데이터 항목들을 새 테이블로 옮겨야 한다. 이 작업을 재해싱이라 한다.
- 최악의 경우, 해시테이블에 대한 탐색, 삽입, 삭제는 $O(n)$ 시간을 소요한다. 하지만 좋은 해시함수를 사용하면 해시테이블에서의 모든 사전 ADT 작업들의 기대실행시간은 $O(1)$이다.

연습문제

12-1 해싱 연습

아래 주어진 키를 해시테이블 $A[0..M-1]$, $M = 11$에 해시함수 $h(k) = (2k+5) \% M$ 을 사용하여 해싱한 결과를 보여라.

- 키(주어진 순서로): 12, 44, 13, 88, 23, 94, 11, 39, 20, 16, 5

충돌이 다음 전략에 의해 해결된다고 가정하고 각각의 경우에 대해 답하라.
- 분리연쇄법
- 선형조사법
- 2차 조사법
- 이중해싱, $h'(k) = 7 - (k \% 7)$을 사용하라.

12-2 재해싱 연습

아래의 해시테이블을 새로운 해시함수 $h(k) = 2k \% M$ 을 사용하여 크기 $M = 19$ 의 테이블로 재해싱한 결과를 보여라.

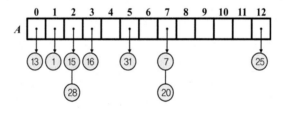

12-3 분리연쇄법에 의한 해시테이블의 재해싱

해시함수 h_A를 사용하는 크기 M_A의 기존의 해시테이블 A로부터, 새로운 해시함수 h_B를 사용하는 크기 M_B의 새로운 해시테이블 B로 재해싱을 수행하는 알고리즘을 의사코드로 작성하라.

※ 전제 : 충돌 해결을 위해 A, B 모두 분리연쇄법을 사용한다.

12-4 개방주소법에 의한 해시테이블의 재해싱

해시함수 h_A를 사용하는 크기 M_A의 기존의 해시테이블 A로부터 새로운 해시함수 h_B를 사용하는 크기 M_B의 새로운 해시테이블 B로 재해싱을 수행하는 알고리즘을 의사코드로 작성하라.

※ 전제 : 충돌 해결을 위해 *A*, *B* 모두 개방주소법을 사용한다.

※ 주의 : 비활성 항목들은 재해싱에서 탈락시켜야 한다.

※ 참고 : 버켓 *b*가 활성 셀인지 여부를 반환하는 active(b)의 사용이 가능하다.

12-5 단 한 개의 키를 가진 해시테이블

*m*개의 슬롯, 즉 셀을 가진 개방주소법에 의한 해시테이블에 단 한 개의 키 *k*가 저장되어 있고 나머지 슬롯은 모두 비어 있다. *k*가 아닌 다양한 키로 해시테이블을 *r*번 탐색한다고 하자. 홍도는 좋은 해시함수를 사용한다고 전제하면 *r*번의 탐색을 수행하는 과정에서 *k*를 저장한 유일한 슬롯을 조사할 확률은 *r/m* 이라고 주장한다. 홍도의 주장이 옳은지 그른지 논거와 함께 설명하라.

12-6 상수시간에 집합 소속을 판단하는 데이터구조

*S*를 *n*개의 정수로 이루어진 집합이라 하자. 윤복은 임의의 정수 *x*가 *S*에 속하는지 여부를 O(1) 최악실행시간에 결정하도록 지원하는 데이터구조를 설계할 수 있다고 주장한다. 윤복의 주장이 옳은지 그른지 논거와 함께 설명하라.

12-7 상수시간 집합 메쏘드를 지원하는 데이터구조

정은이는 동적인 집합 *S*를 유지하며 insertItem, removeElement, member 작업을 각각 O(1) 기대시간에 수행할 수 있는 데이터구조가 있다고 주장한다. 정은이가 옳은지 그른지 논거와 함께 설명하라.

12-8 해시테이블에서 최악의 탐색 성능

감찬은 키 수보다 슬롯 수가 더 많은 해시테이블에서 분리연쇄법으로 해싱을 수행할 경우 최악의 탐색시간이 상수시간이라고 주장한다. 감찬의 주장이 옳은지 그른지 논거와 함께 설명하라.

12-9 좋지 않은 해시함수

M = 2*r* (*r* > 1은 정수)로 전제한다. 해시함수 *h*(*k*) = *k* % *M*을 사용하여 키 *k*를 *M*개의 슬롯 가운데 하나로 매핑한다. 이 해시함수가 좋지 않은 이유를 하나만 대라.

심층문제

12-1 해시코드 비교

해시 알고리즘을 C 프로그램으로 구현하여 문자열에 대한 여러가지 해시코드의 충돌률을 비교 분석하라. 여기서 여러가지 해시코드란 인자의 값을 다양화함에 따른 다양한 다항 해시코드를 말한다. 충돌을 알기 위해 해시테이블을 사용하라. 단, 다른 문자열이 (동일한 해시테이블의 위치가 아니라) 동일한 해시코드로 매핑되는 충돌만 세어야 한다.

- 이 해시코드들을 인터넷의 텍스트 파일에 대해 실험해보라.
- 위의 실험을 문자열 대신 10자리수의 전화번호들에 대해 수행하라.

12-2 비활성화 방식 삭제

응용문제에서 다루었던 비활성화 방식의 삭제를 구사하는 개방주소법의 관련 알고리즘을 C 프로그램으로 구현하라.

- findElement(k)
- insertItem(k, e)
- removeElement(k)
- deactivate(d): 버켓 *d*를 비활성화
- activate(d): 버켓 *d*를 활성화
- inactive(d): 버켓 *d*가 비활성인지 여부를 반환
- active(d): 버켓 *d*가 활성인지 여부를 반환

프로그래밍 지침

- 탐색, 삽입, 삭제를 하나의 프로그램으로 묶어서 구현하라.
- main 함수에서 "반복적으로" 사용자의 명령코드 **f**(ind), **i**(nsert), **r**(emove)에 따라 해당 메쏘드를 호출하여 처리하는 방식으로 작성하라.
- 예를 들어, "**f** 14" 명령은 findElement(14)를, "**i** 25 4" 명령은 insertItem(25, 4)를, "**r** 25" 명령은 removeElement(25)를 호출한다.
- **q**(uit) 명령이 입력되면 프로그램을 종료한다.

실행예

- **f** 명령에 대해서는 탐색결과 원소를 출력해야 하며 **i** 혹은 **r** 명령을 수행한 직후에는 현재 해시테이블의 내용을 출력하여 방금 명령을 제대로 수행했는지 눈으로 확인 가능하도록 작성하라.
- 탐색, 삽입, 삭제 명령을 각각 3회씩 적당히 섞어서 실시하고 종료하라.
- 원만한 실행을 위해서 20개 정도의 항목으로 해시테이블을 초기화한 후 명령 코드를 입력받기 시작하도록 작성하라.

12-3 즉시 삭제

충돌 해결을 위해 선형조사법을 사용하며, 삭제된 항목에 대해 비활성화 전략을 사용하지 않고 처음부터 삽입되지 않은 것처럼 처리하는 해시테이블이 있다. 삭제를 수행하는 다음 알고리즘을 의사코드로 작성하라. 아래 그림은 $h(k) = k \% M$ 을 사용하는 크기 $M = 10$ 의 해시테이블에서 원소 63을 삭제하기 전후의 테이블 내용을 보인다. 굵은 상자에 보이는 항목들은 삭제 후 재배치된 항목들이다.

- removeElement(k): 키 **k**를 가진 버켓 항목을 삭제
- rearrangeAfterRemoval(b): 버켓 **b**로부터 항목을 삭제한 후 연관 항목들을 재배치

※ 참고 : 다음 함수를 사용해도 좋다.

　　setEmpty(A[b]): 버켓 **A[b]**를 빈 것으로 설정

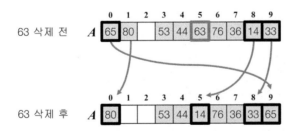

12-4* 효율적인 순서사전

전체 순서에 의한 $k < n$ 개의 키로 구성되며 n개의 원소를 저장할 수 있는 효율적인 순서사전 데이터구조를 설계하라. 설계된 구조는 순서사전의 모든 작업을 $O(\log k + s)$ 기대시간에 수행해야 한다. 여기서 s는 반환된 원소 수다.

12-5* 해시테이블 분석

 n개의 키와 M개의 슬롯을 가진 분리연쇄법에 의한 해시테이블이 있다. 각 키를 각 슬롯에 동일한 확률로 매핑하는 좋은 해시함수가 있다고 전제한다. 해싱이 완료된 후에 첫 번째 슬롯이 비어있을 확률이 얼마인가?

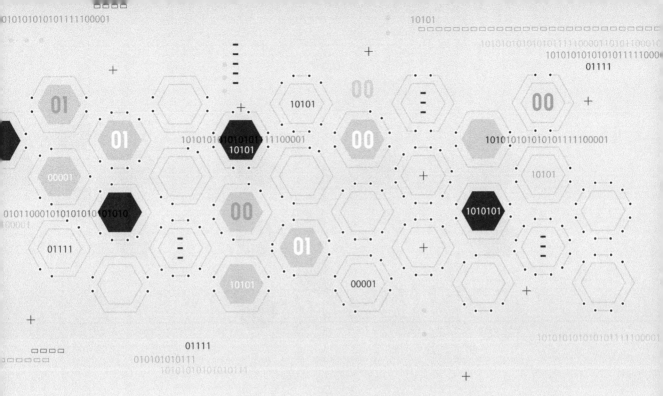

PART **IV**

그래프 알고리즘

파트 IV는 그래프 알고리즘을 주제로 한다.
여기에는 그래프, 그래프 순회, 방향그래프, 최소신장트리, 최단경로 등 다섯 개 장이 포함된다.

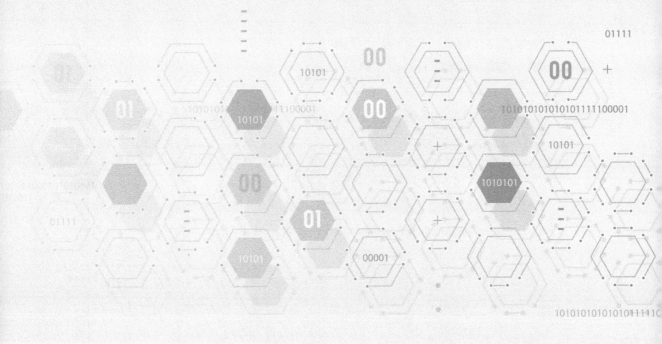

CHAPTER **13**

그래프

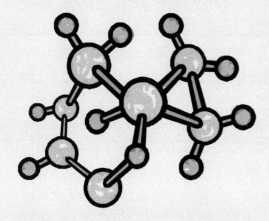

13.1 그래프 ADT

 우리가 일상에서 자주 접하는 데이터 모델 가운데 네트워크 모델이 있다. 네트워크란 일반적으로 그물망처럼 얽힌 정점들과 정점 사이의 간선들로 구성된 데이터 모델을 말한다. 물질의 화학구조를 3차원 입체구조로 시각화한 모델은 네트워크 모델의 좋은 예다.

좀 더 일상으로 눈을 돌려서 수도권 전철망을 생각해 보자. 이 또한 정점들에 해당하는 전철역들과 역 사이의 선로들로 구성된 네트워크라고 할 수 있다. 인터넷이나 LAN 등의 컴퓨터 네트워크 역시 마찬가지다. 네트워크의 정점에 해당하는 컴퓨터들이 정점 간의 유무선 통신선으로 연결된 네트워크인 것이다. 다른 예로 웹의 구조를 생각해 보자. 웹은 하이퍼텍스트로 구성된 네트워크라 할 수 있다. 웹문서들은 정점이 되며 문서 간의 링크는 간선이 된다. 웹의 사용자는 브라우저를 이용하여 하이퍼텍스트로 구성된 네트워크의 정점들을 간선을 통해 항해하는 것이다. 네트워크 모델의 알기 쉬운 예를 하나만 더 든다면 트위터나 페이스북과 같은 SNS를 생각해 볼 수 있다. 여기서 각 사용자가 SNS 망의 정점에 해당한다면 그들의 친구관계나 인맥은 간선에 해당한다고 볼 수 있다. 여기서 사용자가 게시한 글은 인맥을 타고 SNS 망으로 퍼져나가는 것이다.

네트워크 모델에서 우리의 주관심사는 대개 네트워크를 구성하는 정점들을 나열하거나, 특정 정점에서 일정 거리가 떨어진 정점들을 나열하거나, 특정 정점에서 다른 정점으로의 이동 경로를 찾는 등 다양한 문제가 포함된다. 예를 들어 전철역을 모두 나열한다든지, 어떤 호스트 컴퓨터에서 10개 미만의 통신선을 거쳐 도달할 수 있는 호스트 컴퓨터들을 찾는다든지, 페이스북 서버가 사용자의 두 다리 건넌 인맥을 캐내어 친구 등록을 추천한다든가, 전철역 A에서 전철역 B로 이동하는데 어떤 경로로 가면 가장 적은 수의 역을 통과하여 갈 수 있는지, 어떤 호스트 컴퓨터에서 다른 호스트 컴퓨터로 보내는 이메일이 어느 경로로 전송되어야 효율적일지 등의 문제들을 말한다.

방금 예시한 문제들은 피상적으로는 서로 다른 주제를 다루고 있는 것처럼 보이지만 내부적으로는 모두 동일한 원리에 의해 문제를 구성할 수 있음은 물론 해결 방식 또한 동일한 내부적 구조를 취한다.

그래프 ADTgraph ADT는 다양한 데이터 모델 가운데 위에 설명한 네트워크 모델을 추상화한 것이다. 이 장은 그래프 ADT에 관련된 개념, 원리와 알고리즘을 학습하는 다섯 개의 장으로 구성된 파트 중 첫 번째 장이다. 그래프는 풍부한 표현력을 가진 추상자료형인 만큼, 파생되는 개념, 원리, 용어, 알고리즘도 풍부하다. 또한 현실적 네트워크 모델을 반영하는 실전적이고 흥미로운 문제도 많이 다룬다. 이에 따라 앞서 비교적 단순한 추상 자료형에서보다 학습 난이도가 높다고 할 수 있다. 이를 염두에 두고 그래프의 개념과 원리에 대한 기초부터 충실히 익혀 점차 높은 수준의 학습을 성취하도록 하자.

13.1.1 그래프 ADT

그래프 graph는 (*V*, *E*) 쌍이다. 여기서 *V*는 **정점** vertex이라 불리는 노드의 집합이며, *E*는 **간선** edge이라 불리는 정점 쌍들의 집합이다. 각 정점과 간선은 원소, 즉 정보를 저장한다. 그림 13-1에 보인 그래프 예에서 정점은 공항을 표현하며 공항 도시를 저장한다. 간선은 두 공항 사이의 항로를 표현하며 항로의 거리 (mile)를 저장한다(표시된 수들은 실제 거리는 아니다).

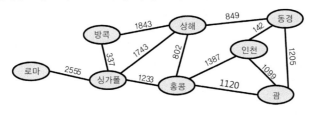

그림 13-1 그래프

13.1.2 방향간선과 무방향간선

그래프의 간선에는 방향간선과 무방향간선 두 가지 종류가 있다. **방향간선** directed edge은 정점들의 순서 쌍 (*u*, *v*)으로 표현되며 두 정점 중 첫 정점 *u*는 **시점** origin을, 둘째 정점 *v*는 **종점** destination을 나타낸다. 그림 13-2 (a)는 방향간선의 예다. 항공편은 출발 공항으로부터 도착 공항으로 향하는 방향간선의 예다. 방향간선으로만 이루어진 그래프를 **방향그래프** directed graph라고 한다. 예로는 항공편들로 이루어진 네트워크인 항공편망이 있다. **무방향간선** undirected edge은 정점들의 무순 쌍 (*u*, *v*)으로 표현된다. 그림 13-2 (b)는 무방향간선의 예로써 항로, 즉 두 공항 사이의 하늘길을 보인다. 무방향간선으로만 이루어진 그래프를 **무방향그래프** undirected graph라고 한다. 항로들로 구성된 그래프인 항로망은 무방향그래프의 예다.

(a) 방향간선   (b) 무방향간선

그림 13-2 방향간선과 무방향간선

그래프는 다양한 네트워크형 데이터 모델을 표현하는 데 응용된다. 그래프를 사용하는 예에는 **인쇄회로기판**Printed Circuit Board, PCB이나 **집적회로**Integrated Circuit, IC와 같은 미세 네트워크, 고속도로망이나 항공망과 같은 교통 네트워크, LAN, 인터넷, 웹 등의 컴퓨터 관련 네트워크, **개체-관계 다이어그램** Entity Relation(ER) diagram과 같은 데이터베이스 명세 네트워크 등도 포함된다.

13.2 그래프 주요 개념

이 절에서는 장차 그래프 관련 알고리즘을 다루기 위해 꼭 알아야 할 용어들과 기본 속성, 그리고 주요 개념들을 소개한다.

13.2.1 그래프 용어

그래프의 표현력이 높은 만큼 그래프 관련 용어도 풍부하다. 그림 13-3을 참고하면서 용어를 설명한다. 간선의 **끝점** end vertex, endpoint이란 간선의 양쪽 끝에 있는 두 개의 정점들을 말한다. 그림에서 정점 U와 V는 간선 a의 양끝점이다. 정점의 **부착간선** incident edge이란 그 정점에 연결된 간선을 말한다. 참고로 어떤 문헌에서는 부착 대신 귀착 또는 부속이라 표현하기도 한다. 그림에서 간선 a, d, b는 정점 V에 부착한다. **인접정점** adjacent vertex이란 간선 한 개를 사이에 두고 이웃한 정점을 말한다. 그림에서 정점 U와 V는 인접한다. 정점의 **차수** degree란 정점에 연결된 간선의 수를 말한다. 그림에서 정점 X의 차수는 5다. **병렬간선** parallel edges이란 양끝점을 공유하는 두 개 이상의 간선을 말한다. 그림에서 간선 h와 i는 병렬간선이다. **루프** loop, self-loop는 양끝점이 동일한 간선을 말한다.

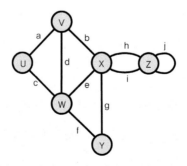

그림 13-3 그래프 용어

그림에서 간선 *j*는 루프다.

이번에는 그림 13-4를 참고하면서 설명한다. **경로**path란 정점과 간선의 교대열을 말한다. 경로는 정점으로 시작하여 정점으로 끝난다. 각 간선은 그 양끝점으로 시작하고 끝난다. **단순경로** simple path란 모든 정점과 간선이 유일한 경로를 말한다. 그림 13-4 (a)에서 P₁ = (V, b, X, h, Z)은 단순경로며, P₂ = (U, c, W, e, X, g, Y, f, W, d, V)는 단순하지 않은 경로다. **싸이클** cycle이란 정점과 간선이 교대하는 원형 열을 말하며 여기서도 각 간선은 그 양끝점에서 시작하고 끝난다. **단순싸이클** simple cycle이란 모든 정점과 간선이 유일한 싸이클을 말한다. 그림 13-4 (b)에서 C₁ = (V, b, X, g, Y, f, W, c, U, a)는 단순싸이클이며, C₂ = (U, c, W, e, X, g, Y, f, W, d, V, a)는 단순하지 않은 싸이클이다. 싸이클이나 루프가 없는 그래프를 **단순그래프** simple graph라고 한다.

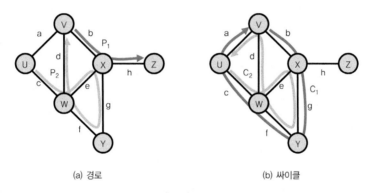

(a) 경로　　　　　　(b) 싸이클

그림 13-4 (a~b) 경로와 싸이클

13.2.2 그래프 속성

속성에 관해 설명하기 전에 표기에 관한 관례를 소개한다. 일반적으로 *n*은 그래프 내 정점 수를, *m*은 그래프 내 간선 수를, 그리고 *deg(v)*는 정점 *v*의 차수를 표기하는 데 사용된다. 이 표기를 사용하면 그림 13-5의 그래프에 대해서는 *n* = 4, *m* = 6, *deg(v)* = 3이라고 할 수 있다.

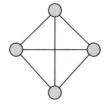

그림 13-5 n = 4, m = 6, deg(v) = 3

다음은 그래프가 가지는 중요한 두 가지 속성이다.

• **속성 1**

$\sum_v deg(v) = 2m$이다. 즉, 그래프 내 모든 정점의 차수의 합은 간선 수의 2배다.

※ 증명 : 차수 계산에서 그래프 내 각 간선이 두 번씩 세어지기 때문이다.

• **속성 2**

루프와 병렬간선이 없는 무방향그래프에서, $m \leq n(n-1)/2$ 다. 즉, 그래프 내 간선 수 m의 상한은 $n(n-1)/2$ 다.

※ 증명 : 각 정점의 최대 차수는 $n-1$ 이기 때문이다.

방향그래프에서 m의 상한은 무엇인지 스스로 생각해 보자.

13.2.3 그래프 주요 개념

이 절에서는 그래프와 관련한 주요 개념들을 용어와 함께 설명한다. 이들 개념은 장차 그래프 관련 알고리즘 이해와 작성을 위해 매우 중요하다.

부분집합

 그래프 G의 **부그래프** subgraph S는 다음과 같은 그래프다.

• S의 정점들은 G의 정점들의 부분집합이다.
• S의 간선들은 G의 간선들의 부분집합이다.

G의 **신장 부그래프** spanning subgraph는 G의 모든 정점을 포함하는 부그래프다. 그림 13-6 (a~b)는 (a) 부그래프와 (b) 신장 부그래프의 예다.

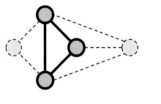
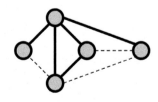

(a) 부그래프   (b) 신장 부그래프

그림 13-6 (a~b) 부그래프와 신장 부그래프

연결성

모든 정점 쌍에 대해 경로가 존재하는 그래프를 **연결그래프** connected graph라고 말한다. 그래프 **G**의 **연결요소** connected component란 **G**의 최대 연결 부그래프를 말한다. 그림 13-7 (a~b)는 (a) 연결그래프와 (b) 연결 요소의 예다.

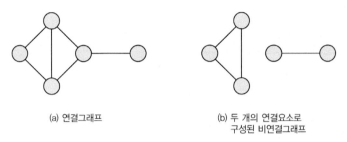

(a) 연결그래프　　　　　　(b) 두 개의 연결요소로
　　　　　　　　　　　　　구성된 비연결그래프

그림 13-7 (a~b) 연결그래프와 연결요소

밀집도

그래프의 밀집도 개념을 이해하면 유용할 때가 많다. **밀집도** density는 그래 프 내 간선의 밀집 정도, 즉 정점 수와 비교해 상대적으로 간선이 얼마나 많 은지를 나타낸다. 간선 수가 적은 그래프를 **희소그래프** sparse graph, 간선 수 가 많은 그래프를 **밀집그래프** dense graph라고 한다. 그림 13-8 (a~b)는 (a) 희소그래프와 (b) 밀집그래프의 예다. 희소와 밀집을 구분하는 정확한 기준은 응용에 따라 달라질 수 있다. 참고로 간선이 전혀 없는 그래프를 **비연결그래프** nonconnected graph라고 하며 모든 정점 쌍 사이에 간선이 존재하면 **완전그래프** complete graph라고 한다.

　기억할 것은, 그래프 알고리즘의 선택은 그래프 내 간선의 밀집도에 따라 좌우되기도 한다는 사실이다. 예를 들어 어떤 그래프 **G**에 대해 알고리즘 **A**와 **B**가 동일한 문제를 각 각 $O(nm)$ 시간과 $O(n^2)$ 시간에 해결할 경우 어느 알고리즘이 빠를까? 답은 **G**의 밀집도 에 따라 달라진다. 만약 **G**가 희소하다면 알고리즘 **A**가 **B**보다 빠르다. 하지만 만약 **G**가

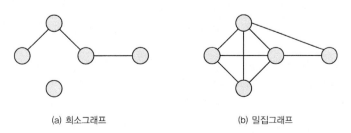

(a) 희소그래프　　　　　　　　　　(b) 밀집그래프

그림 13-8 (a~b) 희소그래프와 밀집그래프

밀집하다면 알고리즘 **B**가 **A**보다 빠르다.

싸이클

 자유트리 free tree 또는 **트리**는 다음 두 조건을 만족하는 무방향그래프 **T** 를 말한다.

- **T**는 연결됨.
- **T**에 싸이클이 존재하지 않음.

위 트리에 대한 정의는 데이터구조에서 주로 다루었던 트리, 즉 **루트트리** rooted tree에 대한 정의와는 다르다는 것에 유의하자. **숲** forest은 싸이클이 없는 무방향그래프를 말한다. 숲의 연결요소는 트리들이다. 그림 13-9 (a~b)는 (a) 트리와 (b) 숲의 예다.

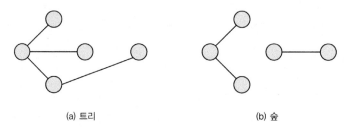

(a) 트리   (b) 숲

그림 13-9 (a~b) 트리와 숲

신장

 연결그래프의 **신장트리** spanning tree는 신장 부그래프 가운데 트리인 것을 말한다. 신장트리는 그래프가 트리가 아닌 한 여러 개 있을 수 있다. 신장트리는 통신망 설계에 응용된다. 그래프의 **신장숲** spanning forest은 신장 부그래프 가운데 숲인 것을 말한다. 그림 13-10 (a~b)는 주어진 그래프에 대한 신장트리의 예다.

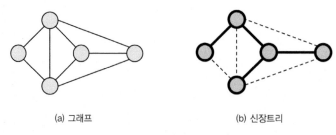

(a) 그래프   (b) 신장트리

그림 13-10 (a~b) 그래프와 신장트리

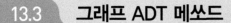

13.3 그래프 ADT 메쏘드

그래프의 각 정점과 간선은 원소를 저장한다. 그래프 ADT 메쏘드는 무방향그래프에 적용되는 메쏘드와 방향그래프에 적용되는 메쏘드, 그리고 양쪽 모두에 적용되는 메쏘드로 나누어 생각할 수 있다.

13.3.1 그래프 ADT 메쏘드

 다음은 무방향그래프와 방향그래프 모두에 적용되는 메쏘드다.

일반 메쏘드

- integer numVertices(): 그래프 내 정점 수를 반환
- integer numEdges(): 그래프 내 간선 수를 반환
- iterator vertices(): 그래프 내 모든 정점을 반환
- iterator edges(): 그래프 내 모든 간선을 반환

접근 메쏘드

- vertex aVertex(): 그래프 내 아무 한 정점을 반환

질의 메쏘드

- boolean isDirected(e): 간선 e가 방향간선인지 여부를 반환

반복 메쏘드

- iterator directedEdges(): 그래프 내 모든 방향간선을 반환
- iterator undirectedEdges(): 그래프 내 모든 무방향간선을 반환

갱신 메쏘드

- vertex insertVertex(o): 항목 o를 저장한 (고립된) 새 정점을 삽입하고 반환
- removeVertex(v): 정점 v와 v의 부착간선을 모두 삭제
- removeEdge(e): 간선 e를 삭제

13.3.2 무방향그래프 ADT 메쏘드

접근 메쏘드

- integer deg(v): 정점 v의 차수를 반환
- vertex opposite(v, e): 정점 v의 간선 e에 대한 반내쪽 끝점을 반환

질의 메쏘드

- boolean areAdjacent(v, w): 정점 v와 w가 인접한지 여부를 반환

반복 메쏘드

- iterator endVertices(e): 간선 e의 양끝 정점들을 반환
- iterator adjacentVertices(v): 정점 v의 인접정점을 모두 반환
- iterator incidentEdges(v): 정점 v의 부착간선을 모두 반환

갱신 메쏘드

- edge insertEdge(v, w, o): 정점 v와 w 사이에 항목 o를 저장한 무방향간선을 삽입하고 반환

13.3.3 방향그래프 ADT 메쏘드

 다음은 방향간선과 방향그래프에 적용되는 메쏘드다.

접근 메쏘드

- vertex origin(e): 간선 e의 시점을 반환
- vertex destination(e): 간선 e의 종점을 반환
- integer inDegree(v): 정점 v의 진입차수를 반환
- integer outDegree(v): 정점 v의 진출차수를 반환

반복 메쏘드

- iterator inIncidentEdges(v): 정점 v의 진입 부착간선을 모두 반환
- iterator outIncidentEdges(v): 정점 v의 진출 부착간선을 모두 반환

- iterator inAdjacentVertices(v): 정점 *v*의 진입 인접정점을 모두 반환
- iterator outAdjacentVertices(v): 정점 *v*의 진출 인접정점을 모두 반환

갱신 메쏘드

- edge insertDirectedEdge(v, w, o): 정점 *v*에서 *w*로 항목 *o*를 저장한 방향간선을 삽입하고 반환
- makeUndirected(e): 간선 *e*를 무방향으로 전환
- reverseDirection(e): 방향간선 *e*를 역행

13.4   그래프 ADT 구현과 성능

그래프 ADT를 컴퓨터에 구현하는 데는 간선리스트 구조, 인접리스트 구조, 그리고 인접행렬 구조를 사용하는 세 가지 방식이 있다. 간선리스트 구조는 이 가운데 가장 단순한 구조로서 여기에 데이터구조를 선택적으로 추가함에 따라 나머지 두 가지 구현 방식이 파생된다. 따라서 먼저 간선리스트 구조에 대해 이해한 후 다른 두 가지 구조의 차이점과 장단점에 대해 알아보는 방식으로 설명한다.

13.4.1 간선리스트 구조

그림 13-11은 그림 위쪽의 세 정점 그래프를 **간선리스트** edge list 구조로 구현한 예다. 그림에 보인 것처럼 정점 노드들을 가리키는 포인터를 저장한 리스트인 **정점리스트** vertex list와 간선 노드들을 가리키는 포인터를 저장한 리스트인 **간선리스트** edge list로 구성된다. 각 정점 노드는 원소를 저장한다. 각 간선 노드는 원소, 시점 노드, 그리고 종점 노드를 저장한다. 간선리스트 구조는 가장 단순하며 기억장소 사용 면에서 유리하다는 장점이 있지만 성능 면에서 문제가 있다. 예를 들어, 그림에서 정점 *v*와 *w*가 인접한지 여부를 알고 싶거나 정점 *v*에 인접한 정점들을 찾기 위해서는 모든 간선을 검사해야 하므로 O(*m*) 시간이 소요된다. 여기서 *m*은 그래프 내 간선 수다.

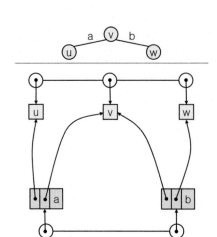

그림 13-11 간선리스트 구조

13.4.2 인접리스트 구조

인접리스트 adjacency list 구조는 앞서의 간선리스트 구조의 단점을 보완하는 첫 번째 구현
방식이다. 간선리스트 구조의 모든 것을 포함하며 여기에 데이터구조가 추가된다. 그림
13-12는 인접리스트 구조를 사용하여 앞서와 동일한 그래프를 구현한 예를 보인다. 추가
된 데이터구조는 각 정점마다 가지는 부착리스트다. **부착리스트** incidence list는 각 정점의
부착간선들을 간선 노드에 대한 참조들의 리스트로 표시한 것이다. 인접리스트 구조를 사
용할 경우 앞서 제기했던 정점 v와 w가 인접한지 여부를 알아내는 데 $\mathbf{O}(\boldsymbol{min}(\boldsymbol{deg}(v),$
$\boldsymbol{deg}(w)))$시간이, 그리고 정점 v에 인접한 정점들을 찾는 데 $\mathbf{O}(\boldsymbol{deg}(v))$ 시간만이 소요된다.

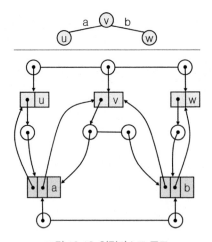

그림 13-12 인접리스트 구조

참고로, 상당수 문헌에서는 인접리스트 구조의 각 정점에 부착리스트 대신 인접정점 노드들을 연쇄하는 방식을 취한다. 이 방식은 방향그래프만을 고려한다면 별 문제가 없으나, 무방향그래프를 고려하면 인접한 정점들이 반대쪽 인접정점리스트에 서로 한번씩 표현되어야 하므로 중복에 따른 비효율이 있다.

13.4.3 인접행렬 구조

인접행렬 adjacency matrix 구조는 앞서의 간선리스트 구조의 단점을 보완하는 두 번째 구현 방식이다. 간선리스트 구조의 모든 것을 포함하며 여기에 데이터구조가 추가된다. 그림 13-13은 인접행렬 구조를 사용하여 앞서와 동일한 그래프를 구현한 예를 보인다. 이번에 추가된 데이터구조는 인접행렬이다. 인접행렬은 $n \times n$ 배열로서 배열원소는 행과 열에서 교차하는 인접정점 쌍 사이의 간선 노드에 대한 참조를 저장한다. 비인접정점 쌍에 대해서는 널을 저장한다. 인접행렬의 행과 열의 배열첨자가 각 정점을 나타내기 때문에 인접행렬을 사용하기 위해서는 정점 노드에 대한 확장이 필요하다. 즉, 각 정점에 0, 1, 2, ... 정수를 배정해야 한다. 인접행렬 구조를 사용할 경우 앞서 제기했던 정점 v와 w가 인접한지 여부를 알아내는 데 $\mathbf{O}(1)$ 시간이, 그리고 정점 v에 인접한 정점들을 찾는 데 $\mathbf{O}(n)$ 시간이 소요된다.

덧붙일 말은, 좀 오래된 문헌에서는 인접행렬의 배열원소로써 간선 노드에 대한 참조 대신 간선의 존재 여부만을 나타내는 1과 0 비트를 저장하는 방식을 취한다. 이 방식은 간선에 무게가 없는 비교적 단순한 그래프만을 고려한다면 무방하지만 간선에 무게가 있는 그래프를 다루기에는 부족하다.

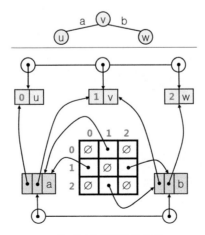

그림 13-13 인접행렬 구조

13.4.4 그래프 상세 구현

앞서 그림 13-12와 그림 13-13에 보인 그래프 ADT는 연결리스트 또는 배열을 이용하여 상세 구현 가능하다. 그림 13-14와 그림 13-15는 앞서 세 정점 그래프 예에 대한 (a) 인접리스트 구조와 (b) 인접행렬 구조의 연결리스트 및 배열 구현을 각각 보인다.

먼저, 연결리스트로 구현할 경우, 참조 관계를 모두 포인터로 표현해야 하므로 구현이 다소 복잡한 면이 있지만 동적메모리 활용 면에서는 유리하므로 정점과 간선이 동적으로 추가, 삭제되는 응용에서 사용하기에 적당하다. 그래프 내 모든 정점과 간선들은 정점리스트 **vertices**와 간선리스트 **edges**로 각각 구현된다. 부착리스트의 각 노드나 인접행렬의 각 원소는 간선리스트 내 노드의 주소를 이용해 간선을 저장하며 인접행렬의 널 포인터는 해당 정점 쌍이 인접하지 않음을 나타낸다.

이에 비해 배열로 구현할 경우, 배열 특성 상 정점과 간선의 추가 및 삭제가 빈번한 동적 그래프에 응용하기에는 부적당하지만, 그렇지 않은 응용이라면 연결리스트 구현에서 필요했던 대부분의 포인터를 배열첨자로 대체하므로 구현이 단순해진다. 그래프 내 모든 정점과 간선들은 정점배열 **vertices**와 간선배열 **edges**에 각각 저장된다. 부착리스트의 각 노드나 인접행렬의 각 원소는 간선배열 **edges**의 첨자를 이용해 간선을 저장하며 인접행렬의 −1 원소는 해당 정점 쌍이 인접하지 않음을 나타낸다(인접행렬의 0과 1 원소가 참, 거짓이 아님에 유의!). 참고로 배열 구현에 대한 구체적 데이터구조 설계 내용은 응용문제에서 다룬다.

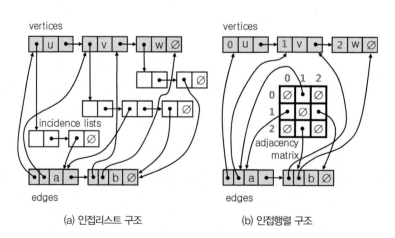

(a) 인접리스트 구조　　　　　(b) 인접행렬 구조

그림 13-14 (a~b) 그래프 ADT의 연결리스트 구현

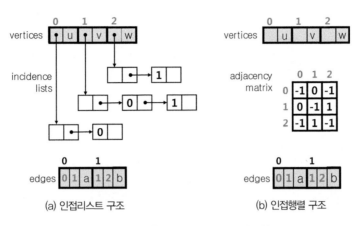

(a) 인접리스트 구조　　　　　　(b) 인접행렬 구조

그림 13-15 (a~b)　그래프 ADT의 배열 구현

표 13-1은 그래프의 배열 또는 연결리스트 상세 구현에 대한 비교를 요약한 것이다.

표 13-1 그래프 ADT 상세 구현 비교

		인접리스트	인접행렬
연결리스트	정점리스트, 간선리스트	동적메모리 노드의 연결리스트	
	정점, 간선	동적메모리 노드	
	인접 정보	포인터의 연결리스트	2D 포인터 배열
	장점	동적 그래프에 사용 시 유리	
	단점	다수의 포인터 사용으로 복잡	
배열	정점리스트, 간선리스트	구조체 배열	
	정점, 간선	구조체	
	인접 정보	첨자의 연결리스트	2D 첨자 배열
	장점	다수의 포인터를 첨자로 대체하여 단순	
	단점	동적 그래프에 사용 시 불리	

13.4.5 구현 방식에 따른 성능 비교

표 13-2는 그래프 ADT 구현 방식에 따른 주요 메쏘드들의 점근적 성능을 비교한다. 표의 내용은 n개의 정점과 m개의 간선으로 구성되며 병렬간선이나 루프가 없는 단순그래프를 전제로 한 성능을 big-Oh 한계로 표기한 것이다.

표 13-2 그래프 ADT 구현 방식에 따른 점근적 성능 비교

구현 방식	간선리스트	인접리스트	인접행렬
기억장소 사용량	$n + m$	$n + m$	n^2
$deg(v)$	m	degree of v	n
$opposite(v, e)$	m	1	1
$areAdjacent(v, w)$	m	$min(deg(v), deg(w))$	1
$adjacentVertices(v)$	m	$deg(v)$	n
$incidentEdges(v)$	m	$deg(v)$	n
$insertVertex(o)$	1	1	n
$insertEdge(v, w, o)$	1	1	1
$removeVertex(v)$	m	$deg(v)$	n
$removeEdge(e)$	1	1	1

13.5 응용문제

이 절에서는 그래프의 개념과 구현에 대한 이해를 도울 수 있는 응용문제를 제시한다. 다룰 문제는 다음과 같다.

- 그래프 구현 방식 선택
- 배열을 이용한 그래프 상세 구현
- 정점 또는 간선 삭제 작업의 성능

13.5.1 그래프 구현 방식 선택

다음 각 경우에 인접리스트 구조와 인접행렬 구조 둘 중 어느 것을 사용하겠는가? 선택의 이유를 설명하라.

A. 그래프가 10,000개의 정점과 20,000개의 간선을 가지며 가능한 최소한의 공간을 사용하는 것이 중요하다.

B. 그래프가 10,000개의 정점과 20,000,000개의 간선을 가지며 가능한 최소한의 공간을 사용하는 것이 중요하다.

C. 얼마의 공간 사용을 사용하든 areAdjacent 질의에 가능한 빨리 답해야 한다.

■ 해결

A. 인접리스트 구조가 유리하다. 실상 인접행렬 구조를 쓴다면 많은 공간을 낭비하게 된다. 왜냐하면 20,000개의 간선만이 존재하는데도 100,000,000개의 간선에 대한 공간을 할당하기 때문이다.

B. 일반적으로 이 경우에는 양쪽 구조 모두가 적합하다. 공간 사용량을 고려한다면 어느 한쪽이 특히 유리하다고 할 수 없다. 두 구조의 정확한 공간 사용량은 상세 구현에 따라 달라진다는 점에 유의해야 한다. areAdjacent 작업에서는 인접행렬 구조가 우월하지만 insertVertex와 removeVertex 작업에서는 인접리스트 구조가 우월하다.

C. 인접행렬 구조가 유리하다. 그 이유는 이 구조가 정점이나 간선의 개수에 관계없이 areAdjacent 작업을 $O(1)$ 시간에 지원하기 때문이다.

13.5.2 배열을 이용한 그래프 상세 구현

그림 13-15에 보인대로 그래프를 배열을 이용해 구현하기 위한 데이터구조를 대략 설계하라. 인접리스트, 인접행렬 구조의 공통적인 부분과 차별적인 부분이 잘 나타나도록 작성해야 한다. 마지막으로, 방향그래프를 구현하기 위해서는 위의 설계를 어떻게 변경해야 할지 대강 설명하라.

■ 해결

1. 먼저 인접리스트, 인접행렬 구조 모두에 공통적인 부분이다.

첫째, 그래프를 다음 필드로 구성되는 레코드(즉, 구조체)로 정의한다.
- vertices: 정점 레코드의 배열[0:n - 1]
- edges: 간선 레코드의 배열[0:m - 1]

둘째, 정점을 다음 필드로 구성되는 레코드로 정의한다.
- name: 식별자

셋째, 간선을 다음 필드로 구성되는 레코드로 정의한다.
- name: 식별자
- endpoints: 정점 인덱스 1, 정점 인덱스 2의 집합

2. 다음은 차별 사항이다.

인접리스트 구조의 경우, 정점 레코드에 다음 필드를 추가한다.

- incidentEdges: 간선 인덱스의 헤더연결리스트(작업 효율을 위해 헤더노드를 추가)

인접행렬 구조의 경우, 그래프 레코드에 다음 필드를 추가한다.

- adjacencyMatrix: 간선 인덱스의 2D 배열 (간선이 존재하지 않으면 −1을 저장함)

3. 참고로, 필요하다면 정점이나 간선 레코드에 다음 필드를 정의해 사용할 수 있다.

정점 레코드에 추가로 정의 가능한 필드.

- label: boolean (차후 순회 알고리즘에서 사용)
- distance: number (차후 최단경로 알고리즘에서 사용)
- locator: integer (차후 최단경로 또는 최소신장트리 알고리즘에서 사용)
- parent: 간선 인덱스 (차후 최단경로 또는 최소신장트리 알고리즘에서 사용)

간선 레코드에 추가로 정의 가능한 필드.

- label: integer or string (차후 순회 알고리즘에서 사용 가능)
- weight: number (차후 간선의 무게를 표현하는 데 사용 가능)

4. 마지막으로, 방향그래프 구현을 위한 변경 사항

간선 레코드의 endpoints 필드 대신 다음 두 개의 필드를 정의한다.

- origin: 정점 인덱스
- destination: 정점 인덱스

인접리스트 구조의 경우, 정점 레코드의 incidentEdges 필드를 다음 두 개의 필드로 구분하여 사용한다.

- outEdges: 진출간선 인덱스들의 헤더연결리스트
- inEdges: 진입간선 인덱스들의 헤더연결리스트

13.5.3 정점 또는 간선 삭제 작업의 성능

표 13-2에 제시된 removeVertex와 removeEdge의 점근적 성능을 구현할 수 있는 구체적 방안을 설명하라.

■ 해결

1. 개요

우선 정점이나 간선을 '실제' 삭제함으로써 초래되는 느린 수행 성능을 살펴보고, 이에 대한 대안으로 해시테이블에서 사용했던 '비활성' 방식의 삭제를 채택함으로써 제시된 성능을 구현할 수 있음을 보인다.

2. '실제' 삭제

- removeVertex(v)

  인접리스트 구조의 경우, 정점 v의 모든 부착간선 $e = (v, w)$에 대해, v와 w의 부착간선리스트에서 e 노드 삭제, E(간선리스트)에서 e 삭제 후 V(정점리스트)에서 v를 삭제한다 – $\mathbf{O}(m)$ 시간 소요. 인접행렬 구조의 경우, 행렬 내 v행과 v열에 저장된 모든 간선 e를 E에서 삭제 후, V에서 v 삭제, 그리고 행렬의 v행과 v열 삭제 및 나머지 정점의 행렬첨자를 조정한다 – $\mathbf{O}(n^2)$ 시간 소요.

- removeEdge(e)

  인접리스트 구조의 경우, $e = (u, w)$에 대해, u와 w의 부착간선리스트에서 e 노드 삭제 후 E에서 e를 삭제한다 – $\mathbf{O}(deg(u) + deg(w))$ 시간 소요. 인접행렬 구조의 경우, $e = (u, w)$에 대해 행렬원소 $[u, w]$와 $[w, u]$를 널로 치환한 후 E에서 e를 삭제한다 – $\mathbf{O}(1)$ 시간 소요.

주의할 것이 있다. V와 E를 배열로 구현한 경우 배열첨자 변경에 따른 추가 작업이 필요하다. 즉, 정점이나 간선 삭제 후 남은 정점들과 간선들의 배열첨자를 변경해야 하며, 변경된 값을 사용하여 간선리스트, 부착간선리스트, 인접행렬 등을 갱신해야 한다.

3. '비활성화' 방식 삭제

'실제' 삭제가 아닌 '비활성화' 방식의 삭제를 사용하면 제시된 점근 성능을 성취할 수 있다.

- removeVertex(v)

  인접리스트 구조의 경우, v의 부착간선들을 모두 비활성화한 후 v를 비활성화한다 – $\mathbf{O}(deg(v))$ 시간 소요. 인접행렬 구조의 경우, 행렬의 v행과 v열에 저장된 모든 간선 e를 비활성화한 후 v를 비활성화한다 – $\mathbf{O}(n)$ 시간 소요.

- removeEdge(e)

  인접리스트 구조, 인접행렬 구조 두 경우 모두 간선 e를 비활성화한다 - $O(1)$ 시간 소요.

비활성화 방식 삭제를 선택하면 V와 E를 배열로 구현한 경우라도 배열첨자 조정 또는 이에 따르는 추가 작업이 없다는 이점이 있다. 삭제 이후 그래프 작업에서, 비활성 정점 이나 간선에 대해서는 존재하지 않는 것으로 취급하면 된다. 하지만 사용 환경에 따라서 는, 빈번한 삭제로 인해 그래프가 비활성 정점과 간선으로 포화되어 시스템 수행 성능이 저하될 수 있다 - 이 경우 주기적인 유지보수를 통해 비활성 정점과 간선을 '실제' 삭제하 고 관련 데이터구조를 갱신하여 메모리를 회수함과 동시에 시스템 성능을 제고시킨다.

요약

- 그래프는 (V, E) 쌍이다. 여기서 V는 정점이라 불리는 노드의 집합이며 E는 간선이라 불리는 정점 쌍들의 집합이다. 각 정점과 간선은 원소를 저장한다.
- 그래프의 간선에는 방향간선과 무방향간선 두 가지 종류가 있다. 방향간선은 정점들 의 순서 쌍 (u, v)으로 표현되며 두 정점 중 첫 정점 u는 시점을, 둘째 정점 v는 종점을 나타낸다. 무방향간선은 정점들의 무순 쌍 (u, v)으로 표현된다.
- 그래프 내 모든 정점의 차수의 합은 간선 수의 2배다. 또한 루프와 병렬간선이 없는 무방향그래프에서 $m \leq n(n - 1)/2$ 다.
- 그래프에서 부분집합, 연결성, 밀집도, 싸이클, 신장 등의 개념은 알고리즘 이해와 작 성을 위해 중요하다.
- 그래프 ADT를 컴퓨터에 구현하는 데는 간선리스트 구조, 인접리스트 구조, 그리고 인 접행렬 구조를 사용하는 세 가지 방식이 있다. 간선리스트 구조는 이 가운데 가장 단 순한 구조로써, 여기에 데이터구조를 선택적으로 추가함에 따라 다른 두 가지의 실전 적인 구현 방식이 파생된다.

연습문제

13-1 단순화한 무방향그래프 ADT 구현

무방향그래프와 관련된 메쏘드만을 가지며 갱신 메쏘드를 포함하지 않는, 단순화한 그래프 ADT를 그림 13-14에 보인 것처럼 연결리스트를 사용하여 구현하기 위해 다음 A, B 두 가지 경우 각각에 대해 다음 메쏘드들을 의사코드로 작성하라.

- integer deg(v): 정점 v의 차수를 반환
- vertex opposite(v, e): 정점 v의 간선 e에 대한 반대쪽 끝점을 반환
- boolean areAdjacent(v, w): 정점 v와 w가 인접한지 여부를 반환
- iterator adjacentVertices(v): 정점 v의 인접정점을 모두 반환
- iterator incidentEdges(v): 정점 v의 부착간선을 모두 반환

A. 그래프가 인접리스트 구조로 표현됨
B. 그래프가 인접행렬 구조로 표현됨

※ 전제
- 인접행렬 구조에서 인접행렬은 배열 A에 저장된다.
- index(v) 함수 사용 가능: 인접행렬에서 정점 v에 대응하는 배열첨자를 반환.

13-2 그래프 그리기

12개의 정점과 18개의 간선으로 이루어지고 3개의 연결요소를 가진 단순 무방향그래프 G를 그려라. 위에서 만약 G가 18개가 아닌 66개의 간선으로 이루어졌다면 G를 그리는 것이 불가능한 이유를 설명하라.

13-3 O(log m) = O(log n)인 이유

G를 n개의 정점과 m개의 간선으로 이루어진 단순 연결그래프라 하자. 왜 $O(\log m) = O(\log n)$ 인지 설명하라.

심층문제

13-1* 간선리스트 구조

 n개의 정점과 m개의 간선으로 이루어진 그래프 G를 간선리스트 구조로 표현한다고 가정한다. 이 경우 왜 insertVertex 메쏘드는 $O(1)$ 시간에 수행되지만 removeVertex 메쏘드는 $O(m)$ 시간에 수행되는가?

13-2*. 간선리스트 구조에서의 areAdjacent

 n-정점 방향그래프 G를 각 정점을 집합 $\{0, 1, \cdots, n-1\}$ 내의 정수로 가정하여 간선리스트 구조로 표현하고자 한다. 메쏘드 areAdjacent에 대해 $O(\log m)$ 시간 성능을 지원하기 위해 E를 어떻게 구현할지 제안하라(E는 간선의 집합, m은 간선의 수다). 이 경우 areAdjacent를 어떻게 구현해야 할지도 설명하라. 마지막으로, 제안한 전략을 무방향그래프에도 적용 가능할지 설명하라.

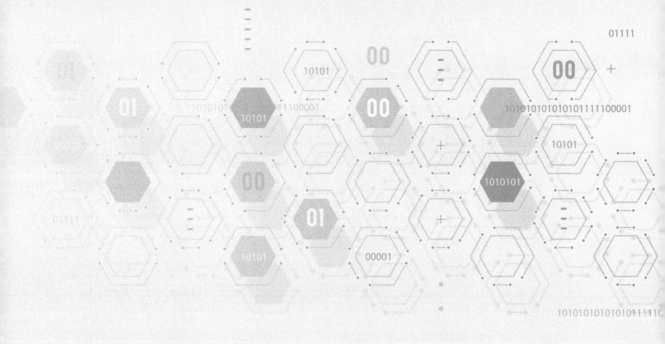

CHAPTER **14**

그래프 순회

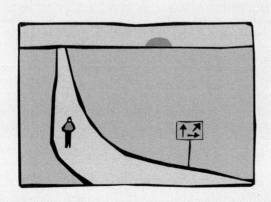

14.1 그래프 순회

이 장부터는 그래프 알고리즘을 다룬다. 그래프는 풍부한 표현력을 바탕으로 한 다양한 문제를 포함하며 이에 관한 해결 알고리즘 역시 다양하다. 그래프 문제에 대한 학습의 출발은 순회에 대한 것이다. **그래프 순회** graph traversal란 그래프 내 모든 정점과 간선을 검사함으로써 그래프를 탐험하는 체계적인 절차를 말한다. 예를 들면 수도권 전철망의 모든 전철역(정점)을 검사하면서 역의 위치를 출력한다든가, 어느 항공사의 모든 항공편(간선)을 검사하면서 각 노선의 요금표나 항공시간표를 작성하는 등은 모두 그래프 순회 문제다. 웹 검색엔진의 데이터수집 부문도 마찬가지다. 웹의 하이퍼텍스트 문서(정점)와 문서 내 링크(간선)를 검사함으로써 써핑한다. 그래프는 선형 데이터 모델이 아니므로 체계적인 방식의 순회 전략이 필요하다. 대표적으로 깊이우선탐색과 너비우선탐색 두 가지 전략이 있다. 이어지는 절에서 이들 각각에 대해 살펴본다.

14.2 깊이우선탐색

깊이우선탐색 Depth-First Search, DFS은 그래프를 순회하기 위한 일반적 기법이다. 깊이우선탐색은 이진트리에 대한 선위순회와 유사한 양식으로 순회를 진행한다. 출발정점에서 시작하여 간선을 따라 정점과 간선들을 방문하는 순서가 선위순회에서와 마찬가지로 출발정점에서 멀어지는 외길 방향으로 진행한다. 그래프 G에 대한 DFS 순회로 해결 가능한 문제들이 많다. 예를 들어 G의 모든 정점과 간선을 방문하는 문제, G가 연결그래프인지 결정하는 문제, G의 연결요소들을 계산하는 문제, 그리고 G의 신장숲을 계산하는 문제 등이 여기에 속한다. n개의 정점과 m개의 간선을 가진 그래프에 대한 DFS는 $O(n+m)$ 시간에 수행한다.

알고리즘 DFS는 재귀적 깊이우선탐색 알고리즘 rDFS를 구동하여 그래프 G에 대한 탐색을 수행한다. 알고리즘 rDFS는 주어진 정점 v에 대한 연결요소의 모든 정점과 간선을 검사한다. 알고리즘 DFS는 G가 여러 개의 연결요소로 구성된 그래프인 경우라도 G의 모든 정점 v에 대해 알고리즘 rDFS를 반복적으로 호출함으로써 탐색에서 제외되는 정점이나 간선이 없도록 보장한다. 구체적으로, 알고리즘 DFS는 정점들과 간선들에 대한 검사 수행을 위해 라벨을 이용한다. DFS의 명령문 1~2행에서 **G**의 모든 정점과 간선의 라벨을 모두 **Fresh**, 즉 아직 검사받지 않은 것으로 초기화한다. 참고로, 반복문 내 치환문의 좌변의 **l(u)**는 함수 호출이 아니라 정점 **u**의 라벨 **l**의 값을 치환함을 의미한다. 알고리즘 rDFS에서는 특정 정점이나 간선에 대한 검사를 수행하면 라벨 표시를 변경함으로써 해당 개체에 대한 검사를 수행했음을 표시한다. 이때 정점의 라벨은 **Visited**, 즉 방문된 것으로 변경되며 간선의 라벨은 **Tree** 또는 **Back**으로 변경된다. **Tree**나 **Back** 라벨의 의미는 나중에 설명한다. 검사한 정점과 간선의 라벨을 변경함으로써 이미 검사한 개체를 또다시 검사하지 않는 효과는 물론 탐색의 진행 과정을 체계적으로 보여주는 효과도 있다.

Alg *DFS(G)*
   input graph *G*
   output labeling of the edges of *G* as tree edges and back edges

   {The algorithm uses a mechanism for setting and getting "labels" of vertices and edges}
   1. **for each** *u* ∈ *G.vertices*()
       l(u) ← *Fresh*
   2. **for each** *e* ∈ *G.edges*()
       l(e) ← *Fresh*
   3. **for each** *v* ∈ *G.vertices*()
       if (*l(v)* = *Fresh*)
         rDFS(G, v)
   4. **return**

Alg *rDFS(G, v)*
   input graph *G* and a start vertex *v* of *G*
   output labeling of the edges of *G* in the connected component of *v* as tree edges and back edges

   1. *l(v)* ← *Visited*
   2. **for each** *e* ∈ *G.incidentEdges(v)*
       if (*l(e)* = *Fresh*)
         w ← *G.opposite(v, e)*
         if (*l(w)* = *Fresh*)
            l(e) ← *Tree*
            rDFS(G, w)
         else
            l(e) ← *Back*
   3. **return**

알고리즘 DFS는 **원형** template 알고리즘이다. 다시 말해 현재 작성된 형태 그대로 사용되기 보다는 주로 특정 문제의 해결에 적합하도록 변형 또는 특화하여 사용된다. 이때 DFS 및 rDFS의 기본 논리구조는 그대로 놔둔 채 특정 문제해결에 필요한 부분만을 수정 또는 추가하여 사용하므로 해결의 기본구조는 원형과 동일하다. 알고리즘 DFS을 확장하면 두 개의 주어진 정점 사이의 경로를 찾아 보고하거나 그래프 내 싸이클 찾는 문제 등을 해결할 수 있다. 원형 알고리즘의 다른 예로는 이진트리에 대한 선위순회, 중위순회, 그리고 후위순회 알고리즘이 있다.

14.2.1 DFS 수행 예

이제 깊이우선탐색의 단계별 수행 내용을 수행 예를 사용하여 알아보자. 그림 14-2 (a~g)는 그림 (a)에 보인 그래프에 대한 깊이우선탐색의 수행 예다. 수행 예를 올바로 이해하기 위해 미리 알아둘 것이 두 가지 있다. 첫째, 그림에 사용된 표식들이다. 표식들에 대한 설명은 그림 14-1에 나타나 있다. 둘째, 리스트로부터 정점이나 간선 개체가 알파벳 순으로 반환되는 것으로 전제한다. 따라서 알고리즘 DFS의 명령문 1~3행의 각 반복문 첫 머리에서 정점, 간선, 또는 정점이 반환되는 순서는 알파벳 순에 의한다. 특히 알고리즘 rDFS의 명령문 2행의 첫 머리에서 정점 v의 부착리스트 내 간선들이 반환되는 순서는 수행 순서에 영향을 미치므로 중요하다. 여기서 간선이 반환되는 순서는 정점 v의 부착 간선 반대쪽 정점들의 알파벳 순이다. 예를 들어 정점 A의 부착간선들은 (A, B), (A, C), (A, D), (A, E) 순서로 반환된다.

그림 표식과 개체 반환 순서에 대한 전제를 설명했으므로 그림의 모의실행을 함께 따라가며 살펴보자. (a) 알고리즘 DFS의 명령문 3행에서 G의 정점 가운데 알파벳 순으로 가장 빠른 정점 A를 출발정점으로 하여 rDFS가 구동된다. rDFS의 명령문 1행에서 A의 라벨을 *Visited*로 표시한 후 2행에서 간선 (A, B)의 라벨을 가장 먼저 검사한다. (A, B)의 라벨이 *Fresh*이므로 A의 반대쪽 정점 B가 *Fresh*인지 검사하여 (A, B)의 라벨을 *Tree*로 표시하고 B에 대해 rDFS를 재귀호출한다. (b) 재귀호출된 rDFS는 명령문 1행에서 B의 라벨을 *Visited*로 표시한 후 2행에서 간선 (B, A)의 라벨을 가장 먼저 검사한다. 하지만 (B, A), 즉 (A, B)의 라벨이 *Fresh*가 아니므로 다음 반복 라운드에서 간선 (B, C)의 라벨을 검사한다. 그리고는 (B, C)의 라벨을 *Tree*로 표시하고 반대쪽 정점 C에 대해 rDFS를 재귀호출한다. (c) 재귀호출된 rDFS는 명령문 1행에서 C의 라벨을 *Visited*로 표시한 후 2행에서 간선 (C, A)의 라벨을 가장 먼저 검사한다. (C, A)의 라벨이 *Fresh*이므로 정점 C의 반대쪽 정점 *A*의 라벨을 검사한다. 하지만 정점 *A*의 라벨이 *Fresh*가 아니므로 (*C*, *A*)의 라벨을 ***Back***으로 표시한다. 다음 반복 라운드에서 간선 (*C*, *B*)의 라벨을 검사한다. 하지만 간선 (*C*, *B*)의 라벨이 *Fresh*가 아니므로 다음 반복 라운드에서 간선 (*C*, *D*)의 라벨을 검사한다. (*d*) (*C*, *D*)의 라벨을 ***Tree***로 표시하고 정점 *D*에 대해 rDFS를 재귀호출한다.

*G*는 매우 간단한 그래프임에도 불구하고, rDFS가 수행하는 재귀와 반복을 따라가야 하는 모의실행이 간단치 않다는 것을 알게 되었을 것이다. 이후 알고리즘 종료까지 수행 내용에 대해서는 여기까지의 설명을 참고하여 스스로 해보도록 하자. 알고리즘 DFS가 재귀알고리즘 rDFS 대신 비재귀적 알고리즘을 호출하여 깊이우선탐색을 수행할 수도 있다. 이 버전은 연습문제에서 다룬다.

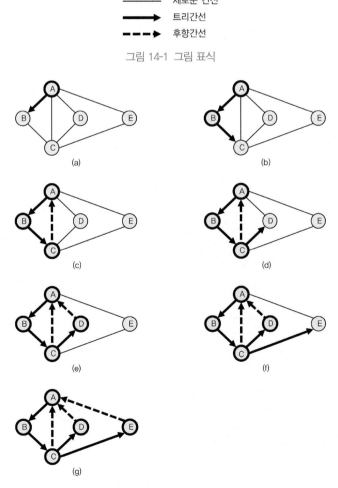

그림 14-2 (a~g) DFS 수행 예

14.2.2 DFS 속성

어릴 적부터 미로문제를 많이 보아왔을 것이다. 그림 14-3의 미로에서 교차로, 모퉁이, 그리고 막힌 복도는 정점을 표시하며 복도는 간선을 표시한다. 그림은 주어진 미로를 DFS 방식으로 순회하는 어떤 꼬마가 미로 정점들과 간선들에 대해 탐험하는 절차를 보여준다. 이 용감하고 모험적인 꼬마는 손에 실타래를 들고 왼쪽 상단의 입구 정점에서 미로를 출발한다. 처음 보는 복도를 만나면 실타래를 풀면서 지나간다. 가능한 깊숙이 미로 속으로 걸어 들어가다가 길이 막히거나 이미 지나왔던 정점을 만나면 실타래를 되감아서 왔던 길을 역순으로 되돌아가 탐험을 계속한다. 그림에서 실선으로 표시된 부분은 꼬마가 새로운 정점을 향해 걸어간 길이며 점선으로 표시된 부분은 이미 방문했던 정점으로 향하는 길이다. DFS 알고리즘은 꼬마가 미로를 탐험할 수 있는 여러가지 방법 가운데 고전적이고도 모험적인 전략에 속한다. 다음 절에서는 이와는 대조적인 방식의 탐험 전략을 소개한다.

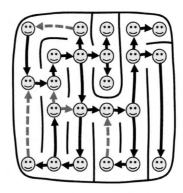

그림 14-3 DFS 미로 탐험

여기까지 알아야 할 것 중에 중요한 것은 DFS가 다음 두 가지 속성을 가진다는 것이다. 그림 14-4를 참고하며 이해하자.

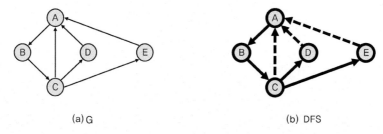

(a) G   (b) DFS

그림 14-4 DFS 속성

- **속성 1**

  rDFS(G, v)는 *v*의 연결요소 내의 모든 정점과 간선을 방문한다.

- **속성 2**

  rDFS(G, v)에 의해 ***Tree***로 라벨된 간선들은 *v*의 연결요소의 신장트리를 형성한다. 이를 **깊이우선트리**DFS tree라고도 한다.

바로 위 두 번째 속성에 근거하여 앞서 DFS에서 처음 방문하는 정점을 향하는 간선의 라벨을 ***Tree***(트리간선)라는 이름으로 저장했던 것이다. 이에 비해 이미 방문한 정점을 향하는 간선은 과거에 지나간 정점을 향한다는 의미에서 ***Back***(후향간선)으로 라벨한 것이다.

14.2.3 DFS 성능

알고리즘 DFS의 성능을 분석해 보자. 정점과 간선의 라벨을 쓰고 읽는 데 $O(1)$ 시간을 소요한다. 이는 정점이나 간선을 구현하는 노드가 ***Fresh***, ***Visited***, ***Tree***, ***Back*** 등의 값을 저장하는 라벨을 가지도록 각 노드의 데이터구조를 확장하면 가능하다. 각 정점은 두 번 라벨된다. 한 번은 ***Fresh***로 또 한 번은 ***Visited***로 라벨된다. 각 간선 역시 두 번 라벨된다. 한 번은 ***Fresh***로 또 한 번은 ***Tree*** 또는 ***Back***으로 라벨된다. 알고리즘 rDFS의 명령문 2행에서 수행하는 메쏘드 incidentEdges는 각 정점에 대해 한 번 호출된다. 따라서 그래프가 인접리스트로 표현된 경우 13.2.2절의 그래프 속성에서 확인했듯이 $\sum_v deg(v) = 2m$ 이므로 명령문 2행은 종합적으로 $O(m)$ 시간에 수행한다. 그러므로 그래프가 인접리스트로 표현된 경우 DFS는 $O(n+m)$ 시간에 수행한다. 기억장소 사용 면에서는 DFS는 모든 정점과 간선에 대해 라벨을 추가적으로 정의하여 사용하므로 $O(n+m)$ 공간을 소요한다.

14.2.4 DFS 특화

앞서 언급했듯이 제시된 알고리즘 DFS는 깊이우선탐색의 원형을 제공하는 알고리즘이다. DFS 순회로 더욱 흥미로운 작업을 수행하고자 한다면 알고리즘 DFS를 확장해야 한다. 원형 메쏘드를 응용에 맞추어 **특화**specialization 하는 것이다. DFS를 확장하여 해결할 수 있는 문제의 예를 들면 연결성 검사, 경로 찾기, 싸이클 찾기 등이 있다. 심층문제에서 이들을 모두 다루며, 이 가운데 경로 찾기의 의사코드 작성은 응용문제에서 다루어진다.

14.3 너비우선탐색

너비우선탐색 Breadth-First Search, BFS은 그래프를 순회하기 위한 일반적 기법이다. 너비우선탐색은 이진트리에 대한 레벨순회와 유사한 양식으로 순회를 진행한다. 출발정점에서 시작하여 간선을 따라 정점과 간선들을 방문하는 순서가 레벨순회에서와 마찬가지로 출발정점에서 레벨 단위로 멀어지는 방향으로 진행한다. 그래프 G에 대한 BFS 순회로 해결 가능한 문제들이 많다. 예를 들어 G의 모든 정점과 간선을 방문하는 문제, G가 연결그래프인지 결정하는 문제, G의 연결요소들을 계산하는 문제, G의 신장숲을 계산하는 문제 등이 여기에 속한다. n개의 정점과 m개의 간선을 가진 그래프에 대한 BFS는 $O(n + m)$ 시간에 수행한다. 기능과 성능 모두에서 DFS와 다르지 않다는 것을 알 수 있다.

하지만 알고리즘 수행 방식은 DFS와 크게 대비된다. 알고리즘 BFS는 알고리즘 BFS1을 구동하여 그래프 G에 대한 탐색을 수행한다. 반복알고리즘 BFS1은 재귀알고리즘 rDFS가 그랬던 것처럼 주어진 정점 v에 대한 연결요소의 모든 정점과 간선을 검사한다. 알고리즘 BFS는 G가 여러 개의 연결요소로 구성된 그래프인 경우라도 G의 모든 정점 v에 대해 알고리즘 BFS1을 반복적으로 호출함으로써 탐색에서 제외되는 정점이나 간선이 없도록 보장한다. 알고리즘 DFS와 마찬가지로 알고리즘 BFS는 정점과 간선에 대한 검사 수행을 위해 라벨을 이용한다. BFS의 명령문 1~2행에서 G의 모든 정점과 간선의 라벨은 모두 *Fresh*로 초기화된다. 알고리즘 BFS1에서 특정 정점이나 간선에 대한 검사가 수행되면 라벨 표시를 변경함으로써 해당 개체에 대한 검사가 수행되었음을 표시한다. 이때 정점의 라벨은 *Visited*로 변경되며 간선의 라벨은 *Tree*(트리간선) 또는 *Cross*(교차간선)로 변경된다. *Tree*나 *Cross* 라벨의 구체적 의미는 나중에 설명한다. 검사한 정점과 간선의 라벨을 변경함으로써 이미 검사한 개체를 또다시 검사하지 않는 효과는 물론, 탐색의 진행 과정을 체계적으로 보여주는 효과도 있다.

BFS 역시 원형 알고리즘이므로 이를 확장하면 다른 그래프 문제들도 해결할 수 있다. 예를 들면 두 개의 주어진 정점 사이의 최소 간선을 사용하는 경로를 찾아 보고하거나 그래프 내 단순싸이클 찾기 등의 문제다.

Alg *BFS(G)*

    input graph ***G***

    output labeling of the edges of ***G*** as tree edges and cross edges

{The algorithm uses a mechanism for setting and getting "labels" of vertices and edges}

1. **for each** $u \in G.vertices()$
    $l(u) \leftarrow Fresh$
2. **for each** $e \in G.edges()$
    $l(e) \leftarrow Fresh$
3. **for each** $v \in G.vertices()$
    if $(l(v) = Fresh)$
        BFS1(G, v)
4. **return**

Alg *BFS1(G, v)*

    input graph ***G*** and a start vertex ***v*** of ***G***

    output labeling of the edges of ***G*** in the connected component of ***v*** as tree edges and cross edges

1. $L_0 \leftarrow empty\ list$ {level container}
2. $L_0.addLast(v)$
3. $l(v) \leftarrow Visited$
4. $i \leftarrow 0$
5. **while** $(!L_i.isEmpty())$
    $L_{i+1} \leftarrow empty\ list$
    for each $v \in L_i.elements()$
        for each $e \in G.incidentEdges(v)$
            if $(l(e) = Fresh)$
                $w \leftarrow G.opposite(v, e)$
                if $(l(w) = Fresh)$
                    $l(e) \leftarrow Tree$
                    $l(w) \leftarrow Visited$
                    $L_{i+1}.addLast(w)$
                else
                    $l(e) \leftarrow Cross$
    $i \leftarrow i+1$
6. **return**

14.3.1 BFS 수행 예

이제 너비우선탐색의 단계별 수행 내용을 수행 예를 사용하여 살펴보자. 수행 예 그림의 표식들에 대한 설명은 그림 14-5에 나타나 있다. 그림 14-6 (a~j)는 (a)에 주어진 그래프에 대한 너비우선탐색의 수행 예다. 알고리즘 DFS에서와 마찬가지로 리스트로부터 정점이나 간선 개체가 알파벳 순으로 반환되는 것으로 전제한다.

알고리즘 BFS1은 다음과 같은 양식으로 너비우선탐색을 진행한다. 출발정점으로부터 한 개의 간선으로 도달할 수 있는 정점들에 대한 검사를 마친 후 이번엔 두 개의 간선으로 도달할 수 있는 정점들에 대한 검사를 수행한다. 이를 마치면 다음엔 세 개, 네 개, … 등으로 너비를 늘려가다가 마지막에는 출발정점으로부터 가장 많은 수의 간선으로 떨어져 있는 정점과 간선들에 대한 검사를 수행한다. 알고리즘 BFS1이 정점들을 레벨 단위로 처리하는 것에 유의하자. 레벨 i의 정점들은 출발정점으로부터 i개의 간선으로 도달할 수 있는 정점들이다. BFS1은 레벨 i의 정점들을 처리하는 동안 레벨 $i+1$ 의 정점들을 리스트 L_{i+1} 에 저장함으로써 다음 레벨의 작업에 대비한다.

이제 그림의 수행 예를 모의실행 방식으로 따라가며 살펴보자. (a) 알고리즘 BFS의 명령문 3행에서 그래프 G의 정점 가운데 알파벳이 가장 빠른 정점 A를 출발정점으로 하여 알고리즘 BFS1을 구동한다. BFS1은 명령문 1~2행에서 비어 있는 리스트 L_0를 초기화하고 정점 A를 L_0에 삽입한다. 이제 A는 점선으로 표시된 리스트 L_0에 저장되었다. 3행에서 정점 A의 라벨을 *Visited*로 표시한 후 4~5행에서 레벨 0에 대한 작업을 수행한다. (b) 반복문 내부 첫 명령문에서 비어 있는 리스트 L_1을 초기화한 후 두 번째 반복문 첫 머리에서 L_0의 유일한 원소 A가 반환된다. 세 번째 반복문 첫 머리에서 A의 부착간선 가운데 간선 (A, B)를 가장 먼저 검사한다. (A, B)의 라벨이 *Fresh*이므로 반대쪽 정점 B의 라벨을 검사한다. 이 역시 *Fresh*이므로 (A, B)의 라벨을 *Tree*로 표시하고 B의 라벨을 *Visited*로 변경한 후 정점 B를 L_1에 삽입한다. L_1 역시 점선으로 둘러싸인 영역으로 표시되어 있다. (c) 세 번째 반복문의 다음 반복 라운드에 검사되는 A의 부착간선은 (A, C)다. 이역시 앞서 (A, B)와 같은 수행을 거쳐 (A, C)와 정점 C의 라벨이 변경되고 정점 C가 L_1에 삽입된다. (d) 다음 반복 라운드에 A의 마지막 부착간선 (A, D)에 대해 동일한 내용의 작업을 수행한다. 여기까지, 세 번째 반복문이 정점 A의 모든 부착간선에 대해 수행을 마침과 동시에 두 번째 반복문 역시 L_0의 모든 정점에 대해 수행을 마쳤다. 이제 다음 레벨 1에 대한 수행을 위해 첫 번째 반복문으로 되돌아가 수행을 계속한다.

이후에 대해서는 지금까지의 설명을 참고하여 스스로 해보도록 하자. 이후의 수행에

서 DFS와 다른 점이 한 가지 있다면 이미 방문한 정점을 향하는 간선의 라벨을 **Back**이
아니라 **Cross**로 표시한다는 점이다. 이름을 달리 한 이유는 나중에 설명한다.

Ⓐ	새로운 정점
Ⓐ	방문한 정점
——	새로운 간선
⟶	트리간선
⇢	교차간선

그림 14-5 그림 표식

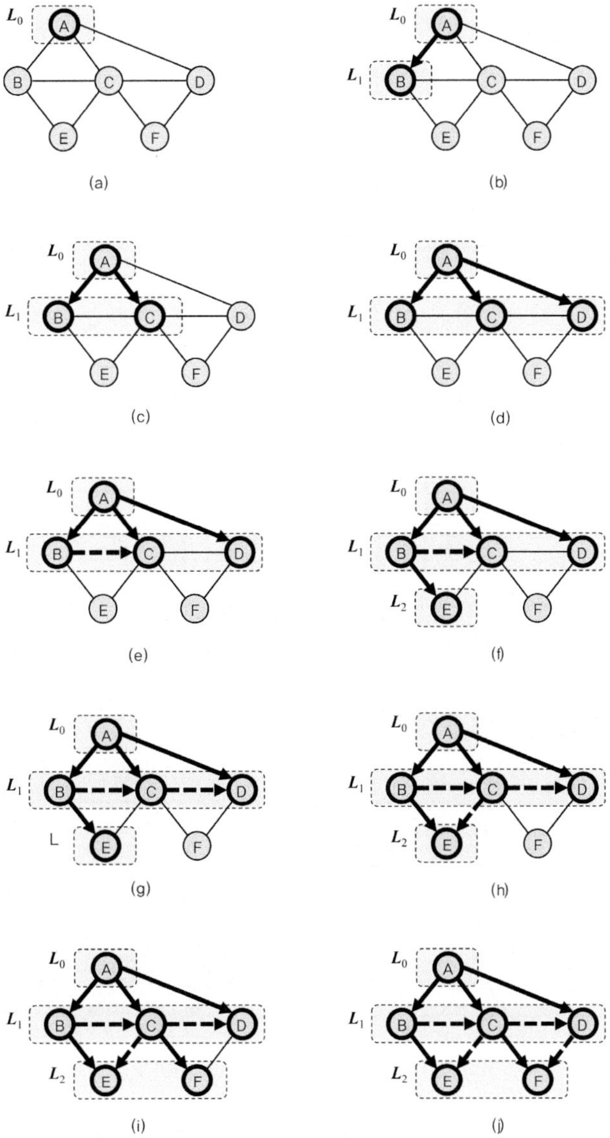

(a) (b)

(c) (d)

(e) (f)

(g) (h)

(i) (j)

그림 14-6 (a~j) BFS 수행 예

14.3.2 BFS 속성

그림 14-7은 깊이우선탐색에서 주어진 것과 동일한 미로에 대해 이번엔 BFS 방식으로 순회하는 어떤 꼬마가 미로 정점들과 간선들에 대해 탐험하는 절차를 보여준다. 이번 꼬마는 겁이 많은 성격이라 항상 복도 한 개 길이 만큼의 실타래만 풀어낸다. 꼬마는 왼쪽 상단의 입구 정점에서 미로를 출발한다. 그림에서 보면 마침 입구 정점은 두 개의 복도로 갈라지는 교차로이므로 그 중 한 복도로 걸어간다. 복도 끝의 다른 교차로 정점에 도착하여 그 정점에 대한 검사를 마치면 이 교차로 이후에 대한 탐험을 나중으로 미룬 채 실타래를 되감아 원래 교차로 정점으로 되돌아온다. 그리고는 방금 걸어갔던 복도가 아닌 다른 쪽 복도를 걸어간다. 다른 복도를 걸어가 발견한 교차로 정점에서도 더 이상의 탐험은 나중으로 미룬 채 되돌아온다. 이렇게 해서 현재 교차로에서 갈라지는 모든 복도에 대한 검사를 마치면 가장 오래전에 보류했던 교차로 정점부터 시작하여 탐험을 계속한다. 계속되는 탐험에서도 앞서와 마찬가지로 복도 한 개 이상에 대한 탐험은 나중으로 미루는 방식으로 진행한다. 그림에서 실선으로 표시된 부분은 꼬마가 새로운 정점을 향해 걸어간 길이며, 점선으로 표시된 부분은 이미 방문했던 정점으로 향하는 길이다.

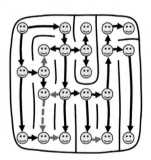

그림 14-7 BFS 미로 탐험

다음은 BFS의 중요한 속성 세 가지다. 그림 14-8을 참고하며 이해하도록 하자. 여기서 G_v는 v의 연결요소를 말한다.

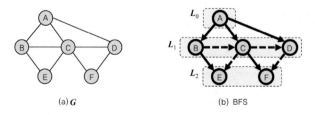

(a) G (b) BFS

그림 14-8 (a~b) BFS 속성

- **속성 1**
  BFS1(G, v)는 G_v의 모든 정점과 간선을 방문한다.
- **속성 2**
  BFS1(G, v)에 의해 라벨된 트리간선들은 G_v의 신장트리 T_v를 형성하며 이를 **너비우선트리** BFS tree라고도 한다.
- **속성 3**
  L_i 내의 각 정점 w에 대해, T_v의 v에서 w로 향하는 경로는 i개의 간선을 가지며 G_v 내의 v로부터 w로 향하는 모든 경로는 최소 i개의 간선을 가진다.

14.3.3 BFS 성능

알고리즘 BFS의 성능 분석은 DFS에 대한 분석과 유사하다. 정점과 간선의 라벨을 쓰고 읽는 데 **O**(1) 시간 소요한다. 이는 정점이나 간선을 구현하는 노드가 *Fresh*, *Visited*, *Tree*, *Cross* 등의 값을 저장하는 라벨을 가지도록 각 노드의 데이터구조를 확장하면 가능하다. 각 정점은 두 번 라벨된다. 한 번은 *Fresh*로, 또 한 번은 *Visited*로 라벨된다. 각 간선 역시 두 번 라벨된다. 한 번은 *Fresh*로, 또 한 번은 *Tree* 또는 *Cross*로 라벨된다. 각 정점은 리스트 L_i에 한 번 삽입된다. 알고리즘 BFS1의 명령문 5행의 내부에서 수행하는 메쏘드 incidentEdges는 각 정점에 대해 한 번 호출된다. 따라서 그래프가 인접리스트로 표현된 경우 $\sum_v deg(v) = 2m$이므로 명령문 5행은 종합적으로 **O**(m) 시간에 수행한다. 그러므로 그래프가 인접리스트로 표현된 경우 BFS는 **O**(n + m) 시간에 수행한다. DFS와 마찬가지로 모든 정점과 간선에 대해 라벨을 추가적으로 정의하여 사용하므로 **O**(n + m) 공간을 소요한다. 참고로, 각 정점이 리스트 L_i에 한 번 삽입되므로 L_0, L_1, ...을 위해 필요한 전체 공간은 **O**(n)이다. 심층문제에서 이들을 하나의 리스트로 통합하여 사용하도록 BFS1을 수정하는 문제를 다룬다.

14.3.4 BFS 특화

알고리즘 BFS 역시 깊이우선탐색의 원형을 제공하는 알고리즘이다. BFS 순회를 이용하여 더욱 흥미있는 작업을 수행하려면 알고리즘 BFS를 확장해야 한다. BFS를 확장하여 해결할 수 있는 문제의 예를 들면, 그래프의 연결요소들 찾기, 신장숲 계산, 단순싸이클 찾기 또는 그래프가 숲인지 여부 검사, 그래프의 두 정점에 대해 그 사이의 최소 간선으로 이루어진 경로 찾기, 또는 그런 경로가 없음을 보고하기 등이 있다.

14.3.5 비트리간선

 DFS나 BFS 수행 결과 *Tree*로 라벨되는 간선들과 그렇지 않은 간선들이 존재한다. 트리간선들은 DFS 트리 또는 BFS 트리를 형성한다. 비트리간선에는 두 가지 종류가 있다. DFS 순회에서 나타나는 비트리간선 (v, w)의 경우 정점 w는 v의 조상이다. 즉, **후향간선** back edge의 특성을 가지므로 *Back*으로 라벨된다. 반면, BFS 순회에서 나타나는 비트리간선 (v, w)의 경우 정점 w가 v와 동일한 레벨 또는 다음 레벨에 위치한다. 즉, **교차간선** cross edge의 특성을 가지므로 *Cross*로 라벨된다. 이러한 특성은 그림 14-9에도 잘 나타나 있다.

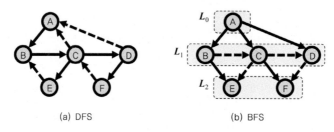

(a) DFS   (b) BFS

그림 14-9 (a~b) 후향간선과 교차간선

14.4 응용문제

이 절에서는 그래프 순회를 응용하여 해결할 수 있는 문제들을 제시하고 해결해본다. 다룰 문제들은 다음과 같다.

- 경로찾기
- 자유트리의 중심

14.4.1 경로 찾기

 원형 메쏘드를 사용하여 주어진 두 정점 사이의 경로를 찾기 위한 DFS의 특화를 의사코드로 작성하라.

- path(G, v, z): *G*의 주어진 두 정점 v와 z 사이의 경로를 찾아 보고

※ 힌트 : 출발정점과 현재 정점 사이의 경로를 추적하기 위해 스택을 사용하라.

■ 해결

DFS를 특화한 알고리즘 path(G, v, z)는 정점 *v*와 *z*를 각각 출발 및 도착정점으로 하여 rDFS를 특화한 pathDFS(G, v, z, S)를 호출한다. *v*와 현재 정점 사이의 경로를 추적하기 위해 스택 *S*를 사용한다. *z*을 만나자마자 *S*에 누적된 내용을 경로로써 반환한다.

> **Alg** *path(G, v, z)*
> 1. *S* ← *empty stack*
> 2. *pathDFS(G, v, z, S)*
> 3. return *S.elements()*

> **Alg** *pathDFS(G, v, z, S)*
> 1. *l(v)* ← *Visited*
> 2. *S.push(v)*
> 3. if (*v* = *z*)
>   return
> 4. for each *e* ∈ *G.incidentEdges(v)*
>   if (*l(e)* = *Fresh*)
>   *w* ← *opposite(v, e)*
>   if (*l(w)* = *Fresh*)
>   *l(e)* ← *Tree*
>   *S.push(e)*
>   *pathDFS(G, w, z, S)*
>   *S.pop()*   {*e* gets popped}
>   else
>   *l(e)* ← *Back*
> 5. *S.pop()*   {*v* gets popped}

14.4.2 자유트리의 중심

 S 대학교와 전세계의 많은 대학들은 멀티미디어에 관한 협력과제를 수행하고 있다. 이를 위해 자유트리를 형성하는 통신선로를 사용하여 이 대학들을 연결하기 위한 컴퓨터 네트워크를 구축하고자 한다. 이들은 모든 대학 간에 데이터를 공유하기 위해 대학들 가운데 한 곳에 파일서버를 설치하기로 결정했다. 통신선로의 전송시간은 선로 구성과 동기화에 지배되므로 데이터 전송 비용은 사용된

선로의 수에 비례한다. 그러므로 파일서버를 중심 위치에 놓는 것이 바람직하다.

자유트리 T와 T의 한 노드 v가 주어졌을 때 v의 **이심률**eccentricity이란 v로부터 T의 다른 노드로의 경로 가운데 최장경로의 길이를 말한다. 최소의 이심률을 가지는 T의 노드를 T의 **자유트리의 중심** center of free tree이라 부른다. 그림 14-10은 자유트리의 중심의 예다.

A. 주어진 n-노드 자유트리 T에 대해 T의 중심을 찾는 효율적인 알고리즘을 설계하라.

B. 중심은 유일한가? 아니라면 자유트리는 중심을 몇 개까지 가질 수 있는가?

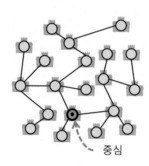

그림 14-10 자유트리의 중심

■ 해결

이 문제를 해결하기 위해 다음 원리를 이용한다. 자유트리 T의 중심은 트리의 모든 잎들을 삭제하더라도 변하지 않는다(반대로, 모든 잎에 자식들을 한 개씩 추가하더라도 마찬가지다). 최소 세 개 노드의 트리에서 잎은 중심이 될 수 없다. 그러므로 주어진 자유트리의 잎을 삭제하는 라운드를 반복하여 하나 또는 두 개의 노드만 남게 되면 이것이 트리의 중심이다. 그러므로 자유트리의 중심은 하나 아니면 둘이다.

이제 잎을 어떻게 삭제해야 할지 생각해야 한다. 잎의 삭제는 원래 트리의 복사본에서 잎을 실제로 삭제할 수도 있고 원래 트리의 잎에 특별한 표시를 함으로써 모의적으로 삭제할 수도 있다. 그렇다면 자유트리의 노드들 가운데 어떻게 잎들을 찾느냐 하는 문제만 남는다. 자유트리의 임의의 노드에서 출발하여 트리를 순회하며 잎을 찾을 수 있다. 잎을 찾으면 앞서 말한 것처럼 잎을 실제로 삭제하거나 삭제 표시함으로써 삭제를 수행하면 된다. 한 라운드의 잎 삭제 작업에 최악의 경우 $O(n)$ 시간을 요구할 수도 있다. 최악의 경우 $O(n)$ 라운드가 필요하므로 전체적으로는 2차 시간에 수행한다(편향트리를 생각해 보면 알 것이다). 삭제 라운드를 모두 마친 후 결과 그래프 G'가 단 한 개의 노드라면 이것이 G의 중심이다. G'가 두 개의 노드라면 이들 가운데 아무거나 G의 중심이다.

아래 제시한 알고리즘 findCenter는 자유트리의 복사본을 만들어 삭제 라운드를 반복한다. 알고리즘 removeLeaves는 DFS를 확장한 방식으로 잎들을 찾아내 한 라운드의 삭제를 수행한다. findCenter는 **G**의 중심을 반환할 뿐, 이심률을 반환하지는 않는다. 하지만 이는 삭제 라운드 수를 센다면 쉽게 구할 수 있다. 그림 14-11 (a~e)는 예시된 자유트리에 대해 알고리즘 findCenter가 4 라운드의 삭제 작업을 통해 중심을 찾는 과정을 보인다. 각 라운드에서 DFS 순회의 출발정점으로 선택된 임의의 정점은 굵은 테두리로 표시되었다. 아무 정점이면 되므로, 실전에서는 현재 정점 리스트의 맨 앞 정점으로 선택해도 된다.

Alg *findCenter(G)*
   input a free tree **G**
   output a center of **G**

1. **G'** ← *a copy of* **G**
2. **while** (**G'**.*numVertices*() > 2)
    *removeLeaves(**G'**, **G'**.aVertex(), **Null**)*
3. **return** **G'**.*aVertex*()   {any vertex of **G'**}

Alg *removeLeaves(G, v, p)*
   input a free tree **G**, a vertex **v**, parent vertex **p** of **v** in the tree traversal
   output a free tree **G** with its leaves removed

1. $c \leftarrow 0$
2. **for each** $e \in$ **G**.*incidentEdges(v)*
    $c \leftarrow c + 1$
    $w \leftarrow$ **G**.*opposite(v, e)*
    if $(w \neq p)$
       *removeLeaves(**G**, w, v)*
3. **if** $(c = 1)$
    G.*removeVertex(v)*

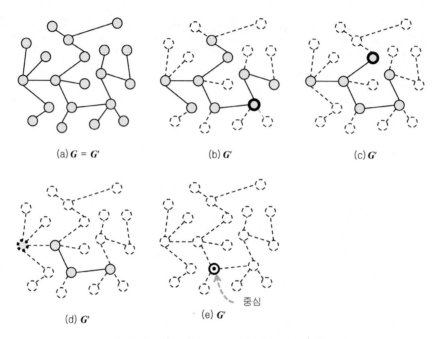

그림 14-11 (a∼e) 자유트리의 중심 찾기 수행 예

요약

- 그래프 순회란 그래프 내 모든 정점과 간선을 검사함으로써 그래프를 탐험하는 체계적인 절차를 말한다. 대표적으로 깊이우선탐색과 너비우선탐색 두 가지 전략이 있다.

- 깊이우선탐색은 그래프를 순회하기 위한 일반적 기법이다. 깊이우선탐색은 이진트리에 대한 선위순회와 유사한 양식으로 순회를 진행한다.

- 정점 v를 출발정점으로 한 깊이우선탐색에 의해 방문된 간선들은 v의 연결요소의 신장트리를 형성한다. 이를 깊이우선트리라고도 한다.

- 너비우선탐색은 그래프를 순회하기 위한 일반적 기법이다. 너비우선탐색은 이진트리에 대한 레벨순회와 유사한 양식으로 순회를 진행한다.

- 정점 v를 출발정점으로 한 너비우선탐색에 의해 방문된 간선들은 v의 연결요소의 신장트리를 형성한다. 이를 너비우선트리라고도 한다.

- 그래프가 인접리스트로 표현된 경우 깊이우선탐색과 너비우선탐색 모두 $O(n+m)$ 시간에 수행한다.

연습문제

14-1 그래프 순회 연습

그래프 G의 정점은 1에서 8까지의 정수고 각 정점의 인접정점들은
아래 테이블에 나열된대로다. G를 순회할 때 주어진 정점의 인접정
점들이 테이블에 나열된 순서와 동일한 순서로 반환된다고 가정하
고 다음에 답하라.

A. 그래프 G를 그려라.
B. 정점 1에서 출발하는 DFS 순회에서 정점들이 방문되는 순서를 구하라.
C. 정점 1에서 출발하는 BFS 순회에서 정점들이 방문되는 순서를 구하라.

정점	인접정점들
1	2, 3, 4
2	1, 3, 4
3	1, 2, 4
4	1, 2, 3, 6
5	6, 7, 8
6	4, 5, 7
7	5, 6, 8
8	5, 7

14-2 인접행렬 구조로 표현된 그래프에 대한 DFS

인접행렬 구조로 표현된 n-정점 단순그래프에서 DFS 순회가 $\Theta(n^2)$ 시간에 수행하는 이
유를 설명하라.

14-3 DFS 순회시 정점 방문 시각의 차이

꺽정은 방향그래프 G에 대한 DFS 순회를 수행한 결과로 얻은 DFS
숲에서 동일한 DFS 트리 내의 두 정점 a와 b에 대한 방문 시각이 $t(a)$
$< t(b)$, 즉 a를 b보다 먼저 방문한 것으로 나타났다면 해당 DFS 트리
에서 a는 b의 조상임을 의미한다고 주장한다. 꺽정의 주장이 옳은지
그른지 논거와 함께 설명하라.

14-4 비재귀적 DFS

DFS 순회 알고리즘의 비재귀적 버전을 작성하라.

> ※ 힌트 : rDFS(G, v)를 대신하여 스택을 이용하는 비재귀적 DFS1(G, v)를 작성하고 DFS(G)가 이를 호출하도록 수정하라.

심층문제

14-1 DFS 및 BFS 순회 알고리즘 구현

DFS 순회와 BFS 순회를 C 프로그램으로 구현하라.

> **실행예** 아래 그래프 **G**를 인접리스트 구조로 표현하여 **G**에 대해 각각을 실행하라. 정점들은 알파벳 순으로 반환된다. 출력은 정점을 순회 순서로 나열하면 된다.

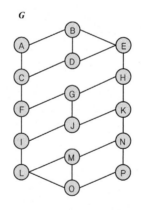

14-2 경로 찾기

응용문제에서 다루었던 알고리즘 path를 C로 구현하라.

- path(G, v, z): **G**의 주어진 두 정점 **v**와 **z** 사이의 경로를 찾아 보고

> **실행 예** 심층문제 14-1의 그래프 **G**를 인접리스트 구조로 표현하여 **G**에 대해 실행하라. 정점들은 알파벳 순으로 반환된다고 전제하라. (**v, z**) 쌍에 대해 (**C, G**), (**H, F**), (**K, J**) 쌍을 사용하여 총 3회 수행해야 한다. 출력은 경로 내의 정점들을 나열하면 된다.

14-3* 연결성 검사

원형 메쏘드를 확장하여, 그래프가 연결되었는지 검사하기 위한 DFS의 특화를 의사코드 및 C로 작성하라.

- isConnected(G): 그래프 **G**가 연결그래프인지 여부를 반환

실행예 심층문제 14-1의 그래프 **G**를 인접리스트 구조로 표현하여 **G**에 대해 실행하라. 정점들은 알파벳 순으로 반환된다고 전제하라.

14-4* 싸이클 찾기

원형 메쏘드를 확장하여 단순싸이클을 찾기 위한 DFS의 특화를 의사코드 및 C로 작성하라.

- cycle(G): 연결그래프 **G** 내의 단순싸이클을 찾아 보고

※ 힌트 : 두 개의 스택을 사용한다. 하나는 출발정점과 현재 정점 사이의 경로를 추적하기 위해, 또 하나는 첫째 스택 내용의 일부인 싸이클을 회수하기 위해서다.

실행예 심층문제 14-1의 그래프 **G**를 인접리스트 구조로 표현하여 **G**에 대해 실행하라. 정점들은 알파벳 순으로 반환된다고 전제하라.

14-5* 단일 큐를 사용한 BFS 순회

외부 데이터구조로써 각 레벨의 리스트 L_0, L_1, … 을 사용하는 대신 한 개의 큐만을 사용하는 BFS1 버전을 작성하라.

- BFS1(G, v): 그래프 **G**의 정점 **v**의 연결요소에 대한 BFS 순회를 수행

14-6* 자유트리의 직경

장거리전화의 시간지연은 송화자와 수화자 사이의 전화망의 통신선로의 수에 조그만 상수를 곱하여 결정될 수 있다. 전화회사 ST의 전화망이 자유트리라고 가정하자. ST의 기술자들은 자사 전화망의 장거리전화에서 가입자가 겪을지 모르는 최대 가능한 시간지연을 계산하고자 한다.

주어진 자유트리 **T**에서 **T**의 **직경** diameter은 **T**의 두 노드 사이의 최장경로의 길이를 말한다. 아래 그림의 굵게 표시된 경로는 주어진 자유트리에서의 최장경로다. **T**의 직경을 계산할 효율적인 알고리즘을 의사코드로 작성하라.

※ 힌트 : 응용문제에서 작성한 알고리즘 removeLeaves를 사용해도 좋다.

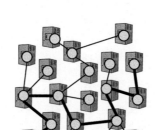

직경 = 8

14-7* 제한된 그래프 순회

전화회사 ST는 **m**개의 고속통신선로에 의해 연결된 **n**개의 지국(switch-ing station)을 보유하고 있다. 각 가입자의 전화는 자신이 사는 지역에 가까운 지국과 직접 연결되어 있다. 최근 ST의 기술자들은 두 가입자가 서로를 보면서 통화할 수 있게 하는 화상폰 시제품을 개발했다. 하지만 적정한 화질을 보장받기 위해서는 통화자 사이에 비디오 신호를 송신하는 데 사용되는 선로의 수가 4를 넘으면 안된다. ST의 전화망이 그래프 **G**로 표현된다고 가정하자. **G**의 각 지국 **s**에 대해 **k**를 넘지 않는 수의 선로를 사용하여 도달할 수 있는 지국들의 집합을 계산하는 효율적인 알고리즘 reachVertices(G, v, k)을 설계하라(이 문제에서는 **k** = 4 로 예를 들었다).

※ 힌트 : 그래프 **G**에 대해 **v**에서 출발하여 레벨 **k**에 이르면 수행을 정지하도록 BFS 순회를 수정하라.

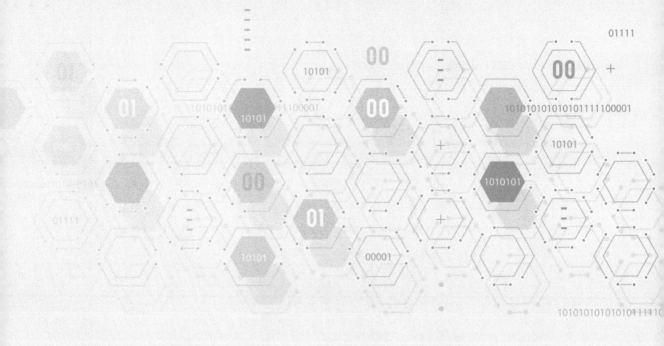

CHAPTER **15**

방향그래프

15.1 　방향그래프

방향그래프 directed graph, digraph는 모든 간선이 방향간선인 그래프를 말한다. 방향그래프는 일방통행 도로, 항공편, 또는 작업스케줄링처럼 정점과 정점 사이의 간선이 방향간선으로 정의되는 네트워크 모델에 광범위하게 응용된다. 그림 15-1은 방향그래프의 예다.

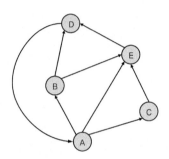

그림 15-1 방향그래프

15.1.1 방향그래프 속성과 구현

각 간선이 한 방향으로만 진행하는 그래프 $G = (V, E)$에서 간선 (a, b)는 a에서 b로 가지만 b에서 a로 가지는 않는다. G가 단순하다면, $m \leq n(n - 1)$ 이다. **진입간선** in-edge들과 **진출간선** out-edge들을 각각 별도의 부착리스트로 보관한다면 진입간선의 집합과 진출간선의 집합을 각각의 크기에 비례한 시간에 순회할 수 있다.

15.1.2 방향 DFS

간선들을 주어진 방향만을 따라 순회하도록 하면 DFS 및 BFS 순회 알고리즘들을 방향그래프에 특화할 수 있다. 그림 15-2에 보인 것처럼 방향 DFS 알고리즘에서는 다음 네 종류의 간선이 발생한다.

- **트리간선** tree edge: 간선 (v, w)에서 정점 w가 v의 자식이다.
- **후향간선** back edge: 간선 (v, w)에서 정점 w가 v의 조상이다.
- **전향간선** forward edge: 간선 (v, w)에서 정점 w가 v의 자손이다.
- **교차간선** cross edge: 간선 (v, w)에서 정점 w가 v와 동일한 레벨 또는 직계가 아닌 다음 레벨에 위치한다.

정점 *s*에서 출발하는 방향 DFS는 *s*로부터 도달 가능한 정점들을 결정한다.

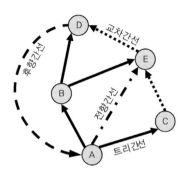

그림 15-2 방향 DFS의 간선종류

15.1.3 도달 가능성

 방향그래프 *G*의 두 정점 *u*와 *v*에 대해 만약 *G*에 *u*에서 *v*로의 방향경로가 존재한다면 "*u*는 *v*에 **도달**u reaches v", 또는 "*v*는 *u*로부터 **도달 가능**v is reachable from u"하다고 말한다. 그림 15-3은 *s*를 루트로 하는 DFS 트리다. 다시 말해 *s*로부터 방향경로를 통해 도달 가능한 정점들을 나타낸다.

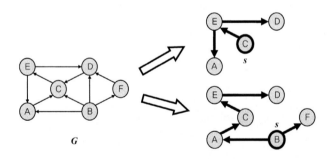

그림 15-3 도달 가능성

15.1.4 강연결성

 방향그래프 *G*의 어느 두 정점 *u*와 *v*에 대해서나 *u*는 *v*에 도달하며 *v*는 *u*에 도달하면 *G*를 **강연결**strongly connected이라고 말한다. 어느 정점에서든지 다른 모든 정점에 도달 가능하다는 의미다. 그림 15-4는 강연결그래프의 예다.

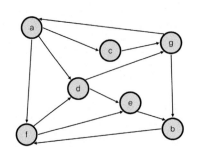

그림 15-4 강연결그래프 G

강연결 검사

강연결 검사 메쏘드는 DFS를 특화시켜 얻을 수 있다. 메쏘드는 다음과 같다. 그림 15-5는 그림 15-4의 그래프에 대한 메쏘드의 수행 예다.

1. G의 임의의 정점 v를 선택
2. G의 v로부터 DFS를 수행
   - 방문되지 않은 정점 w가 있다면 *False*를 반환
3. G의 간선들을 모두 역행시킨 그래프 G'를 얻음
4. G'의 v로부터 DFS를 수행
   - 방문되지 않은 정점 w가 있다면 *False*를 반환
   - 그렇지 않으면 *True*를 반환

이 알고리즘은 두 번의 DFS를 수행하므로 $\mathbf{O}(n + m)$ 시간을 소요한다.

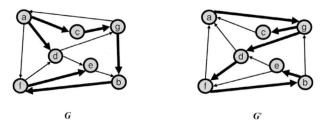

그림 15-5 G에 대한 강연결 검사 수행 예

강연결요소

강연결요소 strongly connected component란 방향그래프에서 각 정점으로부터 다른 모든 정점으로 도달할 수 있는 최대의 부그래프를 말한다. 강연결요소를 구하는 문제 역시 DFS를 특화하여 해결할 수 있다. 이 경우 $\mathbf{O}(n + m)$ 시간에 수행한다. 그림 15-6은 그림 15-4의 그래프에 대한 두 개의 강연결요소를 보인다.

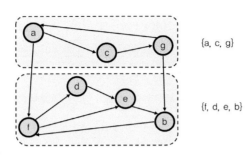

{a, c, g}

{f, d, e, b}

그림 15-6 G의 두 개의 강연결요소

15.1.5 이행적폐쇄

주어진 방향그래프 **G**에 대해 그래프 **G**의 **이행적폐쇄**transitive closure란 다음을 만족하는 방향그래프 **G***다.

- **G***는 **G**와 동일한 정점들로 구성된다.
- **G**에 **u**로부터 **v** ≠ **u** 로의 방향경로가 존재한다면, **G***에 **u**로부터 **v**로의 방향간선이 존재한다.

그림 15-7은 (a) 왼쪽의 그래프 **G**에 대한 (b) 이행적폐쇄 **G***를 보인다. 이행적폐쇄는 방향그래프에 관한 도달 가능성 정보를 제공한다. 컴퓨터 네트워크의 예를 들면 "노드 **a**에서 노드 **b**로 메시지를 보낼 수 있을까?"하는 문제에 대한 답을 제공한다.

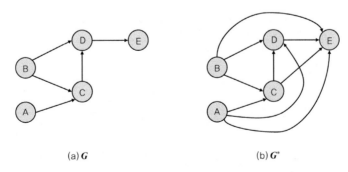

(a) **G**   (b) **G***

그림 15-7 (a) 방향그래프 G에 대한 (b) 이행적폐쇄 G*

Floyd-Warshall 알고리즘

그렇다면 이행적폐쇄를 어떻게 구하는가? 그래프의 각 정점에서 출발하여 DFS를 수행한 결과를 종합하여 이행적폐쇄를 구할 수도 있다. 이 경우 한 번의 DFS에 **O**(**n** + **m**) 시간이 소요되므로 전체 실행시간은 $\mathbf{O}(n(n + m))$이 된다. 대안으로 동적프로그래밍을 사용할 수 있다. 동적프로그래밍은 다음 절에서 따로 설명한다. 동적프로그래밍에 기초한 Floyd-Warshall의 알고리즘은 다음의 간단한 원리에서 출발한다.

※ 원리 : "A에서 B로 가는 길과 B에서 C로 가는 길이 있다면 A에서 C로 가는 길이 있다"

알고리즘 Floyd-Warshall이 구사하는 주요 메쏘드는 다음과 같다.

1. 정점들을 1, 2, ⋯, n 으로 번호를 매긴다.
2. 1, 2, ⋯, k 로 번호매겨진 정점들만 경유정점으로 사용하는 경로들을 고려한다.

그림 15-8은 위의 메쏘드를 보인 것이다.

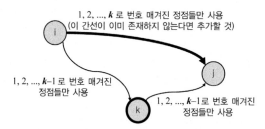

그림 15-8 Floyd-Warshall 메쏘드

Alg *Floyd-Warshall*(*G*)
    input a digraph *G* with *n* vertices
    output transitive closure *G** of *G*

1. *Let $v_1, v_2, \cdots, v_n$ be an arbitrary numbering of the vertices of* **G**
2. $G_0 \leftarrow G$
3. **for** $k \leftarrow 1$ **to** n {stopover vertex}
    $G_k \leftarrow G_{k-1}$
    for $i \leftarrow 1$ **to** $n, i \neq k$ {start vertex}
        for $j \leftarrow 1$ **to** $n, j \neq i, k$ {end vertex}
            if $(G_{k-1}.areAdjacent(v_i, v_k)$ & $G_{k-1}.areAdjacent(v_k, v_j))$
                if $(!G_k.areAdjacent(v_i, v_j))$
                   $G_k.insertDirectedEdge(v_i, v_j, k)$
4. **return** G_n

이제 알고리즘 Floyd-Warshall을 구체적으로 살펴보자. 알고리즘은 명령문 1행에서 G 의 정점들을 $v_1, \cdots, v_n$ 로 번호매긴 후 2~3행에서 방향그래프 $G_0, \cdots, G_n$ 을 잇달아 계산

한다. 명령문 2행에서 $G_0 = G$ 로 초기화한 후 3행의 반복문에서 G_{k-1}에 $\{v_1, \cdots, v_k\}$ 집합 내의 경유정점을 사용하는 v_i에서 v_j로의 방향경로가 존재한다면 G_k에 방향간선 (v_i, v_j) 을 삽입한다. 반복의 k단계에서 방향그래프 G_{k-1}로부터 G_k를 계산한다. 반복의 마지막 $k = n$ 단계를 마치면 $G_n = G^*$ 을 얻는다. n회의 반복이 3중첩하므로 $O(n^3)$ 시간에 수행한다. 단, 메쏘드 areAdjacent가 $O(1)$ 시간에 수행하는 것을 전제로 한다. 이는 그래프를 인접행렬로 구현하면 성취할 수 있다.

Floyd-Warshall 알고리즘 수행 예

그림 15-9 (a~g)는 그림 (a)에 주어진 그래프에 대한 알고리즘 Floyd-Warshall의 수행 예다. 그림 (b~f)는 각각 최외부 반복의 $k = 1, 2, \cdots, n$ 단계 수행을 마친 시점에 삽입된 방향간선을 굵게 표시하여 보인다. 그림 (g)는 알고리즘이 최종적으로 반환하는 이행적폐쇄 G^*다.

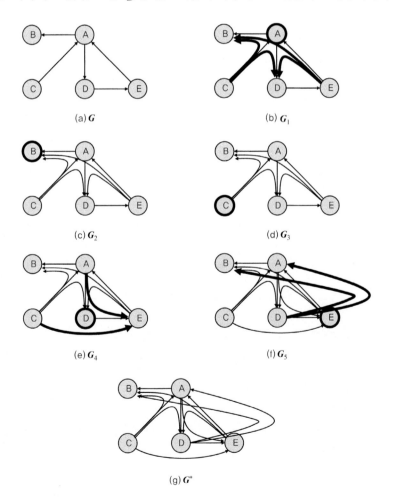

(a) G (b) G_1

(c) G_2 (d) G_3

(e) G_4 (f) G_5

(g) G^*

그림 15-9 (a~g) 알고리즘 Floyd-Warshall의 이행적폐쇄 계산 수행 예

15.2 동적프로그래밍

 앞 절에서 이행적폐쇄를 구하기 위해 동적프로그래밍에 기초한 Floyd-Warshall 알고리즘을 제시했다. 이 절에서는 동적프로그래밍에 대해 구체적으로 설명한다. **동적프로그래밍** dynamic programming은 7장에서 소개한 분할통치법과 함께 알고리즘 설계의 일반적 기법 가운데 하나다. 동적프로그래밍은 언뜻 보기에 많은 시간(심지어 지수 시간)이 소요될 것 같은 문제에 주로 적용한다. 적용에 적당한 문제들은 공통적으로 다음과 같은 특성을 가진다.

- **부문제 단순성**: 부문제들이 몇 개의 기본 변수로 정의될 수 있음.
- **부문제 최적성**: 전체 최적치가 최적의 부문제들에 의해 정의될 수 있음.
- **부문제 중복성**: 부문제들이 독립적이 아니라 상호 겹쳐짐(따라서 해결을 "상향식"으로 구축할 필요가 있음).

이러한 특성을 가지는 문제의 대표적인 예를 들면 **피보나치 수열** Fibonacci progression에서 n-번째 수 찾기나 그래프의 이행적폐쇄 계산하기 등이 있다. 이 가운데 피보나치 수열 문제를 예로 들어 설명한다.

명색이 데릴사위 후보라 품삯도 안 주고 나를 머슴처럼 부려먹던 봉필 영감은 어느 날 내게 약속했다. 오늘과 내일은 품삯으로 쌀 한 톨씩을 주고 3일째 되는 날부터는 그전 이틀 치를 합한 만큼의 쌀을 주겠다고. 그러니까 3일째에는 쌀 두 톨을, 4일째에는 세 톨, 5일째에는 다섯 톨, 6일째에는 여덟 톨을 주겠다는 얘기다. 순진한 나는, 그렇다면 100일째, 200일째, 나아가 1년이 되는 날엔 몇 톨이나 받을지, 그래서 언제쯤에나 점순이와 혼례를 올리고 살기에 두둑하게 쌀을 모을 수 있을런지 궁금해진다. 하지만 어떻게 셈을 해야 하는건지 도무지 알 수가 없어 답답하기만 하다.

김유정의 1인칭 단편소설 '봄봄'을 각색하여 꾸며낸 이야기다. 결론부터 말해서, 이 문제를 7장에서 배운 분할통치 방식으로 해결할 수도 있고 이 장에서 소개하는 동적프로그래밍으로 해결할 수도 있다.

먼저 분할통치에 의한 해결은, 원문제를 두 개의 부문제로 분할한 후 각각의 부문제를 해결한 결과를 합하는 방식이다. 여기서 원문제는 n일째 되는 날 받을 쌀의 톨 수를 구하는 문제다. 두 개의 부문제는 각각 ① $n-1$일째 되는 날 받을 쌀의 톨 수를 구하는 문제와, ② $n-2$일째 되는 날 받을 쌀의 톨 수를 구하는 문제다. 이 해결을 식으로 표현하면, i일째 되는 날 받을 쌀의 톨 수를 f_i라 하면 $f_i = f_{i-1} + f_{i-2}$이 된다. 이 식을 기초로 f_n을 구하면 된다. 다시 말해 우리가 잘 알고 있는 피보나치 수열의 n번째 값을 구하면 되는 것이다.

동적프로그래밍에 의한 해결은 세 장의 종이를 가로로 늘어 놓고 시작한다. 첫 날 받을 쌀의 톨 수를 맨 왼쪽의 첫 번째 종이에, 2일째 받을 톨 수를 두 번째 종이에 각각 써 넣는다. 다음, 첫 번째 종이에 적힌 수와 두 번째 종이에 적힌 수의 합을 맨 오른쪽의 세 번째 종이에 써 넣는다. 3일째 되는 날의 톨 수를 구한 것이다. 다음엔 두 번째와 세 번째 종이를 각각 한 칸씩 왼쪽으로 밀고 첫 번째 종이를 원래 세 번째 종이가 있던 위치로 가져온다. 그리고는 왼쪽의 첫 번째와 두 번째 종이에 적힌 수의 합을 세 번째 종이에 써 넣는다. 4일째 되는 날에 받을 톨 수를 구한 것이다. 그리고는 또다시 오른쪽의 두 종이를 한 칸씩 왼쪽으로 밀고 첫 번째 종이를 세 번째 위치로 가져온다. 앞서와 마찬가지로 왼쪽의 두 수를 합한 수를 세 번째 종이에 써 넣어서 5일째 되는 날에 받을 톨 수를 구한다. 이를 계속 반복하면 n일째 되는 날 받을 톨 수를 구할 수 있다. 이런 방식으로 문제에 대한 해를 구하는 방식을 동적프로그래밍이라고 한다. 분할통치와 동적프로그래밍에 각각 기초하여 '봄봄', 즉 피보나치 수열 문제에 대한 해를 구하는 구체적인 알고리즘 작성은 연습문제에서 다시 다룬다.

방금 예에서 본대로, 동적프로그래밍에 의한 해결은 초기에 쉽고 간단한 몇 개의 부문제를 해결하는 것으로 출발한다. 이러한 초기 부문제는 종종 문제에서 이미 주어진 값을 사용하는 경우도 많다. '봄봄' 예에서는 첫 날과 둘째 날 받은 톨 수 1을 왼쪽의 두 종이에 써 넣는 것이 초기 부문제에 해당한다. 앞서 그래프에서 이행적폐쇄를 구하기 위해 동적프로그래밍 해결 방안으로 제시되었던 Floyd-Warshall 알고리즘에서는 원래 그래프 G에 존재하는, 즉 이미 주어진 간선들을 G_0에 복사하는 것이 초기 부문제에 해당한다.

초기 부문제를 해결한 후 동적프로그래밍은 전단계에서 얻은 값들에 대해 일정한 연산을 수행하여 다음 단계의 값을 구하기를 반복한다. 일정한 연산이란, '봄봄' 예에서는 단순히 두 정수의 덧셈 연산이고, Floyd-Warshall 알고리즘에서는 "만약 정점 A에서 정점 B로 가는 경로가 있고 B에서 정점 C로 가는 경로가 있으면, A에서 C로 가는 경로가 있다"는 연산이다. 반복적인 연산의 어느 단계에서 생성되는 해결값들은 해당 단계에서의 최적해다. 이와 같은 방식으로 계산을 반복하여 최종 단계에 이르면 원문제에 대한 최종해를 구하게 된다.

한편, 동적프로그래밍에 의한 해결은 초기값으로부터 중간값, 최종값에 이르기까지 전단계에서 생성된 값들을 지속적으로 참조하는 특성때문에 이 값들을 저장할 외부 기억장소를 필요로 한다. '봄봄' 예에서 최소한 세 장의 종이가 필요한 것을 상기하자. Floyd-

Warshall 알고리즘의 작동을 위해서는 G_0, $\cdots$, G_n 에 이르는 중간 그래프들을 저장할 장소가 필요하다.

동적프로그래밍 vs. 분할통치법

이쯤해서 동적프로그래밍과 분할통치 전략의 특성을 비교해보는 것도 통찰력을 키우는 데 도움이 될 것이다. 먼저, 공통적인 특성으로 두 전략 모두 문제공간에 원점 및 목표점으로 비견될 수 있는 두 개의 지점을 가진다. 원점과 목표점은 구체적으로는 시간적으로 떨어진 두 곳일 수도 있고 공간적으로 떨어진 두 곳일 수도 있다. 문제 유형에 따라서는 시공간 개념이 아닌 추상 개념 상으로 떨어진 두 곳일 수도 있다. 두 전략 모두 단 한 개의 목표점을 가지는게 보통이지만 분할통치 전략의 경우 원점이 여러 개일 수도 있다. 예를 들어 7, 8장에서 다루었던 합병 정렬과 퀵 정렬 문제는 목표점을 루트(정렬 리스트)로, 원점을 다수 개의 외부노드들(널 또는 단일 원소 리스트)로 한 이진정렬트리로 문제공간을 구축하여 해결한다. '봄봄' 문제는 원점을 쌀을 받는 1일째로, 목표점을 n일째 되는 날로 해석하여 그 사이 시간 축 상에서의 계산에 집중한다. 그래프의 이행적폐쇄를 구하는 문제는 원점을 G_0가 주어진 상태로, 목표점은 G_n을 구한 상태로 해석하여 문제공간을 구축한다.

이제 두 전략의 차이점을 살펴보자. 비교 포인트는 문제공간 내에서 문제해결 방향의 차이다. 분할통치 전략에서는 목표점에서 출발하여 더 이상 쪼개지지 않을 때까지 문제를 작게 분할해 나가다가 원점에 이르면 다시 목표점 방향으로 되돌아오면서 중간해들을 합쳐 나가다가 결국 목표점에 이르러 최종해를 구하는 양방향 양식으로 진행한다. 이에 비해 동적프로그래밍 전략에서는 별도의 분할 단계 없이 원점에서 목표점을 향해 중간해들을 합쳐 나가다가 목표점에 이르면 최종해를 얻는 단방향 양식으로 진행한다. 예를 들어 '봄봄'에서 100일 후의 톨 수를 구하기 원한다면 분할통치 전략은 목표점인 100일 후에서 출발하여 원점인 1일째 방향으로 진행하다가 원점에 이르면 다시 목표점으로 되돌아가면서 중간해들을 합쳐 나가다 목표점에 이르러 최종해를 구한다. 반면 세 장의 종이를 사용하는 동적프로그래밍 전략은 원점에서 출발하여 목표점을 향해 일사천리로 연산을 진행한다. 지금까지의 설명에서 유의할 것은 두 전략 모두, 양방향이든 단방향이든, 해를 구하기 위한 연산은 원점에서 목표점으로 진행하면서 수행한다는 점이다. 이와 관련, 동적프로그래밍은 원점을 출발하여 목표점을 향해 가면서 단순직선적으로 해를 구하는 연산을 진행한다는 점은 이미 설명했다. 하지만 분할통치의 경우, 목표점에서 원점으로 향할 때는 분할만 수행하고 원점에서 되돌아 다시 목표점으로 진행할 때부터 비로소 해를 구하는 연산을 수행한다는 의미다.

수행 성능 면에서, 동적프로그래밍의 단순직선적 특성은 실제로 이 전략에 기반한 알고리즘의 시간 성능에 긍정적으로 기여하는 경우가 많다. 그렇다고 해서 분할통치 전략에 기반한 알고리즘의 양방향 특성 자체가 무조건적으로 비효율을 초래하는 것은 아니다. 분할통치 전략의 시간 성능은 분할 회수와 중복 연산 회수에 달려 있다. 일반적으로 이등분과 거리가 먼 분할일수록 분할 회수가 늘어나 전체 시간 성능을 저하시킨다. 또한 합병 시에 중복 연산을 많이 수반할수록 그만큼의 수행 시간이 낭비되어 시간 성능이 저하된다. 예를 들어 '봄봄' 문제에 대한 피보나치 공식에 기초한 분할통치 해법은 비균등 분할과 함께 엄청난 양의 중복 연산을 수반한다. 따라서 같은 문제의 동적프로그래밍 전략에 기초한 해법에 비해 시간 성능 면에서 비교할 수 없을 정도로 열등하다.

응용문제와 심층문제에서 분할통치법과 동적프로그래밍 전략을 적용할 수 있는 다양한 문제를 다루면서 원점과 목표점을 고려한 해법들을 설계하고 이들을 비교 분석함으로써 학습을 심화하기로 한다.

15.3 방향 비싸이클 그래프

방향 비싸이클 그래프 Directed Acyclic Graph, DAG는 방향싸이클이 존재하지 않는 방향그래프를 말한다. 방향 비싸이클 그래프로 모델링될 수 있는 소재는 많다. 예를 들면 C++ 클래스 간의 상속 또는 Java 인터페이스, 교과목 간의 선수 관계, 프로젝트의 부분 작업들 간의 스케줄링 제약, 사전의 용어 간의 상호의존성, 엑셀과 같은 스프레드시트에서 수식 간의 상호의존성 등이 있다. 이들의 공통점은 방향싸이클이 존재하지 않는다는 점이다. 예를 들어 사전이 어떤 용어 A를 설명하는 데 있어서 다른 용어 B를 참조한다고 가정하자. 만약 B의 설명에서도 A를 참조한다면 이는 싸이클식 참조가 되어 결국 용어 A와 B는 모두 설명이 되지 않는다. 또 다른 예로 교과목 A를 이수해야 졸업이 가능한데 B가 A의 선수과목이라 가정하자. 만약 B의 선수과목에 A가 포함되

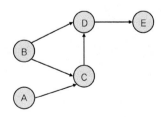

그림 15-10 방향 비싸이클 그래프(DAG)

어 있으면 상호 선수과목이 되어 싸이클이 형성되므로 아무도 졸업할 수 없는 교과과정이
될 것이다. 그러므로 방향 비싸이클 그래프는 그림 15-10에 보인 것처럼 어떤 학과의 교
과목 이수체계도와 같이 싸이클식 참조가 없도록 정의된 그래프를 말한다.

15.3.1 DAG와 위상 정렬

방향그래프의 **위상순서** topological order는 모든 $i < j$인 간선 (v_i, v_j)에 대해 정점들을 번호
로 나열한 것을 말한다. 예를 들어 작업스케줄링 방향그래프에서 위상순서는 작업들의
우선 순서 제약을 만족하는 작업 순서이며 교과목 이수체계에서 위상순서는 졸업이 가
능한 교과목 이수 순서를 말한다. 다음 정리를 기억해두자.

  ※ 정리 : 방향그래프가 DAG면 위상순서를 가지며 그 역도 참이다.

그림 15-11은 (a) DAG G에 대한 (b) 위상순서를 보인다.

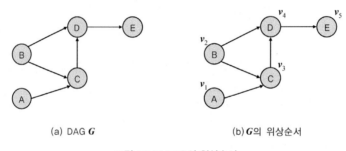

(a) DAG G (b) G의 위상순서

그림 15-11 DAG의 위상순서

  위상 정렬 topological sort은 DAG로부터 위상순서를 얻는 절차를 말한다. 그러므로 '정렬'
이라는 이름을 가졌지만 파트 II에서 많이 다루었던 정렬과는 개념이 다르다. 위상 정렬
을 수행하는 알고리즘은 크게 두 가지가 있다. 하나는 방향그래프 내 정점들의 진입차수
를 이용하는 알고리즘이고 다른 하나는 DFS를 특화한 것이다. 이어서 각각에 대해 구체
적으로 살펴본다.

진입차수를 이용한 위상 정렬

알고리즘 topologicalSort는 방향그래프 G의 각 정점의 진입차수를 이용하여 위상 정렬
을 수행한다. 이에 더하여 큐를 이용하여 각 정점을 대기열에 삽입하고 삭제하는 방식으
로 수행한다. 명령문 1행에서 비어 있는 큐를 초기화 한 후 2행에서 각 정점에 정의된 *in*
라벨(함수 명이 아님에 유의)에 정점의 진입차수를 저장한다. 이때 *in* 라벨이 0인 정점을
큐에 삽입한다. 알고리즘 수행의 모든 과정에서 큐에 대기 중인 정점들은 위상순서 상

이들보다 선행하는 정점이 없는 정점들이다. 3~4행에서 정점 수만큼의 반복을 수행하면서 정점 *u*가 큐로부터 삭제될 때마다 *u*에 대해 1에서 시작하여 오름차순으로 위상순서 순위를 매긴다(이를 위해 각 정점에 위상순서 순위를 저장할 라벨을 추가로 정의해도 좋다). 그런 다음 *u*의 진출 부착간선 (*u*, *w*) 각각에 대해 정점 *w*의 *in* 라벨을 하나 감소시킨다. 이때 *w*의 *in* 라벨이 0이 되면 *w*를 큐에 삽입한다. 큐가 비어 반복을 마친 후 5행에서 현재 순위값을 정점 수 *n*과 비교한다. 만약 방향그래프 *G*가 DAG라면 이 값은 *n* + 1이 될 것이다. 그렇지 않으면, *G*가 DAG가 아니라는 뜻이다. 즉, *G*에 방향싸이클이 존재한다.

알고리즘 topologicalSort가 $O(n + m)$ 시간에 수행함을 스스로 확인하라. 정점마다 라벨을 정의하여 사용하므로 기억장소 사용량은 $O(n)$이다. 알고리즘은 *G*의 위상순서를 성공적으로 계산하거나 혹은 *G*에 방향싸이클이 존재할 경우 일부 정점의 순위를 매기지 않은 채로 정지한다.

Alg *topologicalSort*(*G*)
    input a digraph *G* with *n* vertices
    output a topological ordering $v_1, \cdots, v_n$ of *G*, or an indication that *G* has a directed cycle

1. *Q* ← *empty queue*
2. **for** *each* *u* ∈ *G.vertices*()
    in(*u*) ← *inDegree*(*u*)
    if (*in*(*u*) = 0)
        Q.enqueue(*u*)
3. *i* ← 1   {topological number}
4. **while** (!*Q.isEmpty*())
    u ← *Q.dequeue*()
    Label u with topological number i
    i ← *i* + 1
    for *each* *e* ∈ *G.outIncidentEdges*(*u*)
        w ← *G.opposite*(*u*, *e*)
        in(*w*) ← *in*(*w*) − 1
        if (*in*(*w*) = 0)
            Q.enqueue(*w*)
5. **if** (*i* ≤ *n*)   {*i* = *n* + 1, for DAG}
    write("*G has a directed cycle*")
6. **return**

그림 15-12 (a~h)는 알고리즘이 (a)에 주어진 방향그래프에 대한 위상 정렬을 수행하는 과정을 보인다. 정점 옆의 첨자들은 *in* 라벨을, 그림 아래의 화살촉 아이콘은 큐를 표시한다. 굵은 테두리의 정점은 반복의 각 단계에서 큐로부터 삭제된 정점을, 굵은 간선들은 그 정점의 진출 부착간선들을, 그리고 정점 내 정수는 위상순서 순위를 표시한다.

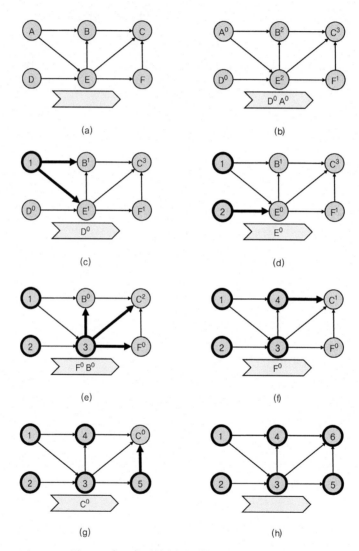

그림 15-12 (a~h) 진입차수를 이용한 위상 정렬 수행 예

DFS를 특화한 위상 정렬

알고리즘 topologicalSortDFS는 DFS를 위상 정렬에 특화한 알고리즘이다. 알고리즘은 DFS와 동일한 방식으로 주어진 방향그래프 *G*를 순회한다. 깊이우선탐색에 의해 가장

깊은 정점, 즉 위상순서 상 최후 순위의 정점에 도달하면 이 정점을 가장 높은 순위 **n**으로 매긴다. rDFS는 재귀에 의해 수행하므로 재귀로부터 반환할 때마다 방금 전에 방문한 정점을 앞서 순위보다 하나 낮은 순위로 매긴다. **G**의 모든 연결요소에 대한 rDFS 순회가 완료되면 마지막 연결요소의 출발정점에 위상순서 1번 순위가 매겨진다.

알고리즘은 DFS 순회와 동일한 수행 시간을 소요하므로 **O(n + m)** 시간에 수행한다. 하지만 DFS와 달리 정점에 대한 라벨만 정의하여 사용하므로 **O(n)** 공간을 소요한다. 알고리즘은 방향그래프 **G**가 DAG인 경우 **G**의 위상순서를 계산하는 데 성공하지만 만약 **G**에 방향싸이클이 있으면 이를 찾아내고 일부 정점의 순위를 매기지 않은 채로 정지한다.

Alg *topologicalSortDFS*(**G**)
   input dag **G**
   output topological ordering of **G**

1. **n** ← **G.numVertices**()
2. **for each** **u** ∈ **G.vertices**()
     l(u) ← **Fresh**
3. **for each** **v** ∈ **G.vertices**()
     if (**l(v)** = **Fresh**)
        rTopologicalSortDFS(**G**, **v**)

Alg *rTopologicalSortDFS*(**G**, **v**)
   input graph **G**, a start vertex **v** of **G**
   output labeling of the vertices of **G** in the connected component of **v**

1. **l(v)** ← **Visited**
2. **for each** **e** ∈ **G.outIncidentEdges**(**v**)
     w ← **opposite**(**v**, **e**)
     if (**l(w)** = **Fresh**)   {**e** is a tree edge}
        rTopologicalSortDFS(**G**, **w**)
     elseif **w** *is not labeled with a topological number*
        write("*G has a directed cycle*")
     {**else**
        e is a nontree edge}
3. *Label* **v** *with topological number* **n**
4. **n** ← **n** − 1

그림 15-13 (a~j)는 알고리즘이 (a)에 주어진 방향그래프 G에 대해 위상 정렬을 수행하는 과정을 보인다. 굵은 테두리의 정점은 재귀적으로 방문되는 정점을, 굵은 간선은 그 정점의 진출 부착간선들을, 그리고 정점 내 정수는 위상순서 순위를 표시한다.

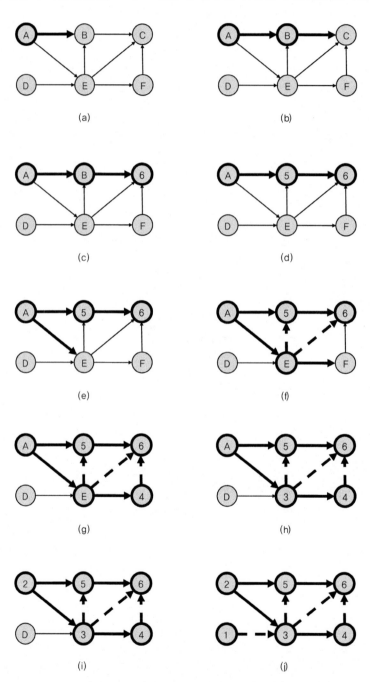

그림 15-13 (a~j) DFS 특화에 의한 위상 정렬 수행 예

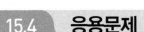

응용문제

이 절에서 방향그래프에 대한 응용과 동적프로그래밍에 대한 이해를 증진하기 위해 다룰 문제들은 다음과 같다. 대부분 고난도의 문제라 스스로 풀기 어렵더라도, 어떻게 해결하는지 전략을 이해하는 정도로 충분하다.

- 그래프 키우기
- 에어텔
- 금화 강도
- 부배열의 최대 구간합

15.4.1 그래프 키우기

지금까지 그래프 갱신에 대해 고려한 적이 없었다. 이 문제는 그래프 갱신에 대해 본격적으로 거론한다. 특히 그래프에 대한 갱신 메쏘드 insert-DirectedEdge와 관련한 작업 이해 및 분석이 중심이 될 것이다. 간선을 추가하면서 동적으로 커가는 방향그래프 $G = (V, E)$를 지원할 데이터구조를 설계하고자한다. 초기에는 $V = \{1, 2, \cdots, n\}$ 이며 $E = \varnothing$ 이다. 그러므로 초기 그래프는 정점 n개와 간선 0개로 이루어져 있다. 사용자는 다음 작업을 통해 그래프 내 간선 수를 늘려간다.

- insertDirectedEdge(u, v): G에 정점 u에서 v로 향하는 방향간선을 삽입, 즉,

$$E \leftarrow E \cup \{(u, v)\}$$

여기에 더하여 그래프를 확장하는 동안 사용자는 다음 메쏘드를 사용하여 아무 때나 그래프의 두 정점이 연결되었는지 질의할 수 있다.

- reachable(u, v): 정점 u에서 v로 도달 가능한지, 즉 방향경로가 존재하는지 여부를 반환

사용자는 그래프가 완전 연결그래프가 될 때까지 그래프를 키워 나간다. 완전 연결그래프란 모든 정점 쌍이 한 개 이상의 간선으로 연결된 그래프다. 따라서 그래프 내 간선의 수는 단순 증가하며 사용자는 동일한 간선을 두 번 이상 추가하지 않으므로 insertDirectedEdge 작업의 총 수는 정확히 $n(n-1)$ 이다. 그래프를 키우는 동안 사용자는 $n(n-1)$ 회의 insertDirectedEdge 작업에 p회의 reachable 작업을 섞어 수행한다. 이 작업 과정 전체를

효율적으로 지원할 수 있는 데이터구조를 설계하라. 또한 설계된 데이터구조를 사용할 경우 두 메쏘드의 구체적 작업 내용도 함께 설명하라.

■ 해결

도달 가능성, 이행적폐쇄 행렬, 종합실행시간 분석, 인접리스트 등의 개념과 원리를 결합, 응용하여 해결 가능한 고난도 문제다. 일단 문제해결의 개요부터 제시하고 나서 상세히 설명한다. 먼저, 이 문제를 해결하기 위해서 각 정점 쌍 간에 방향경로가 있는지 추적하는 $n \times n$ 크기의 이행적폐쇄 행렬 T를 정의한다. 그 다음 1회의 reachable 작업을 $O(1)$ 실행시간에, 그리고 $n(n-1)$회의 insertDirectedEdge 작업을 총 $O(n^3)$ 최악실행시간에 수행하는 알고리즘을 작성할 것이다. 이 두 실행시간을 합치면 $n(n-1)$ 회의 insertDirectedEdge 작업과 p회의 reachable 작업을 어떤 순서로 섞어 하더라도 $O(n^3 + p)$ 시간에 수행하게 된다. 마지막으로 p가 작은 경우에 $O(min(n^3 + p, n^2p))$ 시간으로 조금 개선된 데이터구조를 제시하는 것으로 문제해결을 마무리할 것이다.

• 이행적폐쇄 행렬 사용

첫 번째 데이터구조로 다음과 같은 이행적폐쇄 행렬 T를 정의한다.
- G의 u에서 v로 방향경로가 존재하면, $T[u, v] = 1$ (즉, $True$)
- 그렇지 않으면, $T[u, v] = 0$ (즉, $False$)

  언뜻 보면 행렬 T는 인접행렬과 비슷하지만 각 행열원소가 u에서 v로 향하는 간선을 표시하는 대신 u에서 v로 향하는 경로의 존재 여부를 표시하는 점에서 다르다. 참고로 행렬의 u번째 행에 있는 1들은 u가 도달할 수 있는 정점들을 나타내며 행렬의 u번째 열에 있는 1들은 u에 도달할 수 있는 정점들을 나타낸다. 모든 정점 u에서 스스로에게 (간선이 없더라도) 방향경로가 존재하므로 $T[u, u]$는 1로 초기화된다. T가 주어지면 reachable(u, v) 구현은 $T[u, v]$를 조회하기만 하면 된다. 이 질의는 상수시간을 소요하므로 reachable은 상수시간에 수행하게 된다. 다음은 메쏘드 reachable의 의사코드다.

```
Alg reachable(u, v)
    input  transitive closure T, vertex u, v
    output boolean

    1. return T[u, v]
```

다음은 메쏘드 reachable보다 작업 내용이 세밀한 메쏘드 insertDirectedEdge(u, v)이다. 간선 (*u*, *v*)가 추가될 때 모든 정점 *x*를 검사한다. 만약 *x*가 *u*에 도달하지만 *v*에는 도달하지 못하면 (방금 추가된 간선에 의해) *v*가 도달하는 정점이라면 *x*도 도달할 수 있다는 것을 나타내도록 행렬을 갱신한다. 그림 15-14 (a~b)는 (a) 간선 (*u*, *v*)가 추가됨에 따라 (b) 갱신된 경로들(곡선으로 표시)을 보인다. 다음은 메쏘드 insertDirectedEdge의 의사코드다.

> **Alg** *insertDirectedEdge(u, v)*
>   **input** transitive closure *T*, vertex *u, v*
>   **output** none
>
> 1. **for** *x* ← 1 **to** *n*
>   **if** (*T*[*x, u*] & !*T*[*x, v*])   {*x* reach *u* but not *v*}
>   **for** *y* ← 1 **to** *n*
>   *T*[*x, y*] ← *T*[*x, y*] ‖ *T*[*v, y*]

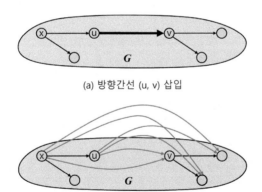

(a) 방향간선 (u, v) 삽입

(b) 삽입에 따른 방향경로 갱신

그림 15-14 (a) 방향간선 (u, v) 삽입에 따른 (b) 경로 갱신

여기까지 설계한 데이터구조와 관련 메쏘드에 대한 성능을 분석해 보자. 메쏘드 reachable(u, v)는 배열 데이터 조회에 불과하므로 O(1) 시간에 수행한다. 메쏘드 insertDirectedEdge는 중첩반복문이므로 단순히 $O(n^2)$ 최악실행시간으로 분석할 수도 있겠지만 총 *n*(*n* − 1)회의 insertDirectedEdge 작업에 대한 종합분석을 통해 더 정확히 분석할 필요가 있다. 한 번의 insertDirectedEdge 작업이 수행될 때마다 외부반복문이 *n*개의 정점에 대해 수행되고 이 작업을 총 *n*(*n* − 1)회 수행하므로 종합적으로는 $O(n^3)$

시간을 소요한다. 내부반복문은 $T[x, v] = 0$ 일 때만 수행되며 수행이 끝나면 ($T[v, v] = 1$ 이므로) $T[x, v] = 1$ 이 된다. 이 때문에 특정 정점 x에 대해 내부반복문은 많아야 n회 수행한다(실제로는 초기값 $T[x, x] = 1$ 이므로 이보다 하나 적은 $n - 1$회 수행한다). 정점이 n개 있으므로 내부반복문은 종합적으로 최대 n^2회 수행된다. 따라서 전체적으로 최악의 경우 $O(n^3)$ 시간이 소요된다. 그러므로 총 $n(n - 1)$회의 insertDirectedEdge 작업과 p회의 reachable 작업은 $O(n^3 + p)$ 시간에 수행한다.

- **인접리스트 사용**

이제 문제해결의 개요에서 예고한대로 약간의 성능 개선을 시도해 보자. 두 번째 가능한 데이터구조로써 인접리스트 구조를 사용하면 메쏘드 insertDirectedEdge는 $O(1)$ 시간에, reachable은 $O(n^2)$ 시간에 수행할 수 있다. 여기서는 크기 n의 배열 $A[0..n-1]$을 유지한다. 배열의 각 원소는 정점을 나타내며, 각 정점의 진출간선들에 대해 연결리스트를 유지한다. 그러면 메쏘드 insertDirectedEdge(u, v)는 $A[u]$가 참조하는 진출간선 리스트의 맨 앞 또는 맨 뒤에 간선 (u, v)를 삽입하는 것이 되어 $O(1)$ 시간에 수행한다. 메쏘드 reachable(u, v)는 정점 u에서 출발하는 (DFS 또는 BFS) 탐색을 통해 수행한다. 탐색 과정에서 v를 만나면 *True*를 반환하고 그렇지 않으면 *False*를 반환한다. 완전 연결그래프에서 $m = n(n - 1)$이므로 DFS나 BFS는 $O(n + m) = O(n^2)$ 시간에 수행한다. 따라서 종합실행시간은 $O(n^2 + n^2 p)$ 가 된다. 이는 첫 번째 데이터구조의 종합실행시간이 $O(n^3 + p)$ 이었던 것과 비교하면 그보다 못한 것일 수도 있다. 비교의 관건은 p의 크기다. p의 크기를 어느 정도로 가정하느냐에 따라 선택은 달라진다. 각 정점에 대해 최소 한 번씩 reachable 질의를 한다고 보고 $p \gg n$ 으로 가정할 수도 있고 $p \gg n^2$ 으로 가정하는 것도 가능하다. 만약 p를 미리 안다면, 두 가지 데이터구조 중에 유리한 것을 택하면 된다.

- **두 데이터구조를 혼용**

두 데이터구조의 혼용할 수도 있다. p를 미리 모른다고 해도 두 가지 데이터구조 각각의 장점을 살리기 위해 이들을 혼합 사용하는 것이다. n회의 reachable 질의가 행해질 때까지는 인접리스트 구조를 사용하다가 n-번째 질의가 행해질 때 이행적폐쇄 행렬을 구축하여 차후 작업부터는 이를 사용하는 것이다. 행렬의 구축은 각 정점 u로부터 DFS 또는 BFS를 수행하여 도달 가능한 모든 정점 v를 $T[u, v] \leftarrow 1$ 로 표시하면 $O(n^3)$ 시간에 수행할 수 있다. 그러므로 $p \leq n$ 이면 인접리스트만 사용하여 총 $O(n^2 p)$ 실행시간을 얻도록 한다. 반대로 $p \geq n$ 이면 우선 인접리스트를 사용하여 총 $O(n^3)$의 작업을 완수한 후 $O(n^3)$ 시간을 사용하여 이행적폐쇄 행렬로 전환하고 이후의 모든 작업에는 행렬을 사용하도록 한다. 그리하면 총 $O(n^3+p)$ 실행시간을 얻게 된다. 그러므로이 데이터구조를 통해 $O(min(n^3+p, \ n^2p))$ 최악실행시간을 얻을 수 있다.

15.4.2 에어텔

이번 문제는 항공여행과 호텔숙박의 결합상품인 에어텔을 소재로 한다. 당신은 n개의 도시가 있는 나라에 살고 있다. 그림 15-15에 보인 것처럼 도시들은 일직선 상에 위치하며 각 도시에 0부터 $n-1$까지 번호가 매겨져 있다. 맨 왼쪽의 도시 0에서 출발하여 맨 오른쪽의 도시 $n-1$로 가고자 한다. 도시와 도시사이는 오른쪽으로만 그리고 항공편으로만 이동해야 하며, 하루에 한 개의 항공편만 탈수 있다. 항공편이 도착한 도시에서는 반드시 그 도시의 호텔에서 1박해야 하며 다음날아침 새로운 항공편으로 여행을 계속한다. 여행의 최소비용을 구하는 알고리즘을 작성하라.

그림 15-15 에어텔

※ 전제

- 항공요금은 도시 구간이 멀수록 비싸며 i ($1 \leq i \leq n-1$) 구간에 대한 항공요금은 배열 A의 $A[i]$ 원소값으로 주어졌다. 항공요금이 구간 거리에 정비례하지 않는 것에 주의하라.
- 각 도시의 호텔 숙박요금은 배열 $H[1:n-2]$에 주어졌다(처음과 마지막 도시의 숙박비는 계산에 포함하지 않아도 좋다). 도시마다 숙박요금은 들쭉날쭉하다.

예 그림 15-16 (a~b)는 $n = 6$인 경우의 배열 A와 H의 데이터 예다. 그림 15-17은 주어진데이터에 대한 세 가지 여행의 총비용이다. 여행의 최소비용이 10이란 것을 확인하도록 하자.

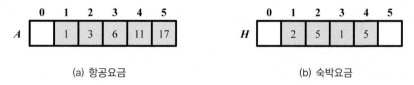

(a) 항공요금　　　　　　　　　　　　　(b) 숙박요금

그림 15-16 항공요금과 숙박요금

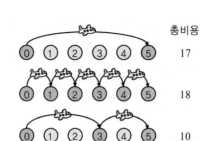

그림 15-17 세 가지 여행의 총비용

■ 해결

이 장에서 동적프로그래밍을 다루었으므로 이에 대한 응용을 위한 문제다. 이 문제에 대한 해결은 크게 분할통치법에 의한 해결과 동적프로그래밍에 의한 해결 두 가지 모두 가능하다. 이제 두 기법에 대한 충분한 이해와 훈련을 목적으로 두 기법 모두에 의해 각각 해결을 시도할 것이다. 문제해결의 개요는 다음과 같다. 우선 분할통치법에 기초한 해결을 구할 것이다. 하지만 이 해결은 최악의 성능으로 작업하므로 이를 개선하기 위해 동적프로그래밍에 의한 해결을 대안으로 제시함으로써 문제해결을 마무리할 것이다.

각각의 기법에 의해 문제해결을 시도하기 전에 우선 고려할 것이 있다. 먼저 이 문제를 해석하기 위한 문제공간은 1차원 공간 상에 나열된 n개 도시들이다. 분할통치, 동적프로그래밍 두 기법 모두에 대해서 다시 정방향 해결과 역방향 해결 두 가지 방향에서 문제해결에 접근할 수 있다. 정방향 해결은 출발도시를 0(원점)으로 고정하고, 도착도시를 출발도시에서 가장 가까운 도시 1부터 시작하여 가장 먼 도시 $n - 1$(목표점)까지 점차적으로 고려하면서 해를 구한다. 이와 반대로 역방향 해결은, 도착도시를 $n - 1$(원점)로 고정하고 출발도시를 도착도시에서 가장 가까운 도시 $n - 2$부터 시작하여 가장 먼 도시 0(목표점)까지 점차적으로 고려하면서 해를 구한다. 원점과 목표점을 반대로 해석했지만, 정방향, 역방향 모두 나름의 원점에서 목표점 방향으로 계산을 진행하여 동일한 최종해를 구한다. 상기할 것은 분할통치는 재귀 방식의 알고리즘이므로 해를 구하는 순서는 재귀호출로부터의 반환 순서와 일치하며 재귀호출의 순서와는 반대란 점이다. 이에 비해 동적프로그래밍은 비재귀 방식의 알고리즘이므로 해를 구하는 순서는 위에 말한 계산 순서와 그대로 일치한다. 두 가지 기법에 대해 각각 두 가지 방향의 해결이 있으므로 모두 4개 버전의 해결이 존재한다. 계산 편의 상 $H[0]$과 $H[n - 1]$에 0을 저장한다.

• **분할통치법 - 정방향 해결 버전**

먼저 분할통치법 기법을 사용한 정방향 해결 버전이다. 알고리즘 airtel이 구동하는 재귀알고리즘 rAirtel은 도착도시 d에 대해 도시 k ($0 \leq k \leq d - 1$)를 경유할 경우의 총비용 *cost*를 계산하여 그 가운데 최소값을 찾는다. 그림 15-18은 알고리즘의 수행 내용을 보인 것이다. 알고리즘 수행은 총 $O(2^n)$ 시간을 소요한다.

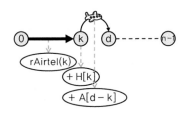

그림 15-18 분할통치법-정방향 해결 버전

> **Alg** *airtel*(*n*)   {divide and conquer, forward ver.}
>   **input** integer *n*
>   **output** minimum cost of travel from city 0 to *n* – 1
>
> 1. **return** *rAirtel*(*n* – 1)

> **Alg** *rAirtel*(*d*)
>   **input** destination city *d*
>   **output** minimum cost of travel from city 0 to *d*
>
> 1. **if** (*d* = 0)
>   **return** 0
> 2. *mincost* ← ∞
> 3. **for** *k* ← 0 **to** *d* – 1   {stopover}
>   *cost* ← *rAirtel*(*k*) + *H*[*k*] + *A*[*d* – *k*]
>   *mincost* ← *min*(*mincost*, *cost*)
> 4. **return** *mincost*
>   {Total $O(2^n)$}

• **분할통치법 – 역방향 해결 버전**

다음은 분할통치법 기법을 사용한 역방향 해결 버전이다. 알고리즘 airtel이 구동하는 재귀알고리즘 rAirtel은 출발도시 *s*에 대해 도시 *k* (*s* + 1 ≤ *k* ≤ *n* – 1)를 경유할 경우의 총비용 *cost*를 계산하여 그 가운데 최소값을 찾는다. 그림 15-19는 알고리즘의 수행 내용을 보인 것이다. 알고리즘 수행은 총 $O(2^n)$ 시간을 소요한다.

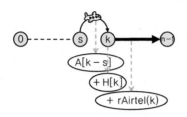

그림 15-19 분할통치법-역방향 해결 버전

Alg *airtel*(*n*)   {divide and conquer, backward ver.}
  input integer *n*
  output minimum cost of travel from city 0 **to** *n* − 1

1. **return** *rAirtel*(0)

Alg *rAirtel*(*s*)
  input start city *s*
  output minimum cost of travel from city *s* to *n* − 1

1. **if** (*s* = *n* − 1)
     return 0
2. *mincost* ← ∞
3. **for** *k* ← *s* + 1 **to** *n* − 1   {stopover}
     cost ← *A*[*k* − *s*] + *H*[*k*] + *rAirtel*(*k*)
     mincost ← *min*(*mincost*, *cost*)
4. **return** *mincost*
                    {Total $O(2^n)$}

여기까지 분할통치 방식에 의한 정방향과 역방향 버전 해결을 제시했다. 분할통치법 해결이라고 했는데 과연 문제를 어떻게 분할했는지 다시 살펴보자. 재귀알고리즘 rAirtel(d), 즉 정방향 버전은 도시 0에서 출발하여 도시 *d*로 가는 총비용을 다음 두 부분으로 분할하여 계산한다: ① 도시 0에서 도시 *k*로 가는 최소비용 ② 도시 *k*에서의 숙박요금 더하기 다음날 도시 *d*로 가는 항공요금. 역방향 버전도 이와 유사하게 분할하므로 스스로 생각해 보자.

에어텔 문제에 대한 분할통치 방식 해결은 과도한 중복 호출로 인해 시간 성능이 크게 저하된다. 동일한 매개변수를 가진 호출이 셀 수 없이 중복되기 때문이다. 그림 15-20에 보인 정방향 해결 버전의 호출절차를 보면 잘 알 수 있다. 예를 들어 그림에 나타난 rAirtel(2) 중복호출만 세어 보더라도 2가 아닌 다른 정수를 매개변수로 한 중복호출까지 하면 얼마나 많을지 대강 상상할 수 있다. 그런 까닭에 총 $O(2^n)$ 시간이라는 최악의 성능 을 나타내는 것이다. 이어지는 동적프로그래밍에 기초한 해결이 분할통치 방식의 해결과 가장 크게 다른 점은, 크기 n의 배열 m에 중간 계산값들을 저장하여 사용함으로써 한 번 계산한 배열원소에 대한 중복계산을 피한다는 점이다. 그 결과 성능이 획기적으로 개선된 다. 실제로 분할통치법의 해결이 심한 중복계산으로 인해 성능이 현저히 떨어질 경우 이 를 동적프로그래밍으로 대체함으로써 중복이 제거되어 성능이 개선되는 경우가 많다.

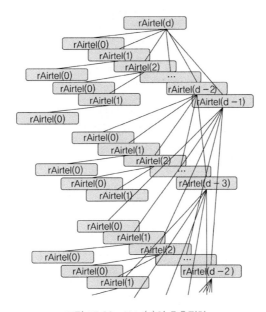

그림 15-20 rAirtel(d)의 호출절차

• 동적프로그래밍 – 정방향 해결 버전

동적프로그래밍 기법을 사용한 정방향 해결 버전이다. 알고리즘 airtel은 도착도시 0 에 대한 최소비용 m[0]을 0으로 초기화한다. 도착도시 d ($1 \leq d \leq n - 1$)에 대해 도시 k ($0 \leq k \leq d - 1$)를 경유할 경우의 총비용 $cost$를 계산하여 그 가운데 최소값을 찾아 $m[d]$에 저장한다. 배열원소 $m[d]$는 도시 0에서 d로 가는 최소비용을 저장하게 되므로 $m[n - 1]$는 도시 0에서 $n - 1$로 가는 최소비용을 저장한다. 그림 15-21은 알고리즘의 수행 내용을 보인 것이다. 알고리즘은 중첩반복문의 수행에 따라 총 $O(n^2)$ 시간을 소 요하며 배열 m에 필요한 $O(n)$ 공간을 소요한다.

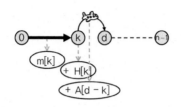

그림 15-21 동적프로그래밍-정방향 해결 버전

Alg *airtel*(*n*)   {dynamic programming, forward ver.}
   input integer *n*
   output minimum cost of travel from city 0 **to** *n* − 1

1. $m[0] \leftarrow 0$
2. **for** $d \leftarrow 1$ **to** $n - 1$ {compute $m[d]$}
    $m[d] \leftarrow \infty$
    for $k \leftarrow 0$ **to** $d - 1$ {stopover}
      $cost \leftarrow m[k] + H[k] + A[d - k]$
      $m[d] \leftarrow min(m[d], cost)$
3. **return** $m[n - 1]$
                    {Total $\mathbf{O}(n^2)$}

• **동적프로그래밍 – 역방향 해결 버전**

마지막으로 동적프로그래밍 기법을 사용한 역방향 해결 버전이다. 알고리즘 airtel은
출발도시 *n* − 1에 대한 최소비용 $m[n - 1]$을 0으로 초기화한다. 출발도시 *s* (*n* − 2 ≥ *s*
≥ 0)에 대해 도시 *k* (*s* + 1 ≤ *k* ≤ *n* − 1)를 경유할 경우의 총비용 *cost*를 계산하여 그
가운데 최소값을 찾아 *m*[*s*]에 저장한다. 배열원소 *m*[*s*]는 도시 *s*에서 *n* − 1로 가는 최
소비용을 저장하게 되므로 *m*[0]는 도시 0에서 *n* − 1로 가는 최소비용을 저장한다. 그
림 15-22는 알고리즘의 수행 내용을 보인 것이다. 알고리즘은 중첩반복문의 수행에
따라 총 $\mathbf{O}(n^2)$ 시간을 소요하며 배열 *m*에 필요한 $\mathbf{O}(n)$ 공간을 소요한다.

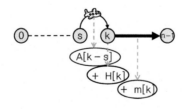

그림 15-22 동적프로그래밍-역방향 해결 버전

```
Alg  airtel(n)                        {dynamic programming, backward ver.}
    input  integer n
    output  minimum cost of travel from city 0 to n – 1

1. m[n – 1] ← 0
2. for  s ← n – 2 downto 0            {compute m[s]}
      m[s] ← ∞
      for  k ← s + 1 to n – 1         {stopover}
          cost ← A[k – s] + H[k] + m[k]
          m[s] ← min(m[s], cost)
3. return  m[0]
                                     {Total O(n²)}
```

15.4.3 금화 강도

분할통치법과 동적프로그래밍에 좀 더 익숙해지기 위한 목적으로 에어텔 문제와 유사하지만 차원이 조금 다른 문제를 하나만 더 다루자. 당신이 살고 있는 Sin City의 도로지도가 $n \times n$개의 셀로 이루어진 정방형 격자 A로 주어져 있다. 각 셀 $[i, j]$마다 $A[i, j] \geq 0$ 의 금화를 뺏어가는 강도들이 있다. 좌상 셀 $[0, 0]$에서 출발하여 우하 셀 $[n – 1, n – 1]$로 택시를 타고 이동한다. 택시는 직진만 가능하며, 한 번에 여러 셀씩($1 \leq i \leq n – 1$) 오른쪽 또는 아래 방향으로만 이동할 수 있다. 택시 승차 중에는 괜찮지만 그렇지 않은 곳에서는 그 셀에 있는 숫자 만큼의 금화를 강도에게 뺏긴다. 응용문제 에어텔 문제의 해결을 충분히 참고하여 최적의 경로를 따라 뺏기는 금화의 최소량을 찾는 알고리즘의 분할통치법 버전과 동적프로그래밍 버전을 각각 의사코드로 작성하라.

예 그림 15-23의 8×8 격자 A에서 뺏길 수 있는 금화의 최소량은 20이다.

※ 힌트 : 에어텔 문제와 마찬가지로 정방향 또는 역방향으로 진행하면서 해결 가능하다.

※ 참고 : 이 문제를 각색하여, 각 셀에서 뺏기는 금화를 각 교차로에서 택시를 환승하는 데 소요되는 시간으로 본다면, 이 문제는 총 환승시간이 가장 짧은 길을 찾는 문제가 된다.

	0	1	2	3	4	5	6	7
0	1	3	7	2	11	17	16	25
1	6	2	3	4	7	2	12	15
2	11	4	6	8	8	1	9	14
3	20	8	8	11	6	3	3	9
4	0	10	9	8	7	15	17	22
5	17	12	7	10	3	1	8	13
6	19	25	10	15	14	11	3	3
7	21	18	16	20	15	13	19	0

A

그림 15-23 금화 강도

■ 해결

분할통치법과 동적프로그래밍에 관한 응용문제다. 이 문제는 일직선 상의 여행을 다루는 에어텔 문제에 비해 2차원 격자 상의 여행을 다루므로 조금 난해해 보이지만 지금까지 배운 원리를 잘 이해하고 응용한다면 해결이 어렵지는 않다. 이번 문제 역시 분할통치 방식에 의한 느린 해결을 먼저 제시한 후 성능을 획기적으로 개선하는 동적프로그래밍 해결 버전을 제시한다. 에어텔에서와 마찬가지로 각각의 기법에 대해 정방향과 역방향 해결을 제시할 것이다.

먼저 문제공간은 $n \times n$의 2D 공간이다. 정방향에서는 출발셀을 셀 [0, 0](원점)으로 고정하고 도착셀을 출발셀에서 가장 가까운 셀부터 가장 먼 셀 [$n-1$, $n-1$](목표점)로 변경하면서 해를 구한다. 역방향에서는 도착셀을 셀 [$n-1$, $n-1$](원점)로 고정하고 출발셀을 도착셀에서 가장 가까운 셀부터 가장 먼 셀 [0, 0](목표점)로 변경하면서 해를 구한다.

- **분할통치법 - 정방향 해결 버전**

  우선 재귀 케이스를 정의한다. 그림 15-24에 보인 물음표가 있는 셀 [i, j]에서 생각해 보자. $m(i, j)$를 셀 [0, 0]에서 출발하여 셀 [i, j]에 도달할 때까지 뺏길 수 있는 최소 금화량이라 하면 다음이 성립한다.

  - k ($j-1 \ge k \ge 0$)에 대해, 최소의 $m(i, k)+A[i, j]$ 가 ***minright***이고,
  - k ($i-1 \ge k \ge 0$)에 대해, 최소의 $m(k, j)+A[i, j]$ 가 ***mindown***이면,
  - $m(i, j)$는 ***minright***와 ***mindown*** 중 최소값이다.

  재귀의 베이스케이스는 $m(0, 0) = A[0, 0]$이 된다.

  2^n개의 재귀호출이 일어나므로, 전체적으로 $O(2^n)$ 시간을 소요한다.

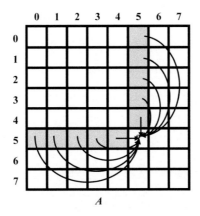

그림 15-24 분할통치법-정방향 해결 버전

Alg *minGold*(*A*, *n*)　　　{divide and conquer, forward ver.}
　input array *A* of *n* × *n* gold coins
　output minimum possible gold coins moving from [0, 0] to [*n* − 1, *n* − 1]

1. **return** *m*(*n* − 1, *n* − 1)

Alg *m*(*i*, *j*)
　input index *i*, *j*
　output minimum possible gold coins moving from [0, 0] to [*i*, *j*]

1. **if** ((*i* = 0) & (*j* = 0))
　　return *A*[0, 0]
2. *minright* ← ∞
3. **for** *k* ← *j* − 1 **downto** 0　　　{move right}
　　cost ← *m*(*i*, *k*) + *A*[*i*, *j*]
　　minright ← *min*(*minright*, *cost*)
4. *mindown* ← ∞
5. **for** *k* ← *i* − 1 **downto** 0　　　{move down}
　　cost ← *m*(*k*, *j*) + *A*[*i*, *j*]
　　mindown ← *min*(*mindown*, *cost*)
6. **return** *min*(*minright*, *mindown*)
　　　　　　　　　　　　　　{Total $O(2^n)$}

- **분할통치법 – 역방향 해결 버전**

다음은 역방향 해결이다. 여기서도 우선 재귀 케이스를 정의한다. 그림 15-25에 보인 물음표가 있는 셀 $[i, j]$에서 생각해 보자. $m(i, j)$를 셀 $[i, j]$에서 출발하여 셀 $[n-1, n-1]$에 도달할 때까지 뺏길 수 있는 최소 금화량이라 하면 다음이 성립한다.

- k ($j+1 \leq k \leq n-1$)에 대해, 최소의 $A[i, j] + m(i, k)$ 가 **minright**이고,

- k ($i+1 \leq k \leq n-1$)에 대해, 최소의 $A[i, j] + m(k, j)$ 가 **mindown**이면,

- $m(i, j)$는 **minright**와 **mindown** 중 최소값이다.

재귀의 베이스케이스는 $m(n-1, n-1) = A[n-1, n-1]$이 된다.

2^n개의 재귀호출이 일어나므로 전체적으로 $O(2^n)$ 시간을 소요한다.

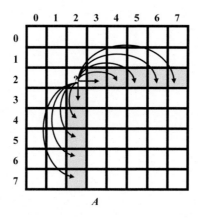

그림 15-25 분할통치법-역방향 해결 버전

Alg *minGold(A, n)*　　{divide and conquer, backward ver.}
　　input array A of $n \times n$ gold coins
　　output minimum possible gold coins moving from $[0, 0]$ to $[n-1, n-1]$

1. **return** $m(0, 0)$

Alg $m(i, j)$
   input index i, j
   output minimum possible gold coins moving from $[i, j]$ to $[n-1, n-1]$

1. **if** $((i = n-1) \ \& \ (j = n-1))$
    return $A[n-1, n-1]$
2. $minright \leftarrow \infty$
3. **for** $k \leftarrow j+1$ **to** $n-1$ {move right}
    $cost \leftarrow A[i, j] + m(i, k)$
    $minright \leftarrow min(minright, cost)$
4. $mindown \leftarrow \infty$
5. **for** $k \leftarrow i+1$ **to** $n-1$ {move down}
    $cost \leftarrow A[i, j] + m(k, j)$
    $mindown \leftarrow min(mindown, cost)$
6. **return** $min(minright, mindown)$
                         {Total $\mathbf{O}(2^n)$}

여기까지 분할통치 방식에 의한 정방향과 역방향 버전 해결을 제시했다. 분할통치법 해결이라고 했는데 이번에도 과연 문제를 어떻게 분할했는지 다시 살펴보자. 정방향 재귀알고리즘 $m(i, j)$는 셀 [0,0]에서 셀 $[i, j]$로 가는 동안의 최소 금화량을 다음 두 부분으로 분할하여 계산한다: ① 셀 [0,0]에서 셀 $[i, k]$로 가는 동안의 최소 금화량 더하기 셀 $[i, j]$에서 뺏기는 금화량 ②셀 [0,0]에서 셀 $[k, j]$로 가는 동안의 최소 금화량 더하기 셀 $[i, j]$에서 뺏기는 금화량. 역방향 버전도 이와 유사하게 분할하므로 스스로 생각해 보자.

- **동적프로그래밍 – 정방향 해결 버전**

그림 15-26에 보인 것처럼 물음표가 있는 셀 $[i, j]$에서 생각해 보자. $m[i, j]$를 셀 [0, 0]에서 출발하여 셀 $[i, j]$에 도달할 때까지 뺏길 수 있는 최소 금화량이라 하면 다음이 성립한다.

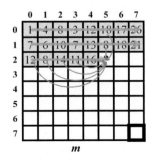

그림 15-26 동적프로그래밍-정방향 해결 버전

- k ($j-1 \geq k \geq 0$)에 대해, 최소의 $m[i, k] + A[i, j]$ 가 *minright*이고,
- k ($i-1 \geq k \geq 0$)에 대해, 최소의 $m[k, j] + A[i, j]$ 가 *mindown*이면,
- $m[i, j]$는 *minright*와 *mindown* 중 최소값이다.

초기값 $m[0, 0] = A[0, 0]$이다. 알고리즘이 반환하는 최종해 $m[n-1, n-1]$은 셀 [0, 0]에서 출발하여 셀 [$n-1, n-1$]에 도달할 때까지 뺏길 수 있는 최소 금화량이다.

n^2개의 셀값을 계산하는 부문제들이 존재하고 각 부문제의 해결에 $O(n)$ 시간이 소요되므로 전체적으로 $O(n^2)$ 공간과 $O(n^3)$ 시간을 소요한다.

```
Alg minGold(A, n)                           {dynamic programming, forward ver.}
    input  array A of n × n gold coins
    output  minimum possible gold coins moving from [0, 0] to [n − 1, n − 1]

    1. m[0, 0] ← A[0, 0]
    2. for i ← 0 to n − 1
           for j ← 0 to n − 1
               if (i = j = 0)
                   continue
               minright ← ∞
               for k ← j − 1 downto 0              {move right}
                   cost ← m[i, k] + A[i, j]
                   minright ← min(minright, cost)
               mindown ← ∞
               for k ← i − 1 downto 0              {move down}
                   cost ← m[k, j] + A[i, j]
                   mindown ← min(mindown, cost)
               m[i, j] ← min(minright, mindown)
    3. return m[n − 1, n − 1]
                                                    {Total O(n³)}
```

- **동적프로그래밍 – 역방향 해결 버전**

그림 15-27에 보인 것처럼 물음표가 있는 셀 [i, j]에서 생각해 보자. $m[i, j]$를 셀 [i, j]에서 출발하여 셀 [$n-1, n-1$]에 도달할 때까지 뺏길 수 있는 최소 금화량이라 하면 다음이 성립한다.

- k ($j+1 \leq k \leq n-1$)에 대해, 최소의 $A[i, j] + m[i, k]$ 가 *minright*이고,
- k ($i+1 \leq k \leq n-1$)에 대해, 최소의 $A[i, j] + m[k, j]$ 가 *mindown*이면,

– $m[i, j]$는 *minright*와 *mindown* 중 최소값이다.

초기값 $m[n-1, n-1] = A[n-1, n-1]$ 이다. 알고리즘이 반환하는 최종해 $m[0, 0]$은
셀 $[0, 0]$에서 출발하여 셀 $[n-1, n-1]$에 도달할 때까지 뺏길 수 있는 최소 금화량이다.

n^2개의 셀값을 계산하는 부문제들이 존재하고 각 부문제의 해결에 $O(n)$ 시간이 소
요되므로, 전체적으로 $O(n^2)$ 공간과 $O(n^3)$ 시간을 소요한다.

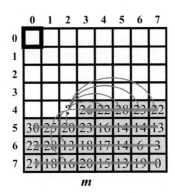

그림 15-27 동적프로그래밍-역방향 해결 버전

Alg *minGold*(*A*, *n*)   {dynamic programming, backward ver.}
   input array *A* of $n \times n$ gold coins
   output minimum possible gold coins moving from [0, 0] to [$n-1, n-1$]

1. $m[n-1, n-1] \leftarrow A[n-1, n-1]$
2. **for** $i \leftarrow n-1$ **downto** 0
   for $j \leftarrow n-1$ **downto** 0
     if $(i = j = n-1)$
       continue
     minright $\leftarrow \infty$
     for $k \leftarrow j+1$ **to** $n-1$ {move right}
       cost $\leftarrow A[i, j] + m[i, k]$
       minright $\leftarrow$ *min*(*minright*, *cost*)
     mindown $\leftarrow \infty$
     for $k \leftarrow i+1$ **to** $n-1$ {move down}
       cost $\leftarrow A[i, j] + m[k, j]$
       mindown $\leftarrow$ *min*(*mindown*, *cost*)
     $m[i, j] \leftarrow$ *min*(*minright*, *mindown*)
3. **return** $m[0, 0]$

                                     {Total $O(n^3)$}

15.4.4 부배열의 최대 구간합

 A는 크기 n의 실수 배열이다. 부배열의 구간합이란 배열 A의 일부 구간 내 연속 원소들의 합 $\Sigma A[i:j]$을 말한다. 이 값이 최대가 되는 구간 $i:j$ $(i \leq j)$와 해당 구간합을 찾기 위한 가장 빠른 알고리즘을 작성하라.

예 그림 15-28의 배열 A에서는 2:6 구간에서 최대합 = 187이다.

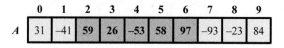

그림 15-28 부배열의 최대 구간합

■ 해결

이 문제는 다양한 해결이 가능하다. 단순직선적인 느린 해결로부터 시작하여 효율이 가장 좋은 동적프로그래밍 해결까지 네 가지 버전을 제시한다.

- **단순직선적 해결**

  먼저 단순직선적인 해결책이다. 알고리즘 maxSubarray는 모든 가능한 $i:j$ 구간을 검사한다. $O(n^2)$개의 구간이 존재한다. 각 구간에서 구간합 $\Sigma A[i:j]$을 구하는 데 $O(n)$ 시간을 소요한다. 따라서 총 $O(1)$ 공간과 $O(n^3)$ 시간을 소요한다.

    Alg *maxSubarray(A, n)*   {straightforward ver.}
      input array *A* of *n* real numbers
      output maximum subarray *A[i:j]*, index *i, j*

    1. *maxSum* ← −∞
    2. **for** *i* ← 0 **to** *n* − 1   {$O(n)$}
        for *j* ← *i* **to** *n* − 1   {$O(n^2)$}
           sum ← 0
           for *k* ← *i* **to** *j*   {$O(n^3)$}
              sum ← *sum*+*A[k]*
           if (*maxSum* < *sum*)
              maxSum, maxi, maxj ← *sum, i, j*
    3. **return** *maxSum, maxi, maxj*

                                            {Total $O(n^3)$}

- **누적합 사용**

두번째 버전은 $\Sigma A[i:j] = \Sigma A[i:j-1] + A[j]$ 에 착안한 해결책이다. 알고리즘 maxSubarray 는 구간합 $\Sigma A[i:j]$ 계산부를 제거하고 이를 누적합(running sum)으로 대체한다. 중복 계산이 줄어듦에 따라 각 구간에서의 작업량이 $O(1)$ 시간으로 감소한다. 따라서 총 $O(1)$ 공간과 $O(n^2)$ 시간을 소요한다.

```
Alg  maxSubarray(A, n)              {running sum ver.}
    input  array A of n real numbers
    output  maximum subarray A[i:j], index i, j

1. maxSum ← −∞
2. for i ← 0 to n − 1                {O(n)}
       sum ← A[i]
       for j ← i to n − 1           {O(n²)}
           sum ← sum + A[j]
           if (maxSum < sum)
               maxSum, maxi, maxj ← sum, i, j
3. return maxSum, maxi, maxj
                                    {Total O(n²)}
```

- **초기구간합 사용**

세 번째 버전은 초기구간합을 이용한다. 초기구간합은 배열 A의 $A[0]$부터 $A[j]$까지의 연속 원소들의 합 $\Sigma A[0:j]$를 말한다. $s[i] = \Sigma A[0:i]$ 라고 정의하면 $\Sigma A[i:j] = \Sigma A[0:j] - \Sigma A[0:i-1] = s[j] - s[i-1]$ 이 되는 것에 착안한 해결책이다. $\Sigma A[0:i]$를 $s[i]$에 미리 저장한다. 계산 편의 상 $s[-1] = 0$ 도 저장해두면 편리하다. 그 다음에 첫 번째 버전 알고리즘의 내부반복문을 구간합 $\Sigma A[i:j]$이 $O(1)$ 시간에 계산되도록 수정한다. 따라서 총 $O(n)$ 공간과 $O(n^2)$ 시간을 소요한다.

Alg *maxSubarray*(*A*, *n*)   {initial sum ver.}
   input array *A* of *n* real numbers
   output maximum subarray *A*[*i*:*j*], index *i*, *j*

1. $s[-1] \leftarrow 0$
2. **for** $i \leftarrow 0$ **to** $n - 1$ {O(*n*)}
    $s[i] \leftarrow s[i-1] + A[i]$
3. $maxSum \leftarrow -\infty$
4. **for** $i \leftarrow 0$ **to** $n - 1$ {O(*n*)}
    for $j \leftarrow i$ **to** $n - 1$ {O(*n²*)}
       $sum \leftarrow s[j] - s[i-1]$
       if (*maxSum* < *sum*)
          $maxSum, maxi, maxj \leftarrow sum, i, j$
5. **return** *maxSum*, *maxi*, *maxj*

                                    {Total O(*n²*)}

예 그림 15-29에 보인 배열 *A*에서 알고리즘은 *maxi* = 2, *maxj* = 6 에 대해 *maxSum* = $s[6] - s[1] = 177 - (-10) = 187$ 의 최대합을 구한다.

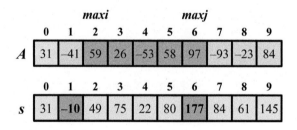

그림 15-29 초기구간합을 사용한 해결

• **동적프로그래밍 사용**

마지막으로, 동적프로그래밍에 기초한 해결이다. 여기서 문제공간은 크기 *n*의 1차원 배열이며 셀 0(원점)에서 출발하여 셀 *n* - 1(목표점) 방향으로 진행하면서 해를 구한다. $s[i] = \Sigma A[?:i]$ 를 사용, $s[i] = max(s[i-1] + A[i], A[i])$ 에 착안한 해결책이다(수식의 의미를 잘 음미해야 한다). $s[i-1]$이 음수면 (잠정적) 최대 부배열 구간의 시작 위치 *k*를 *i*로 설정한다. 배열 위치 *i*에서 새로운 최대합을 찾으면 최대합을 $s[i]$로, 최대 부배열 구간을 *k*:*i*로 각각 갱신한다. 알고리즘은 배열 *A*의 각 원소를 한 번만 검사한다. 따라서 총 O(*n*) 공간과 O(*n*) 시간을 소요한다. *s* 배열 대신 두 개의 단순 변수를 사용

하여 **O**(1) 공간으로 개선하는 것도 가능하다. 이 버전은 어렵지 않으므로 스스로 작성
해보자.

Alg *maxSubarray*(*A*, *n*)   {dynamic programming ver.}
　　input array *A* of *n* real numbers
　　output maximum subarray *A*[*i:j*], index *i, j*

1. *s*[−1] ← 0
2. *maxSum*, *maxi*, *k* ← −∞, 0, 0
3. *i* ← 0
4. **while** (*i* < *n*)   {**O**(*n*)}
　　　　s[*i*] ← *max*(*s*[*i* − 1] + *A*[*i*], *A*[*i*])
　　　　if (*s*[*i* − 1] < 0)
　　　　　　　k ← *i*
　　　　if (*maxSum* < *s*[*i*])
　　　　　　　maxSum ← *s*[*i*]
　　　　　　　maxi, *maxj* ← *k*, *i*
　　　　i ← *i* + 1
5. **return** *maxSum*, *maxi*, *maxj*

　　　　　　　　　　　　　　　　　{Total **O**(*n*)}

예 그림 15-30에 보인 배열 *A*에서 알고리즘은 *maxi* = 2, *maxj* = 6에 대해 *maxSum* =
187 의 최대합을 구한다.

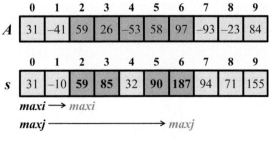

그림 15-30 동적프로그래밍을 사용한 해결

요약

- 방향그래프는 모든 간선이 방향간선인 그래프를 말한다.
- 방향그래프 G의 두 정점 u와 v에 대해 만약 G에 u로부터 v까지의 방향경로가 존재한다면, "u는 v에 도달" 또는 "v는 u로부터 도달 가능"하다고 말한다.
- 방향그래프 G의 어느 두 정점 u와 v에 대해서나 u는 v에 도달하며 v는 u에 도달하면 G를 강연결이라고 말한다.
- 주어진 방향그래프 G에 대해 그래프 G의 이행적폐쇄란 다음 두 가지를 만족하는 방향그래프 G^*이다. 첫째 G^*는 G와 동일한 정점들로 구성된다. 둘째 G에 u로부터 $v \neq u$까지의 방향경로가 존재한다면 G^*에 u로부터 v로의 방향간선이 존재한다.
- 동적프로그래밍은 언뜻 보기에 많은 시간(심지어 지수 시간)이 소요될 것 같은 문제에 주로 적용한다. 적용에 적당한 문제들은 공통적으로 부문제 단순성, 부문제 최적성, 부문제 중복성 등 세 가지 특성을 가진다.
- 방향 비싸이클 그래프는 방향싸이클이 존재하지 않는 방향그래프를 말한다.
- 방향그래프의 위상순서는 모든 $i < j$인 간선 (v_i, v_j)에 대해 정점들을 번호로 나열한 것을 말한다.
- 위상 정렬은 DAG로부터 위상순서를 얻는 절차를 말한다. 진입차수를 이용하는 방법과 DFS를 특화해서 얻는 방법 등 두 가지 방식이 있다.

연습문제

15-1 오일러투어

각 정점의 진입차수와 진출차수가 모두 2인 8개의 정점과 16개의 간선을 가지는 단순 연결그래프를 그려라. 그래프의 모든 간선을 포함하는 단일 (비단순) 싸이클이 존재함을 보여라. 다시 말해 연필을 떼지 않고 모든 간선을 정의된 방향대로 따라갈 수 있다. 이러한 싸이클을 **오일러투어** Euler tour라고 한다. 일반적으로 방향그래프 G의 오일러투어는 G의 모든 간선을 그 방향을 따라 정확히 한 번씩 순회하는 싸이클이다. G가 연결되었고 G의 각 정점들의 진입차수와 진출차수가 일치한다면 이러한 투어는 항상 존재한다.

15-2 이행적폐쇄 연습

Floyd-Warshall 알고리즘을 사용하여 아래의 비연결 방향그래프 G의 이행적폐쇄 G^*를 계산하라.

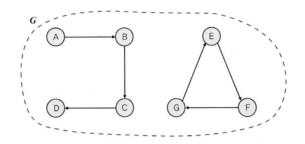

15-3 어학연수

인경이는 외국어를 좋아하여 다음 아홉 개의 언어 과목을 수강할 계획을 세우고자 한다.

LA15, LA16, LA22, LA31, LA32, LA66, LA67, LA71, LA89

각 과목에 대한 선수 과목들은 다음과 같다.

- LA15: (없음)
- LA16: LA15
- LA22: (없음)
- LA31: LA15
- LA32: LA16, LA31

인경이가 선수 조건들을 만족할 수 있는 수강순서를 찾아라.

15-4 위상순서 연습

아래에 보인 방향그래프에서 위상순서를 계산하라.

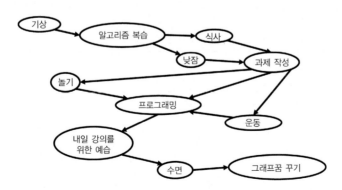

길동이의 하루

15–5 위상 정렬 연습

아래에 보인 방향그래프에 대해 두 방법을 사용하여 각각 위상순서를 계산하라.

A. 정점의 진입차수를 이용

B. DFS 특화

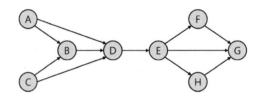

15–6 n-번째 피보나치 수 찾기

피보나치 수열 Fibonacci progression은 $i = 0, 1$에 대해 $f_i = 1$ 이며 $i \geq 2$ 에 대해 $f_i = f_{i-1} + f_{i-2}$ 인 수열이다. 즉, 다음과 같다.

$$f_0 = 1, f_1 = 1, f_2 = 2, f_3 = 3, f_4 = 5, f_5 = 8, f_6 = 13, f_7 = 21, \cdots$$

f_n은 피보나치 수열의 n-번째 수를 표시한다. f_n을 찾기 위해 정의로부터 직접 아래 재귀알고리즘 f를 작성할 수도 있지만 지수시간(exponential time)에 수행하므로 너무나 비효율적이다.

Alg $f(n)$ {recursive ver.}
   input a nonnegative integer n
   output f_n

1. **if** $(n = 0 \parallel n = 1)$
     return 1
   else
     return $f(n-1) + f(n-2)$

동적프로그래밍에 기초하여 f_n을 찾는 비재귀, 선형시간 알고리즘을 다음 두 버전으로 작성하라.

- 선형공간으로 수행하는 버전

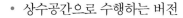

- 상수공간으로 수행하는 버전

15-7 에어텔 경로

응용문제의 에어텔 문제는 최소비용을 구하지만 경로는 구하지 않는다. 경로까지 구하려면 각각의 알고리즘을 어떻게 수정해야 하는가?

15-8 위상 정렬에 스택 사용

소예는 정점의 진입차수를 이용하는 위상 정렬 알고리즘에서 보조 데이터 구조로써 현재의 큐 대신 스택을 사용해도 된다고 주장한다. 소예의 주장이 옳은지 그른지 말하고 이유를 설명하라.

심층문제

15-1 위상 정렬 알고리즘 구현

위상 정렬 알고리즘을 C 프로그램으로 구현하라. 진입차수를 이용한 버전 혹은 DFS를 특화한 버전 가운데 아무거나 선택하라. 어느 버전을 사용한 프로그램인지 프로그램 시작 부분에 알기 쉽게 주석으로 표시하라.

실행예 연습문제 15-4의 그래프를 입력으로 사용한 실행 결과를 출력하라.

15-2 Floyd-Warshall 알고리즘 구현

Floyd-Warshall의 이행적폐쇄 알고리즘을 C 프로그램으로 구현하라. 그림 15-9 (a)의 예를 포함하여 최소 2개의 적절한 입력을 사용한 실행 결과를 출력하라.

15-3 방향 DFS 알고리즘 구현

방향 DFS 순회 알고리즘을 의사코드 및 C로 작성하라. 알고리즘은 트리간선은 물론 비트리간선의 경우 후향, 전향, 교차 가운데 어느 것인지 정확히 라벨해야 한다.

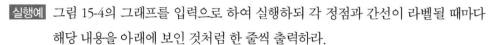

실행예 그림 15-4의 그래프를 입력으로 하여 실행하되 각 정점과 간선이 라벨될 때마다 해당 내용을 아래에 보인 것처럼 한 줄씩 출력하라.

- 정점 *c* : **Visited**로 라벨
- 간선 (*d*, *g*) : **Tree**로 라벨
- … 등등

15-4 에어텔 일반화

응용문제에서 제시했던 에어텔의 일반화 버전이다. 모든 조건과 전제는 원 문제와 동일하다. 단, 이번에는 도시 *s*에서 출발하여 도시 *d*로 가고자 한다 ($0 \leq s < d \leq n - 1$). 여행의 최소비용을 구하는 알고리즘을 분할통치법과 동적프로그래밍을 각각 사용하여 의사코드와 C 프로그램으로 구현하라.

실행예 *n* = 20을 사용하여 *A* 배열은 적당한 오름차순으로, *H* 배열은 무작위 수로 정의 하고 이에 대한 실행예를 각각 수행하라.

15-5 금화 강도 구현

응용문제에서 제시된 금화 강도 문제를 분할통치법과 동적프로그래밍 각 각에 기초하여 C 프로그램으로 구현하라.

실행예 다음 두 개의 *A* 배열에 대해 각각 실행하여 금화의 최소량을 출력하라.

- 원문제에 주어진 8×8 배열 *A*
- 크기 15×15 배열 *A* (배열 원소는 난수발생 함수를 사용하여 얻어도 좋다)

15-6 부배열의 최대 구간합

응용문제 15.4.4(부배열의 최대 구간합)에서 제시된 네 가지 버전의 해결을 각각 C 프로 그램으로 작성하고 실행시간을 측정하여 출력하라.

실행예 · 난수발생 함수를 이용하여 -100과 100 사이의 정수를 원소로 저장한 크기 2,000의 배열을 사용하라.

- 당연히, 네 가지 버전 모두가 동일한 구간 *i*:*j* 및 최대합을 출력해야 한다.
- 각 버전의 실행시간을 출력하라.

15-7 부배열의 최대 구간합 동적프로그래밍 버전 확장

응용문제 15.4.4(부배열의 최대 구간합)에서 제시된 마지막의 동적프로그래밍에 기초한 버전에 대해 답하라.

A. 최대 구간이 한 개 이상 존재할 경우 현재 알고리즘은 이 가운데 최초의 구간을 반환한다. 최초 대신 최장 구간, 즉 최대 원소 수로 구성된 구간을 반환하도록 하려면 알고리즘을 어떻게 수정하면 되는가?

※ 참고 : 만약 최장의 최대 구간이 한 개 이상이라면 이 중 어느 것을 반환해도 좋다.

B. 주어진 배열의 원소가 모두 음수인 경우 현재 알고리즘은 최대 구간합(즉, 원소 가운데 절대값이 가장 작은 원소)을 구하는가? 만약 그렇지 않다면 이를 구하도록 하기 위해 알고리즘을 어떻게 수정하면 되는가?

C. 현재의 동적프로그래밍 전략 대신 분할통치 전략에 기초한 새로운 해결버전을 작성하고 두 버전의 성능을 비교하라.

15-8 † 배열의 최대 부분합

양수 또는 음수 n개로 이루어진 배열 A가 있다. **최대 부분합**maximum sum of array subset 은 배열원소들 가운데 수의 합이 최대가 되는 부분집합을 말한다. 최대 부분합을 구하기 위한 효율적인 알고리즘을 작성하라. 응용문제에서 다루었던 최대 구간합은 구간 내 연속 원소들의 최대합이지만, 최대 부분합은 비연속일 수도 있는 원소들의 최대합이다. 여기에 한 가지 제약이 있다. 인접한 원소는 최대 부분합에 포함할 수 없다. 따라서 만약 $A[i]$를 취한다면 인접한 $A[i-1]$과 $A[i+1]$은 취할 수 없다.

※ 주의 : 공집합의 합은 0으로 정의한다.

例 아래 배열 A에서 최대 부분합 = 7 + 8 + 5 + 13 = 33 이다.

	0	1	2	3	4	5	6	7	8	9
A	-3	7	9	8	-3	4	5	-1	13	11

15-9 † 금화 모으기

당신이 살고 있는 Sin City의 도로지도가 $n \times n$개의 셀로 이루어진 정방형 격자 A로 주어져 있다. 각 셀 $[i, j]$에는 $A[i, j] \geq 0$ 의 금화가 있다. 좌상 셀 [0, 0]에서 출발하여 우하 셀 $[n-1, n-1]$로 택시를 타고 여행한다. 이번엔 금화를 뺏기는 것이 아니라, 한 번에 한 셀씩 오른쪽 또는 아래 방향으로만 이동하면서 지나간 칸에 있는 금화를 모은다. 즉, 목적지와 멀어지는 방향만 아니라면 택시는 우회전과 좌회전을 자유로이 하면서 목적지까지 운행한다. 응용문제의 에어텔 문제와 금화 강도 문제의 해결을 충분히 참고하여 최적의 경로를 따라 모을 수 있는 금화의 최대량을 찾는 알고리즘의 분할통치법 버전과 동적프로그래밍 버전을 각각 의사코드 및 C로 작성하라.

예 아래 8×8 격자 A에서 모을 수 있는 금화의 최대량은 36이다.

	0	1	2	3	4	5	6	7
0	1	4	1	1	0	0	0	5
1	0	2	3	5	1	5	2	0
2	1	4	0	2	0	1	0	4
3	0	1	0	1	1	3	3	0
4	6	0	3	1	0	0	2	2
5	0	3	0	0	3	3	0	0
6	2	5	0	0	1	1	3	3
7	1	0	1	4	1	0	0	0

A

실행예 다음 두 개의 A 배열에 대해 각각 실행하여 금화의 최대량을 출력하라.

- 위의 8×8 배열 A
- 크기 15×15 배열 A (배열 원소는 난수발생 함수를 사용하여 얻어도 좋다)

※ 힌트 : 에어텔 문제와 마찬가지로 정방향 또는 역방향으로 진행하면서 해결 가능하다.

※ 참고 : 각 셀에서 모으는 금화의 양을 최대화가 아니라 최소화하는 문제로 바꾸더라도 문제해결의 원리는 동일할 것이다. 각 셀에 저장된 금화의 양을 각 도로에서의 운행 소요시간으로 해석한다면 최소의 금화를 모으는 문제는 가장 빠른 길을 찾는 문제가 된다.

15-10* 금화 모으기 경로

앞서 금화 모으기 문제는 최대 금화량을 구하지만 경로는 구하지 않는다. 경로까지 구하려면 각 버전의 알고리즘을 어떻게 수정해야 하는가?

15-11* 금화 강도 경로

응용문제의 금화 강도 문제는 최소 금화량을 구하지만 경로는 구하지 않는다. 경로까지 구하려면 각 버전의 알고리즘을 어떻게 수정해야 하는가?

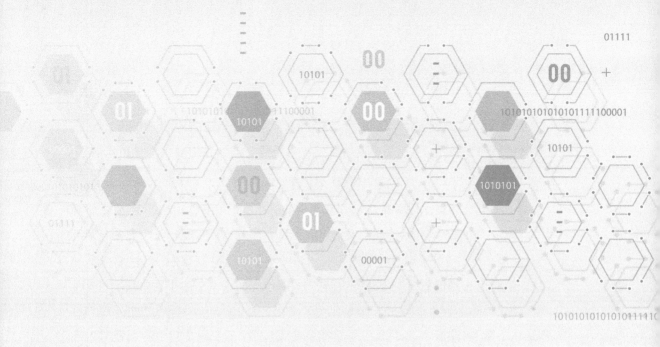

CHAPTER **16**

최소신장트리

16.1 가중그래프

지금까지는 간선에 부가된 정보가 없는 그래프만 취급했다. 또는 비록 간선 정보가 있더라도 이 정보가 사용되지 않는 응용만 다루었다. 예를 들어 그래프의 DFS 순회, 연결성 검사, 경로 찾기, 위상 정렬, 에어텔 등 문제는 간선의 정보와 무관하게 해결이 가능했다. 하지만 현실의 많은 그래프는 간선에 부가 정보가 딸려 있다. 예를 들어 대전-부산 간의 거리(km), 경부고속도로의 통행료, 시청앞에서 광화문까지의 운행시간, 서울-인천간 전송케이블의 속도(Mbps) 등이 간선에 부가된 정보라고 할 수 있다. 이 정보들은 문제에 따라서는 매우 중요하게 다루어야 할 데이터가 된다. 이 장에서는 간선에 부가된 정보를 고려하는, 따라서 더욱 현실적이라고 할 수 있는 그래프를 다룬다. **가중그래프** weighted graph에서는 각 간선이 **무게** weight라 불리는 수치값을 가진다. 무게는 거리, 비용, 시간 등 정량화할 수 있는 임의의 데이터를 나타낸다. 예를 들어 그림 16-1의 철도 그래프에서 간선의 무게는 양끝점 역 사이의 선로거리(km)를 표현한다(이 숫자들은 실제 거리는 아니다).

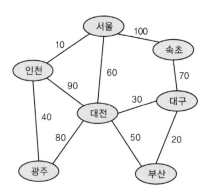

그림 16-1 철도 그래프

16.2 최소신장트리

신장 부그래프 spanning subgraph란 그래프 G의 모든 정점들을 포함하는 부그래프를 말하며 **신장트리** spanning tree는 (자유) 트리인 신장 부그래프를 말한다. 가중그래프 G의 **최소신장트리** minimum spanning tree, MST는 G의 신장트리 가운데 간선 무게의 합이 최소인 것을 말한다. 이 장의 주제인 최소신장트리는 통신망,

교통망 등의 설계에 자주 응용된다. 간선 무게의 합이 최소인 신장트리이므로 경제적 효율성을 고려하기 때문이다. 그림 16-2는 도시망 그래프에 대한 최소신장트리를 보인다. 굵게 표시된 간선을 따라 철도를 놓는다면 이론적으로는 가장 저렴한 철도 건설 비용으로 모든 도시를 철도여행권으로 묶을 수 있다는 의미다.

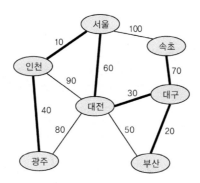

그림 16-2 도시망에 대한 최소신장트리

16.2.1 최소신장트리 속성

최소신장트리에 관한 두 가지 중요한 속성이 있다. 싸이클 속성와 분할 속성이다. 이 속성들은 나중에 소개할 최소신장트리 알고리즘들의 정확성 검증에 사용되므로 잘 알아두자.

싸이클 속성

T를 가중그래프 G의 최소신장트리라 하자. 그림 16-3에 보인 것처럼 e를 T에 존재하지 않는 G의 간선으로, e를 T에 추가하여 형성된 싸이클을 C로 가정하자. 그러면 C의 모든 간선 f에 대해 $weight(f) \leq weight(e)$ 이다.

※ 증명 : 모순법에 의해 증명한다. 만약 $weight(f) > weight(e)$ 라면 f를 e로 대체함으로써 무게가 더 작은 신장트리를 얻을 수 있다. 그렇다면 이는 T가 G의 최소신장트리라 전제한 것에 대해 모순이 된다.

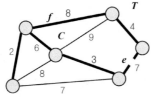

(a) 신장트리 T와 싸이클 C

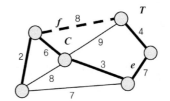

(b) f를 e로 대체한 신장트리 T

그림 16-3 싸이클 속성

분할 속성

G의 정점들을 두 개의 부분집합 U와 V로 분할한다고 하자. e를 분할을 가로지르는 최소 무게의 간선이라고 하자. 그러면 간선 e를 포함하는 G의 최소신장트리가 반드시 존재한다.

※ 증명 : T를 G의 MST라 하자. 만약 T가 e를 포함하지 않는다면 e를 T에 추가하여 형성된 싸이클 C를 구성하는 간선들 가운데 분할을 가로지르는 간선 f가 존재한다. 그러면 싸이클 속성에 의해 $weight(f) \leq weight(e)$ 다. 그러므로 $weight(f) = weight(e)$ 다. 따라서 f를 e로 대체하면 또 하나의 MST를 얻을 수 있다(그림 16-4 참고).

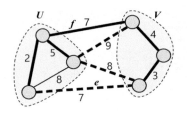
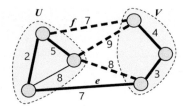

(a) MST (b) f를 e로 대체하여 얻은 MST

그림 16-4 분할 속성

16.3 탐욕법

다음 절에서 최소신장트리를 구하는 알고리즘 세 가지를 소개할 것이다. 세 알고리즘 모두 알고리즘 설계의 일반적 기법의 하나인 탐욕법에 기초한다. 따라서 알고리즘을 이해하기 위해 우선 탐욕법에 대해 알아야 할 필요가 있다. **탐욕법**greedy method은 분할통치법, 동적프로그래밍과 함께 일반적인 알고리즘 설계 기법 가운데 하나며 다음 요소에 기초하여 설계된다.

- **구성**configuration: 다양한 선택, 모음, 또는 찾아야 할 값들
- **목표**objective: 구성에 할당된 점수가 존재하며 이를 최대화 또는 최소화해야 하는 상황

탐욕법을 아무 문제에나 적용할 수는 없다. 탐욕법은 **탐욕적 선택 속성**greedy-choice property을 가진 문제에 적용할 경우 가장 잘 맞는다. 다시 말해 초기 구성으로부터 시작하여 부분적인 향상을 계속함으로써 전체 최적해를 찾을 수 있는 문제들을 말한

다. 조금 난해하게 들리겠지만 몇 가지 예를 접해 보면 쉽게 이해할 수 있다. 이 절에서는 잔돈 거스르기 문제와 부분적 배낭 문제 두 가지 예를 든다. 이외에도 탐욕법은 그래프의 최소신장트리 구하는 데 사용될 수 있으며 이는 다음 절에서 다룬다.

16.3.1 잔돈 거스르기 문제

물건 값으로 큰 지폐를 받고 거스름돈을 내줘야 하는 상황이다. 이때 동전만으로 거스른다는 전제 하에 동전 수를 최소화하는 문제다. 이 문제를 탐욕법의 공식에 맞게 재구성하자.

- **동전 거스르기 문제**
  - **구성**: 거슬러줘야 할 금액 정보, 종류별로 여러 개의 동전들
  - **목표**: 동전 수를 최소화할 것
  - **탐욕해** greedy solution: 가능하면 항상 제일 큰 동전으로 거슬러준다.

만약 이 문제가 탐욕적 선택 속성을 가졌다면 위의 탐욕해는 최적해가 된다. 탐욕적 선택 속성을 가지는지 여부는 유통되는 동전 종류에 따라 달라진다.

예 **동전 종류가 32원, 8원, 1원인 경우**

이 경우 탐욕적 선택 속성이 존재한다. 왜냐하면 32원 이상의 금액은 32원짜리 동전을 빼고는 최소 수의 동전으로 만들 수가 없기 때문이다(8원이 넘고 32원에 못 미치는 금액에 대해서도 8원짜리 동전을 빼고는 최소 수의 동전으로 만들 수 없긴 마찬가지다).

예 **동전 종류가 30원, 20원, 5원, 1원인 경우**

이 경우는 탐욕적 선택 속성이 존재하지 않는다. 왜냐하면 40원은 두 개의 20원짜리 동전으로 만드는게 최적해인데, 탐욕해는 세 개의 동전을 택하기 때문이다(어떤 세 개인가 스스로 생각해 보자).

16.3.2 부분적 배낭 문제

손꼽아 기다리던 칠석날이 되어 만난 견우와 직녀가 함께 은하철도 여행을 떠나기 위해 각자 배낭에 짐을 싸고 있다. 배낭에 들어갈 수 있는 총 무게(또는 부피)는 한도가 있다. 이 한도 내에서 여러 물건 가운데

가장 여행에 필요한 것들만 배낭에 넣어야 한다. 배낭 문제는 부분적 배낭 문제와 0-1 배낭 문제로 나뉜다. **부분적 배낭 문제**fractional knapsack problem는 물건의 일부만을 취하는 것이 허락된 문제다. **0-1 배낭 문제**0-1 knapsack problem, all-or-nothing knapsack problem는 물건의 전부를 취해야 하는 문제다. 따라서 자신의 배낭에 설탕, 소금, 커피 등 먹을 것을 담기로 한 직녀는 부분적 배낭 문제를 해결해야 하는 상황이다. 이에 비해 자신의 배낭에 점퍼, 신발, 텐트 등 물건을 담기로 한 견우는 0-1 배낭 문제를 해결해야 한다.

우리끼리 정답을 미리 말해준다면 부분적 배낭 문제는 탐욕적 선택 속성을 만족하지만 0-1 배낭 문제는 탐욕적 선택 속성을 만족하지 않는다. 하지만 정답을 알 리 없는 견우와 직녀는 둘 다 자신의 문제를 탐욕법의 공식에 맞추어 재구성하여 해결을 시도한다. 어떻게 될지 지켜보자.

- **직녀: 부분적 배낭 문제**
  - **구성**: n 항목의 집합 $S_i = \{i|(b_i, v_i)\}$. 여기서 b_i는 양수의 이득(benefit)을, v_i는 양수의 부피(ml)를 의미한다.
  - **목표**: 최대 부피 한도 V 내에서 최대의 총이득을 주는 물건들을 선택
  - **탐욕해**greedy solution: 가능하다면 항상 단위 부피 당 이득이 가장 높은 물건부터 배낭에 넣는다.

x_i가 항목 i를 덜어 담는 양을 표시한다고 하면 다음과 같이 다시 표시할 수 있다.

　　목표: $\displaystyle\sum_{i \in S} b_i(x_i/v_i)$를 최대화

　　제약: $\displaystyle\sum_{i \in S} x_i \leq V$

그림 16-5 예에 보인 것처럼 이 탐욕해는 최적해다. 즉, 직녀는 이 문제에 탐욕법을 사용한 덕에 최적해를 얻게 된다.

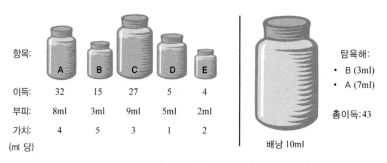

그림 16-5 부분적 배낭 문제

- **견우: 0-1 배낭 문제**
  - **구성**: n 항목의 집합 $S_i = \{i | (b_i, w_i)\}$. 여기서 b_i는 양수의 이득을, w_i는 양수의 무게 (kg)를 의미한다.
  - **목표**: 최대 무게 한도 W 내에서 최대의 총이득을 주는 물건들을 선택
  - **탐욕해** greedy solution: 가능하다면 항상 단위 무게 당 이득이 가장 높은 물건부터 배 낭에 넣는다.

그림 16-6 예에 보인 것처럼 이 탐욕해는 최적해가 아니다. 최적해는 총이득 = 36을 주는 {A, E}이지만 탐욕해는 총이득 = 24를 주는 {B, E, D}를 고르기 때문이다. 즉, 견우는 이 문제에 탐욕법을 사용한 탓에 최적해를 얻지 못 하게 된다.

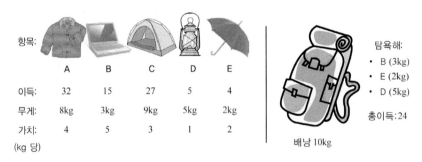

그림 16-6 0-1 배낭 문제

16.4 **최소신장트리 알고리즘**

이 절에서는 최소신장트리를 계산하기 위한 알고리즘의 세 가지 버전을 제시한다. 각각 Prim-Jarnik, Kruskal, 그리고 Baruvka 알고리즘이다. 앞서 말한대로 세 알고리즘 모두 탐욕법에 기초하며 각각의 정확성은 싸이클 속성과 분할 속성에 의해 검증된다. 세 알고리즘이 탐욕법이라는 공통의 설계틀에 기초한다는 것을 확인하고 어떤 차이점이 있는지도 비교하면서 공부하자.

16.4.1 Prim-Jarnik 알고리즘

Prim-Jarnik 알고리즘은 단순 연결 무방향 가중그래프 G에 대한 최소신장트리를 계산한다. 그래프의 임의의 정점 s를 택하여 s로부터 시작하여 정점들을 배낭에 넣어가며 배낭

안에서 MST, 즉 최소신장트리 T를 키워 나간다. s는 T의 루트가 된다. 각 정점 v에 라벨 $d(v)$를 정의한다. $d(v)$는 배낭 안의 정점과 배낭 밖의 정점을 연결하는 간선의 무게다. 반복의 각 라운드에서 배낭 밖의 정점들 가운데 최소 $d(z)$ 라벨을 가진 정점 z를 배낭에 넣고 z에 인접한 정점들의 라벨을 갱신한다. 최소 d 라벨을 가지는 정점을 쉽게 찾기 위해 배낭 밖의 정점들을 우선순위 큐 Q에 저장한다. 배낭 안 MST에서의 정점들의 부모-자식 관계를 저장하기 위해 각 정점 v에 라벨 $p(v)$를 정의한다. $p(v)$는 MST에서 정점 v의 부모를 향한 간선을 저장한다. 이제 알고리즘 수행에 필요한 데이터구조를 정리해 보자. 먼저 각 정점 v에 다음 세 개의 라벨을 정의한다.

- **거리** distance: $d(v)$
- **위치자** locator: 우선순위 큐에서의 v의 위치
- **부모** parent: $p(v)$, MST T에서 v의 부모를 향한 간선

다음으로 필요한 데이터구조인 우선순위 큐 Q의 원소는 배낭 밖의 정점들이며 d 라벨을 키로 사용한다. 알고리즘 수행중 원소 e의 키가 k로 변경되면 다음 작업을 사용하여 Q를 갱신한다. 우선순위 큐의 상세 구현에 대해서는 나중에 살펴보자.

- Q.replaceKey(e, k): 원소 e의 키를 k로 변경하고 우선순위 큐 Q 내의 e의 위치를 갱신

알고리즘 수행 내용

Prim-Jarnik 알고리즘은 명령문 1행에서 모든 정점의 d 라벨을 무한대로 초기화한다. 배낭 안과 밖을 연결할 때의 간선 무게가 아직 알려져 있지 않기 때문이다. 모든 정점의 p 라벨 역시 널로 초기화한다. 아직 MST에 포함되지 않아 부모 간선을 알 수 없기 때문이다. 2행에서 G의 아무 정점을 출발정점 s로 택한다. 3행에서 s의 라벨을 0으로 설정한다. 4행에서 d 라벨을 키로 하여 정점들의 우선순위 큐 Q를 생성한다. 초기에는 모든 정점이 배낭 밖에 있으므로 이들 모두가 Q의 원소가 된다. 초기 Q의 최소 원소는 물론 s다.

여기까지 전초 작업을 마친 후 본격적인 반복 라운드가 시작된다. 5행에서 Q가 빌 때까지 반복적으로 최소 d 라벨 정점 u를 삭제하여 배낭에 넣고 배낭 안의 u와 간선으로 연결된 배낭 밖의 모든 정점 z의 d 라벨과 p 라벨을 갱신한다. $w(u, z)$은 간선 (u, z)의 무게를 나타낸다. d 라벨 갱신에 따라 Q도 갱신한다. 5행의 반복이 완료되면 G의 모든 정점이 배낭 안에 있게 되며 각 정점의 p 라벨에 의한 MST가 얻어진다.

```
Alg  Prim-JarnikMST(G)
    input  a simple connected weighted graph G with n vertices and m edges
    output  an MST T for G

1. for  each  v ∈ G.vertices()
        d(v) ← ∞
        p(v) ← ∅
2. s ← a vertex of G
3. d(s) ← 0
4. Q ← a priority queue containing all the vertices of G using d labels as keys
5. while  (!Q.isEmpty())
        u ← Q.removeMin()
        for  each  e ∈ G.incidentEdges(u)
            z ← G.opposite(u, e)
            if ((z ∈ Q) & (w(u, z) < d(z)))
                d(z) ← w(u, z)
                p(z) ← e
                Q.replaceKey(z, w(u, z))
```

수행 내용 설명 과정에서 배낭 얘기를 많이 했지만 이상한 것은 알고리즘을 자세히 살펴보아도 배낭을 위한 별도의 데이터구조는 없다는 점이다. 배낭은 가상적으로만 존재하기 때문이다. 알고리즘은 우선순위 큐 **Q**를 배낭 밖이라고 가정하고 **Q**에서 삭제된 정점들을 하나씩 차례로 MST에 포함시킨다. 바로 이 MST가 배낭의 역할을 하는 것이다.

또 하나, 탐욕법에 기초한 알고리즘이라고 했는데 어떤 점에서 그런지, 그리고 그렇게 작성해도 되는건지 살펴보자. 첫째, 문제 구성 면부터 보자. 직녀의 문제가 다양한 이득을 주는 물건들 가운데 선택이 가능한 구성인 것과 마찬가지로 이 문제도 다양한 무게의 간선들 가운데 선택이 가능한 구성이다. 둘째, 목표 면에서 보자. 직녀의 문제가 배낭 안 물건들의 총이득을 최대화하는게 목표인 것과 마찬가지로 이 문제는 배낭 안 간선들의 총무게를 최소화하는게 목표다. 이에 따라, 탐욕적 해결을 시도하는 직녀가 항상 최대 이득의 물건부터 배낭에 담는 것과 마찬가지로 Prim-Jarnik 알고리즘 역시 항상 최소 **d** 라벨의 정점부터 배낭에 담는다. 즉, 문제의 구성, 목표, 해결 절차 등 어느 모로 보나 탐욕법의 일반 공식과 일치하는 알고리즘인 것이다.

이제 마지막 하나 남은 의문점은 이렇게 작성해도 되는가 하는 점이다. 결론적으로, 어떤 문제해결에 탐욕법을 사용하는 정당성은 그 문제가 탐욕적 선택 속성을 가지고 있느냐에 달려 있다. 이 속성이 있고 없음은, 탐욕적 문제 구성과 목표 설정이 가능하더라도, 탐욕적 해결을 통해 목표를 성취할 수 있느냐를 가름하기 때문이다. 따라서 그래프의 최소신장트리를 구하는 문제가 탐욕적 선택 속성이 있다면 Prim-Jarnik 알고리즘은 최소신장트리를 구할 것이고, 없다면 실패할 것이다. 잠시 후 이어지는 설명에서 Prim-Jarnik 알고리즘이 정확하게 최소신장트리를 구한다는 것을 입증해보임으로써 이 문제가 탐욕적 선택 속성이 있다는 것을 확인한다.

알고리즘 수행 예

그림 16-7 (a~f)는 Prim-Jarnik 알고리즘의 수행 과정을 보인다. 그림에서 점선으로 둘러싸인 부분은 배낭을 표시한다. 가상의 배낭이므로 실제 구현하지는 않는다고 설명한 바 있다. 정점 내 첨자는 정점의 d 라벨이다. 배낭 밖을 향한 굵은 간선들은 각 반복 라운드에서 배낭의 안과 밖을 연결하는 간선들을, 배낭 안의 굵은 간선들은 p 라벨에 의한 MST 간선들을 나타낸다. 굵은 점선들은 어느 정점 z의 p 라벨로 일단 저장되었지만 이후 z의 d 라벨과 p 라벨이 갱신되면서 더 이상 p 라벨이 아닌 간선을 나타낸다.

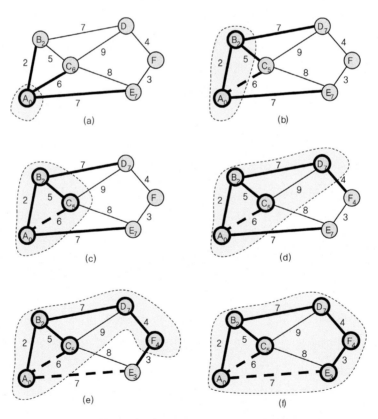

그림 16-7 (a~f) Prim-Jarnik 알고리즘 수행 예

알고리즘 정확성

Prim-Jarnik 알고리즘은 반복의 각 라운드에서 항상 배낭 C 안의 정점을 배낭 C 밖의 정점과 이어주는 최소 무게의 간선을 선택하므로 MST에 항상 타당한 간선을 추가하게 된다. 따라서 최소신장트리에 관한 분할 속성의 요건을 만족하므로 MST를 정확하게 구한다. 앞서 확인했듯이 Prim-Jarnik 알고리즘은 탐욕법에 기초하므로 그래프의 MST를 구하는 문제는 탐욕적 선택 속성이 있다고 확인할 수 있다.

알고리즘 분석

먼저 그래프 관련 작업에 대해 생각해 보자. 메쏘드 incidentEdges는 각 정점에 대해 한 번 호출된다. 라벨 관련 작업은 정점 z의 거리, 부모, 위치자 라벨을 $O(deg(z))$ 시간 읽고 쓴다. 라벨을 읽고 쓰는 데는 $O(1)$ 시간이 소요된다. 우선순위 큐 Q에 대한 작업은 다음과 같다. 각 정점은 Q에 한 번 삽입되고 한 번 삭제된다. Q를 힙으로 구현할 경우 삽입과 삭제는 각각 $O(\log n)$ 시간이 소요된다. Q 내의 정점 w의 키는 최대 $deg(w)$번 변경된다. 각 키 변경은 $O(\log n)$ 시간이 소요된다. 그러므로 그래프가 인접리스트 구조로 표현되어 있다면 $\Sigma_v \, deg(v) = 2m$ 이므로 Prim-Jarnik 알고리즘은 $O((n+m) \log n)$ 시간에 수행한다. 단순 연결그래프에서 $n = O(m)$ 이므로 이를 $O(m \log n)$으로 단순화할 수 있다.

16.4.2 Kruskal 알고리즘

Kruskal 알고리즘 역시 탐욕법에 기초한다. 알고리즘 수행을 위한 전초 작업으로 모든 정점을 각각의 독자적인 배낭에 넣는다. 즉, 그래프 G의 정점 수가 n이면 n개의 배낭으로 시작하는 것이다. 그런 다음 배낭 밖의 간선들을 우선순위 큐 Q에 저장한다. Q의 원소는 간선들이며 키는 간선의 무게다. 비어 있는 MST T를 초기화한 후, 반복의 각 라운드에서 두 개의 다른 배낭 안에 양끝점을 가진 최소 무게의 간선을 MST T에 포함하고 두 배낭을 하나로 합친다. 그래프 G의 정점 수 n보다 하나 작은 수의 간선을 배낭에 포함할 때까지 반복한다. 반복이 완료되면 MST T를 포함하는 한 개의 배낭만 남는다.

위 내용과 Prim-Jarnik 알고리즘에서 설명했던 방식을 참고한다면 Kruskal 알고리즘이 어떤 점에서 탐욕법 알고리즘이라 할 수 있는지 설명하는 것은 그리 어렵지 않다. 스스로 해보도록 하자.

```
Alg  KruskalMST(G)
    input  a simple connected weighted graph G with n vertices and m edges
    output  an MST T for G

1. for  each  v ∈ G.vertices()
        define a Sack(v) ← {v}
2. Q ← a priority queue containing all the edges of G using weights as keys
3. T ← ∅
4. while  (T has fewer than n – 1 edges)
        (u, v) ← Q.removeMin()
        if  (Sack(u) ≠ Sack(v))
            Add edge (u, v) to T
            Merge Sack(u) and Sack(v)
5. return  T
```

알고리즘 수행 예

그림 16-8 (a~g)는 Kruskal 알고리즘의 수행 과정을 보인다. 그림에서 점선으로 둘러싸인 부분은 배낭들을 표시한다. 배낭과 배낭 사이의 굵은 간선들은 반복의 각 라운드에서 우선순위 큐 **Q**에서 삭제된 최소 무게의 간선을, 배낭 안의 굵은 간선들은 MST **T**에 포함된 간선들을 나타낸다. 굵은 점선으로 표시된 간선은 **Q**에서 삭제된 최소 무게의 간선이지만 간선의 양끝점이 소속된 배낭이 같기 때문에 MST **T**에 포함되지 못한 간선들을 나타낸다.

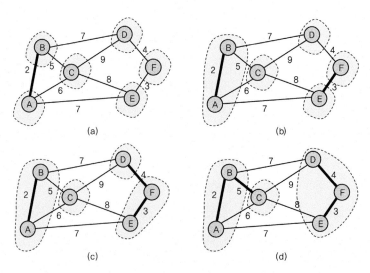

그림 16-8 (a~g) Kruskal 알고리즘 수행 예

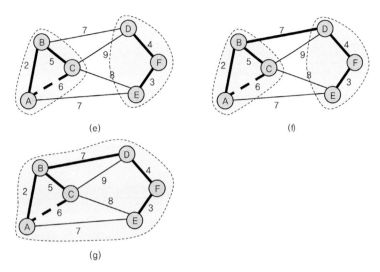

그림 16-8 (a~g) Kruskal 알고리즘 수행 예

알고리즘 정확성

Kruskal 알고리즘의 정확성은 분할 속성으로부터 유도된다. Kruskal 알고리즘은 반복 라운드마다 간선 (*u*, *v*)를 MST *T*에 추가한다. 이때 그래프 *G*의 정점 집합 *V*가 *u*를 포함하는 배낭 V_1과 V_1에 속하지 않은 나머지 정점들을 모두 포함하는 배낭 V_2로 분할되었다고 보자. 이는 모든 정점이 두 부분으로 분리된 분할 상태며 우선순위 큐로부터 간선들을 무게 순서로 추출하고 있으므로 (*u*, *v*)는 양끝점이 각각 V_1과 V_2에 속한 최소 무게의 간선이 된다. 따라서 Kruskal 알고리즘은 항상 타당한 MST 간선을 추가하게 된다. 그 결과 MST를 정확히 구한다.

알고리즘 구현

Kruskal 알고리즘을 잘 살펴보면 정점 간의 인접 정보를 이용하지 않고 수행한다는 것을 알 수 있다. 따라서 Kruskal 알고리즘의 수행 대상 그래프는 부착리스트 또는 인접행렬로 주어지는 인접 정보가 생략된 것이라도 무방하다. 즉, 13.4.1절에 소개한 간선리스트 구조로 표현된 그래프면 충분하다.

　Kruskal 알고리즘은 여러 개의 배낭을 사용한다. 그리고 이 배낭은, Prim-Jarnik 알고리즘이 사용했던 가상의 배낭과 달리, 실제 배낭이다. 각 배낭은 트리를 저장하므로 전체적으로 트리의 숲을 유지한다. 이를 구현할 적당한 데이터구조로 분리집합(4장 참고)이 있다. 분리집합으로 구현하는 한 가지 방안으로, 각 트리를 리스트로 구현된 분리집합에 저장하고 각 원소에 소속 집합을 가리키는 참조를 저장한다. 메쏘드 find(u)는 *u*가

소속된 집합을 반환하는 데 $O(1)$ 시간을 소요한다. 메쏘드 union(u, v)는 크기가 작은 집합의 원소들을 큰 집합 리스트로 옮기며 원소들의 참조를 갱신한다. 이 작업에는 $O(min(|u|, |v|))$ 시간이 소요된다. 여기서 $|u|$와 $|v|$는 각각 u와 v를 저장한 집합의 크기다.

알고리즘 KruskalMST-DisjointSets는 분리집합 구현을 전제로 한 버전이다. 정점이 속한 배낭 검사는 메쏘드 find로, 두 배낭을 합치는 것은 메쏘드 union으로 수행한다.

Alg *KruskalMST-DisjointSets(G)*
   input a simple connected weighted graph *G* with *n* vertices and *m* edges
   output an MST *T* for *G*

1. *Let **D** be a disjoint set of the vertices of **G**, where each vertex forms a separate set*
2. *Let **Q** be a priority queue storing the edges of **G**, sorted by their weights*
3. *Let **T** be an initially-empty tree*
4. **while** (!*Q.isEmpty()*)
   (*u*, *v*) ← *Q.removeMin()*
   if (*D.find(u)* ≠ *D.find(v)*)
      Add (*u*, *v*) *to **T***
      D.union(u, v)
5. **return** *T*

알고리즘 분석

먼저 우선순위 큐 **Q**의 초기화 작업에 드는 시간을 계산해 보자. 힙을 사용하여 **Q**를 구현한다면 반복적인 삽입 방식에 의해서는 $O(m \log m)$ 시간에, 상향식 힙생성 방식에 의해서는 $O(m)$ 시간에 **Q**를 생성할 수 있다(6장 참고). 다음은 반복의 각 라운드에서 소요되는 시간을 계산한다. 반복의 각 라운드에서 최소 무게의 간선을 $O(\log m)$ 시간에 삭제할 수 있다. 여기서 **G**가 단순그래프이므로 $O(\log m) = O(\log n)$이다. 각 배낭을 위한 분리집합을 리스트로 구현하면, find(u) ≠ find(v) 검사에 $O(1)$ 시간이 소요된다. 두 개의 배낭 ***Sack*(u)**와 ***Sack*(v)**를 합치는 데는 $O(min(|Sack(u)|, |Sack(v)|))$ 시간이 소요된다. 따라서 원소가 새 배낭으로 이동할 때마다 원래 배낭보다 최소 두 배 크기의 배낭으로 옮겨지므로 각 원소는 최대 $\log n$ 번 이동된다. 이를 모든 정점에 대해 누적하면 $O(n \log n)$이다. 총 반복 횟수는 최악의 경우 **m** 번이다. 그러므로 Kruskal 알고리즘은 $O((n + m) \log n)$ 시간에 수행한다. 단순 연결그래프에서 $n = O(m)$이므로 이를 $O(m \log n)$으로 단순화할 수 있다.

16.4.3 Baruvka 알고리즘

Sollin 알고리즘이라고도 많이 알려진 Baruvka 알고리즘은 Kruskal이나 Prim-Jarnik 알고리즘과 마찬가지로 탐욕 알고리즘이다. 그러나 이들과 달리 우선순위 큐를 사용하지는 않는다. 하지만 Kruskal 알고리즘과 마찬가지로 Baruvka 알고리즘도 모든 정점을 각각의 독자적인 배낭에 넣고 시작한다. 이 배낭들을 실제 구현해야 한다는 점도 Kruskal 알고리즘과 같다. Kruskal이나 Prim-Jarnik 알고리즘이 반복의 각 라운드에서 한 개의 간선을 취함으로써 배낭을 키워 나가는 것과 달리 한 라운드에 한꺼번에 여러 개의 간선을 취하여 여러 배낭을 동시에 키워 나간다는 점이 가장 크게 다르다.

알고리즘은 그래프 G의 단독 정점들로 구성된 트리 T로 출발하여 T에 포함된 간선의 수가 그래프 G의 정점 수 n보다 하나 작을 때까지 반복을 계속한다. 반복의 각 라운드에서 T의 각 연결요소 C_i에서 다른 연결요소로 향하는 간선 중 최소 무게의 간선 e를 찾는다. 만약 e가 이미 T에 포함되어 있지 않으면 e를 T에 추가한다. 반복이 완료되면 MST T를 반환한다.

위 설명 그리고 이어지는 수행 과정을 보면서 Baruvka 알고리즘이 왜 탐욕 알고리즘에 속하는지 스스로 생각해 보자.

Alg *BaruvkaMST*(**G**)

    input a simple connected weighted graph $G = (V, E)$ with n vertices and m edges

    output an MST T for G

    1. $T \leftarrow V$ {just the vertices of G}

    2. **while** (T *has fewer than* $n - 1$ *edges*)

        for each *connected component* C_i *in* T

            Let edge e *be the smallest-weight edge from* C_i *to another component in* T

            if (e *is not already in* T)

                Add edge e *to* T

    3. **return** T

알고리즘 수행 예

그림 16-9 (a~c)는 Baruvka 알고리즘의 수행 예를 보인다. 그림에서 점선으로 둘러싸인 부분은 각 연결요소의 배낭들을 표시한다. 배낭과 배낭 사이의 굵은 간선들은 반복의 한 라운드에서 각 연결요소로부터 다른 연결요소로 향하는 최소 무게의 간선을, 배낭 안의

굵은 간선들은 MST **T**에 포함된 간선들을 나타낸다. 주어진 그래프의 경우 단 2회의 반복 라운드로 MST **T**를 구한다.

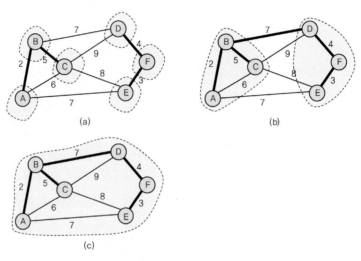

그림 16-9 (a~c) Baruvka 알고리즘 수행 예

알고리즘 정확성

Baruvka 알고리즘 반복의 각 단계에서는 현재의 MST **T**의 각 연결요소 C_i 사이를 교차하는 최소 무게의 간선들을 취한다. 여기서 그래프 **G**의 정점 집합 **V**가 C_i에 속한 정점들과 C_i 바깥의 정점들로 분할되었다고 가정하자. 그러면 C_i를 위해 선택된 간선 **e**는 **e**가 MST에 반드시 포함되어야 한다는 MST에 관한 분할 속성의 요건을 만족한다. 따라서 반복의 각 단계에서 취해지는 간선들은 모두 타당한 선택임을 알 수 있다.

알고리즘 구현

T에 대한 인접리스트를 사용하면 숲 **T**에 간선을 추가하는 작업을 **O**(1) 시간에 처리할 수 있다. 연결요소들을 찾기 위해 숲 **T**를 순회하는 것은 **T**에 대한 DFS를 수행하면 **O**(**n**) 시간에 수행 가능하다. 각 정점이 소속된 연결요소는 정점에 라벨을 정의하여 저장한다. 그래프 **G**의 간선 중 연결요소 C_i에 부착한 최소 무게의 간선은 C_i에 속한 정점들의 인접 리스트를 조사하여 찾을 수 있다.

알고리즘 분석

한 라운드의 반복에 소요되는 시간을 구하고 여기에 반복 라운드 수를 곱하여 총 실행시간을 구한다. 먼저 반복의 각 라운드에서 각 연결요소 C_i 사이를 교차하는 최소 무게의 간선들을 찾기 위해 C_i에 속한 정점들의 인접리스트를 전면적으로 탐색한다. 이때 그래프 G의 모든 간선 (u, v)를 (각 정점은 자신이 소속된 연결요소 라벨을 가지므로) 한 번은 u에 대해, 또 한 번은 v에 대해 모두 두 번 조사하기 때문에 총 $O(m)$ 시간이 소요된다. 최소 무게의 간선이 이미 T에 존재하는지 검사하기 위해 T의 모든 간선을 순회하는 데 총 $O(n)$ 시간이 소요된다. T에 간선을 추가하는 작업은 총 $O(n)$ 시간이 소요된다. 다른 연결요소와 합쳐지는 연결요소의 모든 정점들의 소속을 재라벨하는 데 $O(n)$ 시간이 소요된다. 따라서 ($n \leq m$ 이므로) 한 번의 반복 라운드의 총 수행시간은 $O(m)$ 시간이다.

다음은 반복 라운드 수를 구해 보자. 반복의 각 라운드에서 각 배낭으로부터 나오는 하나의 간선을 골라 다른 배낭과 합쳐 새 배낭을 만든다. 따라서 각각의 기존 배낭이 최소 한 개의 다른 기존 배낭과 합쳐진다. 그 결과 반복 라운드마다 배낭의 총수가 최소 절반으로 줄어드므로 총 반복 라운드 수는 $O(\log n)$이다. 그러므로 Baruvka 알고리즘의 실행시간은 $O(m \log n)$이다.

16.4.4 MST 알고리즘 비교

세 가지 MST 알고리즘은 최악실행시간은 동일하지만 최소신장트리를 구하기 위해 상이한 데이터구조와 접근 방식을 가진다. 외부 데이터구조의 필요성 면에서 보면 Kruskal 알고리즘은 간선들을 저장하는 우선순위 큐와 배낭들을 저장하기 위해 리스트로 구현된 분리집합을 사용한다. Prim-Jarnik 알고리즘은 정점들을 저장하는 우선순위 큐만 사용한다. 따라서 데이터구조 사용 면에서는 Prim-Jarnik 알고리즘이 가장 간단하다. Baruvka 알고리즘은 연결요소들을 표현할 수 있는 방안이 필요하므로 다른 둘에 비해 좀 어렵다고 할 수도 있다. 표 16-1은 세 알고리즘에 대한 비교를 요약한다.

표 16-1 MST 알고리즘 비교

알고리즘	주요 전략	실행시간	외부 데이터 구조
PrimJamik	탐욕법	$O(m \log n)$	정점들을 저장하기 위한 우선순위 큐
Kruskal	탐욕법	$O(m \log n)$	간선들을 저장하기 위한 우선순위 큐 배낭들을 구현하기 위한 분리집합
Baruvka	탐욕법	$O(m \log n)$	연결요소를 표현하기 위한 데이터구조

16.5 응용문제

먼저 이 장에서 배운 탐욕법에 대해 고찰해볼 수 있는 두 개의 응용문제를 다루고 이어서 최소신장트리 응용을 위한 문제를 제시하고 해결한다. 제시될 문제는 다음과 같다.

- 보석전시회
- 공연홀 좌석배정
- 8-자 모양 그래프에서의 최소신장트리

16.5.1 보석전시회

보석전시회가 열리고 있는 긴 복도를 표현하는 1차원 축 L이 있다. 복도 축 L을 따라 보석들이 놓인 위치를 나타내는 실수들의 집합 $X = \{x_0, x_1, \cdots, x_{n-1}\}$이 주어졌다. 한 명의 경비가 자신이 서있는 위치에서 좌우 양쪽으로 최대 k 거리까지 경비할 수 있다고 가정하자(따라서 좌우 한쪽으로는 $k/2$). 최소 인원의 경비를 사용하여 X에 표시된 위치에 놓인 보석들을 모두 지킬 수 있도록 하는 경비들의 배치를 계산할 알고리즘 gemGuard(X, k)를 작성하라.

■ 해결

한 사람의 경비가 커버할 수 있는 간격이 k이므로 L 상의 모든 지정된 위치를 최소 개수의 k 간격으로 커버할 수 있는 탐욕 알고리즘을 작성한다. 알고리즘 gemGuard는 가장 먼저 X의 원소들(즉, 위치들)을 오름차순으로 정렬한다. 이제부터는 그림 16-10의 수행 예를 참고하면서 알고리즘을 따라가보자. 먼저, X의 맨 처음 원소 x_0에 대해 $x_0 + k/2$ 위

치에 경비를 세우는 것으로 시작한다. 이제 이 경비로부터 좌우 $k/2$ 거리 내에 있는 보석들은 모두 커버된다. 이후 반복적으로 나타나는 원소 x_i에 대해, 만약 x_i가 최근에 세운 경비에 의해 커버가 되면 그냥 지나가고 그렇지 않으면 $x_i + k/2$ 위치에 경비를 세운다. 탐욕 알고리즘은 X의 모든 원소들을 커버할 때까지 이 절차를 반복한다. 알고리즘 수행을 위해 경비들을 세울 때마다 각각의 위치를 저장할 리스트 G가 필요하다. 초기 정렬을 위한 시간을 제외한다면 $O(|X|)$ 시간에 수행한다.

```
Alg  gemGuard(X, k)
    input  list X of points, interval k
    output  list G of guard points


1. Sort the points in X smallest to largest
2. G ← empty list
3. x ← X.removeFirst()
4. g ← x + k/2
5. G.addLast(g)                    {the first guard}
6. while  (!X.isEmpty())
       x ← X.removeFirst()
       if  (x – g > k/2)           {uncovered}
           g ← x + k/2
           G.addLast(g)            {next guard}
5. return  G.elements()
```

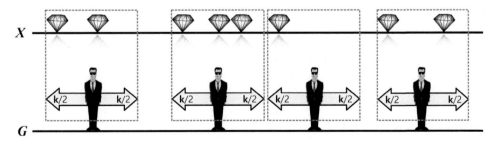

그림 16-10 보석전시회 알고리즘 수행 예

지금까지 다루었던 문제들에 비해 조금은 색다르지만, 문제 구성 면에서 다양한 수치(즉, 보석들의 위치)를 가진 항목들과 최대화해야 할 목표(즉, 최소 숫자의 경비로 최다의 보석을 커버)가 존재하므로 탐욕법을 적용하기에 적당한 환경이며, gemGuard 알고리즘은 출발 이후 최소 거리에 있는 X의 원소부터 반복적으로 처리하는 식의 탐욕적 해결방식으로 수행한다. 최적해를 구하므로 이 문제는 탐욕적 선택 속성이 있다고 할 수 있다.

16.5.2 공연홀 좌석배정

 당신이 살고 있는 Sin City의 시립 공연홀의 관장은 오로지 돈, 즉 티켓 판매고에만 관심이 있다. 이슈는, 단체관람객이 공연을 보기 위해서는 그 단체의 모든 멤버가 좌석을 배정받아야만 하며 그렇지 않으면 관람을 포기한다는 점이다. 선착순에 의해 티켓을 판매하는 현재 시스템에서는 좌석이 남아 있더라도 남은 좌석 수보다 큰 단체가 관람을 원할 경우 이들을 수용할 수 없기 때문에 입장 수입에 큰 지장을 초래한다. 관장은 당신을 판매담당 고문으로 영입하여 티켓 판매고를 올리는 문제를 일임했다. 여러가지 생각 끝에 당신은 새로운 티켓 판매전략을 제안했다.

> ※ 전략 : 선착순으로 좌석을 배정하기 보다는 큰 단체에게 좌석을 우선 배정하고 그 후 크기가 작은 순서로 단체에게 배정하며 마지막에는 개인관람객(즉, 1인 단체)에게 배정한다.

이 전략에 대한 구체적 알고리즘은 다음과 같다. 티켓을 사려는 단체들 $G[1..m] = (g_1, g_2, \cdots, g_m)$ 이 주어진다. 여기서 $g_i \geq 1$은 단체 i의 크기를 나타낸다. 총 관람석 수는 n이라 가정하자. 아래의 탐욕적 좌석배정 알고리즘 seat(G, n)에서 admit(i)는 단체 i를 입장시키는 것을, reject(i)는 단체 i를 좌석 부족으로 돌려 보내는 것을 의미한다.

```
Alg  seat(G, n)
    input  array G[1..m] of integers, integer n
    output  number of people admitted

1. admitted ← 0
2. G ← Sort G largest to smallest
3. remaining ← n
4. for i ← 1 to m
       if (G[i] ≤ remaining)
          admit(i)
          remaining ← remaining – G[i]
          admitted ← admitted + G[i]
       else
          reject(i)
5. return admitted
```

> A. 탐욕 알고리즘 seat가 최적 알고리즘은 아니라는 것을 예를 들어 설명하라.
>
> B. 만약 k명의 사람을 입장시키는 것이 최적해라면, seat 알고리즘은 적어도 $k/2$ 명의 사람을 입장시킨다는 것을 설명하라.

■ 해결

탐욕 알고리즘의 속성에 대한 이해를 바탕으로 해결하는 문제다. 우선, 첫 번째 문제에서 요구하는 예로 $G = ((n+2)/2, n/2, n/2)$를 들 수 있다. 구체적 예를 들면 $n = 100$에 대해 $G = (51, 50, 50)$인 경우다. G에 대해 탐욕 알고리즘 seat는 $(n+2)/2$ 크기의 단체를 우선 입장시킬 것이고 나머지 단체들은 모두 입장시키지 못할 것이다. 반면, 최적 알고리즘이라면 $n/2$ 크기의 두 단체만을 입장시킴으로써 n개의 좌석을 모두 채울 것이다.

다음, 두 번째 문제는 seat 알고리즘은 적어도 최적해 k의 절반, 즉 $k/2$명의 사람을 입장시킨다는 명제에 대한 증명이다. 여러 가지 경우로 나누어 고려하여 어떤 경우에도 이 명제가 성립함을 증명할 것이다. seat 알고리즘이 주어진 G의 모든 단체를 입장시키든가, 입장시키지 못하든가 둘 중 하나다. 만약 전자라면 k명을 입장시킨 것이니 적어도 $k/2$명을 입장시킨 것이 된다. 따라서 증명이 된 것이다. 만약 후자라면 입장시키지 못한 단체 g_i가 적어도 한 개 있을 것이다. 여기에는 $g_i \geq k/2$인 경우와 $g_i < k/2$인 경우, 두 가지 가능성이 존재한다. 먼저 $g_i \geq k/2$인 경우를 생각해 보자. 탐욕 알고리즘 seat의 속성상 g_i보다 큰 단체를 먼저 입장시켰을 것이다. 그런 단체가 없다면 g_i를 먼저 입장시킬 것이 확실하기 때문이다. 둘 중 어느 경우든 seat 알고리즘이 최소 $k/2$명의 사람을 입장시킨다는 것이 증명된다. 다음, $g_i < k/2$인 경우다. 이는 seat 알고리즘 수행의 어떤 시점에서 *remaining* $< g_i < k/2$이 성립했다는 의미가 된다. 즉, 그 시점에 남은 좌석 수가 $k/2$보다 작았단 뜻이다. $k \leq n$이므로, 이 말은 바로 그 시점에 적어도 $k/2$명의 관객이 이미 입장했다는 말과 같다. 그러므로 명제가 증명된 것이다.

16.5.3 8-자 모양 그래프에서의 최소신장트리

그림 16-11처럼 n개의 정점과 m개의 간선으로 이루어지며 두 개의 싸이클이 한 정점에서 만난 형태의 단순 연결 무방향 가중그래프 G가 있다. G의 최소신장트리를 구하는 효율적인 메쏘드를 작성하고 실행시간을 구하라.

※ 전제 : 두 개의 싸이클은 반드시 동일한 수의 정점으로 이루어진 것은 아니며 n에 대해서도 아무런 가정이 없다.

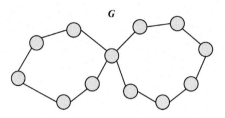

그림 16-11 8-자 모양 그래프

■ 해결

최소신장트리의 개념만 제대로 알면 아주 쉽게 해결할 수 있는 문제다. 8-자 모양 그래프 G에 대한 최소신장트리는 기존의 MST 알고리즘을 사용하지 않고 지름길 메쏘드로 구할 수 있다. 메쏘드는 $O(n)$ 시간에 수행한다.

1. 그래프 G의 왼쪽 싸이클에서 최대 무게의 간선을 찾아 e_1이라고 한다.
2. 그래프 G의 오른쪽 싸이클에서 최대 무게의 간선을 찾아 e_2라고 한다.
3. 그래프 G의 간선 집합 E에서 e_1과 e_2를 제외한 간선들이 MST의 간선들이다.

Alg *eight-ShapedMST(G)*
    input a simple connected weighted graph *G* consisting of two cycles with *n*
                vertices and *m* edges
    output an MST *T* for *G*

  1. e_1 ← *the maximum-weight edge in the left cycle of G*   {O(*n*)}
  2. e_2 ← *the maximum-weight edge in the right cycle of G*   {O(*n*)}
  3. *T* ← *E* − ({e_1} ∪ {e_2})
  4. **return** *T*

                                                                {Total O(*n*)}

요약

- 가중그래프는 그래프 내 간선이 무게 또는 비용이라 부르는 관련 수치값을 가진 그래프를 말한다.
- 최소신장트리는 가중그래프의 간선 무게의 합이 최소인 신장트리다.

- 최소신장트리의 두 가지 중요한 속성인 싸이클 속성과 분할 속성은 MST 알고리즘의 정확성 검증에 사용된다.
- 탐욕법은 일반적인 알고리즘 설계 기법 가운데 하나다. 중요한 요소로는 다양한 선택으로 된 구성과 최대화 또는 최소화해야 할 목표가 있으며, 탐욕적 선택 속성이 있는 문제에 적용할 경우 잘 맞는다.
- MST를 구하는 Prim-Jarnik, Kruskal, Baruvka 알고리즘은 최악실행시간이 $O(m \log n)$으로 동일하지만 외부 데이터구조 사용과 접근 방식에 있어서 상이하다.

연습문제

16–1 부분적 배낭 알고리즘

n-개 항목 집합 S의 각 항목 i는 양의 이득 b_i와 양의 무게 w_i로 이루어졌다. 주어진 무게 W를 넘지 않으면서 **최대 이득이 되는 S의 부분집합**maximum-benefit subset을 계산하는 효율적인 탐욕 알고리즘 fractional-Knapsack(S, W)을 작성하라.

※ 힌트 : 힙에 기초한 우선순위 큐를 사용하면 이 알고리즘은 $O(n \log n)$ 시간에 수행한다. 여기서 n은 S의 항목의 수다.

16–2. 부분적 배낭 문제 연습

$S = \{a, b, c, d, e, f, g\}$를 다음과 같은 (이득, 무게)를 가진 개체들의 모음이라 하자.

a:(12, 4), b:(10, 6), c:(8, 5), d:(11, 7), e:(14, 3), f:(7, 1), g:(9, 6)

A. 배낭이 최대 18의 무게를 지탱할 수 있다고 가정하고 부분적 배낭 문제라는 전제 하에 S에 대한 최적해를 구하라.

B. 이 문제를 0-1 배낭 문제로 전제하고 최적해를 다시 구하라.

16–3 인터넷 경매

우치는 n개의 소품을 팔기 위해 인터넷 경매를 주선하고 있다. 우치는 m개의 응찰을 받았다. 각 응찰 $i = 1, 2, \cdots, m$은 "k_i개의 소품을 d_i에 사겠다"라는 형식으로 되어 있다. 우치에게 놓인 최적화 문제를 배낭 문제로 대입하여 설명해 보아라. 어떤 조건이면 우치의 문제가 0-1 또는 부분적 배낭 문제로 귀결되는가?

16-4 MST 알고리즘 연습

아래 그래프 **G**에 대해 다음 MST 알고리즘의 수행 절차를 보여라.

- Prim-Jarnik 알고리즘
- Kruskal 알고리즘
- Baruvka 알고리즘

※ 주의 : 아래 그래프 **G**에 대한 MST는 유일하다.

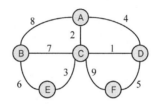

심층문제

16-1 MST 알고리즘 구현

간선의 무게가 모두 정수라고 가정하고 다음 알고리즘을 각각 C 프로그램으로 구현하라.

A. Prim-Jarnik 알고리즘
B. Kruskal 알고리즘
C. Baruvka 알고리즘

실행예 아래 그래프 **G**에 대해 실행하여 MST에 포함된 간선들의 집합을 출력하라. 각 간선은 (**u**, **v**) 형식으로 보일 것.

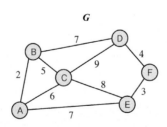

16-2 MST 알고리즘 성능 비교

세 개의 MST 알고리즘 가운데 둘을 선택하여 C로 구현하고 성능을 비교실험하라.

실행예 무작위로 생성된 정점 100개, 간선 300개로 구성된 가중그래프에 대해 실행하고 그 결과로 얻은 MST의 총 간선 무게 및 MST 계산에 소요된 실제 수행시간을 보고하라.

※ 주의

- 무작위로 생성된 그래프가 (연결성 검사 결과) 연결그래프일 때까지 반복 생성해야 할 것이다.
- 수행시간에 관해, 그래프 생성 시간은 제외하고 MST 알고리즘 수행에 걸린 시간만 측정하여 보고해야 한다.

16-3* 최대신장트리

통신회사 ST는 전국에 퍼진 n개의 지국들을 통신선으로 연결하고자 한다. 각 지국 쌍은 미리 알려진 다양한 대역폭 가운데 하나로 연결될 수 있다. ST는 최소라 할 수 있는 $n-1$개의 통신선을 사용하여 모든 지국들을 연결하는 동시에 최대의 총대역폭을 얻고 싶다. 여기서 총대역폭이란 개개 통신선의 대역폭의 총합을 말한다. 이 문제를 해결할 효율적인 알고리즘을 의사코드로 작성하고 최악 실행시간을 구하라.

※ 힌트

- 가중그래프를 $G = (V, E)$ 라 하자. 여기서 V는 지국들의 집합이며 E는 지국들 간의 통신선의 집합이다.
- 간선 $e \in E$ 의 무게 $w(e)$를 해당 통신선의 대역폭으로 정의하라.
- 최소 무게의 간선으로 이루어진 최소신장트리를 구하는 대신 최대 무게의 간선으로 이루어진 최대신장트리를 구하는 방안을 고려하라.

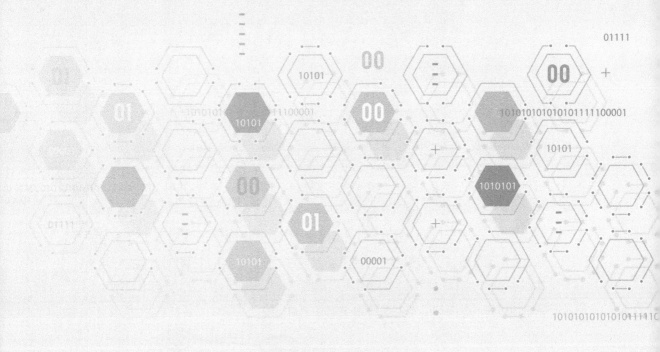

CHAPTER **17**

최단경로

최단경로

 최단경로 문제 shortest path problem는 가중그래프와 두 개의 정점 u와 v가 주어졌을 때 u와 v 사이의 무게의 합이 최소인 경로를 구하는 문제를 말한다. 최단경로의 길이는 간선들의 무게 합이다. 예를 들어 그림 17-1은 국제선 항로에서 동경과 로마 사이의 최단경로를 보인다(실제 거리와 일치하지는 않는다). 최단경로는 응용 범위가 매우 넓은 주제다. 실제로 인터넷 패킷 라우팅, 항공편 예약이나 자동차 네비게이션 등에서 중요하게 활용되고 있다.

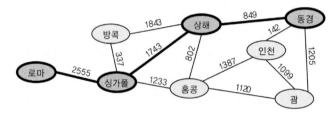

그림 17-1 국제선 항로에서 최단경로

17.1.1 최단경로 속성

최단경로에 두 가지의 중요한 속성이 있다.

- **속성 1**

  최단경로의 **부분경로** subpath 역시 최단경로다.
- **속성 2**

  출발정점으로부터 다른 모든 정점에 이르는 최단경로들의 트리가 존재한다. 이를 **단일점 최단경로** single-source shortest paths라고 부른다.

그림 17-2는 국제선 항공로에서 동경을 출발정점으로 한 단일점 최단경로를 나타낸다. 굵은 간선들은 동경을 루트로 하는 최단경로 트리의 간선이다. 속성 1의 의미는 그림에

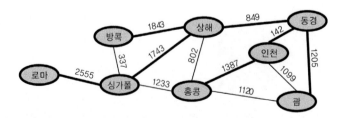

그림 17-2 최단경로

서 상해에서 로마, 또는 인천에서 홍콩 사이의 굵게 표시된 부분 경로 역시 두 공항 간의 최단경로라는 것이다.

앞 장에서 다루었던 최소신장트리와는 어떻게 다른걸까? 세 가지 차이점이 있다. 최단경로는 최소신장트리와 달리 첫째, 무방향뿐만 아니라 방향그래프에서도 정의된다. 둘째, 그래프에 음의 무게를 가진 싸이클이 있거나 무방향그래프에 음의 무게를 가진 간선이 있으면 최단경로는 정해지지 않는다. 셋째, 최단경로로 이루어진 트리, 즉 **최단경로트리**shortest path tree는 루트트리다. 그림 17-3은 국제선 항로에 대한 최소신장트리를 보인다. 최단경로와 차이를 보이는 일례로써 동경에서 괌 사이의 항로가 최단경로트리에서는 포함되지만 최소신장트리에서는 제외되는 것을 알 수 있다.

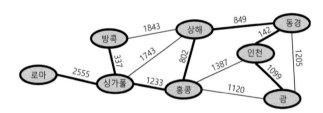

그림 17-3 국제선 항로에 대한 최소신장트리

17.1.2 음의 무게를 가지는 간선과 싸이클

가중 방향그래프에 음의 무게를 가진 싸이클이 존재한다면 최단경로는 존재하지 않는다. 마찬가지로 가중 무방향그래프에 음의 무게를 가진 간선이 존재해도 최단경로는 존재하지 않는다. 그림 17-4는 국제선 항공편의 요금을 나타낸 방향그래프다. 중국계 항공사들간의 항공요금 할인 전쟁이 도를 넘어 그림에 보인 것처럼 일부 노선의 항공편을 탈 때마다 요금을 내는 대신 사례금을 받는다고 가정하자. 그러면 상해, 홍콩, 싱가폴 순으로 여행하는 싸이클의 총요금이 음수가 된다. 이 경우 최단경로, 즉 요금이 가장 싼 경로는 찾을 수가

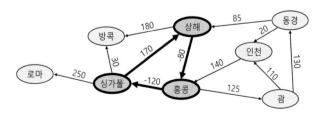

그림 17-4 방향그래프에서 음의 무게를 가지는 싸이클

없게 된다. 여행자가 어느 공항에서 출발하든 일단 음의 무게를 가진 싸이클의 아무 정점에 진입하여 무한정으로 싸이클을 회전할 것이기 때문이다.

무방향그래프의 경우 음의 싸이클이 아닌 음의 무게를 가지는 간선만 있더라도 최단경로를 구할 수 없다. 음의 무게를 가진 간선을 왕복하면 음의 싸이클을 순회한 것과 마찬가지기 때문이다. 현실에서 마이너스 요금이나 마이너스 거리라는 것은 상상하기 어려운 것이라 음의 무게를 가진 간선이 존재하는 그래프는 드물다. 하지만 게임 등 비현실 세계에서는 존재할 수도 있다. 던전 게임에서 탐험가가 통로를 지나가면 대개 일정량의 에너지를 소비하지만 특정 통로를 지나갈 경우 오히려 에너지를 충전한다면 이 통로는 음의 무게를 가지는 간선의 좋은 예라고 할 수 있다.

표 17-1에 보인 것처럼 최단경로를 찾는 알고리즘은 그래프의 형태에 따라 선택이 달라진다. 이를테면 음의 무게를 가진 간선이 있는지 없는지, 무방향인지 방향인지, 그리고 비싸이클(DAG)인지 아닌지 등의 경우에 따라 최적의 알고리즘이 따로 존재한다. 이어지는 절에서 각각에 대해 상세히 공부한다.

표 17-1 그래프 형태에 다른 최단경로 알고리즘 선택

그래프	알고리즘	시간
음의 무게를 가진 간선이 없는 그래프	Dijkstra	$O(m \log n)$ 또는 $O(n^2)$
음의 무게를 가진 간선이 있는 방향그래프	Bellman-Ford	$O(nm)$
비가중그래프	BFS	$O(n+m)$
DAG	위상순서	$O(n+m)$

17.2 최단경로 알고리즘

그래프 형태에 따라 최적의 최단경로 알고리즘이 따로 있다. 이어지는 절에서 각각을 소개한다.

17.2.1 Dijkstra 알고리즘

Dijkstra('다익스트라'로 읽는다)가 제시한 최단경로 알고리즘은 음의 무게를 가진 간선이 없는 그래프에 적용된다. 음의 무게를 가진 간선이 존재하는 그래프에 적용할 경우 최단

경로를 구한다는 보장이 없다. 하지만 음의 무게를 가진 간선이 매우 드문 대개의 현실적인 그래프에 대해서는 문제없이 적용되므로 유용하게 쓰인다. 중요한 특징은 탐욕법에 기초한다는 점이다. 따라서 배낭도 사용된다.

아래 알고리즘 DijkstraShortestPaths 수행의 전제는 그래프가 연결되었다는 것과, 간선들이 무방향이라는 것, 그리고 간선의 무게는 음수가 아니라는 것이다. Dijkstra 알고리즘에 대한 이해는 거리 개념으로부터 출발한다. 정점 s로부터 정점 v의 **거리**distance는 s와 v 사이의 최단경로의 길이다. Dijkstra 알고리즘은 출발정점 s로부터 다른 모든 정점까지의 거리를 계산한다. 먼저 s로부터 시작하여 정점들을 차례로 배낭에 넣다가 결국엔 모든 정점을 배낭에 넣는다. 각 정점 v에 라벨 $d(v)$를 저장하여 배낭과 인접정점들을 구성하는 부그래프에서의 s로부터 v까지의 거리를 표현하도록 한다. 반복의 각 라운드에서 배낭 밖의 정점 가운데 거리 라벨 d가 최소인 정점 u를 배낭에 넣고 u에 인접한 정점들의 라벨을 갱신한다.

알고리즘 수행에 필요한 데이터구조로는 배낭 밖 정점들을 유지할 우선순위 큐 Q가 있다. Q의 원소는 정점들이며 키는 거리 라벨 d다. 각 정점 v에는 두 개의 라벨을 정의한다. v의 거리를 나타내는 d 라벨과 Q 내에서 v의 위치를 나타내는 위치자 라벨이다. 알고리즘이 사용하는 배낭은 Prim-Jarnik 최소신장트리 알고리즘에서와 같이 실제 데이터구조로 구현할 필요가 없는 가상의 배낭이다.

알고리즘 수행 과정

Dijkstra 알고리즘은 활용도가 매우 높은 만큼 충분히 알아야 한다. 이제 알고리즘을 상세히 살펴보자. 명령문 1행에서 모든 정점의 d 라벨을 (아직 구하지 않은 상태이므로) 무한대로 초기화한다. 2행에서 출발정점 s의 d 라벨에 0을 저장한다. 3행에서 d 라벨을 키로 하여 모든 정점들의 우선순위 큐 Q를 생성한다. Q의 최소 키 원소는 당연히 s가 된다.

여기까지 전초 작업을 마치면 본격적인 반복 라운드가 시작된다. 4행에서 Q가 빌 때까지 다음을 반복한다. 정점 u를 Q에서 삭제하여 배낭에 넣은 후 Q에 남아 있는 u의 모든 인접정점 z의 거리를 갱신하고 이에 따라 Q 내 z의 위치도 갱신한다. Q의 모든 정점이 배낭 안으로 들어와 반복이 완료된 시점에는 정점들의 거리를 모두 구한 상태가 되므로 종료한다.

Alg *DijkstraShortestPaths*(*G*, *s*)

    input a simple undirected weighted graph *G* with nonnegative edge weights,
        and a vertex *s* of *G*

    output label *d*(*u*), for each vertex *u* of *G*, s.t. *d*(*u*) is the distance from *s* to *u* in *G*

1. **for each** $v \in G.vertices()$
      $d(v) \leftarrow \infty$
2. $d(s) \leftarrow 0$
3. Q ← *a priority queue containing all the vertices of G using d labels as keys*
4. **while** (!*Q.isEmpty*())
      $u \leftarrow Q.removeMin()$ {pull a vertex into the sack}
      for each $e \in G.incidentEdges(u)$
        $z \leftarrow G.opposite(u, e)$
        if ($z \in Q.elements()$)
          if ($d(u) + w(u, z) < d(z)$)
            $d(z) \leftarrow d(u) + w(u, z)$ {relax edge *e*}
            $Q.replaceKey(z, d(z))$

간선완화

알고리즘 수행 과정에서 특별히 언급할 부분이 있다. 반복문 내에서 우선순위 큐 *Q*로부터 삭제된 정점 *u*의 인접정점 *z*에 대한 갱신 부분을 간선완화 작업이라고 한다. **간선완화** edge relaxation는 가장 최근에 배낭에 들어간 정점을 *u*라고 하고 배낭 밖의 정점을 *z*라고 하면 *z*의 현재 거리보다 간선 (*u*, *z*)을 거쳐가는 거리, 즉 *u*를 거쳐 *z*에 가는 거리가 더 짧은 경우 *z*의 거리를 갱신하는 것을 의미한다. 이때 간선 (*u*, *z*)이 완화되었다고 말한다. 그림 17-5는 간선완화를 그림으로 보인 것이다. 그림에서 점선으로 둘러싸인 부분은 배낭을 의미한다. *z*로 향한 굵은 간선이 실선에서 점선으로 변경된 것은 간선완화에 의해 *z*로 가는 최단경로가 *u*를 거쳐가도록 변경됨을 의미한다.

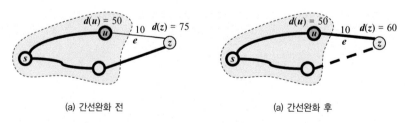

(a) 간선완화 전   (a) 간선완화 후

그림 17-5 간선완화

알고리즘 수행 예

그림 17-6 (a~g)는 (a)의 무방향 연결그래프에 대한 Dijkstra 알고리즘의 수행 예다. 그림에서 점선으로 둘러싸인 부분은 배낭을, 정점 내 첨자는 출발정점으로부터의 거리를, 굵은 간선은 최단경로를 각각 표시한다. 굵은 테두리의 정점은 가장 최근에 배낭에 들어간 정점을 나타낸다.

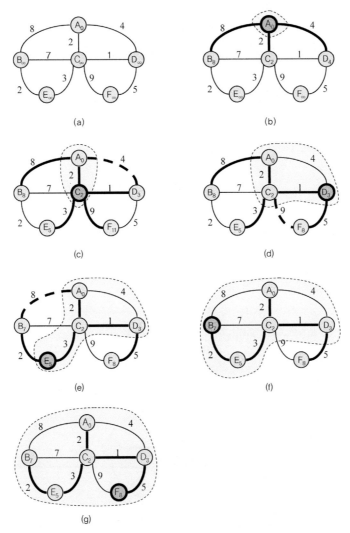

그림 17-6 (a~g) Dijkstra 알고리즘 수행 예

알고리즘 정확성

Dijkstra 알고리즘은 탐욕법에 기초한다. 따라서 거리가 늘어나는 순서로 정점을 배낭에 넣는다. 그림 17-7 그래프에서 **A**를 출발정점으로 하여 알고리즘을 수행하는 것을 고려

하자. 알고리즘이 모든 정점에 대한 최단경로를 찾지는 못했다고 가정하고 바로 정점 F 가 알고리즘이 잘못 처리한 첫 번째 정점이라고 하자. 즉, F의 실제 거리보다 큰 d 라벨을 저장한다고 가정하는 것이다. 올바른 최단경로 상에서 정점 F의 바로 이전 노드 D를 배 낭에 넣는 시점에 (잘못 계산된 첫 번째 정점을 F로 가정했으므로) D의 거리는 정확했을 것이다. 그리고 이 값에 기초하여 간선 (D, F)가 완화될 것이다. 그러므로, $d(F) \geq d(D)$ 가 성립하는 한 F의 거리는 틀리게 계산될 수가 없다. 즉, 거리가 잘못 계산된 정점은 있 을 수 없다.

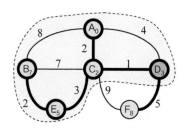

그림 17-7 알고리즘이 정점 F를 부정확하게 처리

그렇다면 그래프에 음의 무게를 가진 간선이 존재할 경우 알고리즘이 정확하게 작동 하지 않는 이유는 무엇일까? 앞서도 말했지만 Dijkstra 알고리즘은 탐욕법에 기초하므로 거리가 늘어나는 순서로 정점을 배낭에 넣는다. 음의 부착간선을 가진 노드를 배낭에 넣 으면 이미 배낭 속에 있는 정점들의 거리에 혼란을 가져온다. 그림 17-8 그래프 예에서 정점 C의 올바른 거리는 1이지만 $d(C) = 2$를 가지고 이미 배낭에 들어간다. 이 라벨은 갱신이 불가능하기 때문에 정확한 최단경로를 얻는 데 결국 실패하게 된다.

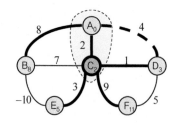

그림 17-8 음의 간선이 존재하는 그래프

음의 무게를 가진 간선이 존재하는 그래프에 대처하기 위한 그럴싸한 해결 방안이 있 다. 다음과 같이 하면 성공할까? 이 질문에 대한 답은 연습문제에서 찾을 수 있다.

1. 모든 간선의 무게에 상수 k를 더하여 음의 무게를 없앤다.

2. 그렇게 해서 생성된 새로운 그래프에 대해 최단경로를 구한다.
3. 원래 그래프에 맞게 결과를 보정한다. 즉, 모든 정점의 거리 라벨 값에서 해당 정점에 이르는 최단경로 상의 간선 수만큼 *k*를 뺀다.

알고리즘 분석

 그래프 관련 작업으로 메쏘드 incidentEdges는 각 정점에 대해 한 번씩만 호출된다. 정점에 대한 라벨 작업으로 정점 *z*의 거리와 위치자 라벨을 $O(deg(z))$ 번 읽고 쓴다. 라벨을 한 번 읽고 쓰는 데 $O(1)$ 시간이 소요된다. 남은 것은 우선순위 큐 *Q* 관련 작업에 소요되는 시간이다.

우선순위 큐는 앞 장의 Prim-Jarnik 및 Kruskal 알고리즘에서도 사용되었다. 당시에는 힙을 이용하여 구현하는 방식만을 위주로 하여 간단히 설명했으나, 실제로 우선순위 큐는 힙 외에 무순리스트나 순서리스트를 이용해서 구현할 수도 있다(5장 참고). 여기서는 우선순위 큐 *Q*를 힙 또는 무순리스트를 이용하여 구현하는 것에 대해 각각 살펴보자. 순서리스트를 이용하여 구현하는 것에 대해서는 이제 살펴볼 내용을 토대로 스스로 해보기 바란다.

먼저 힙에 기초한 우선순위 큐 *Q*를 사용할 경우 각 정점은 *Q*에 한 번 삽입되고 한 번 삭제되며 각각의 삽입과 삭제는 $O(\log n)$ 시간을 소요한다. *Q* 내의 정점 *z*의 키는 최대 *deg(z)* 번 갱신되며 각각의 키 갱신은 $O(\log n)$ 시간을 소요한다. 그래프가 인접리스트 구조로 표현된 경우 $\Sigma_v deg(v) = 2m$이므로 Dijkstra 알고리즘은 $O((n + m) \log n)$ 시간에 수행한다. 그래프가 연결된 경우 $n = O(m)$ 이므로 실행시간은 $O(m \log n)$으로 표시될 수 있다. 그래프가 단순하다고 전제하므로 이는 최악의 경우 $O(n^2 \log n)$이다.

다음, 무순리스트에 기초한 우선순위 큐를 사용할 경우 각 정점은 *Q*에 한 번 삽입되고 한 번 삭제되며 삽입과 삭제는 각각 $O(1)$ 및 $O(n)$ 시간을 소요한다. *Q* 내의 정점 *z*의 키는 최대 *deg(z)* 번 갱신되며 각각의 키 갱신은 $O(1)$ 시간을 소요한다. 그래프가 인접리스트 구조로 표현된 경우 $\Sigma_v deg(v) = 2m$이므로 Dijkstra 알고리즘은 $O(n^2 + m)$ 시간에 수행한다. 그래프가 단순하다고 전제하므로 실행시간은 $O(n^2)$로 단순화할 수 있다.

참고로, 두 가지 구현 모두에서 어떤 정점이 *Q*에 속하는지에 대한 검사는 각 정점의 *Q* 소속 여부(초기값 = *True*)를 표시하는 라벨을 정의하면 상수시간에 수행 가능하다.

우선순위 큐에 대한 두 가지 구현을 비교해 보자. 힙으로 구현하면 $O(m \log n)$ 실행시간을 얻고 무순리스트로 구현하면 $O(n^2)$ 실행시간을 얻는다. 두 구현 모두 알고리즘 작성의 난이도는 높지 않다. 상수적인 명령문 실행 횟수 요소로 봐도 비슷하다. 하지만 최악의 경우만을 생각하면 다음과 같이 선택이 달라진다. $m < n^2/\log n$인 희소그래프에 대해서는 힙 구현이 유리한 반면, $m > n^2/\log n$인 밀집그래프에 대해서는 리스트 구현이 유리하다.

17.2.2 Bellman-Ford 알고리즘

Bellman-Ford 알고리즘은 음의 무게를 가진 간선이 있더라도 정확히 작동한다. 음의 무게를 가진 간선이 있는 방향그래프에 대해 알고리즘이 어떻게 작동하는지 살펴보자 (무방향그래프에 음의 무게를 가진 간선이 있다면 음의 무게를 가진 싸이클이 있는 것과 같으므로 최단경로를 구할 수 없다).

Bellman-Ford 알고리즘은 총 $n-1$회의 반복을 수행하며 i-번째 라운드에서 간선완화를 통해 i개의 간선을 사용하는 최단경로를 찾는다. 반복 라운드마다 그래프 내 모든 간선에 대해 완화를 시도하며 정점 수만큼의 반복 라운드를 가지므로 전체적으로 $O(nm)$ 시간에 수행한다. 이 알고리즘을 확장하면 음의 무게를 가지는 싸이클이 있는 경우 이를 발견할 수 있다. 이는 심층문제에서 다룬다.

Bellman-Ford 알고리즘은 앞서 Kruskal 알고리즘과 마찬가지로 정점 간의 인접정보를 이용하지 않는다. 따라서 간선리스트 구조로 표현된 그래프에서도 충분히 작동한다.

Alg *Bellman-FordShortestPaths*(G, s)
    input a weighted digraph G with n vertices, and a vertex s of G
    output label $d(u)$, for each vertex u of G, such that $d(u)$ is the distance from s to
        u in G

  1. **for each** $v \in G.vertices()$
      $d(v) \leftarrow \infty$
  2. $d(s) \leftarrow 0$
  3. **for** $i \leftarrow 1$ **to** $n-1$
      for each $e \in G.edges()$
          $u \leftarrow G.origin(e)$
          $z \leftarrow G.opposite(u, e)$
          $d(z) \leftarrow min(d(z), d(u) + w(u, z))$ {relax edge e}

■ 알고리즘 수행 예

그림 17-9 (a~h)는 (a)에 주어진 음의 간선이 존재하는 방향그래프에 대한 알고리즘의
수행 예다. 그림의 굵은 선은 완화되는 간선들을 나타낸다.

먼저, 그림 (a)는 Bellman-Ford 알고리즘 1, 2행의 초기화 과정을 마친 직후의 모습이다.

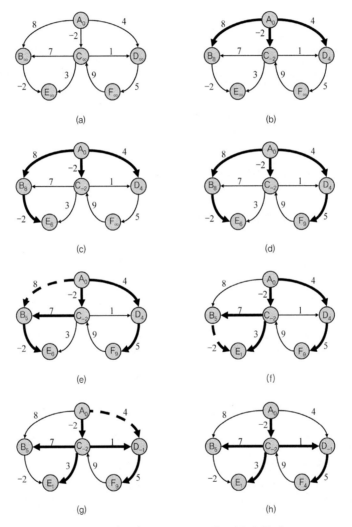

그림 17-9 (a~h) Bellman-Ford 알고리즘 수행 예

초기화를 마치면 본격적인 반복 라운드가 시작된다. 명령문 3행에서 $n-1$ 회 반복할
때마다 모든 간선을 조사한다. 그림은 알고리즘이 마침 (F, C), (B, E), (D, F), (C, B), (C,
E), (C, D), (A, B), (A, C), (A, D) 순서로 간선들을 조사한다고 전제한 예시다. 첫 반복
라운드에서 모든 간선을 조사하지만, 단일점(즉, 출발정점) A의 d 값만 0이기 때문에 A

의 인접정점 *B*, *C*, *D*의 *d* 값들만 해당 간선의 조사 순서에 따라 차례로 갱신된다. 그 결과가 그림 (b)다.

두 번째 라운드에서도 모든 간선들을 조사하지만 이번엔 무한대 값이 아닌 *d*를 가진 정점들의 인접정점들, 즉 *A*에서 2개 간선으로 도달 가능한 정점 *E*, *F*, *B*, *E*, *D* 의 *d* 값들이 갱신된다. 그 결과는 그림 (c~g)에 차례로 보인다. 이 과정에서 *E*의 *d* 값이 두 번 갱신됨에 유의하자.

세 번째 라운드에서는 *A*에서 3개 간선으로 도달 가능한 정점들을 조사한다. 이 과정에서 *F*의 *d* 값이 갱신된다. 그 결과가 그림 (h)다.

이런 방식으로 *n* - 1, 즉 다섯 번째 라운드까지 반복 수행하지만, 그림 예에서는 더 이상의 *d* 값 갱신이 없는 채로 종료한다.

17.2.3 DAG 최단경로 알고리즘

방향 비싸이클 그래프(DAG)의 경우 Dijkstra나 Bellman-Ford 알고리즘보다 빨리 최단경로를 구하는 알고리즘이 있다. 위상순서를 이용하는 알고리즘 DAGShortestPaths는 DAG에 음의 무게를 가진 간선이 있더라도 정확히 작동한다. 별도의 외부 데이터구조를 사용하지 않으며 Dijkstra 알고리즘보다 훨씬 빠르다는 장점을 가진다.

알고리즘은 우선 주어진 DAG *G*의 위상순서를 구한다. 각 정점의 거리를 무한대로 초기화한 후 출발정점의 거리를 0으로 저장한다. 반복 라운드마다 위상순서 상의 정점 v_i를 차례로 접근하여 정점 v_i의 진출 부착간선들을 완화 시도한다. 위상 정렬에 $O(n + m)$ 시간을 소요하며 반복문은 모든 간선을 완화 시도하므로 $O(m)$ 시간을 소요한다. 그러므로 전체적으로 $O(n + m)$ 시간에 수행한다.

Alg *DAGShortestPaths*(*G*, *s*)
  input a weighted DAG *G* with *n* vertices and *m* edges, and a vertex *s* of *G*
  output label *d*(*u*), for each vertex *u* of *G*, such that *d*(*u*) is the distance from *s* to
      u in *G*

1. *Compute a topological ordering* (v_1, v_2, ⋯, v_n) *of G*
2. **for each** *v* ∈ *G.vertices*()
      d(*v*) ← ∞
3. *d*(*s*) ← 0
4. **for** *i* ← 1 **to** *n* – 1
      for each *e* ∈ *G.outIncidentEdges*(v_i)
          z ← *G.opposite*(v_i, *e*)
          d(*z*) ← *min*(*d*(*z*), *d*(v_i) + *w*(v_i, *z*))   {relax edge *e*}

■ 알고리즘 수행 예

그림 17-10 (a~g)는 (a)에 보인 DAG에 대한 알고리즘의 수행 예다. 굵은 테두리의 정점은 반복의 각 라운드에서 고려되는 정점 v_i를, v_i의 진출 부착간선들 가운데 굵은 간선들은 최단경로를 표시한다.

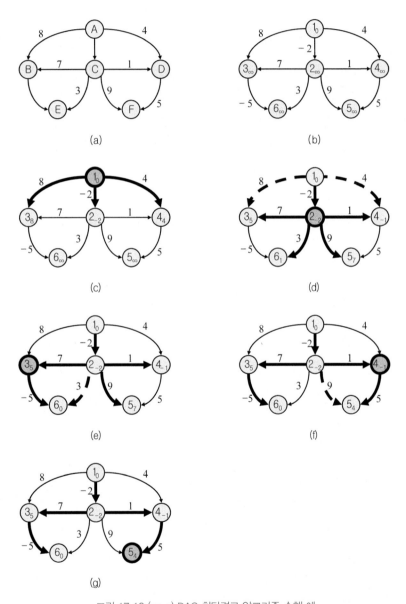

그림 17-10 (a~g) DAG 최단경로 알고리즘 수행 예

17.3 모든 쌍 최단경로

모든 쌍 최단경로all-pairs shortest paths 문제는 가중 방향그래프 G의 모든 정점 쌍 간의 거리를 찾는 문제를 말한다. 수도권 전철망에 비유한다면 모든 전철역 쌍 간의 최단경로를 구하는 문제가 된다. 그래프에 음의 무게를 가진 간선이 없다면 Dijkstra 알고리즘을 n번, 즉 모든 정점에 대해 한 번씩 호출하여 구할 수도 있다. 이때의 실행시간은 $O(nm \log n)$이다. 그래프에 음의 무게를 가진 간선이 있다면 Bellman-Ford 알고리즘을 n번 호출하면 $O(n^2 m)$ 시간에 수행한다.

다른 방안으로써 동적프로그래밍을 사용하면 $O(n^3)$ 시간에 수행할 수 있다. 그래프에 음의 간선이 있더라도 정확히 구한다. 동적프로그래밍을 사용하여 모든 쌍 최단경로를 찾는 것은 앞 장에서 이행적폐쇄를 구하기 위해 사용했던 Floyd-Warshall 알고리즘과 유사한 방식으로 수행한다. 즉, 그림 17-11에 보인 것처럼 경유정점을 정점 순으로 증가시키면서 출발정점에서 도착정점까지의 최단경로를 갱신해 나가는 것이다.

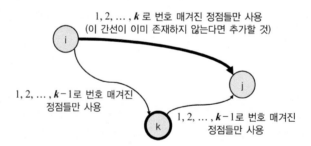

그림 17-11 동적프로그래밍에 의해 모든 쌍 최단경로를 찾는 원리

알고리즘 수행 내용

알고리즘 allPairsShortestPaths는 수행을 위해 $n \times n$ 행렬 D를 정의한다. 알고리즘 수행이 완료되면 $D[i, j]$는 정점 i에서 j까지의 거리, 즉 최단경로를 저장한다. 명령문 1행에서 우선 그래프 내 모든 정점들을 $v_1, v_2, \cdots, v_n$ 으로 일련번호를 매긴다. 다음에 2행에서 $D[i, i]$에 0을, 나머지 셀에 대해서는 간선 (v_i, v_j)가 존재하면 (v_i, v_j)의 무게를, 그렇지 않으면 무한대를 저장하여 D를 초기화한다. 여기까지 전초 작업을 마친 후 3행의 본격적인 반복에서 모든 정점에서 모든 정점까지의 최단경로를 모든 정점을 경유하며 갱신한다. 3중첩 반복문이므로 $O(n^3)$ 시간에 수행한다.

Alg *allPairsShortestPaths*(*G*)

    input a simple weighted digraph *G* without negative-weight cycles

    output a numbering $v_1, v_2, \cdots, v_n$ of the vertices of *G* and a matrix *D*, such that

        D[*i, j*] is the distance from v_i to v_j in *G*

1. *Let* $v_1, v_2, \cdots, v_n$ *be an arbitrary numbering of the vertices of* **G**
2. **for** *i* ← 1 **to** *n*
    for *j* ← 1 **to** *n*
      if (*i* = *j*)
        D[*i, j*] ← 0
      elseif ((v_i, v_j) ∈ *G.edges*())
        D[*i, j*] ← *w*(v_i, v_j)
      else
        D[*i, j*] ← ∞
3. **for** *k* ← 1 **to** *n*
    for *i* ← 1 **to** *n*
      for *j* ← 1 **to** *n*
        D[*i, j*] ← *min*(*D*[*i, j*], *D*[*i, k*] + *D*[*k, j*])

알고리즘 수행 예

그림 17-12 (a~g)는 (a)의 방향그래프에 대한 알고리즘의 수행 예다. 그림에서 굵은 테두리의 정점은 가장 바깥의 반복 라운드마다 경유정점으로 선택된 정점 v_k를, 굵은 화살표는 v_k를 경유하는 것으로 갱신된 최단경로를 표시한다. 각 그림의 아래에 보인 행렬 *D* 내의 굵은 숫자는 해당 라운드에서 갱신된 거리들을 나타낸다.

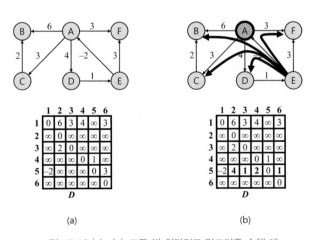

그림 17-12 (a)~(b) 모든 쌍 최단경로 알고리즘 수행 예

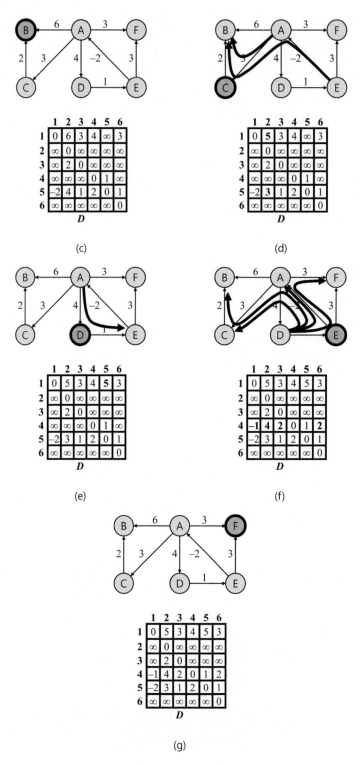

그림 17-12 (c~g) 모든 쌍 최단경로 알고리즘 수행 예

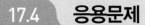

17.4 응용문제

이 절에서는 최단경로를 다양한 관점에서 응용하기를 요구하는 문제들을 해결과 함께 제시한다. 학습을 정리하는 마지막 장인 만큼 그래프에 대한 통찰력과 알고리즘 설계에 대한 심도 있는 훈련을 제공한다. 고난도 문제들의 경우 혹시 스스로 해결할 수 없더라도 경험에 의미를 두면 충분하다. 다룰 문제들은 다음과 같다.

- 두 지국 사이의 최대대역폭
- 항공편 스케줄링
- 좌회전을 못하는 차
- 괴물성에 갇힌 낙랑

17.4.1 두 지국 사이의 최대대역폭

전화망의 다이어그램이 그래프로 주어졌다고 가정하자. 그래프의 정점은 지국이며 간선은 지국 간의 통신선로다. 각 간선은 **대역폭**bandwidth과 함께 표시되어 있다. 경로의 대역폭은 경로 내 최소의 대역폭을 가지는 간선, 즉 **병목**bottleneck의 대역폭이다.

예 아래 다이어그램에서 *A*, *B* 사이의 최대대역폭은 5다.

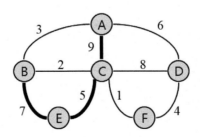

그림 17-13 전화망 다이어그램

다이어그램과 두 개의 지국 *x*, *y*가 주어졌을 때 *x*, *y* 사이의 경로 가운데 최대대역폭을 출력하는 알고리즘을 작성하라.

※ 힌트 : Dijkstra 알고리즘을 확장하면 해결 가능하다.

■ 해결

Dijkstra 알고리즘에서와 동일한 아이디어를 사용한다. 각 정점 v에 새로운 라벨 b를 유지한다. 여기서 $b(v)$는 지국 x로부터 v까지 경로의 대역폭을 저장한다. 모든 정점에 대해 b 라벨 값을 0으로 초기화한다. 단, 출발점 x의 b 값은 무한대로 초기화한다. 작업 removeMin은 우선순위 큐로부터 최대 b 값을 가진 노드를 삭제한다. 이 알고리즘은 힙에 기초한 우선순위 큐를 사용할 경우 전체에 $O((m + n)\log n)$ 시간을 소요한다.

> **Alg _DijkstraMaxBandwidth(G, x, y)_**
> 1. **for each** $v \in$ _G.vertices_()
> $b(v) \leftarrow 0$
> 2. $b(x) \leftarrow \infty$
> 3. $Q \leftarrow$ _a priority queue containing all the vertices of **G** using **b** labels as keys_
> 4. **while** (!_Q.isEmpty_())
> $u \leftarrow$ _Q.removeMin_()
>   **for each** $e \in$ _G.outIncidentEdges(u)_
> $z \leftarrow$ _G.opposite(u, e)_
>   **if** $(z \in$ _Q.elements_())
>   **if** $(b(z) < min(b(u), w(u, z)))$
> $b(z) \leftarrow min(b(u), w(u, z))$
>   _Q.replaceKey(z, b(z))_
> 5. **return** $b(y)$

간선완화 단계는 Dijkstra에서와 매우 유사하다. 그림 17-14 (a~b)는 간선 $e = (u, z)$ 의 완화 전과 후를 보인다. 여기서 u는 배낭에 최근에 추가된 정점이며 z은 배낭에 존재하지 않는다. 그림 17-15 (a~g)는 문제에 주어진 다이어그램에 대한 알고리즘의 수행 예를 보인다.

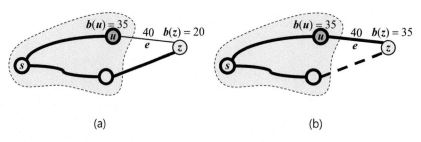

(a)   (b)

그림 17-14 간선완화 (a) 전 (b) 후

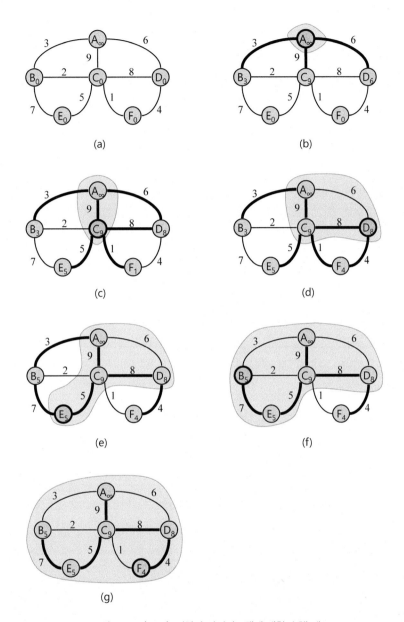

그림 17-15 (a~g) 전화망 다이어그램에 대한 수행 예

17.4.2 항공편 스케줄링

다음 내용으로 구성된 항공편 시간표가 있다고 가정하자.

- n개의 공항 집합 A와, 각 공항 $a \in A$에서의 **최소연결시간** minimum connecting time $c(a)$

- m개의 항공편 집합 F와, 각 항공편 $f \in F$에 대한 아래의 정보
  - 출발공항 $a_1(f) \in A$
  - 도착공항 $a_2(f) \in A$
  - 출발시각 $t_1(f)$
  - 도착시각 $t_2(f)$

항공편 스케줄링 문제를 위한 효율적인 알고리즘을 작성하라. 구체적으로 알고리즘은 주어진 두 개의 공항 a, b와 시각 t에 대해, a에서 시각 t 정시 혹은 이후에 출발할 경우 가장 이른 시각에 b에 도착할 수 있도록 하는 연결항공편을 계산해야 한다. 환승공항에서의 최소연결시간은 반드시 준수되어야 한다. 알고리즘의 실행시간을 n과 m의 함수로 구하라.

■ 해결

문제해결의 개요는 다음과 같다. 공항 $a \in A$에서 출발하여 공항 $b \in A$에 도착하는 최소 여행시간 경로를 찾는 항공편 스케줄링 문제를 최단경로 문제로 전환할 수 있다. 즉, 최단경로 문제의 한 경우로 문제를 재구성하고 이를 해결함으로써 항공편 스케줄링 문제에 대한 해를 구한다.

- **최단경로 문제로 재구성**

  우선, 문제를 최단경로 문제로 재구성하기 위해 주어진 공항 집합 A와 항공편 집합 F에 대해 다음과 같이 가중 방향그래프 G를 구축한다. 그러기 위해 가장 먼저 각 공항 $a_i \in A$에 대해 24시간을 표현하기 위한 $circle_i$를 그린다. 그 다음, 각 항공편 $f_i \in F$에 대해, 출발공항 a_o, 도착공항 a_d, 출발시각 t_d, 도착시각 t_a를 찾는다.
  - $circle_o$에 시간 t_d로 표시된 곳에 정점 v_1을 그려 넣고, $circle_d$에 시간 $t_d + c(a_d)$로 표시된 곳에 정점 v_2를 그려 넣는다.
  - v_1에서 v_2로 향하며 무게 $t_a + c(a_d) - t_d$를 가지는 방향간선을 그려 넣는다(여기서 주의할 것은 저녁에 출발하여 다음 날 아침에 도착하는 경우에도 정확한 무게, 즉 비행시간을 계산해야 한다는 점이다).
  - $circle_i$에 놓인 간선들의 방향은 모두 시계방향이어야 한다.

  그림 17-16은 완성된 가중 방향그래프의 예다.

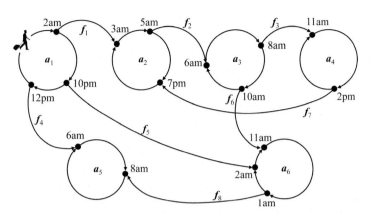

그림 17-16 항공스케줄링 문제를 최단경로 문제로 재구성한 방향그래프

최단경로 문제해결

각 항공편의 비행시간에 도착공항의 최소연결시간이 포함되어 있다. 따라서 이제부터
는 이렇게 수정된 항공편만을 고려하면 충분하다. 일단 그래프 G가 주어지면 항공편
스케줄링 문제를 해결하기 위해서는 그래프에서 $circle_a$의 시각 t 혹은 t 이후를 나타
내는 첫 정점으로부터 $circle_b$의 아무 정점까지의 최단경로만 찾으면 된다(여기서 a는
최초 출발공항, b는 목표공항이다). 연결항공편들은 출발지로부터 도착지까지의 최단
경로로부터 얻을 수 있다.

양의 무게를 가진 간선으로만 이루어진 그래프이므로 원하는 최단경로를 찾기 위해
Dijkstra 알고리즘을 사용할 수 있다. 원래의 Dijkstra 알고리즘을 방향그래프에 적용할
수 있도록 약간 수정해야 하지만 이는 간단하다. 간선완화 과정에서 가장 최근에 배낭에
들어온 정점의 진출 부착간선들만 고려하면 되기 때문이다(참고: 메쏘드 outIncident-
Edges). 마지막으로, 차후 최단경로를 회수하는 데 사용하기 위해, 방문한 정점들에 대
해 완화된 간선들의 부모-자식 관계를 포함시킨다. 아래에 Dijkstra 알고리즘을 항공스
케줄링 문제에 특화한 알고리즘이 주어졌다.

Alg *flightScheduling(G, a, b, t)*
1. *v* ← *first vertex on* **circle**$_a$ *representing time t or after t*
2. **for each** *u* ∈ *G.vertices()*
   d(u) ← ∞
   p(v) ← ∅
3. *d(v)* ← 0
4. *Q* ← *a priority queue containing all the vertices of G using d labels as keys*
5. **while** (!*Q.isEmpty()*)
   u ← *Q.removeMin()*
   for each *e* ∈ *G.outIncidentEdges(u)*
     z ← *G.opposite(u, e)*
     if (*z* ∈ *Q.elements()*)
       if (*d(u)* + *w(u, z)* < *d(z)*)
         d(z) ← *d(u)* + *w(u, z)*
         p(z) ← *e*
         Q.replaceKey(z, d(z))
6. *w* ← *vertex on* **circle**$_b$ *with minimum d label*
7. **return** *reversed path from w to v*

• **알고리즘 성능**

알고리즘의 실행시간은 그래프 구축에 걸리는 시간을 제외하면 Dijkstra 알고리즘의 실행시간과 동일하다. 그래프 구축에는 $O(n+m)$ 시간이 소요된다. 우선순위 큐에 힙을 사용하면 총 $O((n+m)\log n)$ 수행시간을 얻을 수 있다. 일반적으로 항공스케줄링 문제는 단순그래프로 구축되므로 $n = O(m)$ 이다. 따라서 알고리즘의 실행시간은 $O(m \log n)$이 된다.

17.4.3 좌회전을 못하는 차

 온달은 전부터 보아둔 스포츠카를 훔칠 계획이다. 그런데 현재 차주인이 차를 장기 주차시키고 떠나면서 핸들에 첨단 록을 달아놔서 좌회전은 아예 불가능하고(따라서 유턴도 불가능) 우회전 시에는 요란한 경보가 울려서 주변의 이목을 끌테니 되도록이면 우회전을 피해야 한다. 차를 훔치는 즉시 평강이 운영하는 카페로 최대한 빨리 가야 한다(카페 뒷뜰에 차를 해체하는 시설이 있다). 우회전을 최소화한 경로를 선호하지만 두 개의 경로가 우회전 수가 같다면 총주행거리가 짧은 경로를 선호한다. 다행히 온달이 살고 있는 Sin City의 디지털 도로지도가 있어서 좌회전과 유턴을 하지 않는 경로를 미리 계획할 수 있는 상황이다. 더 다행인 것은 이 도로지도에는 도시가 $m \times n$ 격자형의 셀로 이루어져 있고 각 셀은 비어 있거나(운행 가능), 막혀 있거나(운행 불가) 둘 중 하나로 표시되어 있다는 것이다. 지도 상의 어떤 셀로 진입한 직후 오던 방향으로 계속 가거나(직진), 혹은 우회전할 수 있다. 그림 17-17은 도로지도의 예다. 지도에 표시된 s는 출발지(스포츠카가 장기 주차된 곳)를, t는 목적지(평강의 카페)를 나타낸다. 당신의 친구 온달을 돕기 위해, 무좌회전, 무유턴의 경로를 찾거나 그런 경로가 없으면 없다고 보고할 효율적인 메쏘드를 작성하라(즉, 알고리즘 작성에 관한 구체적인 전략을 설명하라).

> ※ 주의 : 최소의 우회전으로 이루어진 경로가 많으면 총주행거리가 짧은 경로를 반환해야 한다.

> ※ 힌트 : 그림으로 주어진 도로지도에서 수작업으로 경로를 찾아보면서 감을 잡기 바란다.

그림 17-17 Sin City 도로지도

■ 해결

문제를 통찰하고 재구성하는 능력의 향상과 최단경로 문제해결에 대한 심층적 이해를 추구하는 고난도 문제다. 이 문제를 풀기 위한 기본 개요는, 우선 문제를 그래프로 재구성하고 이 그래프에 최적의 무좌회전 경로를 구하는 최단경로 알고리즘을 적용하는 것이다.

• **최단경로 문제로 재구성**

이제 도로지도를 가중 방향그래프로 전환한다. 그림 17-18에 보인 것처럼 mn개의 셀 각각에 대해 동, 서, 남, 북 4개의 정점을 생성한다. 도로지도 상, 차가 어떤 셀의 아래(즉, 남쪽) 셀에서 그 셀로 진입하면 그 셀의 남쪽 정점으로 진입하는 것이 된다. 정점들을 생성한 후 지도에 따라 정점에 방향간선들을 할당한다. 좌회전이나 유턴에 해당하는 간선은 아예 그래프에 표현하지 않는다. 같은 방위로(예 동에서 동으로, 서에서 서로, ...) 진행하는 간선은 직진을, 다른 방위로(예 남에서 서로, 서에서 북으로, 북에

서 동으로, 동에서 남으로) 진행하는 간선은 우회전을 뜻한다. 유의할 것은, 직진 간선의 무게는 1로 주고 우회전 간선의 무게는 |E|보다 큰 값(예 $4mn + 1$)을 준다. 그렇게 하면 한 번만 우회전하더라도 최대 가능한 직진 주행보다 비용이 더 들게 되기 때문에 최단경로 찾기 알고리즘은 무조건 최소의 우회전으로 구성된 경로를 구할 것이다. 그래프 표현을 얻는 데 O(mn) 시간이 소요된다. 그림 17-18은 셀 도로지도를 재구성한 가중 방향그래프 G의 일부분 예다. 그림에서 옅은 간선들은 우회전을, 그 외의 검은 간선들은 직진을 표현한다.

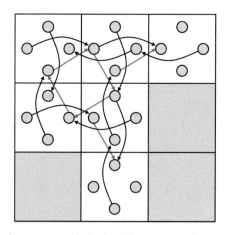

그림 17-18 도로지도를 재구성한 가중 방향그래프의 일부

• **최단경로 문제해결과 성능**

그래프를 얻고 나면 일차적으로 우회전을 최소로 하며 이차적으로는 총주행거리를 최소로 하는 경로를 결정해야 한다. 간선 무게가 양수이므로 Dijkstra 알고리즘을 사용할 수 있다. Dijkstra 알고리즘의 수행 속도는 (우선순위 큐를 힙으로 구현한다면) O(|E| log |V|)이므로 제시한 알고리즘은 O(mn log mn) 시간에 수행한다.

17.4.4 괴물성에 갇힌 낙랑

괴물들이 낙랑을 납치하여 괴물성의 어느 방에 가두었다. 호동이 괴물성의 입구에서부터 여러 개의 방을 뒤져 낙랑이 있는 방을 찾아야 하는 미로문제다. 각 방은 비어 있거나, 괴물이 있거나, 생명수가 있다. 호동이 미로를 지나다닐 때 자신의 에너지 레벨 L이 올라가거나 내려간다. 생명수를 마시면 L이 올라가

며, 괴물과 싸우면 L이 내려간다. L이 0 이하로 떨어지면 호동은 죽는다. 미로는 방향그래프 $G = (V, E)$로 표현되어 있다. 여기서 정점은 방들이며 간선은 방과 방을 연결하는 일방통로다. 각 정점 v마다 라벨 f가 정의되어 있다.

- $f(v) = 0$이면 방이 비어 있다.
- $f(v) > 0$이면 방에 생명수가 있다. 이 방에 들어가면 L이 $f(v)$만큼 올라간다.
- $f(v) < 0$이면 방에 괴물이 있다. 이 방에 들어가면 L이 $|f(v)|$만큼 떨어지며 $L \leq 0$이 되면 호동이 죽게 된다.

미로의 입구는 방 $s \in V$ 며 낙랑이 갇힌 방은 입구와는 다른 방 $t \in V$ 로 지정되어 있다.

※ 전제 : s로부터 다른 모든 정점 $v \in V$ 에 이르는 경로 및 모든 정점 $v \in V$ 로부터 t에 이르는 경로가 존재한다(그림 17-19 참고).

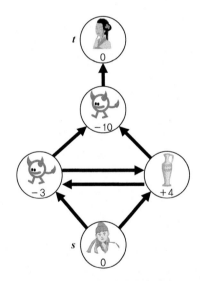

그림 17-19 괴물성에 갇힌 낙랑

호동은 에너지 $L = L_0 > 0$인 상태로 입구 s에서 출발한다. 문제를 단순화하기 위해 입구 방은 비어 있다고 전제한다. 즉, $f(s) = 0$이다.

당신은 미로에 괴물과 생명수를 무작위로 배치하는 프로그램을 완성했다. 프로그램에 의해 생성된 미로 가운데 어떤 것은 충분한 에너지 $L_0 > 0$로 미로에서 출발하지 않으면 s에서 t까지 안전한 여행이 불가능한 경우도 있다. s에서 t까지의 경로는 호동이 살아서 통과한다면, 즉 중간에 에너지가 0 이하로 떨어지는 일이 없다면 안전하다고 말한다. 호동이 에너지 $L_0 = r$로 시작할 때 안전한 경로가 존재한다면 그 미로를 레벨-r이라고 정의하자.

A. 정점이 아니라 간선에 무게가 실린, 그렇지만 동일한 문제로 재구성하라.

B. 에너지의 증가를 가져오는 싸이클이 없다는 전제 하에, 주어진 r에 대해 어떤 미로가 레벨-r인지 검사할 방법을 설명하라.

C. 이번엔 반대로, 에너지의 증가를 가져오는 싸이클이 있을 수 있다는 전제 하에, 주어진 r에 대해 어떤 미로가 레벨-r인지 검사할 방법을 설명하라.

D. 주어진 미로가 레벨-r이 되는 최소의 r을 찾아내거나 그런 r이 없으면 없다고 보고하는 효율적인 메쏘드를 설명하라.

■ 해결

그래프에 대한 통찰력과 Bellman-Ford 최단경로 알고리즘에 대한 이해를 바탕으로 해결할 수 있는 고난도 문제다. 주어진 네 개의 문제를 하나하나 해결하기로 한다.

A. 간선에 무게가 실린 그래프로 변환

입구 정점에 무게가 있다면 무게 0의 새로운 입구 정점을 만들고 이 정점에서 원래 입구 정점으로 간선을 추가한다. 다음과 같은 절차로 정점들의 무게를 간선으로 이동시킨다.

※ 절차 : 정점 v가 무게 $f(v)$를 가진다면, 모든 간선 $(u, v) \in E$에 대해 $w(u, v) = f(v)$를 저장한다.

이제 동일한 문제로써, 간선에 무게가 가중되도록 변경된 그래프, 즉 가중그래프에 대해 모든 부분경로(subpath)의 무게가 양수가 되는 경로를 찾는 문제로 재구성되었다.

B. 레벨-r인지 검사할 방법: 에너지 증가 싸이클이 없는 경우

다음과 같이 Bellman-Ford 알고리즘의 수정 버전을 사용한다. 주어진 r에 대해 모든 정점 u에 대해 호동이 u에 도달하면 얻을 수 있는 최대 (양의) 에너지 $e(u)$를 구한다. 만약 $e(u)$가 양수면 그래프는 레벨-r이 된다. 각 정점 $u \in V$에 대해 $e(u)$의 하한 $d(u)$를 유지한다. 모든 $d(u)$ 값을 입구에 대해서는 r로, 다른 모든 정점들에 대해서는 $-\infty$로 초기화한다. Bellman-Ford 알고리즘을 수행하면서 간선을 완화하는 동안 (양의 무게를 가진 싸이클이 없다면) $d(u)$는 $e(u)$에 수렴할 때까지 증가한다. 중요한 것은 음의 에너지로 어떤 정점에 도달하는 것은 차라리 그 곳에 가지 않는 것만 못하다는 것이다. 따라서 수정 결과가 양수일 때만 $d(u)$를 수정하고, 그렇지 않으면 $d(u)$를 $-\infty$인 채로 놔둔다. 이를 위해 간선완화 부분을 다음과 같이 수정한다.

```
{relax edge (u, v)}
if ((u, v) ∈ E)
    if ((d(v) > d(u) + w(u, v)) & (d(u) + w(u, v) > 0))
        d(v) ← d(u) + w(u, v)
        p(v) ← u                              {parent vertex}
```

모든 간선이 n번 완화된 후 (양의 무게를 가진 싸이클이 없다면) 모든 $d(u)$는 해당 $e(u)$에 수렴한다(즉, 정점 u에 도달하면 얻을 수 있는 최대 에너지). 이 시점에 $e(t)$가 양수면 호동이 이곳에 양의 점수로 도달할 수 있는 것이므로 그래프는 레벨-r이 된다.

C. **레벨-r인지 검사할 방법: 에너지 증가 싸이클이 있는 경우**

모든 간선을 $n-1$번 완화한 후에도 $d(t)$가 양수가 아니면 (Bellman-Ford 알고리즘에서 싸이클을 찾을 때처럼) 모든 간선을 한 번 더 완화한다. 이때 어느 정점의 $d(u)$가 변화하면 s에서 에너지 r로 출발하여 도달 가능한 양의 무게를 가진 싸이클을 찾은 것이다. 따라서 호동은 t에 도달하기 위해 필요한 에너지를 모으기 위해 충분한 횟수만큼 이 싸이클을 돌면 된다. 그러므로 그래프는 레벨-r이 된다. 만약 도달 가능한, 양의 무게를 가진 싸이클을 못 찾고, $d(t) = -\infty$라면 그래프는 레벨-r이 아니다. 이 알고리즘의 정확성은 Bellman-Ford 알고리즘의 정확성에 기초하며 실행시간은 $O(mn)$이다.

D. **미로가 레벨-r이 되는 최소의 r 찾기**

앞서 수정된 간선완화 부분을 이용하여 최소 r을 찾을 수 있다. 먼저 그래프가 레벨-1인지 검사하여 맞다면 1을 답으로 반환한다. 그렇지 않으면 그래프가 레벨-2인지 검사하고, 다시 그래프가 레벨-4인지, 다시 그래프가 레벨-8인지, ⋯ 이런 식으로 계속 검사한다. 즉, i번째 단계에서 그래프가 레벨-2^{i-1}인지 검사한다. 결국엔 그래프가 레벨-2^{k-1}이 아니지만 레벨-2^k인 k를 찾을 수 있다. r의 최소값은 이 두 값 사이에 있게 된다. 올바른 r 값을 찾기 위해 $r = 2^{k-1}$과 $r = 2^k$ 사이 구간에서 이진탐색을 수행한다. 반복 횟수 $k = \lfloor \log r \rfloor$이므로 $k + O(\log r) = O(\log r)$이다. 따라서 Bellman-Ford를 $O(\log r)$번 수행해야 하므로 총 실행시간은 $O(mn \log r)$이다.

요약

- 최단경로 문제는 가중그래프와 두 개의 정점 u와 v가 주어졌을 때 u와 v 사이의 무게의 합이 최소인 경로를 구하는 문제를 말한다.
- 출발정점으로부터 다른 모든 정점에 이르는 최단경로들의 트리가 존재한다. 이를 단일점 최단경로라고 부른다.
- 가중 방향그래프에 음의 무게를 가진 싸이클이 존재한다면 최단경로는 존재하지 않는다. 마찬가지로 가중 무방향그래프에 음의 무게를 가진 간선이 존재해도 최단경로는 존재하지 않는다.
- 최단경로를 찾는 알고리즘은 그래프의 형태에 따라 선택이 달라진다. 즉, 음의 무게를 가진 간선이 있는지 없는지, 무방향인지 방향인지, 그리고 비싸이클(DAG)인지 아닌지에 따라 최적의 알고리즘이 따로 존재한다.
- Dijkstra 최단경로 알고리즘은 탐욕법에 기초하며 음의 무게를 가진 간선이 없는 그래프에 적용된다. 음의 무게를 가진 간선이 존재하는 그래프에 적용할 경우 최단경로를 구한다는 보장이 없다.
- Bellman-Ford 최단경로 알고리즘은 음의 무게를 가진 간선이 있는 그래프라도 최단경로를 구한다.
- 방향 비싸이클 그래프의 경우 Dijkstra나 Bellman-Ford 알고리즘보다 빨리 최단경로를 구하는 알고리즘이 있다. 이 알고리즘은 위상순서를 이용하며 DAG에 음의 무게를 가진 간선이 있더라도 정확히 작동한다.
- 모든 쌍 최단경로 문제는 가중 방향그래프 G의 모든 정점 쌍 간의 최단경로를 찾는 문제를 말한다. 동적프로그래밍을 사용하면 $O(n^3)$ 시간에 구할 수 있다.

연습문제

17-1 Dijkstra 알고리즘 연습

다음 그래프 G에서 A를 출발정점으로 하여 Dijkstra 알고리즘을 수행하는 과정을 보여라.

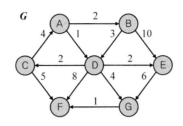

※ 전제 : **G**를 순회할 때 정점의 부착간선들은 반대쪽 정점 이름의 알파벳 순으로 반환된다.

17-2 방향그래프 그리기

단순 연결 가중그래프 G_1과 G_2가 있다. G_1과 G_2 모두 세 개의 정점 **A**, **B**, **C** 와 각각 1, 2, -3의 무게를 가지는 세 개의 간선으로 이루어진다.

- G_1에 출발정점 **A**로부터 Dijkstra 알고리즘을 수행하면 최단경로 거리를 잘못 계 산한다. G_1을 그려라.
- G_2에 출발정점 **A**로부터 Dijkstra 알고리즘과 Bellman-Ford 알고리즘을 수행하면 모두 최단경로를 올바르게 계산한다. G_2를 그려라.

17-3 최단경로트리

Dijkstra 알고리즘을, **s**로부터 **G**의 다른 모든 정점 **v**에 이르는 거리를 출력함은 물론 **s**를 루트로 하는 최단경로트리 **T**도 출력하도록 확장하라. 여기서 **T**에서의 **s**로부터 **v**까지의 경로는 실제로 **G**에서의 **s**로부터 **v**에 이르는 최단경로가 되어야 한다.

- DijkstraShortestPathsTree(G, s): Dijkstra 알고리즘의 확장으로써 출발정점 **s**를 루 트로 하는 최단경로 트리를 반환

※ 힌트 : 각 정점에 현재의 거리 라벨, 위치자 라벨 외에 부모 라벨을 추가 정의한다.
- 부모(parent): $p(v)$, 최단경로트리에서 **v**의 부모를 향한 간선

17-4 모든 쌍 최단경로

동적프로그래밍에 의한 모든 쌍 최단경로 알고리즘은 최단경로만을 계산 할 뿐, 실제 경로는 출력하지 않는다. 이 알고리즘을 주어진 방향그래프의 모든 정점 쌍 간의 최단경로를 출력하도록 확장하고 아래 그래프 **G**에 대해 확장 알고리즘의 수행 과정을 보여라.

※ 주의 : 확장 알고리즘 역시 $O(n^3)$ 시간에 수행되어야 한다.

※ 힌트 : 행렬 D와 같은 크기의 행렬 $Path$에 최단경로를 저장하라. $Path[i, j]$는 정점 i로부터 j에 이르는 경로 상의 경유정점을 저장한다.

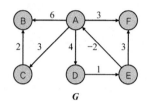

G

17-5 모든 쌍 최단경로 인쇄

앞 문제에서 얻은, 최단경로까지 출력하는 확장 알고리즘이 주어졌을 때 그래프 내의 주어진 정점 i로부터 j에 이르는 최단경로를 행렬 $Path$로부터 회수하여 실제 인쇄하는 알고리즘을 작성하라. 그리고 작성된 인쇄 알고리즘이 아래 그래프 G에서 정점 D로부터 B에 이르는 최단경로를 인쇄하기 위한 수행과정을 설명하라.

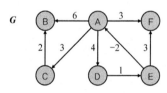

17-6 간선 무게 과장에 따른 최단경로 변화

P를 그래프 G에서 어떤 정점 s에서 다른 정점 t에 이르는 최단경로라 하자. 춘추는 G의 모든 간선의 무게에 1을 더해도 P는 여전히 s에서 t에 이르는 최단경로라고 주장한다. 춘추가 옳은지 그른지 논거와 함께 설명하라.

심층문제

17-1* 에어텔 문제 재구성

앞 장의 에어텔 문제를 도시 0에서 출발하여 도시 $n - 1$에 이르는 최단경로를 구하는 문제로 볼 수 있다. 따라서 원문제의 데이터구조를 그래프로 재구성한다면 Dijkstra 또는 Bellman-Ford 알고리즘을 사용하여 해결할 수 있

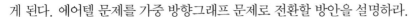

게 된다. 에어텔 문제를 가중 방향그래프 문제로 전환할 방안을 설명하라.

> ※ **참고**: 문제를 재구성하는 것이 목표이므로 이 문제를 해결하기 위해 Dijkstra 또는 Bellman-
> Ford 알고리즘을 반드시 알 필요는 없다.

17-2 비트행렬 이행적폐쇄

동적프로그래밍에 의한 모든 쌍 최단경로 알고리즘을 수정하여 그래프 *G*의 이행적폐쇄를 비트행렬 *D**의 형태로 구하라. 그래프 *G*의 정점들을 $v_1, v_2, \cdots, v_n$으로 번호매긴다는 전제 하에, v_i가 v_j에 도달하면, *D**[*i*, *j*]는 1을, 그렇지 않으면 0을 가진다. 수정 알고리즘 역시 $O(n^3)$ 시간에 수행해야 한다. 아래 그래프 *G*에 대해 수정 알고리즘을 실행하라.

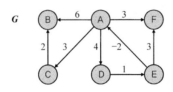

17-3* 간선 무게가 동일한 방향그래프

모든 간선의 무게가 동일한 방향그래프 *G*에서 주어진 두 정점 사이의 최단 경로를 찾는 가장 효율적인 알고리즘은 무엇이며 수행시간은 무엇인가?

17-4* 단일점-단일목표 최단경로

Dijkstra 알고리즘을, *s*로부터 *G*의 다른 모든 정점 *v*에 이르는 거리가 아닌, *G*의 특정 정점 *t*에 이르는 최단거리만을 출력하도록 확장하라. 이와 같은 문제를 **단일점-단일목표 최단경로** single source-single target shortest path 문제라고 한다.

- DijkstraShortestPathsSSST(G, s, t): Dijkstra 알고리즘의 확장으로써, 출발정점 *s*에
  서 목표정점 *t*까지의 최단경로를 계산

17-5* 다양한 최단경로의 수

Dijkstra 알고리즘을, *s*로부터 *G*의 다른 모든 정점 *v*에 이르는 거리를 출력함은 물론, *s*로부터 *v*에 이르는 다양한 최단경로의 수도 출력하도록 확장하라.

- DijkstraShortestPathsCount(G, s): Dijkstra 알고리즘의 확장으로써, 출발정점 *s*로부터 다른 모든 정점에 이르는 다양한 최단경로의 수를 출력

※ 힌트 : 거리 라벨과 위치자 라벨 이외에 각 정점에 계수 라벨을 추가 정의한다.

계수(count): $c(u)$, 정점 u에 이르는 다양한 최단경로의 수

17-6* 최소의 간선을 사용하는 최단경로

Dijkstra 알고리즘을, *s*로부터 *G*의 다른 모든 정점 *v*에 이르는 거리를 출력함은 물론, 만약 *s*로부터 *v*에 이르는 최단경로가 둘 이상 존재한다면 가장 적은 수의 간선을 사용하는 경로를 선택하도록 확장하라.

- DijkstraShortestPathsFewestEdges(G, s): Dijkstra 알고리즘의 특화로써, 가장 적은 수의 간선을 사용하는 최단경로를 출력

※ 힌트 : 원래의 Dijkstra 알고리즘에서 사용하고 있는 두 라벨, 거리(distance)와 위치자(locator) 이외에 하나 또는 둘 이상의 새로운 라벨을 정의하여 확장된 부분을 처리하라.

17-7* 음의 무게를 가지는 싸이클 발견

Bellman-Ford 알고리즘을 수정하여 음의 무게를 가진 싸이클이 존재한다면 이를 발견하도록 확장하라.

- Bellman-FordShortestPathsCycle(G, s): 출발정점 *s*에서 *G*의 다른 모든 정점까지의 최단경로를 계산하거나, 혹은 음의 무게를 가지는 싸이클이 있는 경우 이를 발견

17-8* 탐욕 메쏘드 검증

아래는 처용이 제시한, 주어진 연결그래프의 정점 *start*로부터 정점 *goal*에 이르는 최단경로를 찾기 위한 탐욕 메쏘드다. 이 메쏘드는 *start*로부터 *goal*에 이르는 최단경로를 항상 찾는가? 왜 그런지 설명하거나 또는 왜 아닌지 예를 들어 반증하라.

- 메쏘드

1. *path*를 *start*로 초기화한다.
2. *VisitedVertices*를 {*start*}로 초기화한다.

3. 만약 *start* = *goal*이면, *path*를 반환하고 정지. 그렇지 않으면 계속한다.

4. *v*가 *start*에 인접하고 *VisitedVertices*에 포함되어 있지 않은 최소 무게의 간선 (*start*, *v*)를 찾는다.

5. *path*에 *v*를 추가한다.

6. *VisitedVertices*에 *v*를 추가한다.

7. *start*를 *v*로 치환한다.

8. 단계 3으로 진행한다.

17–9* 최단거리로부터 최단경로 찾기

가중 방향그래프 $G = (V, E)$와 출발정점 *s*로부터 *G*의 다른 모든 정점 *u*에 이르는 최단거리가 정점의 라벨 *d*(*u*)로 주어졌다. 하지만 유감스럽게도 실제의 최단경로를 보여줄, 각 정점 *u*의 부모를 향한 간선 *p*(*u*)는 저장되어 있지 않다. 주어진 정보만 사용하여 *s*로부터 *G*의 어떤 정점 *t*에 이르는 최단경로 상 정점들의 *p* 라벨을 저장하는 알고리즘을 작성하라.

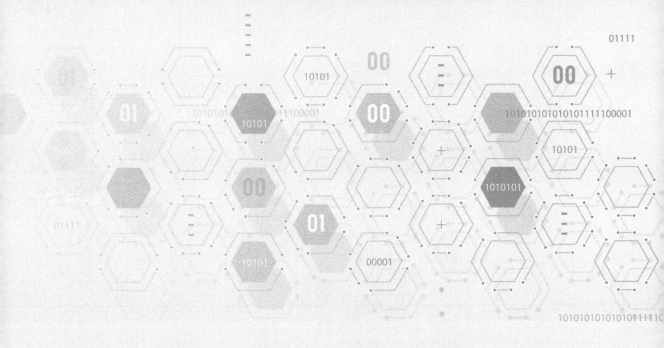

APPENDIX

연습문제의 답

CHAPTER 1 알고리즘 분석

1-1 합

Alg *sum(n)*
  input positive integer *n*
  output sum of $1+2+\cdots+n$

1. $s \leftarrow 0$	{1}
2. **for** $i \leftarrow 1$ **to** n	{n}
$s \leftarrow s+i$	{n}
3. **return** s	{1}
	{Total **O**(n)}

1-2 한 라인에 한 숫자 인쇄

Alg *printDigits(n)*
  input positive integer *n*
  output prints the digits of *n* line by line

1. $p \leftarrow 0$	{1}
2. **while** $(n/10^p \geq 1)$	{$\log_{10}n$}
$p \leftarrow p+1$	{$\log_{10}n$}
3. **for** $i \leftarrow p$ **downto** 1	{$\log_{10}n$}
$j \leftarrow n/10^{i-1}$	{$\log_{10}n$}
write(j)	{$\log_{10}n$}
$n \leftarrow n-j\times10^{i-1}$	{$\log_{10}n$}
4. **return**	{1}
	{Total **O**($\log_{10}n$)}

1-3 나머지 연산

알고리즘 modulo는 **피제수**dividend로부터 **제수**divisor, denominator를 반복적으로 뺌으로써 나머지를 구한다.

Alg *modulo*(*a*, *b*)
　input　positive integers *a*, *b*
　output　*a* % *b*

1. **while** (*a* ≥ *b*)　　　　　　　{*a*/*b*}
　　a ← *a* − *b*　　　　　　　{*a*/*b*}
2. **return** *a*　　　　　　　　{1}
　　　　　　　　　　　　{Total **O**(*a*/*b*)}

1-4 Big-Oh 구하기

Alg *a1*(*m*)
1. *p* ← 1　　　　　　　　　{1}
2. **for** *i* ← 1 **to** 3*m*　　　　　{3*m*}
　　p ← *p* × *i*　　　　　　　{3*m*}
　　　　　　　　　　　　{Total **O**(*m*)}

Alg *a2*(*t*)
1. *p* ← 1　　　　　　　　　{1}
2. **for** *i* ← 1 **to** t^2　　　　　{t^2}
　　p ← *p* × *i*　　　　　　　{t^2}
　　　　　　　　　　　　{Total **O**(t^2)}

Alg *a3*(*p*)
1. *s* ← 0　　　　　　　　　{1}
2. **for** *n* ← 1 **to** 2*p*　　　　　{2*p*}
　　for *j* ← 1 **to** *n*　　　　{1 + 2 + ⋯ + 2*p*}
　　　　s ← *s* + *n*　　　　{1 + 2 + ⋯ + 2*p*}
　　　　　　　　　　　　{Total **O**(p^2)}

Alg *a4*(*n*)
1. *s* ← 0　　　　　　　　　{1}
2. **for** *i* ← 1 **to** *n*　　　　　{*n*}
　　for *j* ← 1 **to** i^2　　　　{$1^2 + 2^2 + ⋯ + n^2$}
　　　　s ← *s* + *i*　　　　{$1^2 + 2^2 + ⋯ + n^2$}
　　　　　　　　　　　　{Total **O**(n^3)}

Alg $a5(n)$

1. $s \leftarrow 0$ $\{1\}$
2. **for** $k \leftarrow 1$ **to** n^2 $\{n^2\}$
     for $j \leftarrow 1$ **to** k $\{1+2+\cdots+n^2\}$
         $s \leftarrow s+k$ $\{1+2+\cdots+n^2\}$
                  $\{\text{Total } \mathbf{O}(n^4)\}$

Alg $a6(k, n)$

1. $s \leftarrow 0$ $\{1\}$
2. **for** $i \leftarrow 1$ **to** n^2 $\{n^2\}$
     for $j \leftarrow 2$ **to** k $\{(k-1)n^2\}$
         $s \leftarrow s+i$ $\{(k-1)n^2\}$
                  $\{\text{Total } \mathbf{O}(kn^2)\}$

1–5 Big-Oh 증명

Big-Oh의 정의에 의해 모든 정수 $n \geq n_0$에 대해 $f(n) \leq c \cdot g(n)$가 성립하는 실수의 상수 $c > 0$ 및 정수의 상수 $n_0 \geq 1$이 존재함을 보이면 된다.

A. $((n+1)^5 = n^5 + 5n^4 + 10n^3 + 10n^2 + 5n + 1$ 이므로) $(n+1)^5 \leq c \cdot n^5$가 성립하는 $c =$ 8 및 $n \geq n_0 = 2$가 존재한다.

B. $(2^{n+1} = 2 \cdot 2^n$ 이므로) $2^{n+1} \leq c \cdot 2^n$이 성립하는 $c = 2$ 및 $n_0 = 1$이 존재한다.

1–6 두 알고리즘 비교

"콩쥐의 알고리즘은 팥쥐의 알고리즘의 big-Oh다"라고 말하는 것은 콩쥐의 알고리즘이 특정한 양의 정수 n_0보다 큰 모든 입력에 대해 더 빠르다는 것을 의미한다. 이번은 그림에서 보듯이 $n_0 = 100$인 경우였다고 설명할 수 있다.

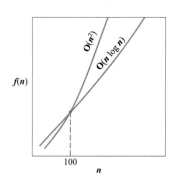

1-7 점근분석 예

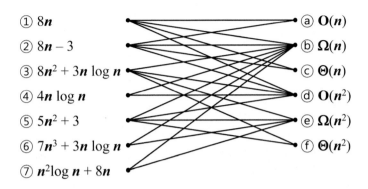

1-8 Big-Theta 증명

$n \geq n_0$에 대해 $c'n^2 \leq 2n^2 - 10n + 3 \leq c''n^2$이 성립하는 $c', c'' > 0$ 및 $n_0 \geq 1$이 필요하며, $c' = 1$, $c'' = 2$ 및 $n_0 = 10$으로 성립한다.

CHAPTER 2　재귀

2-1 재귀적 arrayMax

Alg *arrayMax*(*A*, *n*)
  input array *A* of *n* integers
  output maximum element of *A*

1. **if** (*n* = 1)　　　　　　　　　　　　　{base case}
    return *A*[0]
  else　　　　　　　　　　　　　　　{recursion}
    return *max*(*A*[*n* − 1], *arrayMax*(*A*, *n* − 1))

2-2 재귀적 arrayMaxMin

Alg *arrayMaxMin*(*A*, *n*)
   input array *A* of *n* integers
   output a pair *l*, *s*, s.t. *l* is the maximum and *s* is the minimum element of *A*

1. **if** (*n* = 1)   {base case}
     return *A*[0], *A*[0]
   else   {recursion}
     l, *s* ← *arrayMaxMin*(*A*, *n* − 1)
     l ← *max*(*A*[*n* − 1], *l*)
     s ← *min*(*A*[*n* − 1], *s*)
     return *l*, *s*

CHAPTER 3   기초 데이터구조

3-1 배열의 크기

- $A[-3..2, 1..4, 0..9]$의 크기

  $= (UB_1 - LB_1 + 1)(UB_2 - LB_2 + 1)(UB_3 - LB_3 + 1)$

  $= (2 - (-3) + 1)(4 - 1 + 1)(9 - 0 + 1)$

  $= 240$

- $B[1..M, -1..N]$의 크기

  $= (UB_1 - LB_1 + 1)(UB_2 - LB_2 + 1)$

  $= (M - 1 + 1)(N - (-1) + 1)$

  $= M(N + 2)$

3-2 배열원소의 저장 순서

- 행우선 순서에서 $A[2, 3]$의 오프셋

  $= [(k_1 - LB_1)(UB_2 - LB_2 + 1)] + (k_2 - LB_2)$

  $= [(2 - (-1))(5 - 0 + 1)] + (3 - 0)$

  $= 21$

- 열우선 순서에서 $A[2, 3]$의 오프셋

  $= [(k_2 - LB_2)(UB_1 - LB_1 + 1)] + (k_1 - LB_1)$

  $= [(3 - 0)(3 - (-1) + 1)] + (2 - (-1))$

  $= 18$

3-3 배열원소의 저장 순서

- 행우선 순서에서 $A[i, j, k]$의 오프셋

  $= (k_1 - LB_1)(UB_2 - LB_2 + 1)(UB_3 - LB_3 + 1)$

  $\quad + (k_2 - LB_2)(UB_3 - LB_3 + 1)$

  $\quad + (k_3 - LB_3)$

  $= (i - 0)(M - (-1) + 1)(N - 0 + 1) + (j - (-1))(N - 0 + 1) + (k - 0)$

  $= i(M + 2)(N + 1) + (j + 1)(N + 1) + k$

CHAPTER 4   기본 추상자료형

4-1 리스트의 모든 원소들

Alg *elements*()
  input array A of size n
  output iteration of all elements of A

1. **if** $(n > 0)$
    return *rElements*(0)
                                    {Total **O**(n)}

Alg *rElements*(i)   {recursive}
  input array A of size n, index i
  output iteration of all elements of A

1. **if** $(i < n)$
    return $A[i]$, *rElements*($i + 1$)
                                      {Total **O**(n)}

4-2 연결리스트 양끝 순위에 대한 삽입과 삭제

Alg *addFirst(e)*
   input doubly linked list with header H and trailer T, element e
   output none

1. $q \leftarrow getnode()$
2. q.elem $\leftarrow e$
3. q.prev $\leftarrow H$
4. q.next $\leftarrow H$.next
5. (H.next).prev $\leftarrow q$
6. H.next $\leftarrow q$
7. **return**

Alg *removeFirst()*
   input doubly linked list with header H and trailer T
   output element

1. $p \leftarrow H$.next
2. $e \leftarrow p$.elem
3. H.next $\leftarrow p$.next
4. (p.next).prev $\leftarrow H$
5. *putnode(p)*
6. **return** e

Alg *addLast(e)*
   input doubly linked list with header H and trailer T, element e
   output none

1. $q \leftarrow getnode()$
2. q.elem $\leftarrow e$
3. q.prev $\leftarrow T$.prev
4. q.next $\leftarrow T$
5. (T.prev).next $\leftarrow q$
6. T.prev $\leftarrow q$
7. **return**

Alg *removeLast()*
   input doubly linked list with header H and trailer T
   output element

1. $p \leftarrow T$.prev
2. $e \leftarrow p$.elem
3. (p.prev).next $\leftarrow T$
4. T.prev $\leftarrow p$.prev
5. *putnode(p)*
6. **return** e

4–3 집합 갱신 메쏘드

Alg *addElem*(*e*)
   input a doubly linked list with header **H** and trailer **T**, element **e**
   output none

1. $p \leftarrow H$.**next**
2. **while** $(p \neq T)$
     $a \leftarrow p$.**elem**
     if $(a < e)$
       $p \leftarrow p$.**next**
     elseif $(a > e)$
       addNodeBefore(*p*, *e*)   {insert before **p**}
       return
     else {$a = e$}
       return   {already exists}
3. *addLast*(*e*)
4. **return**

Alg *removeElem*(*e*)
   input a doubly linked list with header **H** and trailer **T**, element **e**
   output none

1. $p \leftarrow H$.**next**
2. **while** $(p \neq T)$
     $a \leftarrow p$.**elem**
     if $(a < e)$
       $p \leftarrow p$.**next**
     elseif $(a > e)$
       return   {not found}
     else {$a = e$}
       removeNode(*p*)
       return
3. **return**   {not found}

4-4 변형 스택

Alg *push*(*e*)
  input stack *S*, size *N*, top *t*, element *e*
  output none

1. **if** $(t = N - 1)$
    for $i \leftarrow 1$ **to** t
       $S[i - 1] \leftarrow S[i]$
  else
    $t \leftarrow t + 1$
2. $S[t] \leftarrow e$
3. **return**

                                      {Total **O**(*n*)}

4-5 원형큐

Alg *initQueue*()
1. $f, r \leftarrow 0, N - 1$
2. $n \leftarrow 0$
3. **return**

Alg *size*()
1. **return** *n*

Alg *isEmpty*()
1. **return** $n = 0$

Alg *isFull*()
1. **return** $n = N$

Alg *front*()
1. **if** (*isEmpty*())
    emptyQueueException()
2. **return** $Q[f]$

Alg *enqueue(e)*
1. **if** (*isFull*())
    fullQueueException()
2. $r \leftarrow (r+1) \% N$
3. $Q[r] \leftarrow e$
4. $n \leftarrow n+1$
5. **return**

Alg *dequeue*()
1. **if** (*isEmpty*())
    emptyQueueException()
2. $e \leftarrow Q[f]$
3. $f \leftarrow (f+1) \% N$
4. $n \leftarrow n-1$
5. **return** *e*

4–6 연결큐

Alg *initQueue*()
1. $H \leftarrow getnode()$
2. $T \leftarrow getnode()$
3. $H.\text{next} \leftarrow T$
4. $T.\text{prev} \leftarrow H$
5. $H.\text{prev} \leftarrow \varnothing$
6. $T.\text{next} \leftarrow \varnothing$
7. **return**

Alg *isEmpty*()
1. **return** $H.\text{next} = T$

Alg *front*()
1. **if** (*isEmpty*())
    emptyQueueException()
2. **return** (*H*.next).elem

Alg *enqueue*(*e*)
1. *r* ← *getnode*()   {new rear node}
2. *r*.elem ← *e*
3. *r*.next ← *T*
4. (*T*.prev).next ← *r*
5. *T*.prev ← *r*
6. **return**

Alg *dequeue*()
1. **if** (*isEmpty*())
    emptyQueueException()
2. *f* ← *H*.next   {front node}
3. *e* ← *f*.elem
4. *H*.next ← *f*.next
5. (*f*.next).prev ← *H*
5. *putnode*(*f*)
6. **return** *e*

4-7 상각실행시간

    A. $\Theta(\log n)$
    B. $\Theta(n \log n)$

4-8 상각실행시간

그르다. 전체 상각시간은 실제 실행시간의 상한을 나타낸다.

4-9 트리의 크기

Alg *size*()
1. **return** *rSize*(*root*())

Alg *rSize*(*v*)
1. *sum* ← 1
2. **for each** *w* ∈ *children*(*v*)
    sum ← *sum* + *rSize*(*w*)
3. **return** *sum*

4-10 이진트리의 크기

Alg *size*()
1. **return** *rSize*(*root*())

Alg *rSize*(*v*)
1. *sum* ← 1
2. **if** (*isInternal*(*v*))
     sum ← *sum* + *rSize*(*leftChild*(*v*)) + *rSize*(*rightChild*(*v*))
3. **return** *sum*

4-11 내부노드 및 외부노드 수 세기

Alg *countInternalNodes*(*v*)
1. **if** (*isExternal*(*v*))
     return 0
2. **return** 1 + *countInternalNodes*(*leftChild*(*v*)) + *countInternalNodes*(*rightChild*(*v*))

Alg *countExternalNodes*(*v*)
1. **if** (*isExternal*(*v*))
     return 1
2. **return** *countExternalNodes*(*leftChild*(*v*)) + *countExternalNodes*(*rightChild*(*v*))

4-12 계승자

- 노드 I의 선위순회 계승자는 C
- 노드 A의 중위순회 계승자는 F
- 노드 C의 후위순회 계승자는 A

4-13 트리의 경로길이

  A. 경로길이는 44

  B. 내부경로길이는 15

  C. 외부경로길이는 29

4-14 **최저공통조상**

A. 노드 m, k: 최저공통조상은 b, 거리는 5

B. 노드 c, h: 최저공통조상은 a, 거리는 4

C. 노드 p, b: 최저공통조상은 b, 거리는 4

4-15 **크기에 의한 합집합**

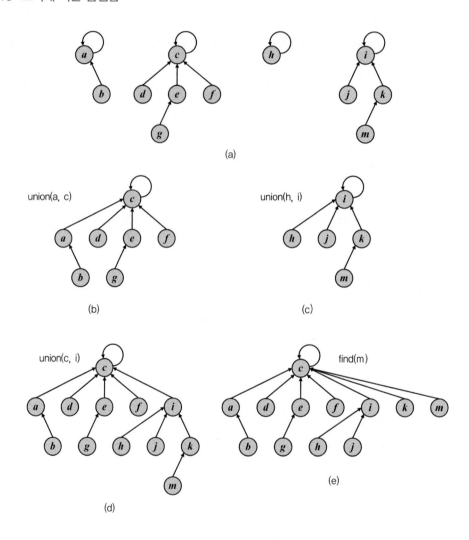

(a)

union(a, c)

(b)

union(h, i)

(c)

union(c, i)

find(m)

(d)

(e)

CHAPTER 5   우선순위 큐

5-1 정렬 연습

- **제자리 선택 정렬**
  - 22 15 36 44 10 3 9 13 29 25
  - (22 15 36 44 10 3 9 13 29 25)
  - 3 (15 36 44 10 22 9 13 29 25)
  - 3 9 (36 44 10 22 15 13 29 25)
  - 3 9 10 (44 36 22 15 13 29 25)
  - 3 9 10 13 (36 22 15 44 29 25)
  - 3 9 10 13 15 (22 36 44 29 25)
  - 3 9 10 13 15 22 (36 44 29 25)
  - 3 9 10 13 15 22 25 (44 29 36)
  - 3 9 10 13 15 22 25 29 (44 36)
  - 3 9 10 13 15 22 25 29 36 (44)
  - 3 9 10 13 15 22 25 29 36 44

- **제자리 삽입 정렬**
  - 22 15 36 44 10 3 9 13 29 25
  - (22) 15 36 44 10 3 9 13 29 25
  - (15 22) 36 44 10 3 9 13 29 25
  - (15 22 36) 44 10 3 9 13 29 25
  - (15 22 36 44) 10 3 9 13 29 25
  - (10 15 22 36 44) 3 9 13 29 25
  - (3 10 15 22 36 44) 9 13 29 25
  - (3 9 10 15 22 36 44) 13 29 25
  - (3 9 10 13 15 22 36 44) 29 25
  - (3 9 10 13 15 22 29 36 44) 25
  - (3 9 10 13 15 22 25 29 36 44)
  - 3 9 10 13 15 22 25 29 36 44

5-2 최악의 제자리 삽입 정렬

답: 거꾸로 정렬된 리스트

예 44 36 29 25 22 15 13 10 9 3

이유: 왜 $\Omega(n^2)$ 시간에 수행하는가?

- 패스마다 각 원소는 리스트의 우선순위 큐 부분의 맨 앞까지 이동되어야 한다.
- 즉, 패스마다 각 원소는 n회 이동한다.
- n개의 원소 각각에 대해 n회의 이동이 필요하므로 총 n^2회의 이동을 수행한다. 따라서 전체적으로 $\Omega(n^2)$ 시간에 수행한다.

CHAPTER 6 힙과 힙 정렬

6-1 힙 내 최대 키의 위치

힙이 유일한 키만을 저장한다면 답은 4, 그렇지 않으면 1.

6-2 힙과 이진트리 순회

- **선위순회** preorder: 있다(아래 그림 참고).

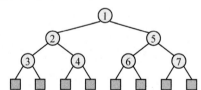

- **중위순회** inorder: 없다.
- **후위순회** postorder: 있다(아래 그림 참고).

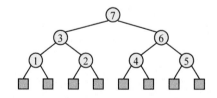

6-3 힙 정렬 연습

- **A 방식**

  1기

  - 4 1 5 7 3 9

  - 4 (7) 5 (1 3) 9

  - 4 (7 9 1 3 5)

  - (9 7 5 1 3 4)

  2기

  - (9 7 5 1 3 4)

  - (7 4 5 1 3) 9

  - (5 4 3 1) 7 9

  - (4 1 3) 5 7 9

  - (3 1) 4 5 7 9

  - (1) 3 4 5 7 9

  - 1 3 4 5 7 9

- **B 방식**

  1 기

  - 4 1 5 7 3 9

  - 4 1 (9 7 3 5)

  - 4 (7 9 1 3 5)

  - (9 7 5 1 3 4)

  2기

  - (9 7 5 1 3 4)

  - (7 4 5 1 3) 9

  - (5 4 3 1) 7 9

  - (4 1 3) 5 7 9

  - (3 1) 4 5 7 9

  - (1) 3 4 5 7 9

  - 1 3 4 5 7 9

6-4 힙에서 키 갱신

Alg *replaceKey(i, x)*
  input integer *i*, key *x*
  output none

1. *oldkey* ← $A[i]$
2. $A[i]$ ← x
3. **if** $(x < oldkey)$
    downHeap(i)
  else {$x > oldkey$}
    upHeap(i)
4. **return**

6-5 배열과 최대힙

그렇다. 이유는 다음과 같다.

- $A[1] = 20$의 자식들 $A[2] = 15$, $A[3] = 18$은 20보다 작거나 같다.
- $A[2] = 15$의 자식들 $A[4] = 7$, $A[5] = 9$는 15보다 작거나 같다.
- $A[3] = 18$의 자식들 $A[6] = 5$, $A[7] = 12$는 18보다 작거나 같다.
- $A[4] = 7$의 자식들 $A[8] = 3$, $A[9] = 6$은 7보다 작거나 같다.
- $A[5] = 9$의 자식 $A[10] = 2$는 9보다 작거나 같다.
- $A[6]$, $A[7]$, $A[8]$, $A[9]$, $A[10]$은 자식이 없다.

CHAPTER 7 합병 정렬

7-1 배열의 최대 원소

분할통치법의 각 단계에서 다음을 수행한다.

※ 분할 : 리스트를 이등분

※ 재귀 : 왼쪽 부리스트의 최대값과 오른쪽 부리스트의 최대값을 각각 구한다.

※ 통치 : 두 개의 최대값 중 큰 것을 반환한다.

Alg *arrayMax*(*A*, *n*)　　　　　　　　{driver}
　input array *A* of *n* integers
　output the maximum element of *A*

1.**return** *rArrayMax*(*A*, 0, *n* − 1)

Alg *rArrayMax*(*A*, *l*, *r*)　　　　　　　{recursive}
1. **if** (*l* = *r*)
　　return *A*[*l*]
2. *mid* ← (*l* + *r*)/2
3. *maxL* ← *rArrayMax*(*A*, *l*, *mid*)
4. *maxR* ← *rArrayMax*(*A*, *mid* + 1, *r*)
5. **return** *max*(*maxL*, *maxR*)

7–2 합병 정렬 연습

아래 수행 과정에서 파이프(|)는 분할을 표시한다.

```
22 15 36 44 10 3 9 25 29 13
22 15 36 44 10 | 3 9 25 29 13
22 15 36 | 44 10 | 3 9 25 29 13
22 15 | 36 | 44 10 | 3 9 25 29 13
22 | 15 | 36 | 44 10 | 3 9 25 29 13
15 22 | 36 | 44 10 | 3 9 25 29 13
15 22 36 | 44 10 | 3 9 25 29 13
15 22 36 | 44 | 10 | 3 9 25 29 13
15 22 36 | 10 44 | 3 9 25 29 13
10 15 22 36 44 | 3 9 25 29 13
10 15 22 36 44 | 3 9 25 | 29 13
10 15 22 36 44 | 3 9 | 25 | 29 13
10 15 22 36 44 | 3 | 9 | 25 | 29 13
10 15 22 36 44 | 3 9 | 25 | 29 13
10 15 22 36 44 | 3 9 25 | 29 13
10 15 22 36 44 | 3 9 25 | 29 | 13
10 15 22 36 44 | 3 9 25 | 13 29
```

10 15 22 36 44 | 3 9 13 25 29

3 9 10 13 15 22 25 29 36 44

CHAPTER 8 퀵 정렬

8-1 퀵 정렬 연습

아래 수행 과정에서 분할의 결과는 ((LT), EQ, (GT)) 형식으로 표시된다.

22 15 36 44 10 3 9 25 29 13

((9 3 10) 13 (36 15 22 25 29 44))

(((9 3) 10 ()) 13 (36 15 22 25 29 44))

(((() 3 (9)) 10 ()) 13 (36 15 22 25 29 44))

(((3 9) 10 ()) 13 (36 15 22 25 29 44))

((3 9 10) 13 (36 15 22 25 29 44))

((3 9 10) 13 ((36 15 22 25 29) 44 ()))

((3 9 10) 13 (((25 15 22) 29 (36)) 44 ()))

((3 9 10) 13 ((((15) 22 (25)) 29 (36)) 44 ()))

((3 9 10) 13 (((15 22 25) 29 (36)) 44 ()))

((3 9 10) 13 ((15 22 25 29 36) 44 ()))

((3 9 10) 13 (15 22 25 29 36 44))

(3 9 10 13 15 22 25 29 36 44)

3 9 10 13 15 22 25 29 36 44

8-2 중앙 원소를 기준원소로 선택

$O(n^2)$ 최악실행시간, $O(n \log n)$ 기대실행시간에 수행한다.

이 버전을 수행할 경우 $\Theta(n^2)$ 시간이 소요되는 입력 리스트는 선택된 기준원소가 항상 부리스트의 최대 또는 최소 원소가 되는 특성을 가져야 한다. 다시 말해 **GT** 또는 **LT** 어느 한쪽에 항상 아무 원소가 없게 되면 $\Theta(n^2)$ 최악시간을 초래하게 된다.

8-3 무작위 알고리즘의 실행시간

그렇다. 무작위 퀵 정렬의 경우 최악실행시간은 $\Theta(n^2)$이지만 기대실행시간은 $\Theta(n$

log n)이기 때문이다.

8-4 중앙값 기준원소

$O(n \log n)$ 시간이 걸린다. 중앙값은 퀵 선택(quick select)을 이용하면 $O(n)$ 시간에 찾을 수 있기 때문이다.

CHAPTER 9　정렬 일반

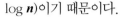

9-1 정렬 알고리즘 안정화

옳다. 수정 방법은 다음과 같다.

- 비교 정렬 알고리즘을 안정적으로 수정하기 위해 입력 리스트 A의 모든 원소에 리스트에서의 원래 위치를 표시한다(라벨 등으로 저장).
- 만약 $A[i] = A[j]$이면 i와 j를 비교하여 두 원소의 위치를 알아내 안정적인 결과가 되도록 처리한다.
- 이 과정에서 실행시간은 (최대) 상수 2배만큼 증가한다.

9-2 이상적인 우선순위 큐

그르다. 이유는 다음과 같다.

- 그러한 우선순위 큐가 존재한다면 알고리즘 buildHeap을 수행한 후($\Theta(n)$ 시간 소요), 최소 키를 n번 삭제함으로써($n \cdot \Theta(1) = \Theta(n)$ 시간 소요) 정렬을 완료할 수 있을 것이다.
- 그러면 이 알고리즘은 비교에 기초하여 $\Theta(n)$ 시간에 정렬한 것이 된다. 이는 비교 정렬의 하한 시간 $\Theta(n \log n)$을 위반한 것이 된다.

9-3 다섯 개의 수 비교정렬

그르다. 이유는 다음과 같다.

- 5개의 수를 비교 정렬하는 결정트리의 잎의 수는 5!이며 트리의 높이는 최소 log 5!이다.
- 5! = 120이므로 6 < log 5! < 7 이다(왜냐하면 $2^6 = 64$, $2^7 = 128$이므로).
- 따라서 최소 7번의 비교가 필요하다.

9-4 이미 정렬된 리스트를 제자리 정렬

그르다. 제자리란 말은 상수의 추가 기억 공간만을 사용한다는 의미다. 안정적인 정렬 알고리즘이어야만 주어진 순서배열을 변경하지 않는다.

9-5 비안정적 정렬 알고리즘

힙 정렬이다. 힙을 재구성(reheap 또는 adjust라고도 함)하는 과정에서 동일한 키에 대해 순서가 바뀔 수 있기 때문이다.

CHAPTER 10 사전

10-1 findElement의 특정 버전

Alg *findElement*(*k*)   {array version}
  input array $A[0..n-1]$, key *k*
  output element with key *k*

1. $i \leftarrow 0$
2. **while** $(i < n)$
     if $(A[i].\text{key} = k)$
         return $A[i].\text{elem}$
     else
         $i \leftarrow i+1$
3. **return** *NoSuchKey*

Alg *findElement*(*k*)   {linked list version}
  input doubly linked list with header *H* and trailer *T*, key *k*
  output element with key *k*

1. $i \leftarrow H.\text{next}$
2. **while** $(i \neq T)$
     if $(i.\text{key} = k)$
         return $i.\text{elem}$
     else
         $i \leftarrow i.\text{next}$
3. **return** *NoSuchKey*

10-2 findElement의 부알고리즘

{list L is an array $A[0..n-1]$}

Alg *key*($A[i]$)
1. **return** $A[i]$.key

Alg *element*($A[i]$)
1. **return** $A[i]$.elem

Alg *initialize*(i)
1. $i \leftarrow 0$
2. **return**

Alg *isValid*(i)
1. **return** $i < n$

Alg *advance*(i)
1. $i \leftarrow i+1$
2. **return**

{list L is a doubly linked list with header H and trailer T}

Alg *key*(i)
1. **return** i.key

Alg *element*(i)
1. **return** i.elem

Alg *initialize*(i)
1. $i \leftarrow H$.next
2. **return**

Alg *isValid*(i)
1. **return** $i \neq T$

Alg *advance*(i)
1. $i \leftarrow i$.next
2. **return**

10–3 비재귀적 이진탐색

Alg *findElement*(*k*)
  input sorted array $A[0..n-1]$, key k
  output element with key k

1. $l \leftarrow 0$
2. $r \leftarrow n - 1$
3. **while** $(l \leq r)$
     $mid \leftarrow (l+r)/2$
    if $(k = key(A[mid]))$
       return *element*($A[mid]$)
    elseif $(k < key(A[mid]))$
      $r \leftarrow mid - 1$
    else $\{k > key(A[mid])\}$
      $l \leftarrow mid + 1$
4. **return** *NoSuchKey*

다음은 재귀알고리즘을 비재귀로 전환하기 위한 일반적 요령이다.
1. 재귀호출을 반복문으로 대체한다(예 명령문 3행의 **while** 문).
2. 재귀의 매개변수를 반복문의 제어변수로 전환한다(예 변수 l, r).
3. 최초의 재귀호출에 사용하는 매개변수 값을 반복문 진입 전 제어변수들의 초기화로 전환한다(예 명령문 1, 2행).
4. 재귀의 베이스 케이스를 반복문의 종료 조건으로 전환한다(예 원래 조건문 $l >$ r을 명령문 3행의 조건문 $l \leq r$로 전환함).

10–4 순서배열의 두 수 덧셈

응용문제에서 다루었던 유사 문제보다 쉬운 버전이다. 알고리즘 findIndexPair는 순서배열 원소 $A[i]$ 각각에 대해 A를 대상으로 $s - A[i]$ 를 이진탐색한다. 탐색이 성공하면 반환된 첨자 j를 i와 함께 반환한다. 탐색이 실패하면 *NotFound*를 반환한다. A가 이미 순서배열이므로 응용문제처럼 A로부터 순서사전 D를 구축할 필요는 없으나 이진탐색 알고리즘 findElement는 원소 대신 첨자를 반환하도록 수정한 버전을 사용해야 한다. 알고리즘 findElement를 한 번 수행하는 데 $O(\log n)$시간이 소요되며 이를 A의 모든 원소에 대해 호출하므로 총 $O(n \log n)$ 시간이 소요된다.

Alg *findIndexPair*(*A*, *s*)
  input　sorted array $A[0..n-1]$ of numbers, number *s*
  output　an index pair i_0, i_1, s.t. $A[i_0]+A[i_1]=s$

1. **for** $i \leftarrow 0$ **to** $n-1$
    $s' \leftarrow s - A[i]$
    $j \leftarrow A.findElement(s')$　　　　　{**O**(*n* log *n*)}
    if $(j \geq 0)$
        return *i*, *j*
2. **return** *NotFound*

                       {Total **O**(*n* log *n*)}

Alg *findElement*(*k*)　　　　　　{a version of findElement}
  input　sorted array $A[0..n-1]$, key *k*
  output　index *i*, s.t. $A[i]=k$; returns -1 if not found

1. **return** *rFindElement*(*k*, 0, *n* − 1)

Alg *rFindElement*(*k*, *l*, *r*)
1. **if** $(l > r)$
    return -1
2. $mid \leftarrow (l+r)/2$
3. **if** $(k = key(A[mid]))$
    return *mid*
  elseif $(k < key(A[mid]))$
    return *rFindElement*(*k*, *l*, *mid* − 1)
  else {$k > key(A[mid])$}
    return *rFindElement*(*k*, *mid*+1, *r*)

10–5 두 개의 키 범위 내의 원소들

먼저, 키 k_1과 k_2에 대해 이진탐색을 각각 수행하여 사전 내의 키의 위치 loc_1과 loc_2를 찾아낸다. 이 문제를 위해서는 이진탐색 알고리즘 findElement의 재귀 알고리즘 rFindElement의 현재 버전을 다음과 같이 수정해야 할 것이다.

- 탐색 성공의 경우 현재 버전에서는 목표 원소를 반환하지만 이를 해당 항목의 위치(즉, 배열 첨자)를 반환하도록 수정한다.

- 탐색 실패의 경우 현재 버전에서는 ***NoSuchKey***를 반환하지만 이를 성공했을 경우의 '가상 위치'를 반환하도록 수정해야 한다. 가상 위치는 쉽게 알 수 있으나, 성공의 경우와 구별하기 위한 추가 장치가 필요하다. 예를 들어 위치만을 반환하는 대신 탐색 성공 여부를 나타내는 비트를 추가로 반환해야 한다.

마지막으로, 반환된 loc_1과 loc_2를 이용하여 $k_1 \leq k \leq k_2$를 만족하는 키 k의 원소들을 수집하여 반환한다. 알고리즘 findElement를 두 번 수행하는 데 $O(\log n)$시간이 소요되며 s개의 원소들을 수집하는 데 $O(s)$시간이 소요된다. 따라서 총 $O(\log n + s)$ 시간이 소요된다.

Alg *findElementsInRange*(k_1, k_2)
  input sorted array $A[0..n-1]$, key k_1, k_2
  output elements with key k, s.t. $k_1 \leq k \leq k_2$

1. $L \leftarrow$ *empty list*
2. $(bit_1, loc_1) \leftarrow$ ***rFindElementsInRange***($k_1, 0, n-1$)   {$O(\log n)$}
3. $(bit_2, loc_2) \leftarrow$ ***rFindElementsInRange***($k_2, 0, n-1$)   {$O(\log n)$}
4. **for** $i \leftarrow loc_1$ **to** loc_2 {$O(s)$}
    $L.addLast(element(A[i]))$
5. **return** $L.elements()$

                                 {Total $O(\log n + s)$}

Alg *rFindElementsInRange*(k, l, r)   {a version of rFindElement}
  input sorted array $A[l..r]$, index l, r
  output (Sucess-or-Fail bit, location) pair

1. **if** $(l > r)$
    return (*Fail*, l)
2. $mid \leftarrow (l+r)/2$
3. **if** $(k = key(A[mid]))$
    return (*Success*, *mid*)
  elseif $(k < key(A[mid]))$
    return *rFindElementsInRange*($k, l, mid-1$)
  else {$k > key(A[mid])$}
    return *rFindElementsInRange*($k, mid+1, r$)

                                   {Total $O(\log n)$}

CHAPTER 11 탐색트리

11-1 이진탐색트리의 모든 원소들

Alg *elements*()   {driver}
  input a dictionary implemented by means of a binary search tree *T*
  output all elements of *T*

1. *L* ← *empty list*
2. *rElements*(*T.root*(), *L*)
3. **return** *L.elements*()
                              {Total O(n)}

Alg *rElements*(*v*, *L*)   {recursive}
  input list *L*, node *v* of a binary search tree *T*
  output list *L* of all the elements of *T*

1. **if** (*T.isExternal*(*v*))
      return
2. *L.addLast*(*T.element*(*v*))
3. *rElements*(*T.leftChild*(*v*), *L*)
4. *rElements*(*T.rightChild*(*v*), *L*)

elements는 이진탐색트리 *T*의 루트와 비어 있는 리스트 *L*을 매개변수로 하여 재귀알고리즘 rElements를 구동한다. rElements는 리스트 *L*을 갱신한다.

11-2 비재귀적 트리 탐색

Alg *treeSearch*(*v*, *k*)   {generic}
  input node *v* of a binary search tree, key *k*
  output node *w*, s.t. either *w* is an internal node storing key *k* or *w* is the external node where key *k* would belong if it existed

1. **while** (*isInternal*(*v*))
      if (*k* = *key*(*v*))
          return *v*
      elseif (*k* < *key*(*v*))
          v ← *leftChild*(*v*)
      else {*k* > *key*(*v*)}
          v ← *rightChild*(*v*)
2. **return** *v*

재귀알고리즘을 비재귀로 전환하기 위한 일반적 요령은 다음과 같다.

- 재귀호출을 반복문(예 while 문)으로 대체한다.
- 재귀의 매개변수를 반복문의 제어변수로 전환한다.
- 필요하다면 최초의 재귀호출에 전달하는 매개변수 값을 반복문 진입 전 제어 변수들의 초기화로 전환한다.
- 재귀의 베이스 케이스를 반복문의 종료 조건으로 전환한다.

11-3 이진탐색트리 구축

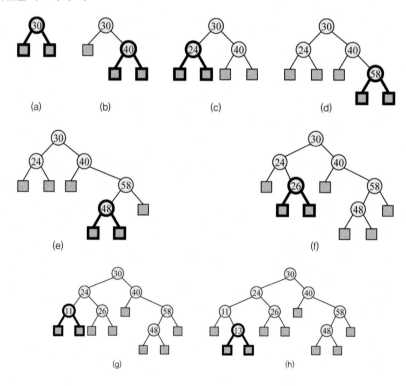

11-4 findAllElements의 버전

Alg *findAllElements*(*k*)   {ver. 2}
  input binary search tree *T*, key *k*
  output elements with key *k*

1. *L* ← *empty list*
2. *w* ← *T.root*()
3. **while** (*T.isInternal*(*w*))
    if (*k* = *T.key*(*w*))
      L.addLast(*T.element*(*w*))
      w ← *T.rightChild*(*w*)
    elseif (*k* < *T.key*(*w*))
      w ← *T.leftChild*(*w*)
    else {*k* > *T.key*(*w*)}
      w ← *T.rightChild*(*w*)
4. **return** *L.elements*()
                                     {Total **O**(*h*+*s*)}

11-5 동일한 키 집단으로 생성된 이진탐색트리

그르다. 그림을 보일 수 있는 사례는 하나만이 아니다. 일례로, 먼저 키 9, 5, 12, 7, 13를 주어진 순서로 삽입하여 생성된 이진탐색트리를 만들어 보인다. 다음, 앞서의 입력에서 5와 7의 순서를 뒤바꿔서, 즉 키 9, 7, 12, 5, 13를 삽입하여 생성된 이진탐색트리를 만들어 보인다.

11-6 동일한 키 집단으로 생성된 AVL 트리

그르다. 그림을 보일 수 있는 사례는 하나만이 아니다. 일례로, 먼저 키 9, 5, 12, 7, 13을 주어진 순서로 삽입하여 생성된 AVL 트리를 만들어 보인다. 다음, 5와 7의 순서를 뒤바꿔서, 즉 키 9, 7, 12, 5, 13를 삽입하여 생성된 AVL 트리를 만들어 보인다.

11-7 AVL 트리 구축

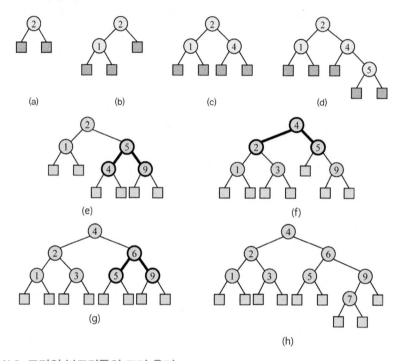

11-8 AVL 트리의 부트리들의 크기 유지

AVL 트리의 데이터구조를 확장한다. 즉, 각 내부노드에 새로운 라벨 *size*를 추가하고 갱신때 이 라벨을 정확히 유지하도록 한다. 트리의 각 노드의 *size*에 해당 부트리 내의 내부노드의 수를 저장한다. 삽입 및 삭제 시 필요하다면 *size* 값을 증가 또는 감소시켜 정확한 값을 유지하도록 한다. 3-노드 개조가 진행되는 동안 개조에 관여하는 세 노드의 부트리의 크기 갱신에 유의한다. 여기서 세 노드란 알고리즘 restructure에서 *a*, *b*, *c*로 설정된 세 개의 노드를 말한다.

11-9 AVL 트리 갱신

- **키 52 삽입 후**

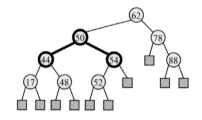

- 키 62 삭제 후

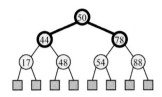

11-10 배열로 표현된 이진트리에서의 회전

연결트리에서는 회전에 관여하는 부트리들의 루트들만 재위치시키면 자손 노드들까지 회전에 참여하게 된다. 하지만 배열로 표현된 n 노드의 이진트리를 회전하기 위해서는 해당노드들의 자손 노드들까지 재배치시켜야 한다. 따라서 $\Omega(n)$ 시간이 소요된다.

11-11 $\Theta(\log n)$ 개조

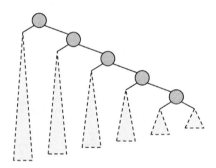

11-12 스플레이 트리 구축

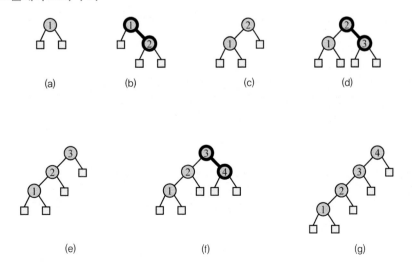

11-13 스플레이 트리에서 삭제

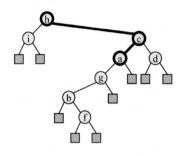 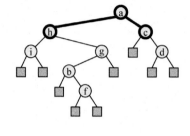

(a) 삭제 완료 시점의 모습   (b) 스플레이 완료 시점의 모습

11-14 이진탐색트리의 높이

그르다. 그림에 보인 것처럼 트리가 한쪽으로 편향된 경우가 가능하므로 n개의 노드로 이루어진 이진탐색트리의 높이는 $O(n)$이다.

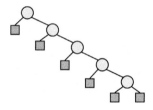

편향이진트리

11-15 AVL 트리 알고리즘

Alg *searchAndFixAfterInsertion(w)*
   input internal node w
   output none

{Update heights and search for imbalance}
1. w.**left.height**, w.**right.height**, w.**height** $\leftarrow 0, 0, 1$
2. **if** (*isRoot(w)*)
      return
3. $z \leftarrow w$.**parent**
4. **while** (*updateHeight(z)* & *isBalanced(z)*)
    if (*isRoot(z)*)
        return
    $z \leftarrow parent(z)$
5. **if** (*isBalanced(z)*)
      return

{Fix imbalance}
6. **if** (z.**left.height** > z.**right.height**)
　　　　y ← z.**left**
　　else {z.**left.height** < z.**right.height**}
　　　　y ← z.**right**
7. **if** (y.**left.height** > y.**right.height**)
　　　　x ← y.**left**
　　else {y.**left.height** < y.**right.height**}
　　　　x ← y.**right**
8. ***restructure***(x, y, z)
9. **return**
{Total O(log n)}

Alg *searchAndFixAfterRemoval*(z)
　input internal node z
　output none

{Update heights and search for imbalance}
1. **while** (***updateHeight***(z) & ***isBalanced***(z))
　　　if (***isRoot***(z))
　　　　　return
　　　z ← ***parent***(z)
2. **if** (***isBalanced***(z))
　　　return

{Fix imbalance}
3. **if** (z.**left.height** > z.**right.height**)
　　　　y ← z.**left**
　　else {z.**left.height** < z.**right.height**}
　　　　y ← z.**right**
4. **if** (y.**left.height** > y.**right.height**)
　　　　x ← y.**left**
　　elseif (y.**left.height** < y.**right.height**)
　　　　x ← y.**right**
　　else {y.**left.height** = y.**right.height**}
　　　　if (z.**left** = y)
　　　　　　x ← y.**left**
　　　　else {z.**right** = y}
　　　　　　x ← y.**right**
5. b ← ***restructure***(x, y, z)
6. **if** (***isRoot***(b))
　　　return
7. ***searchAndFixAfterRemoval***(b.***parent***)
{Total O(log n) }

Alg *restructure*(*x*, *y*, *z*)
 input internal node *x*, *y*, *z*, s.t. *y* is the parent of *x* and *z* is the parent of *y*
 output internal node

{Assign inorder listings of (*x*, *y*, *z*) and their subtrees to (*a*, *b*, *c*) and (T_0, T_1, T_2, T_3), resp.}
1. **if** (*key*(*z*) < *key*(*y*) < *key*(*x*))
  a, *b*, *c* ← *z*, *y*, *x*
  T_0, T_1, T_2, T_3 ← *a*.left, *b*.left, *c*.left, *c*.right
 elseif (*key*(*x*) < *key*(*y*) < *key*(*z*))
  a, *b*, *c* ← *x*, *y*, *z*
  T_0, T_1, T_2, T_3 ← *a*.left, *a*.right, *b*.right, *c*.right
 elseif (*key*(*z*) < *key*(*x*) < *key*(*y*))
  a, *b*, *c* ← *z*, *x*, *y*
  T_0, T_1, T_2, T_3 ← *a*.left, *b*.left, *b*.right, *c*.right
 else {*key*(*y*) < *key*(*x*) < *key*(*z*)}
  a, *b*, *c* ← *y*, *x*, *z*
  T_0, T_1, T_2, T_3 ← *a*.left, *b*.left, *b*.right, *c*.right

{Replace the subtree rooted at *z* with a new subtree rooted at *b*}
2. **if** (*isRoot*(*z*))
  root ← *b*
  b.parent ← *Null*
 elseif (*z*.parent.left = *z*)
  z.parent.left ← *b*
  b.parent ← *z*.parent
 else {*z*.parent.right = *z*}
  z.parent.right ← *b*
  b.parent ← *z*.parent

{Let T_0 and T_1 be the left and the right subtree of *a*, resp.}
3. *a*.left, *a*.right ← T_0, T_1
4. T_0.parent, T_1.parent ← *a*
5. *updateHeight*(*a*)

{Let T_2 and T_3 be the left and the right subtree of c, resp.}

6. c.left, c.right $\leftarrow T_2$, T_3

7. T_2.parent, T_3.parent $\leftarrow c$

8. *updateHeight*(c)

{Let a and c be the left and the right child of b, resp.}

9. b.left, b.right $\leftarrow a$, c

10. a.parent, c.parent $\leftarrow b$

11. *updateHeight*(b)

12. **return** b

{Total **O**(1)}

Alg *updateHeight*(w)

  input internal node w

  output boolean

1. $h \leftarrow max(w\text{.left.height}, w\text{.right.height}) + 1$

2. **if** ($h \neq w$.height)

    w.height $\leftarrow h$

    return *True*

  else

    return *False*

Alg *isBalanced*(w)

  input internal node w

  output boolean

1. **return** $|w\text{.left.height} - w\text{.right.height}| < 2$

CHAPTER 12   해싱 연습

12-1 해싱 연습

- **분리연쇄법**

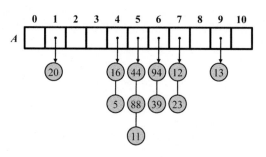

- **선형조사법**

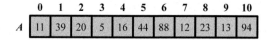

- **2차 조사법**

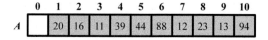

- **이중해싱**

12-2 재해싱 연습

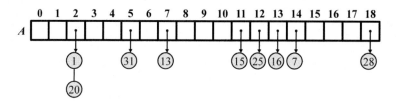

12–3 분리연쇄법에 의한 해시테이블의 재해싱

> **Alg** *rehash*()
>   **input** bucket array $A[0..M_A - 1]$, $B[0..M_B - 1]$, hash function h_A, h_B
>   **output** rehashed bucket array $B[0..M_B - 1]$
>
> 1. **for** $i \leftarrow 0$ **to** $M_A - 1$
>   **while** (!$A[i]$.*isEmpty*())
> B.*insertItem*(*key*($A[i]$), *element*($A[i]$))
> 2. **return**

12–4 개방주소법에 의한 해시테이블의 재해싱

> **Alg** *rehash*()
>   **input** bucket array $A[0..M_A - 1]$, $B[0..M_B - 1]$, hash function h_A, h_B
>   **output** rehashed bucket array $B[0..M_B - 1]$
>
> 1. **for** $i \leftarrow 0$ **to** $M_A - 1$
>   **if** (*active*($A[i]$))
> B.*insertItem*(*key*($A[i]$), *element*($A[i]$))
> 2. **return**

12–5 단 한 개의 키를 가진 해시테이블

그르다. 이유는 다음과 같다. 어떤 키에 대한 탐색이 유일한 키 *k*가 있는 슬롯과 충돌하지 않을 확률은 $(1 - 1/m)$이다. 따라서 *r*번의 탐색 가운데 하나라도 유일한 키 *k*가 있는 슬롯과 충돌할 확률 *p*는, *r*번의 탐색 모두가 그 슬롯과 충돌하지 않을 확률을 1에서 뺀 것과 같다. 따라서 $p = 1 - (1 - 1/m)^r$이다.

12–6 상수시간에 집합 소속을 판단하는 데이터구조

옳다. 좋은 해시함수를 사용하는 해시테이블로 가능하다.

12–7 상수시간 집합 메쏘드를 지원하는 데이터구조

옳다. 좋은 해시함수를 사용하는 해시테이블로 가능하다.

12-8 해시테이블에서 최악의 탐색 성능

그렇다. 최악의 경우 모든 키가 동일한 슬롯으로 해시될 수 있으며 이에 따른 탐색은 $\Theta(n)$ 시간이 소요된다.

12-9 좋지 않은 해시함수

키가 모두 짝수라면 홀수 슬롯은 전혀 사용하지 않게 된다. 키의 이진수 표현의 낮은 차수의 r 비트만을 취하므로 키의 분포가 r보다 낮은 차수의 비트들은 같고 r보다 높은 차수의 비트가 상이한 경우 키들이 모두 동일한 슬롯으로 해시되기 때문이다.

CHAPTER 13 그래프

13-1 단순화한 무방향그래프 ADT 구현

A. 인접리스트 구조로 표현된 그래프에 대한 메쏘드

```
Alg  deg(v)                          {adjacency list ver.}
  input  vertex v
  output  integer

1. c ← 0
2. e ← (v.incidentEdges).next        {skip header}
3. while (e ≠ ∅)
       c ← c + 1
       e ← e.next
4. return c

                                     {Total O(deg(v))}

Alg  opposite(v, e)                  {adjacency list ver.}
  input  vertex v,  edge e
  output  vertex

1. u, w ← e.endpoints
2. if (v = u)
       return w
   else
       return u

                                     {Total O(1)}
```

Alg *areAdjacent*(*v*, *w*)   {adjacency list ver.}
  input vertex *v*, *w*
  output boolean

1. **if** ($deg(v) < deg(w)$)
    $m \leftarrow v$
  else
    $m \leftarrow w$
2. $e \leftarrow$ (*m*.**incidentEdges**).**next**   {skip header}
3. **while** ($e \neq \varnothing$)
    $a, b \leftarrow e$.**endpoints**
    if (($v = a$) & ($w = b$) || ($v = b$) & ($w = a$))
      return *True*
    $e \leftarrow e$.**next**
4. **return** *False*
                                  {Total $\mathbf{O}(min(deg(v), deg(w)))$}

Alg *adjacentVertices*(*v*)   {adjacency list ver.}
  input vertex *v*
  output set of vertex objects

1. $L \leftarrow$ *empty list*
2. $e \leftarrow$ (*v*.**incidentEdges**).**next**   {skip header}
3. **while** ($e \neq \varnothing$)
    L.**addLast**(*opposite*(*v*, *e*))
    $e \leftarrow e$.**next**
4. **return** L.**elements**()
                                  {Total $\mathbf{O}(deg(v))$}

Alg *incidentEdges*(*v*)   {adjacency list ver.}
  input vertex *v*
  output set of edge objects

1. $L \leftarrow$ *empty list*
2. $e \leftarrow$ (*v*.**incidentEdges**).**next**   {skip header}
3. **while** ($e \neq \varnothing$)
    L.**addLast**(*e*)
    $e \leftarrow e$.**next**
4. **return** L.**elements**()
                                  {Total $\mathbf{O}(deg(v))$}

B. 인접행렬 구조로 표현된 그래프에 대한 메쏘드

Alg *deg(v)*   {adjacency matrix ver.}
  input adjacency matrix A, vertex v
  output integer

1. $c \leftarrow 0$
2. $vi \leftarrow index(v)$
3. **for** $j \leftarrow 0$ **to** $n-1$
    if $(A[vi, j] \neq \varnothing)$
      $c \leftarrow c+1$
4. **return** c
                               {Total **O**(n)}

Alg *opposite(v, e)*   {adjacency matrix ver.}
  input adjacency matrix A, vertex v, edge e
  output vertex

1. $u, w \leftarrow e.$**endpoints**
2. **if** $(v = u)$
    return w
  else
    return u
                               {Total **O**(1)}

Alg *areAdjacent(v, w)*   {adjacency matrix ver.}
  input adjacency matrix A, vertex v, w
  output boolean

1. **return** $A[index(v), index(w)] \neq \varnothing$
                               {Total **O**(1)}

Alg *adjacentVertices(v)*   {adjacency matrix ver.}
  input adjacency matrix A, vertex v
  output set of vertex objects

1. $L \leftarrow empty\ list$
2. $vi \leftarrow index(v)$
3. **for** $j \leftarrow 0$ **to** $n-1$
    if $(A[vi, j] \neq \varnothing)$
      $L.addLast(opposite(v, A[vi, j]))$
4. **return** $L.elements()$
                               {Total **O**(n)}

> **Alg** *incidentEdges*(*v*)　　　　　　　　　{adjacency matrix ver.}
>   **input**　adjacency matrix *A*, vertex *v*
>   **output**　set of edge objects
>
> 1. *L* ← *empty list*
> 2. *vi* ← *index*(*v*)
> 3. **for** *j* ← 0 **to** *n* − 1
>   **if** (*A*[*vi*, *j*] ≠ ∅)
>   *L.addLast*(*A*[*vi*, *j*])
> 4. **return**　*L.elements*()
>
> 　　　　　　　　　　　　　　　　　　{Total **O**(*n*)}

13-2 그래프 그리기

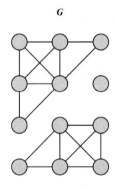

*G*가 66개의 간선으로는 이루어질 수 없다. *G*가 12개의 정점과 3개의 연결요소로 이루어졌다면 *G*가 가질 수 있는 최대 간선의 수는 45개다. 이는 10개의 정점으로 (따라서 45개의 간선을 가짐) 이루어진 완전 연결요소와 각각 단일 정점으로 이루어진 두 개의 연결요소로 이루어진 경우다.

13-3 O(log m) = O(log n)인 이유

$m \leq n(n-1)/2$ 며 이는 **O**(n^2)이다. 따라서 **O**(log *m*) = **O**(log n^2) = **O**(2 log *n*) = **O**(log *n*)이다.

CHAPTER 14 그래프 순회

14-1 그래프 순회 연습

A. 그래프 *G*의 그림

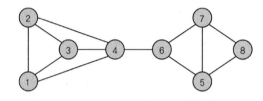

B. 정점 1에서 출발하는 DFS 순회는 정점들을 다음 순서로 방문한다:

1, 2, 3, 4, 6, 5, 7, 8

C. 정점 1에서 출발하는 BFS 순회는 정점들을 다음 순서로 방문한다:

1, 2, 3, 4, 6, 5, 7, 8

14-2 인접행렬 구조로 표현된 그래프에 대한 DFS

정점과 간선의 라벨을 쓰고 읽는 데 **O**(1) 시간 소요한다. 이는 정점이나 간선을 구현하는 노드가 *Fresh*, *Visited*, *Tree*, *Back* 등의 값을 저장하는 라벨을 가지도록 각 노드의 데이터구조를 확장하면 가능하다. 각 정점은 두 번 라벨된다. 한 번은 *Fresh*로, 또한 번은 *Visited*로 라벨된다. 각 간선 역시 두 번 라벨된다. 한 번은 *Fresh*로, 또 한 번은 *Tree* 또는 *Back*으로 라벨된다. 알고리즘 rDFS에서 수행하는 메쏘드 incidentEdges는 각 정점에 대해 한 번 호출된다. 그래프가 인접행렬로 표현된 경우 한 번 호출에 Θ(*n*) 시간을 소요하며 $\Sigma_v \, n = n^2$ 이므로 명령문 2행은 총 $\Theta(n^2)$ 시간에 수행한다. 그러므로 그래프가 인접행렬로 표현된 경우 DFS는 $\Theta(n^2)$ 시간에 수행한다.

14-3 DFS 순회시 정점 방문 시각의 차이

그르다. 이유는 세개의 정점 *s*, *a*, *b* 와 두 개의 간선 (*s*, *a*), (*s*, *b*)만이 존재하는 그래프에서 *s*를 출발정점으로 하는 DFS 순회로 얻은 DFS 트리에서 *a*와 *b*는 형제 (siblings)가 된다. 그러므로 어느 정점도 다른 정점의 조상이 아니다. 아래 그림을 참고하라.

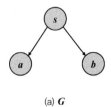

(a) *G*

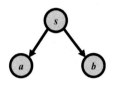

(b) DFS 트리

14–4 비재귀적 DFS

Alg *DFS1(G, v)*
    input graph *G* and a start vertex *v* of *G*
    output labeling of the edges of *G* in the connected component of *v* as tree edges
           and back edges

1. *S* ← *empty stack*
2. *S.push(v)*
3. **while** (!*S.isEmpty*())
    v ← *S.pop*()
    l(v) ← *Visited*
    for each *e* ∈ *G.incidentEdges(v)*
        if (*l(e)* = *Fresh*)
           w ← *G.opposite(v, e)*
           if (*l(w)* = *Fresh*)
               l(e) ← *Tree*
               S.push(w)
           else
               l(e) ← *Back*
4. **return**

CHAPTER 15 방향그래프

15-1 오일러투어

오일러투어: A → B → C → D → E → F → G → H → A → H → G → F → E → D
→ C → B → A

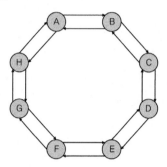

15-2 이행적폐쇄 연습

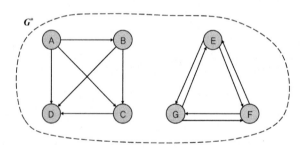

15-3 어학연수

위상 정렬을 통해 이 문제를 해결할 수 있다.

1. 과목들의 선수 조건을 표현하는 방향그래프를 구축한다. 여기서 아홉 개의 과목
   은 정점이 되고 과목 *A*가 다른 과목 *B*의 선수 과목이면 방향그래프에 *A*에서 *B*
   로 가는 방향간선을 추가한다.
2. 구축된 방향그래프에 위상 정렬 알고리즘을 적용한다.
3. 그 결과는 인경이가 취할 수 있는 하나의 수강순서가 된다.

   주어진 선수 과목 조건들에 대해서 답은 유일하지 않다. 다음은 가능한 답 가운
   데 하나다.

   LA15, LA16, LA22, LA31, LA32, LA66, LA67, LA71, LA89

15-4 위상순서 연습

위상 정렬을 통해 다음과 같은 위상순서를 얻을 수 있다.

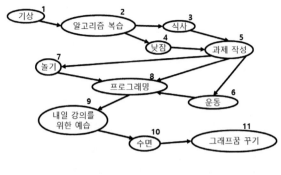

갈동이의 하루

15-5 위상 정렬 연습

A. 진입차수를 사용하여 계산한 위상순서: A C B D E F H G

B. DFS를 특화하여 계산한 위상순서: C A B D E H F G

15-6 n-번째 피보나치 수 찾기

Alg $f(n)$ {linear space ver.}
1. **if** $(n = 0 \parallel n = 1)$
     return 1
2. $A[0] \leftarrow 1$
3. $A[1] \leftarrow 1$
4. **for** $i \leftarrow 2$ **to** n
     $A[i] \leftarrow A[i-1] + A[i-2]$
5. **return** $A[n]$

Alg $f(n)$ {constant space ver.}
1. **if** $(n = 0 \parallel n = 1)$
     return 1
2. $a \leftarrow 1$
3. $b \leftarrow 1$
4. **for** $i \leftarrow 2$ **to** n
     $c \leftarrow a + b$
     $a \leftarrow b$
     $b \leftarrow c$
5. **return** c

15-7 에어텔 경로

- **분할통치 버전**

  $P[0{:}n-1]$ 배열을 사용하여 경로를 저장한다. $P[i]$는 도시 i 다음으로 경유해야 할 도시를 저장한다. 이를 위해 반복문 내에서 *mincost*를 갱신하는 코드를 다음과 같이 수정한다.

```
{update mincost and store path for forward ver.}
if (cost < mincost)
    mincost ← cost
    P[d] ← k


{update mincost and store path for backward ver.}
if (cost < mincost)
    mincost ← cost
    P[s] ← k
```

- **동적프로그래밍 버전**

  $P[0{:}n-1]$ 배열을 사용하여 경로를 저장한다. $P[i]$는 도시 i 다음으로 경유해야 할 도시를 저장한다. 이를 위해 반복문 내에서 $m[]$을 갱신하는 코드를 다음과 같이 수정한다.

```
{update m  and store path for forward ver.}
if (cost < m[d])
    m[d] ← cost
    P[d] ← k


{update m  and store path for backward ver.}
if (cost < m[s])
    m[s] ← cost
    P[s] ← k
```

15-8　위상 정렬에 스택 사용

옳다. 왜냐하면 이 데이터구조는 진입차수가 0인 정점들을 담는 무순의 용기로만 사용되기 때문이다. 다만, 스택을 사용할 경우 동일한 수행 예로부터의 위상순서라도 큐를 사용했을 때와 다른 결과를 얻을 수도 있다

CHAPTER 16　최소신장트리

16-1　부분적 배낭 알고리즘

Alg *fractionalKnapsack*(*S*, *W*)
　input　set *S* of items *i* with benefit b_i and weight w_i, maximum weight *W*
　output　amount x_i of each item *i* to maximize the total benefit with weight at most *W*

1. **for each** $i \in S$
　　$x_i \leftarrow 0$　　　　　　　　　　　　　{weight index}
　　$v_i \leftarrow b_i/w_i$　　　　　　　　　　{value index}
2. $w \leftarrow 0$　　　　　　　　　　　　　{total weight}
3. $Q \leftarrow$ *a priority queue containing all the items of S using v_i as keys*
4. **while** $(w < W)$
　　$i \leftarrow Q.removeMin()$　　　　　　{remove item *i* with highest v_i}
　　$x_i \leftarrow min(w_i, W - w)$
　　$w \leftarrow w + x_i$
5. **return**

16-2　부분적 배낭 문제 연습

- **부분적 배낭 해**
  - 1 of *f* (이득 = 7)
  - 3 of *e* (이득 = 14)
  - 4 of *a* (이득 = 12)
  - 6 of *b* (이득 = 10)
  - 4 of *c* (이득 = 6.4)

  총 무게 = 18
  총 이득 = 49.4

- **0-1 배낭 해**

  - 1 of f (이득 = 7)

  - 3 of e (이득 = 14)

  - 4 of a (이득 = 12)

  - 6 of b (이득 = 10)

  총 무게 = 14

  총 이득 = 43

16-3 인터넷 경매

이것은 배낭 문제다. 여기서 배낭의 무게는 n이며 각 응찰 i는 무게가 k_i고 가치가 d_i인 항목에 해당한다. 만약 모든 응찰자 i가 k_i개에 못 미치는 소품을 받기를 거부한다면 이 문제는 0-1 문제로 귀결된다. 한편, 만약 응찰자 모두가 일부라도 받겠다면 이 문제는 부분적 배낭 문제로 귀결된다.

16-4 MST 알고리즘 연습

- **Prim-Jarnik 알고리즘**

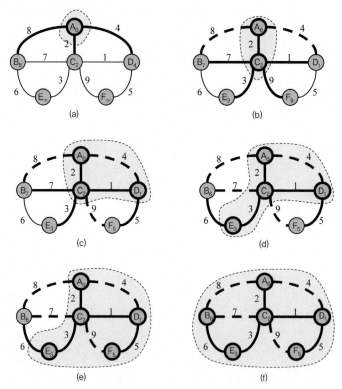

- Kruskal 알고리즘

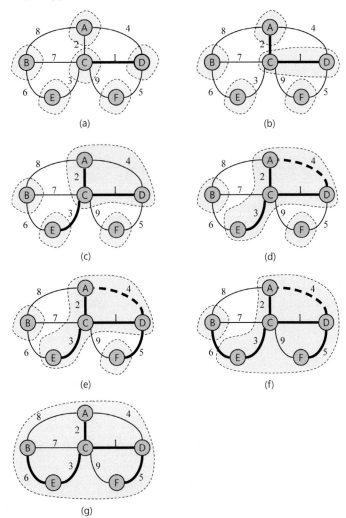

- Baruvka 알고리즘

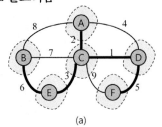

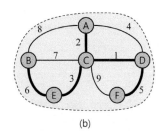

CHAPTER 17   최단경로

17-1 Dijkstra 알고리즘 연습

수행 과정은 생략하고 최종 결과만 보인다.

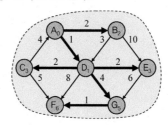

17-2 방향그래프 그리기

G_1

G_2 (답은 유일하지 않다)

17-3 최단경로트리

원형 알고리즘을 특화하여, Dijkstra 알고리즘을 출발정점으로부터 다른 모든 정점에 이르는 최단경로의 트리를 반환하도록 확장할 수 있다. 각 정점에 부모 간선을 저장하는 p 라벨을 정의하고 간선완화 단계에서 이 라벨을 갱신한다.

Alg *DijkstraShortestPathsTree(G, s)*
1. **for each** $v \in$ *G.vertices*()
     $d(v) \leftarrow \infty$
     $p(v) \leftarrow \varnothing$
2. $d(s) \leftarrow 0$
3. $Q \leftarrow$ *a priority queue containing all the vertices of G using d labels as keys*
4. **while** (!*Q.isEmpty*())
     $u \leftarrow$ *Q.removeMin*()
     for each $e \in$ *G.incidentEdges(u)*
         $z \leftarrow$ *G.opposite(u, e)*
         if ($z \in$ *Q.elements*())
             if ($d(u) + w(u, z) < d(z)$)
                 $d(z) \leftarrow d(u) + w(u, z)$
                 $p(z) \leftarrow e$
                 Q.replaceKey(z, d(z))

17-4 모든 쌍 최단경로

실제 경로들은 또 하나의 $n \times n$ 행렬 **Path**에 저장될 수 있다. **Path[i, j]**는 정점 i로부터 j에 이르는 경로 상의 경유정점을 저장한다. 다음은 경로를 저장하도록 확장한 알고리즘이다.

Alg *AllPairsShortestPaths(G)*

1. *Let $v_1, v_2, \cdots, v_n$ be an arbitrary numbering of the vertices of G*
2. **for** $i \leftarrow 1$ **to** n
    for $j \leftarrow 1$ **to** n
        if $(i = j)$
            $D[i, j] \leftarrow 0$
        elseif $((v_i, v_j) \in G.edges())$
            $D[i, j] \leftarrow w(v_i, v_j)$
        else
            $D[i, j] \leftarrow \infty$
        $Path[i, j] \leftarrow 0$
3. **for** $k \leftarrow 1$ **to** n
    for $i \leftarrow 1$ **to** n
        for $j \leftarrow 1$ **to** n
            $r \leftarrow D[i, k] + D[k, j]$
            if $(r < D[i, j])$
                $D[i, j] \leftarrow r$
                $Path[i, j] \leftarrow k$

다음은 확장 알고리즘의 수행과정이다. 그림 (a~g)는 각각 3번 명령문의 가장 바깥 반복문이 순회하는 경유정점 k(굵은 테두리의 정점)에 대한 반복 라운드를 수행하는 도중 발견된 경로들(그래프 내 굵은 선), 그리고 행렬 D와 **Path**가 갱신되는 모습을 보인다.

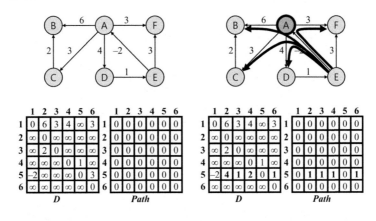

(a)   (b)

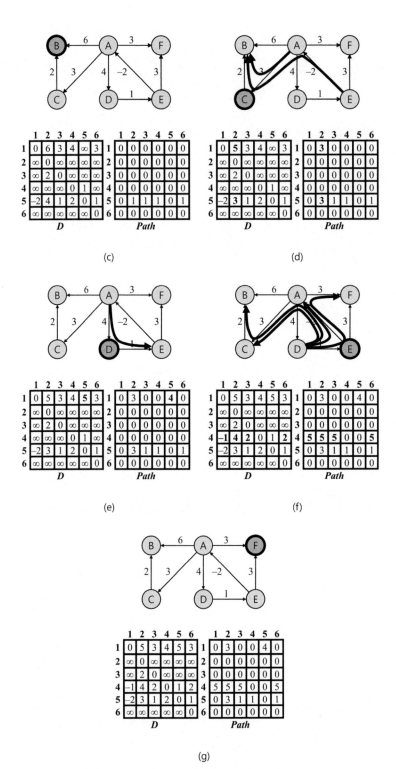

(c)

(d)

(e)

(f)

(g)

17-5 모든 쌍 최단경로 인쇄

Alg *printPath*(*i, j*)
  input vertices *i, j*
  output print shortest path from *i* to *j*

1. *k* ← *Path*[*i, j*]
2. **if** (*k* ≠ 0)
    printPath(*i, k*)
    write("→")
    printPath(*k, j*)
3. *write*(*j*)
4. **return**

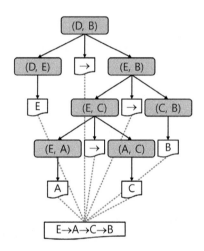

17-6 간선 무게 과장에 따른 최단경로 변화

그르다. 아래 그림에 보인 것처럼 $w(s, a) = w(a, b) = w(b, t) = 1$, $w(s, t) = 4$ 인 그래프에서 모든 간선의 무게에 1을 더하면 최단경로가 변한다.

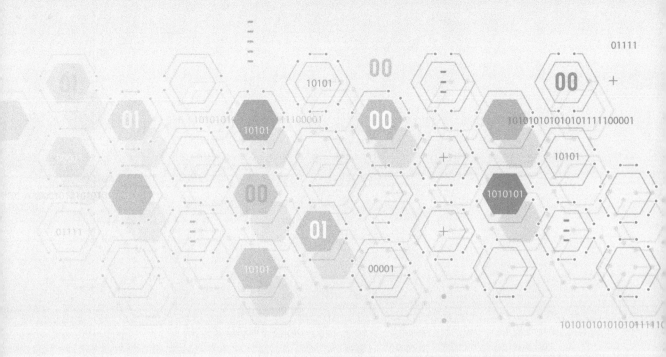

INDEX

알고리즘 원리와 응용

1판 1쇄 발행 2018년 09월 03일
1판 8쇄 발행 2024년 09월 02일
저   자 국형준
발 행 인 이범만
발 행 처 **21세기사** (제406-2004-00015호)
　　　　　경기도 파주시 산남로 72-16 (10882)
　　　　　Tel. 031-942-7861　　　Fax. 031-942-7864
　　　　　E-mail : 21cbook@naver.com
　　　　　Home-page : www.21cbook.co.kr
　　　　　ISBN 978-89-8468-810-0

정가 32,000원